Healing The Shame That Binds You

John Bradshaw

Health Communications, Inc.
Deerfield Beach, Florida

Published by : Health Communications, Inc.
Enterprise Center
3201 S.W. 15th Street
Deerfield Beach, florida 33442

수치심의 치유

존 브래드쇼 지음

한국상담심리연구원

수치심의 치유

1판 발행 · 2002년 5월 25일
2판 발행 · 2011년 3월 10일
3판 발행 · 2023년 11월 10일

지 은 이 존 브래드쇼
옮 긴 이 김 홍 찬 · 고 영 주
발 행 인 김 홍 찬
펴 낸 곳 한국상담심리연구원
주   소   서울 중랑구 용마산로 94길 13. 2층
전화번호 02-364-0413 팩시밀리 02-362-6152
출판등록 제2021-24호

ISBN 978-89-89171-15-7

※ 잘못 만들어진 책은 교환해 드립니다.

헌 사

이 책을 아내 낸시에게 바칩니다. 당신의 헌신적인 사랑으로 말미암아 나는 나를 수치스럽게 여기는 마음으로부터 벗어날 수 있게되었소.

이 책을 나의 오랜 친구이며 나의 자녀 브래드와 브랜다, 존에게 바칩니다. 내가 그동안 내 자신의 수치심을 너희에게 전가시키며 괴롭힌 것을 용서해 주기를 바란다.

이 책을 내 아버지에게 바칩니다. 아버지, 당신은 당신의 수치심으로 말미암아 당신 자신 뿐만 아니라 우리의 삶까지도 망쳐놓았습니다.

다음은 나와 상담했던 30대 후반의 한 여성의 울부짖음이다. "중학교 1학년 때였어요. 엄마와 아빠가 별거 후에 일이었어요. 소식이 없던 엄마가 몇 주 만에 나타나서 버스 터미널 제과점에서 아빠 몰래 나와 여동생 그리고 남동생과 만나서 밀크 쉐이크와 빵을 사주셨어요. 그리고 나는 엄마가 떠나는 모습을 보면서 울었어요. 철조망으로 만든 담장 너머로 엄마가 고속버스를 타고 떠났고 나는 거기서 여전히 울고 있었어요.

그 여인의 여기까지 말을 하고는 엉 엉 하고는 눈물을 터트렸다. 나는 이 여인의 고통이 절로 내 마음에 깊이 느껴졌다. 어려서 엄마를 떠나보내야 하는 처절한 슬픔이기 때문이다.

그동안 이 여인은 수치심에 묶여서 살아왔다. 이별에 대해서 아무렇지 않은 것처럼 상처를 포장했지만 결국은 극단적인 혼돈에 빠져 버리고 말았다. 나름대로 선하고 착하게 살려고 몸부림쳤지만 그러나 착하다는 것이 이 이 여인을 행복하게 만들어주지는 못하였다. 이 여인은 남들에게 친절하게 살아왔지만 그러나 친절하다는 것이 자신을 만족시켜 주지 못하였다. 왜냐하면 이 여인에게는 수치심이 내면화 되어 있었기 때문이다. 수치심에 절어서 참자신의 삶을 살지 못하고 남들에게 친절하게 착하게 아무렇지 않은 것처럼 꾸미며 살아왔다. 즉 자신이 아닌 타인의 삶을 살아온 것이다. 나는 이 여인을 보면서 수치심의 사람이 갖는 자기를 잃어버린 모습을 보게 되었다.

나는 그간 심리상담을 하면서 수많은 사람들에게 수치심에 대해 강의와 실제 치유작업을 해왔다. 이 책에 실려 있는 치유 기법은 상담자가 현장에서 사용할 수 있는 가장 강력한 기법 이라고 자신 있게 소개하고 싶다. 어디에 가든지 나는 누구에게든지 여전히 지금도 수치심 치유를 전파하는 일을 하고 있다.

수치심 치유는 심리 공부하는 사람들에게는 모든 상담이론을 종합해 놓은 종합 교과서 같은 책이다. 이 책에는 심리 기법 하나하나를 심도 있게 잘 활용해서 녹아있기 때문이다. 그중 내면의 아이 만나는 일은 내 일생 그렇게 희열과 만족을 느껴본 일이 없다. 나와 함께 내면의 아이 작업을 했던 어느 군목은 내게 말하였다. "내면의 아이 만나기는 정말 위대합니다. 제가 하나님을 처음 만날 때 느꼈던 감격과 영감은 나로 하여금 목사가 되도록 하였는데 그때의 영감과 같은 강도가 내게 밀려 왔습니다." 그 후 나는 내면의 아이 만나기를 날마다 실생활에 적용하기 위해 "내적치유를 위한 365일 묵상"을 펴내기도 하였다.

　　나는 그간 이 책을 읽은 분들로부터 많은 감사의 편지와 인사를 많이 받았다. 그들은 이렇게 이야기를 했다. 수치심을 모르고 살아 왔던 자신의 삶이 후회스럽고 늦었지만 이 책을 통해 수치심을 알게 되었으며 이제는 수치심에 더 이상 묶여있지 않을 수 있게 되었다고 말을 했다.

　　나는 이런 이야기를 들을 때마다 이 책이야 말로 이 시대를 살아가는 현대인들에게 진정 필요한 책 중의 하나라는 생각을 많이 한다. 이 책을 읽고 자신을 살펴보라. 자신이 얼마나 진정한 자신의 삶을 부인하며 살아왔는지를 말이다. 그리고 만일 자신의 진정한 모습을 발견하고 새로워지기를 원한다면 내면의 아이 치유를 통해 자신을 성장시키기를 바란다. 만일 직접 강의를 듣거나 치유 작업을 한다면 더욱 좋을 것이다.

김　홍　찬

이 책은 수치심에 대하여 다루고 있다. 여기에서 저자는 박사학위를 다섯 개나 딸 정도로 명석하고 박식한 사람에다가 오랫동안 수도생활을 했고 학생들에게는 신학을 가르칠 정도로 지적이고 영성이 깊은 사람이었지만 이 모든 것이 정작 자신의 근본문제인 수치심에는 별 도움을 주지 못했다는 걸 밝히고 있다. 그는 자신을 수치스럽게 여기는 마음을 가리기 위해 했던 모든 행위들이 그 근본문제를 똑바로 집어가지 않는 한 별 소용이 없었다고 말하고 있는 것이다.

나 역시 그 동안 수많은 심리학 서적과 서점에서 나오는 내적치유에 관한 책을 읽어 왔지만 삶에는 그리 실제적인 도움을 받지 못했었다. 책을 읽을 당시에는 하나님이 이렇게 우리를 사랑하시니 그 큰사랑을 믿음의 선구자들이 했던 것처럼 받아들이기만 하면 다 될 것 같았지만 어찌된 것인지 이를 삶에 적용하는 것은 별개의 문제 같아 보였다. 책을 읽을 때면 그 감격은 그 때 뿐이고 다시 실생활에서 원점으로 돌아가는 느낌이었다.

하지만 이 책을 읽으면서 그 문제를 풀었다.

바로 내 안의 수치심의 문제가 해결된 것이다. 내 안에 내 자신을 더럽게 여기고 부끄럽게 여기던 문제가 해결되고 나니 이제야 내 주변의 사랑과 내 자신을 받아들일 수 있었다.

이 책을 번역하면서 참 감사했던 건 이 저자인 브래드쇼 박사가 자신이 저질러 왔던 일에 대해 조금도 숨김없이 낱낱이 밝히면서 그 자신이 그를 부끄러워하고 수치스럽게 여겼던 마음을 극복하고자 얼마나 절박하게 노력해왔으며(기도, 금식, 신학공부, 수많은 학위, 20살 때부터 시작된 수도생활 등등)그리고 이 모든 것에도 불구하고 이 모든 것들이 그 자신을 수치스럽게 여기는 마음을 바꾸는 데는 하등효과가 없었으며 오히려 그가 가진 권력을 통해 그의 제자들에게나 집안식구들에게 그의 수치심을 투사해 괴롭혀왔음을 숨김없이 고백한 내용이었다. 그리고 더욱더 감사한 것은 그럼에도 불구하고 그 저 깊숙한 곳에 자리한 어린 시절에 좋은 일들을 좋은 일들로 다시 재 구성시켜 그 안에 구체화시키면서 동시에 그런 일들이 자신의 인생에 얼마나 악영향을 끼쳐왔는가를 알고 그가 접한 뛰어난 임상 심리 전문가들의 방법들을 통해 이를 풀어 나갔을 때 그렇게 노력해도 변하지 않았던 그의 자신의 대한 경멸감과 수치심이 해결되어 나갔다는 것이다.

기적은 있다. 끝까지 포기 않고 찾아가면 반드시 도달한다.

이 책을 번역하면서 그리고 번역뿐 아니라 실제로 그가 제시하는 방법을 따라가면서 끝까지 번역해 나갔을 때 내게도 기적이 일었다. 바로 내가 내 자신을 사랑하고 받아들이게 된 것이다.

우리를 사랑하시는 하나님께 이 책을 번역하게 할 기회를 원장님을 통해 주시고 또 원장님과 함께 번역하게 해 줄 수 있게 하신 것에 감사드린다. 그 분의 오랜 상담경험과 해박한 지식이 없었더라면 브래드쇼가 사용한 다양한 심리학적 언어가 제대로 해석될 수 있었는지 의문이다. 끝으로 사랑하는 여러분, 내가 경험한 이 기쁨을 이 책을 통하여 여러분들도 꼭 가지셨으면 합니다.

고　영　주

차 례

"그리고 그들은 부끄러워 하지 아니하였더라"
창세기

10년 전쯤에 나는 내 삶을 새롭게 다시 쓸 수 있는 중대한 발견을 했다. 나는 그 악마 같은 존재를 '수치심'이라 부르겠다. 이 이름을 붙인 이유는 수치심이 얼마나 내 생애에 파괴적인 영향을 미쳤는가를 깨달았기 때문이다. 내 생활은 수치심에 묶여 돌아가고 있었다. 수치심은 내 생활에 악 영향을 끼쳤고 내 삶에서 일어난 보이지 않는 작은 일이나 큰 일 모두 다 영향을 주었다. 나는 수치심으로 말미암아 내 가족을 괴롭히고 가족들에게 내 수치심을 전가시켜 왔으며 나의 내담자들과 심지어는 내가 가르친 학생들에게까지도 그렇게 했다.

사실 수치심은 내가 미처 알아채지도 못했고 인식하지도 못했던 악마 같은 존재였다. 그 엄청난 부정적인 힘을 겨우 인식하기 시작하면서 나는 수치심이야말로 인간에게 가장 위협이 되는 요소임을 알았다.

사실 수치심 그 자체는 인간이 가지고 있는 감정으로 나쁜 것이 아니다. 수치심은 교만한 우리 자신이 인간임을 깨닫고 신 앞에 겸손하게 만든다. 그래서 우리가 부족하고 유한한 존재라는 것을 받아들이고 감사하게 만든다. 왜냐하면 수치심으로 말미암아 우리는 자신의 한계를 알고 우리가 실수할 수 있으며 도움이 필요한 존재라는 사실을 알려주기 때문이다.

한마디로 수치심은 우리가 하나님이 아니라는 사실을 알려준다. 그래서 우리에게 영적인 근본을 깨닫도록 해준다. 그러나 내가 발견한 무서운 사실은 인간의 유한성을 알려주는 수치심이 자칫 잘못하다가는 존재를 수치스럽게 여기는 것으로 변질될 가능성이 있다는 사실이었다. 자신을 수치스럽게 여긴다는 것은 다른 인간과 비교하여 자신을 인간으로써 불합격품이며 못나고 열등한 면이 많은 존재로 여긴다는 말과 같다. 일단 수치심이 정체성에 전가되고 나면 우리가 실수할 수 있고 도움이 필요한 인간임을 가르쳐 주었던 건강한 수치심은 어느새 자신을 역겨워하고 수치스럽게 여기는 해로운 수치심으로 바뀌고 만다. 자신을 수치스럽게 여기는 사람은 늘 이런 사실이 참을 수 없어 이를 만회하려고 별별 수단을 다 쓰며 거짓된 자기 모습을 만들어 세상에 내보인다. 그리고 일단 거짓된 모습으로 포장하기 시작하면 참자기는 존재하지 않는 것이나 다름없다. 자신이 아닌 무언가로 된다면 이는 진정한 자기 자신이 아니기 때문이다. 엘리스 밀러(Alice Miller)는 자신이 아닌 뭔가 다른 존재를 창출하여 변형되어가는 과정을 두고 "영혼의 살인"이라고까지 표현했다. 자신이 아닌 뭔가 다른 존재가 된다는 것은 인간이상 혹은 그 이하로 떨어지는 결과를 낳는다. 이 해로운 수치심으로 인해 저지르게 되는 일이야말로 자기가 자신에게 가하는 가장 폭력적인 일이라 볼 수 있으며 이는 인간성을 죽이는 일이다. 해로운 수치심은 모든 종류의 정신적 질병을 일으키는 데 핵심적인 요소가 된다. 절셴 카우프만(Gershen Kaufman)은 이를 가르쳐

> "수치심은 내면에 혼란을 가져다주는 절망, 소외, 자기 회의, 고독, 외로움, 편집증과 정신분열증, 강박장애, 자아분열, 완벽주의, 뿌리 깊은 열등감, 자신을 부적당감, 경계선 성격장애와 악성 나르시즘을 일으키게 한다."

해로운 수치심이야말로 진정한 자신의 기능을 포기하게 하고 모든 정신적 질환을 일으키는 주범이다. 수치심으로 발생되는 정신적 질환은 각자 나름대로의 유형을 가지고 있고 수치심은 신경증 성격장애, 정치적 폭력, 심지어는 전쟁과 범죄를 일으키는 근본적인 요인이 된다.

내가 아는 범위에서 수치심만큼 인간을 죄짓게 하는 것도 없다. 성경은 수치심이 아담을 죄를 짓게 한 원인으로 보고 있다. 아담은 우리 인류를 대표하는 인물이다. 그러나 성경은 그가 인간임을 만족하지 않았다고 이야기

한다. 그는 인간이상이 되고 싶었던 것이다. 그는 자신이 가진 어쩔 수 없는 인간의 한계를 받아들이지 않았다. 성경은 자신이 인간임을 받아들이지 않고 그 이상이 되려는 것이야 말로 모든 인간에게 죄를 가져다주는 원죄로 보고 있다. 아담의 해로운 수치심, 한 마디로 인간이상이 되려 했던 자만심은 그를 하나님 같은 존재가 되도록 만들었고 이 자기궤도 이탈의 시도는 그를 타락하게 했다. 아담이 선악과를 따먹고 본래 인간에게 주어진 자신의 모습을 거절하자 성경은 그가 부끄러움에 숨었다고 말했다. 오후가 되어 하나님이 그를 불렀을 때도 그는 숨어있었다.

"여호와 하나님이 아담을 부르시며 네가 어디 있느냐" 아담이 대답하기를 "내가 벗었으므로 두려워하여 숨었나이다"(창3:9-10) 성경에서는 남자와 여자가 자신의 모습에 만족했던 때는 그들의 벗은 모습을 "부끄러워하지 않았으나"(창2:25) 그들이 인간이상이 되려고 선악과를 따먹은 후에는 자신의 모습을 부끄러워하였더라고 전하고 있다.

성경에서 그들이 옷을 벗고 있는 상태는 그들이 진정한 자신의 모습을 상징한다. 그때 그들은 자신의 모습에 만족했었다. 아무 것도 숨길 것이 없기에 그들은 정직했고 완벽했다. 그리고 이들의 모습은 인간의 모습을 상징한다. 자신을 있는 그대로 받아들이고 사랑하는 것은 인간에게는 가장 어려운 과제인 것처럼 보인다. 우리 조상 아담과 하와조차도 본래 참자기의 모습을 거절하고 다른 뭔가가 되려고 했지 않는가?

인간은 자신의 참 모습이 싫기 때문에 자신과는 다른 어떤 인간이상의 존재가 되든지 아니면 아예 인간이라고 볼 수 없는 타락한 존재가 되고 만다. 그리고 이런 인간이상이 되려는 시도는 평생을 자신의 모습을 커버하거나 감추려는데 보내게 되고 이런 비밀과 숨김은 모든 고통의 토대가 되고 말았다. 자신을 온전히 사랑한다는 말은 자신의 모든 면을 있는 그대로 받아들인다는 말이고 이것이 이루어져야 우리는 비로서 남도 조건 없이 사랑할 수 있다. 자신을 받아들이고 사랑하지 않는 사람은 그 때문에 자신 아닌 무언가로 꾸미려고 평생을 허비한다. 진실로 거짓자아로 사는 것이야말로 많은 노력과 에너지가 들어가는, 한마디로 자신의 힘을 소비하는 일이라 할 수 있다. 아마도 이는 성경에서 나오는 아담과 이브가 실족한 이후로 여자는 해산하는 고통과 남자는 노동의 수고에 시달리며 단지 살아가는 일에도 많은 고생을 했다는 구절과 일치하는 것이다.

우리를 묶고 있는 수치심을 어떻게 치유할 수 있을까?

우리가 기댈 수 있는 희망이라도 있을까? 그리고 그것이 바로 이 책의 주제이다. 그리고 나는 사실상 내가 경험하고 겪었던 수치심에서 비롯된 내 잘못들도 나눌 작정이다. 해로운 수치심을 극복해 나가는 일은 나의 인생가운데 가장 중요한 과정이다. 내가 놀랐던 것은 이 해로운 수치심으로 비롯된 악영향이 어디에나 널려있다는 점이었다. 그 영향력은 참으로 엄청났고 사람들을 속이고 좌절과 영적 파멸로 빠뜨리고 있었다. 그리고 그 힘은 어둠과 사람들이 감춘 비밀스런 곳에 거하고 있다.

1부에서 나는 수치심의 다양한 면과 그 생성원인, 그리고 거기에 따른 파괴적인 영향을 다룰 것이고 2부에서는 그 해결책을 다룰 것이다. 어떻게 수치심을 감소시킬 수 있으며 해로운 수치심을 어떻게 건강한 수치심으로 바꾸어 놓는 것까지 말이다. 하지만 내가 진정 바라는 건 교회에서나 학교, 사회에서 지도자 역할을 하고 있으나 수치심에 묶인 사람들이 이 책으로 인하여 자신이나 그에 속한 사람들을 위협하는 해로운 수치심으로부터 벗어나 진정 자유롭게 되는 것이다.

제 1 부

위기

1 수치심의 다양한 얼굴들

　사실상 수치심은 아이들이 말을 시작하기 전에 이미 생성되기 때문에 한 마디로 정의하기가 힘들다. 수치심에는 두 가지가 있는데 건강한 수치심과 해로운 수치심이다. 하지만 그 중에서도 해로운 수치심은 인간내면에 분리를 가져와 자신을 부정하게 만든다.

　해로운 수치심은 우리가 우리자신의 느낌을 부정하게 만든다. 그리고 자신의 모습대신 뭔가 다른 모습이나 행위로 자신을 위장하려 든다. 해로운 수치심에 사로잡힌 사람은 외모를 열심히 꾸미거나 남들보다 의욕과 열의에 넘쳐 뭔가를 해내려고도 한다. 그러나 그들의 참 모습은 어두움과 비밀에 감추어져 있다. 어두움 속에 감춰져 있기에 이 해로운 수치심은 그동안 사람들의 주목을 피하여 교묘히 빠져 나갔다. 그렇기에 그 실체를 제대로 알려면 우리는 그 이면이 뭔지 깨달아야 하고 이를 숨기기 위해 주로 어떤 행동들을 하는지 그 유형부터 파악해야 한다.

건강한 인간의 감정으로써 수치심

　최근에 나는 브로드웨이의 조 나메트(Joe Namath)의 인터뷰를 들을 기회가 있었는데 내가 감명 받은 것은 그의 열린 마음과 솔직함이었다. 그의 목소리는 실망감을 다분히 드러내고 있었는데 이는 그가 브로드웨이의 스폰서로써 연결망을 구축하는데 실패한 일 때문이었다. 그는 정상적으로 될 수 있는 일이 안될 때 나타나는 건강한 수치심을 표현하고 있었다. 그는 그가 이룬 업적에도 불구하고 진정 인간의 한계를 자각하고 있는 것 같았다.

인간임을 알게 해주는 수치심

건강한 느낌으로써 수치심은 우리가 한계가 있음을 알려준다. 인간이기에 어쩔 수 없는 한계 말이다. 인간은 본질적으로 한계가 있는 존재이다. 그러므로 우리도 어쩔 수없이 제한된 존재이다. 우리 중 누구도 인간이상이 될 수는 없다.

요즈음 유행처럼 번지는 힌두교의 영적 권위자나 아니면 이른바 초인들이 말하는 인간이상의 존재가 될 수 있다는 말은 처음부터 잘못된 말이다. 이들은 우리 안에 있는 해로운 수치심으로 비롯된 욕구에 기대어 우리 관심을 끌려는 것이지만 처음부터 인간이상이 되려는 것부터가 잘못인 것이다. 건강한 수치심을 가지고 인간의 유한함을 받아들이는 태도는 우리의 정신이 온전하다는 증거이며 건강한 수치심 역시 다른 감정적인 에너지와 마찬가지로 우리 안에서 에너지의 형태로 작용하면서 다른 감정들처럼 우리에게 필요한 기본적인 욕구를 채우게 한다.

우리의 기본적인 욕구는 체계화되려는 욕구이다. 우리는 경계선 시스템이 발전함으로 구조가 세워지고 어떤 체계 안에서 안전히 거하기를 원한다. 그리고 구조는 체계를 가져다준다. 체계와 경계는 그 안에서 보다 안정적으로 살아가게 할 뿐 아니라 에너지를 효과적으로 사용하게 한다. 우리가 아는 농담 중에 "말을 타고 아무 방향으로 떠나 보려는 늙은 어리석은 남자 이야기"가 있다. 다시 말해서 방향 즉 경계가 주어지지 않으면 우리는 허둥대고 만다는 뜻이다. 방향이 정해지지 않은 채 이길 저 길을 가다가 결국 아무데도 이르지 못한다. 건강한 수치심은 우리가 이 땅에 발을 디디고 살게 한다. 건강한 수치심은 인간에게 형이상학적인 경계를 그어준다. 인간들이 난해한 형이상학적인 곳에 집근할 때마다 우리가 하나님이 아닌 제한된 존재로써 실수를 저지를 수 있고 도움이 필요한 나약한 존재라는 것을 인식시켜 준다. 그리고 건강한 수치심은 실수를 저지를 수 있다는 허락도 내려 준다. 실수를 해도 괜찮다니! 이 얼마나 신명나는 일인가! 건강한 수치심은 우리의 한계가 무엇인지 깨닫게 해줄 뿐 아니라 또 우리의 에너지를 효과적으로 사용하는 것을 가르쳐 준다. 그래서 이룰 수도 없는 일과 변화가 불가능한 일에 매달리지 않고 할 수 있는 일에 전념케 해서 결국에는 우리가 원하는 것을 갖게 해준다.

건강한 수치심은 우리 자신의 에너지를 산만하게 하기보다는 오히려 자신을 있는 그대로 받아들이고 통합하게 한다.

수치심의 발달단계

에릭슨(Erick Erikson)에 의하면 아이들은 정신적 발달의 2단계에 수치심을 느끼기 시작한다고 한다. 하지만 그보다 앞선 1단계에서는 반드시 기초적인 신뢰감이 있어야 하며 반드시 신뢰감이 불신감보다 더 강해야 한다고 한다. 우리는 세상을 알기 전 먼저 신뢰심부터 갖게 된다. 우리에게 제일 먼저 접하게 되는 세상은 바로 우리를 돌봐주는 부모이다. 우리는 누군가가 우리를 위해 존재하며 우리를 돌봐준다는 것을 먼저 배워야 한다. 그러므로 우리를 보살펴 주는 사람들이 믿을만하고 예측 가능한 행동을 하는 사람이어야 한다. 그리고 자신의 행동을 반영해 주고 의지할 수 있어야 세상을 신뢰할 수 있는 힘을 얻게 된다. 부모와 신뢰관계는 세상으로 가는 도약의 모든 교량이 된다. 그리고 그 교량은 우리의 가치를 가늠할 수있는 척도가 된다.

우리는 '나' 이전에 '우리' 라는 관계를 통해 자신을 알게 되기 때문이다. 삶의 아주 초기부터 우리는 돌보는 자의 눈이 어떻게 거울의 역할을 하느냐를 보고 자신에 대해 알게 된다. 그러므로 성장하려면 우리는 먼저 우리를 돌봐주는 사람들과 신뢰관계부터 구축해야 한다.

상호 연대감

아이와 아이를 돌봐주는 사람과의 관계는 상호 간의 교류를 통해 점진적으로 발전해 간다. 진실로 신뢰란 상대방의 성숙한 행위를 통해 발전한다. 신뢰가 형성됨에 따라 감정적 연대감이 만들어진다. 그리고 이 감정적인 연대감은 아이와 돌봐주는 사람과의 관계에서 형성된 것으로 이를 통해 아이는 위험을 무릅쓰면서도 세상으로 나가고 탐구할 수 있게 해준다. 이 연대감은 돌보는 자와 아이 사이를 연결해 주는 교량 구실을 하게 되고 그 교량은 이해와 성장의 기반이 된다. 또한 그 교량의 힘은 자신을 돌봐주는 사람들을 얼마나 신뢰하고 기댈 수 있는가 하는 정도에 따라 비례하여 강해지기도 하고 약해지기도 한다. 그리고 이 힘은 다른 사람을 사랑하고 자신을 받아들이는 데에 아주 중요한 구실을 한다. 그리고 일단 이런 1차적 신뢰관계가 구축되어야만 아이는 건강한 수치심이든 해로운 수치심이든 수치심을 발달시킬 준비가 되는 셈이다.

건강한 수치심의 발달

아이가 태어나서 15개월 정도가 되면 아기는 본격적인 근육 발달을 하기 시작한다. 아이는 균형을 잡는 것을 배우고 유지하고 있는 것 그리고 움직이는 것까지 배운다. 초기 근육발달은 주로 자세를 유지하는 것과 서서 걷는 것 등이다. 혼자 돌아다니고 주위에 있는 사물을 탐험하려는 욕구로 말미암아 아이는 점점 부모로부터 독립하게 된다. 사실 에릭슨에 의하면 "사회 심리학적으로 이 단계를 신뢰심과 불신감 사이에 균형을 만드는 단계"라고 하였다. 15개월 정도부터 3살까지는 흔히 우리가 말하는 '미운 두 살'이라는 시기로 뭐든지 만져보고 맛보려 하고 냄새를 맡아 보려 든다. 잠시도 가만히 있지 못하면서 부모 말에 무조건 반대부터 하려 들며(물론 부모 입장만 고려한다면) 자기 고집대로 하려 든다. 아이들은 물건을 자기 것으로 소유하려 들고 이는 행동에서 분명히 나타난다. 그리고 계속적인 반복을 통해 냄새 맡고, 듣고, 보는 것을 소화하면서 아이들은 세상을 탐구해 간다.

아이들에게 필요한 것

아이들의 필요가 이시기에 얼마나 잘 공급 되는가는 놀랍게도 자신을 돌봐주는 자가 얼마나 배우자로부터 원하는 것을 얻고 관계를 통하여 공급 받느냐에 달렸다. 그녀는 남편과 관계가 좋아야만 자신의 책임도 다 할 수 있다. 그리고 돌보는 자가 이런 상태가 되어야만 아이가 원하는 것도 베풀 수 있는 상태가 된다. 아이에게는 건강한 수치심이든 감정의 표현이든 제대로 본을 보여 주고 가르쳐 주는 사람이 필요하다. 하지만 이 모든 것 위에, 먼저 자신 만의 경계를 긋는 것을 배우는 것이 필요하다. 아이는 무엇이 가능하고 무엇이 불가능한지를 배워야 한다. 그리고 자신의 세계를 구축하며 자율성을 길러 나가는 동시에 자신의 행동에도 불구하고 여전히 사랑받고 있다는 확신이 필요하다. 에릭슨은

> "이런 확신이야말로 아이가 앞으로 닥쳐오는 확실치 못한 일을 대처하
> 며 그 위험으로부터 보호해 주는 역할을 한다."고 했다.
> *'아이와 사회'*

아이는 사랑의 확신을 얻고 자신의 한계를 배우고 탐험하여 앞으로 나간다. 그리고 자신이 고집을 피우면서도 여전히 부모가 자신을 사랑하는 것을 알면 아이는 건강한 수치심을 가지게 된다. 우리가 건강한 수치심을 느낄 때는 당황스런 순간을 맞닥뜨린다든지 혹은 낯선 사람 앞에 선다든지 아니면 예기치 못한 일이 생겨 당황하게 되는 경우이다. 이때 건강한 수치심은 균형을 잡아주고 인간의 한계를 알게 해주며 우리가 전능하지 않음을 알려준다. 내가 한번은 '인간에 대한 더 깊은 접근' 이라는 강의를 하고 있을 적에 누군가가 아주 정중하게 내 바지 지퍼가 열렸다고 했다. 순간 얼굴이 붉어지고 당황했으나 이런 경우는 내 건강한 수치심이 너무 정신없게 흥분하지는 말라고 가르쳐 주었다. 파스칼(Pascal)이 말하길 "천사가 되기 위해서는 먼저 악마가 되어 보아야 한다"고 했다. 토마스 아퀴나스(Thomas Aquinas)는 "인간은 영적인 존재인 동시에 또 지극히 육체를 필요로 하는

존재"라고 설명한 바 있다. 이는 조지 산타야나(George Santayana)의 "위대한 성자가 되려면 먼저 짐승이 되어야 한다."라고 말한 취지와 같다. 우리는 제한된 존재이고 신성한 존재가 아닌 인간일 뿐이다.

당황할 때의 수치심

당황스런 순간이란 우리가 전혀 예측 못한 일이 벌어지거나 벌어진 일을 어떻게 해볼 도리가 없을 때 생긴다. 다른 사람 앞에서 도무지 무엇을 어떻게 할 줄 모르는 당황한 기분은 불쾌한 신체적 접촉이나 감정을 상한다든지 아니면 결례를 당했을 때 일어난다. 그때 드는 수치심으로 얼굴이 붉어지는 것은 외부에 자신의 예측 못함과 수치스런 기분을 고백하는 역할을 하는 지극히 정상적인 것이다. 헬렌 린(Helen Lynd)은 이에 관해

> "감정이 자신이 원하지 않음에도 외부에 드러나는 것은 본인의 의사와는 상관없이 외부에 노출되는 것과 같다."

얼굴이 붉어지는 현상은 우리가 인간임을 보여주는 것이다. 이 얼굴이 붉어지는 현상이야말로 우리가 제한된 존재라는 것을 은연중에 알려준다. 단순히 얼굴이 붉어진다는 표현이외에도 "얼굴에 철판 깔기", "얼굴이 활활 타는 것 같은", "얼굴 아끼기", "땅속으로 숨고 싶어" 등이 있다. 얼굴이 붉어지는 것은 우리가 실수했다는 것을 알게 해준다. 실수는 존재에 대한 평가가 아니라 그저 행동을 잘못했다는 것에 불구하다. 얼굴이 붉어지는 표시는 건강한 수치심을 지키게 해주고 이에 대해 느끼는 수치심이 우리를 인간이라는 테두리 안에 있게 하며 또한 우리가 가진 '인간'이라는 장점에 머무르게 한다.

수줍음으로써 수치심

수줍어하거나 부끄러워하는 것은 우리가 외부에 노출되거나 낯선 사람으로부터 해를 입지 않게 해주는 자연스런 경계선 역할을 한다. 사람들은 낯

선 사람과 마주 대하게 되면 어색한 태도를 바꾸기가 어렵다. 이럴 때 우리는 당황하게 된다. 하지만 이 역시도 건강한 수치심의 반응으로 예상치 못하게 껄끄러운 상황에서 노출될 때 일어난 감정이다. 낯선 사람이란 말을 정의하면 가족같이 친근하지 않은 사람이라는 뜻이다. 낯선 사람은 가족이 아니기 때문에 위험한 상황이 벌어질 수 있다. 이때 느끼는 부끄럽고 수줍은 감정이 우리로 하여금 낯선 이를 경계하게 하며 주의하게 한다. 그래서 수줍음의 경계선은 적어도 우리가 낯선 존재로부터 해를 당할 위험을 줄여주고 있는 것이다. 하지만 수줍음이 발전하여 해로운 수치심으로 연결될 때 심각한 문제가 될 수 있다.

공동체를 위한 기본적 필요로써 수치심

옛 속담에 "하나의 인간은 인간이 될 수 없다."고 했다. 이는 인간이 기본적으로 무리를 지어 사는 존재임을 피력한 것이다. 인간은 아무도 혼자 살수는 없다. 우리는 도움이 필요한 인간이다. 우리 인간은 아무도 다른 사람과의 사랑과 친밀함이 필요 없을 정도로 강하지 못하다.

우리는 태어나자마자 어머니에게 의존한다. 우리는 '나' 이기 이전에 이미 '우리' 인 것이다. 그리하여 상당한 의존이 이루어지고 충족된 후에 자동적으로 밖으로 탐험을 하기 시작한다. 이때 우리는 우리에게 한계를 가르쳐줄 수치심이 필요하며 제한된 자유를 기초로 자율성을 키워 나간다. 우리는 부모를 떠나는 준비가 되기 위해서 10년도 더 되는 기간을 보내야 한다. 우리는 돌보는 자에게 의존하지 않고는 우리의 필요를 충족시킬 수 없다. 우리가 가진 건강한 수치심은 우리가 도움이 필요한 존재라는 것을 가르쳐 준다. 그리고 나중에 성공을 하든지, 독립적이 되던 간에 우리는 여전히 도움이 필요하다.

우리는 사랑 받아야 하고 성장해야 한다. 또 누군가를 돌봐 주어야 하고 남에게 자신이 필요하다는 확신과 도움을 주는 역할도 필요하다. 건강한 수치심의 기능은 우리가 사랑받아야 하고 도움 받아야 하며 또 남을 사랑하고 도와주어야 하는 존재임을 일깨워 준다. 한마디로 건강한 수치심으로 말미암아 우리는 필요로 하는 것을 얻을 수 있다.

창조성과 배움의 근간이 되는 수치심

나는 리차드 반들러(Richard Bandler)의 워크숍에 참여했다가 아주 감명 깊은 경험을 가졌다. 그는 신경언어 프로그램(NLP)의 설립자중 한 사람으로써 그의 워크숍에서 한 경험은 잊지 못할 일이었다. 그는 우리가 살면서 옳았다고 여겼던 때를 생각해 보라고 했다. 몇 초가 지나지 않아 내가 생각해 낸 것은 내 아내와 결혼한 일이었다. 그리고 그는 과거의 일이 영화와 같이 한편의 시나리오로써 필름이 거꾸로 돌아가는 것처럼 그 순간순간으로 되돌아가 보라고 했다. 우리는 그 사건에 자세히 집중하면서 우리가 옳았다고 여겼던 곳으로 돌아가려 했다. 하지만 그 워크숍이 내게는 그리 소득이 없었다. 사실 나는 감정을 제대로 느끼는 것도 힘들었다. 리차드는 '서브모달리티'(시각이나 청각, 체감각 등의 감각을 실제로 인지하는 경우의 세부적인 요소)라고 부르는 것을 소개했다. 그것은 내게 그리 중요한 것은 아니었다. 그러나 내가 정말 감명 받은 것은 그의 놀라운 창조성이었다.

내 생각에 인간이 가진 가장 놀라운 힘은 창조성이라 생각한다. 그가 말한 것 중에 기억에 남는 건 사람이 일단 자신이 옳고 완전하다고 느끼면 다른 것을 더 탐구해 보는 것을 중단한다는 것이다. 탐험하지 않는 사람은 나중에는 창조성까지 잃게 된다고 했다.

사람이 옳다는 것을 확신하면 호기심을 멈추게 된다. 호기심과 의구심은 배움의 기초가 된다. 플라톤은 의구심을 갖는 것부터 철학이 시작된다고 말했다. 그래서 어떤 일에 대해서 절대적인 확신과 자기가 옳다는 의로움을 가지면 배우려는 것을 멈추게 된다. 건강한 수치심은 우리가 한계가 있는 존재로써 완전한 존재가 아니라는 것을 알려준다. 이 건강한 수치심으로 말미암아 우리는 호기심을 가지고 새로운 정보에 대한 탐험과 알지 못하던 일들을 배울 수 있게 되는 것이다.

영적인 기반으로써 수치심

아브라함 매슬로우(Abraham Maslow)는 정신분석학에서 이루어진 '제3의 심리학'의 선구자로 영적인 일에 관련하여 이렇게 표현한 바 있는데,

> "영적으로 살려는 건 인간의 본능이다. 그리고 인간만이 가지는 특성이기도 하다...하지만 인간에게는 이런 면만 있는 게 아니다."

영적인 것이 뭐냐고? 영적인 것은 아마도 우리의 삶의 양식을 말하려는 게 아닌가 생각한다. 또한 나는 영적인 일이야말로 삶을 성장시키고 풀어내는 일이라 믿는다. 예컨대 사랑과 진실, 선함과 아름다움, 섬김과 돌봄 등으로 볼 수 있다. 영적인 일은 온전함과 완전함을 추구하는 것이다. 영적인 일은 우리가 궁극적으로 원하는 것이기도 하다. 이 욕구는 우리가 초월적인 일에 나아가게 하고 엄연히 존재하는 궁극적인 실재에 발을 디디게 한다. 그리고 이 궁극적 실재를 우리는 '하나님'이라고 부른다. 건강한 수치심은 우리를 영적인 일로 나아가게 해 준다. 그래서 우리의 한계를 알게 함으로 우리는 하나님이 아닌 인간으로써 보다 큰 의미를 찾게 해준다. 건강한 수치심은 우리 자신보다 더 큰 존재가 있음을 깨닫게 해준다. 그리고 건강한 수치심은 인간의 심리적인 기초가 된다.

해를 주는 수치심

스캇 팩(Scott Peck)은 그의 저서에 "신경증과 성격장애"에 대해 기술해 놓았는데 이는 다음과 같다.

> "신경증이란 너무 많은 책임을 지려는 것이고 성격장애는 자기가 책임을 지지 않으려는 것이다. 예를 들어 신경증이 있는 사람들은 세상의 어려움과 문제가 자신에게 있다고 여기고 성격장애의 사람들은 자신의 문제가 세상 탓이라고 돌려버린다."

아직도 가야 할 길에서

우리 모두는 신경증과 성격장애를 조금씩 다 가지고 있다. 우리가 가지고 있는 가장 큰 문제는 아마도 책임을 분명하게 하고 해결하면서 사는 문제일 것이다. 삶에 진실하게 임하며 사랑하고 훈련을 하는 문제 말이다. 우리는 자신을 현실적으로 책임질 줄 알아야 한다. 팩에 따르자면 이는 '책임에 따르는 고통과 어려움을 기꺼이 감수하려는 의지'가 필요한 일이다. 그리고 이 능력은 그 혹은 그녀가 얼마나 자기 자신과 좋은 관계를 갖느냐에 달려 있다. 건강한 수치심을 가진 사람에게는 이것이 가능하다. 하지만 해로운 수치심을 가진 사람에게는 참으로 이렇게 하는 것이 어렵다. 해로운 수치심은 실제로 성격장애나 신경장애를 일으키는 주된 요인이기 때문이다.

신경증 증후군으로써의 수치심

어떤 종류의 수치심이 당신을 묶고 있는 것인가? 당신의 삶에서 나타나는 영향은? 도대체 당신이 가지고 있던 건강한 수치심에 어떤 일이 일어났기에 이 지경이 되었을까? 해로운 수치심은 당신을 묶고 끊임없이 당신에게 '나는 인간으로써 못나고 형편없는 놈이야'라고 여기게 한다. 더 이상 감정으로써 한계를 느끼도록 알려 주지 않는다. 해로운 수치심은 행동에 관한 느낌이 아닌 존재에 관한 느낌이기 때문이다. 해로운 수치심은 존재에 대해 무가치감을 가져다준다. 존재에 대한 느낌은 자기 자신에 관한 느낌이다. 해로운 수치심은 이를 가진 사람에게 끊임없는 부정적인 생각을 떠올리게 하면서 그들을 서서히 파괴시킨다. 너무나도 큰 부정적인 생각으로 그들은 자기 자신을 믿지 못하며 스스로를 가치 없게 여긴다. 해로운 수치심은 영혼의 질병과 같으며 자신을 부인하도록 만든다. 해로운 수치심을 느끼려면 수치심 이전에 이미 다른 수치심이 존재하고 있어야 한다. 이는 사람들이 죄책감과 상처와 두려움을 가지려면 이미 그 이전에 해로운 수치심을 먼저 가지고 있어야 한다는 말과 같다.

해로운 수치심을 가진 사람들은 고독하고 아주 외로운 느낌을 느끼며 종종 너무나 공허하다는 느낌에 사로잡혀 어쩔 줄을 모른다. 그동안 정신분석학이나 임상심리를 하는 연구소에서 해로운 수치심에 대한 연구는 흔하지 않았다. 흔히 죄책감으로 오인되기 쉽기 때문이었다. 프로이드가 불안과 죄책감에 대한 연구는 했지만 간발의 차이로 수치심에 관한 개념은 비껴 나가고 말았다. 하지만 최근 타임지 특집 란에 "수치심을 숨기지 말고 분명하게 드러내는 단계적 방법들"에 대해 다루었는데 다니엘 골멘(Daniel Goleman)의 글에 따르자면 "이제까지 수치심에 그리 많은 주의를 기울이지 않았던 심리학자들이 자신도 미처 알지 못했지만 그동안 널리 퍼져 있으며, 감정적 힘을 가졌으되 과학적 접근에서 무시된 수치심에 대해 약간은 당황한 마음을 가지고 최근에는 주의를 기울이려 한다."고 했다.

정체성으로써 수치심-수치심의 내면화(Internalization)

인간의 감정은 어떤 감정이든지 내면화될 수 있다. 내면화란 여러 감정 중 특정한 상황에서 감정의 기능이 멈추어서 아예 성격 스타일 자체로 굳어졌다는 뜻이다. 아마 당신 주변에도 '투덜이' 혹은 '맨날 인상 찌푸리고 돌아다니는 사람', 혹은 '슬픔에 젖어 사는 사람들'이 있을 것이다. 이런 경우 그들은 어떤 특정한 감정이 이젠 그 사람의 정체성 즉 성격의 핵심이 된 것을 보여준다. 이런 사람들이 화를 내거나 슬퍼할 때는 이미 그들이 화가 났다거나 슬퍼한다고 여길 수 없는데 이는 그들이 이미 화, 슬픔 자체이기 때문이다. 수치심이 내면화하는 과정을 세 가지로 나누어 보면,

1. 수치심이 내재된 사람에게 양육을 받아 수치심을 학습하며 자신과 동일시하여 나중에는 그 사람과 마찬가지가 된 경우
2. 어릴 적에 버림받고 학대받은 충격으로 인해 감정과 욕구, 동기가 수치심에 묶인 경우
3. 수치심이 드는 기억들이 내면화되어 속에서 계속 악순환으로 작용하는 경우

감정이 내면화되려면 오랜 시간과 과정이 든다. 그리고 위의 세 가지가 계속적으로 반복되고 강화될수록 수치심은 더욱 내면에 단단히 자리 잡게 된다.

수치심이 내재된 사람과 동일시

동일시(Identification)란 모든 인간에게 정상적으로 일어난 과정이다. 사실 우리는 동일시가 필요하다. 자신보다 더 큰 누군가와 자신을 동일시한다는 건 우리에게 안전감을 준다. 우리가 누구에게 소속해 있을 때 보호와 안전감을 느낀다.

이 소속해 있는 느낌을 가지려면 우리는 누군가와 동일시해야 하는데 이 소속하고 싶은 욕구는 인간의 기본적인 욕구이다. 이는 자신이 속한 구성원이나 단체가 자신을 돌봐준다는 믿음을 가지고 배우자나 가족 중의 자기를 돌봐주는 자, 자신이 속한 그룹, 문화, 나라 등에 의존하고 기대한다. 어쩌면 스포츠 팀을 응원하거나 정치적 정당을 옹호하는 것도 그렇다고 볼 수 있는데 우리는 그들이 가져다주는 승리와 실패에 영향 받게 된다. 나 같은 경우 어려서 노트르담(Notre Dame) 대학 풋볼 팀의 광적인 팬이었는데 나는 그 대학 출신도 그 지역 출신도 아니었고 또 한 번도 그곳에 가본 적도 없었다. 하지만 어쨌거나 그 팀이 이기면 나도 이기는 것이고 지면 나도 완전히 기분 잡치는 거였다.

이런 현상은 사람들이 자신이 속한 곳에 충성심을 보여 주거나 자신이 속한 그룹에 가끔가다 광적으로 집착하는 일과 비슷하다고 볼 수 있다. 이와 마찬가지로 아이들이 수치심이 내재된 부모와 함께 산다면 그 아이들은 부모와 동일시하게 된다. 그리고 그런 부모 밑에 있다는 것은 해로운 수치심을 갖게 되는 첫 단계라 볼 수 있다.

미성숙의 유산-버려짐

아이가 버림을 당했을 때 수치심은 내면화하게 된다. 버려짐, 다시 말해 유기란 그 일을 당한 사람에게 자아와 정신적 힘이 말살되는 결과를 낳는다. 아이들은 그들을 돌봐주고 그들에게 반영해주는 사람 없이 스스로 살 수 없다. 그리고 아이가 하는 행동에 반영해 주는 것은 아이가 태어난 첫 해에 중요한 사람을 통해서 하는 것이다. '버려짐'이란 반영해 주는 사람이 없다는 것을 말한다. 그리고 감정이 닫힌, 수치심이 내재된 부모는 아이에 감정에 반영해줄 재간이 없다. 아이가 태어나면 곧바로 말을 할 수 없기에 감정의 교류를 통해 의사소통이 이루어진다. 감정을 반영해 주는 사람 없이 우리는 자신이 누구인지 모른다. 생각해 보라. 당신이 누군가에게 이야기를 하려는데 당신 얼굴도 쳐다보지 않고 무시를 한다면 얼마나 당황하고 화가 나겠는가를! 감정의 교류는 정말 중요한 것이다. 우리가 먼저 자신을 알기 위해서는 먼저 소중한 사람이 우리를 보는 눈을 통해서 우리를 알아줘야 한다. 사실 에릭슨은 인간의 자아를 상호적인 교류관계에 의해 규정되는 것으로 표현했다.

> "내면의 일치감과 지속성으로 비롯된 자신감을 가지게 되는 자아의 정체감은 그 자기를 돌봐주는 사람의 행동의 일치감과 일관성이 필요하다."
> *'아이와 사회' 중에서*

유기, 다시 말해 버려짐은 아이의 의존하려는 욕구가 무시, 모든 종류의 학대, 산만한 가족관계나 가족시스템의 필요에 의한 희생이라고 볼 수 있다.

인간적인 욕구를 느낄 때마다 수치심에 묶임

기본적 욕구나 느낌이 수치심에 묶였다는 것은 이미 건강한 수치심이 해로운 수치심으로 변형되어 구실을 못하고 있다는 뜻과 같다. 이는 당신이 무엇을 원할 때마다 그 욕구를 수치스러워 한다는 말이다. 인간의 동기와 느낌은 인간 삶에서 핵과 같은 중요한 것이다. 그러므로 수치스럽다는 말은 당신의 존재 중심에서부터 수치를 느낀다는 말과 같다.

내면에서 수치스런 기억들과 연결됨

　수치스런 기억들은 다양한 이미지로 기억의 창고에 저장되어 있다. 불행히도 우리 대부분이 그 수치스런 감정들을 제대로 해소할 시간이 없었기에 기억하고도 싶지 않은 기억들은 우리 안에 꽁꽁 숨겨져 억압되어 있는 경우가 많았다. 언어로 수치를 당한 기억도 그 당시 상황에 따른 기억만큼이나 생생하게 살아 있다. 정말로 불행한 일이지만 아이는 부모가 최악일 경우에 저지른 일을 더 잘 기억하는 경향이 있다. 특히 이혼이나 별거는 아이의 생존을 위협하는 일이다. 나중에 이와는 전혀 다른 일이지만 그 전에 일어났던 안 좋은 상황과 조금이라도 비슷할 경우 그때 가졌던 감정이 살아날 가능성이 아주 높다. 그리고 이런 감정들은 마치 눈덩이가 산비탈에서 내려오면서 점점 커져 나중에는 이것이 조그만 눈덩이라고는 도저히 볼 수 없을 만큼 커져 걷잡을 길 없이 불어난다.

　말 한마디, 잠깐 있었던 일, 표정 하나라도 시간이 흐르면(그때 처리하지 못한)수치스러웠던 기억 속에 합쳐져 덩어리같이 머물러 있다. 그리고 어느날 그 수치스런 감정이 다시 속에서 재발되는데 굳이 그와 비슷한 일이 벌어질 필요도 없다. 이는 감정이 안에서 자발적으로 충동질하기 때문이며 새로운 일에 임하려는 우리를 얼어붙게 하거나 ‘아예 나 같은 건 가능성도 없어’라고 주저앉게 만들며 자신의 실수에 역겨워 하게 만든다. 그리고 이는 자신을 역겨워한다는 말과 같다. 수치심은 정말로 깊이 내면화되는 감정인 것이다.

자기 분열과 외로움의 수치심

　자신의 마음이 분열된 것과 같은 증세로 고생 할 때는 지금 그 사람이 자신의 참된 자아와 분리되어 그런 감정을 가진다는 것을 의미한다.

　예를 들면 당신의 가정에서 화를 표현하는 것을 전혀 허락하지 않았다면 당신은 화내는 감정과 분리되었을 가능성이 크다. 그렇게 되면 당신은 화가 날 때마다 수치심을 느낀다. 하지만 아무리 그런 식으로 가정에서 교육한다

해도 도무지 화의 감정은 없어지는 게 아니다. 사실 분노는 당신을 보호하는 감정이며 분노의 감정이 없으면 자신을 무시하고 다른 사람 기분만 맞추려는 사람이 된다.

감정이 수치심으로 묶이게 되면 당신은 감정과 더욱 분리될 수 밖에 없다. 그리하여 마침내 수치심이 당신 안에 완전히 자리 잡으면 당신 안에 있는 그 어느 것도 좋다고 느껴지지 않는다. 당신 안의 모든 것은 다 쓰레기같이 여겨져 자신을 실패자로 느끼게 된다. 이제 당신은 자신이 아닌 것처럼 마치 무슨 물건이나 된 듯이 보기 시작한다. 하지만 자신을 자기 자신이 아닌 어떤 대상으로 여기는 것만큼 위험한 일도 없다. 이런 태도를 가진 사람들은 자신이 무슨 감시의 대상인 것처럼 자신내면을 비판적으로 보며 조각조각 찢어 놓는다. 그리고 그들 자신에 대한 이러한 태도는 다른 관계에까지 파급된다.

이때 주로 나타나는 모습이 바로 편견과 미움이다. 남을 평가하고 조각조각 찢어놓는 사람은 이미 자신을 조각으로 찢어놓은 사람이다. 그리고 이런 다중인격의 상태를 가진 사람들은 과거에 성폭력이나 육체적 학대를 경험한 사람들이 많다. 자신과 분리된 사람들이 이 세상에서 살아가려면 현실에서 벗어난 환상적인 세계를 창출하여 사는 수밖에 없다. 자신과의 이질감은 종종 만성적인 우울증을 동반하는데 이 우울증은 자신과 분리되었다는 것을 알려주는 신호음이다. 아마도 신경증의 가장 비극적인 면은 자기가 자신을 부정하는 면일 것이다.

거짓 자기로써의 수치심

자기 자신이 싫기 때문에 자신을 부정하고 자신이 아닌 다른 사람으로 위장하려는 것은 어쩌면 당연한 건지도 모른다. 그리고 이런 취지로 만들어진 모습들은 언제나 인간이상이거나 그 이하이다. 이들은 완벽한 사람으로 보이려 하거나 또는 망해 가는 역기능 가정에서 유일하게 성공한 영웅적 인물, 이도 저도 아니면 가족 내 희생자가 된다. 이런 모습은 주변에 흔하다.

그러나 유의할 점은 일단 거짓 자기가 만들어지면 참 자기의 모습은 숨겨진다는 것이다. 거짓된 자기모습으로 수년이 흐르다 보면 나중에는 자신이 누구인지도 모른다. 거짓된 자기의 양상이 주로 완벽주의로 나타난다는 것은 흥미로운데 이는 자신의 영혼에 구멍이 난 것을 밖에서 보상하려는 태도 때문이다. 하지만 밖에서는 어느 정도 자신이 원하는 대로 보이는데 성공했을지 몰라도 내면에는 여전히 수치심으로 고통 받고 있다. 여기서 재미있는 것은 위장된 모습은 항상 극과 극을 달린다는 면이다. 어마어마하게 성취하는 모습과 어림도 없는 모습, 아주 성자 같은 모습과 이에 반한 사악한 모습, 권력으로 찍어 내리려는 모습과 동정으로 밀어 붙으려는 모습 등 거짓된 위장은 항상 극과 극을 달린다.

상호 의존의 수치심

지금까지 상호의존에 대하여 많은 분량의 연구가 이루어졌다. 그리고 모두가 동의하는 의견은 상호의존은 어릴 적 상실감에서 비롯되었다는 견해이다. 상호의존의 사람은 내면의 삶은 없고 모든 것을 외부에서 이루려 한다. 사랑도 행복도.. 심지어는 자신에 대한 느낌조차 외부에 의존한다. 피아 멜로디(Pia Mellody)는 여기에 대해 자신 안에서의 느낌과 참 자신에 대한 자각이 전혀 없이 모든 것을 외부에서 구하려는 시도는 자신과의 소외된 고통을 더 강화시켜주고 인간관계 가운데 문제를 일으킨다고 했다. 나는 이 설명만큼이나 내면화된 수치심의 상태에 대해 잘 설명한 게 없으리라 보며 상호의존이야말로 내면화된 수치심의 정수라 볼 수 있다.

경계선성격장애의 수치심

카우프만(Kafman)은 DSM-III에서 정의한 신경증적인 수치심을 정서적인 질병의 범주로 보았다. 그리고 이런 병리적인 증상이 수치심과 관련이 있다는 사실을 알게 되었다. 이런 증세로는 의존적인 인격, 심한 우울증, 정신분열증에 가까운 심리적 불안, 경계선 성격장애를 들 수 있다. 내가 믿기로는 해로운 수치심으로 인하는 문제는 정신분석학적으로나 임상심리 쪽으로 명확하게 규정을 내기가 상당히 난해한 입장이라는 것이다. 하지만 그러면서도 내가 깨달은 것은 정확한 사례의 통계와 사건의 이해분석을 통해 그 귀추와 복합성은 가늠할 수 있다는 것이다. 내가 제임스 마스터슨(James Masterson)의 '경계선 성격장애'에 관해서 연구하고 그 이외에도 내가 한 연구 결과에 따르면 해로운 수치심에 기초한 사람의 치료와 경계선 성격장애자의 치료와는 크게 차이가 없다는 것이다. 나는 마스터슨이 말하는 경계선 성격장애는 신경증적 수치심의 증후군이라는 것을 확신한다. 그 구체적인 증세를 말하면,

1. 자기 이미지를 구체화시키지 못함
2. 개인의 생각, 기대, 느낌, 자존감을 표현하는데 어려움을 겪음.
3. 자기확신의 어려움 등이다.

'경계선 성격장애자가 기능하는 어른이 되기'

모든 중독의 기초가 되는 뿌리 깊은 수치심

신경증적인 수치심은 모든 중독과 강박적 행동의 근본적인 원인이다. 내 입장에서의 강박적/중독의 행동에 관한 정의는 "순간의 만족을 얻기 위해 삶 전체를 희생시키는 정신적 행위"이다.

사람들을 중독으로 몰아가는 중심에 깔린 생각은 자신이 열등하고 불안정한 사람이라는 생각이다. 그래서 이 생각을 달래 보고자 일과 쇼핑 또는 도박을 통해 몰두하여 잠시 잊으면서 순간적인 만족을 구하려 든다. 모두 정도에서 넘어서서 일 중독자는 일에서, 알코올중독자는 술에서, 애정에 중독된 사람은 애정 행각에서 각자 즉각적인 위안을 얻으려 든다. 하지만 이 모든 것은 내면의 불만족을 보상받으려는 행위이며 이에 따른 결과는 오히려 그 전보다 더 비참해지며 수치심의 정도가 더 깊어질 뿐이다. 이는 마치

원점으로 돌아오는 순환고리와 같아 계속 반복되는 악순환에 수치심의 골만 깊어질 뿐이다.

　나는 술로 인해 생겼던 안 좋았던 일들을 역시 술을 다시 마셔서 잊어버리려 했다. 참 우습지만 외로움과 공허 때문에 술을 마셨던 것이 오히려 그런 마음만 더 깊이 내 안에 가라앉힐 뿐이었다. 표 1.1에서 나는 이 부정적인 악순환의 순환주기에 대해 보다 알기 쉽도록 그림으로 표현해 놓았다. 이 부정적 순환주기의 악순환 , 다시 말해 중독은 내가 날 아무도 사랑해 주거나 받아주지 않는 외롭고 기댈 곳이 없는 존재라고 여기는 생각에서부터 출발했다. 하지만 엄밀히 말해서 중독은 다른 사람이 자기를 사랑하지 않기 때문이기보다는 자기가 자신을 사랑하지 못해서 생긴 일이다. 그래서 내가 만약 다이어트를 하거나 술을 마시거나, 맛있는 것을 먹거나, 섹스를 하거나, 돈을 더 많이 벌거나, 일을 더 열심히 하면 속에서부터 울려오는 이 괴로운 소리 -자신에게 만족하지 못하고 싫어하는-가 줄어들 거라 여기기 시작한다. 그리하여 수치심은 자신의 존재로부터 비롯한 생각을 행동으로써 보상하려 만들어 소위 '행위 지향적인 인간' 을 만들어 낸다.

　그런 사람들에게는 자신의 가치는 외부에 이루어 놓은 성취가 중요하지 내면에 무슨 일이 벌어지는지는 상관하지 않는다. 좀더 정확히 말하면 밖의 일에 열중하느라 안을 들여다 볼 시간이 없다는 게 맞는 말이다. 일단 어떤 행위로 일시적인 위안을 얻게 되면 중독이 될 가능성이 높아진다.

　그리고 결국 중독이 되어 집착의 수준까지 되면 이제 이런 행동들을 통해 내면의 불만족을 표출한다. 예를 들어 알코올은 말할 것도 없거니와 몰래 뭘 먹든지 아니면 섹스에 집착하든지 하는 것이다. 가장 흔한 증상은 알코올 중독, 신물 날 정도로 마구 먹는 것, 자위행위, 돈이 있으면 있는 대로 다 써버리는 것 등이다. 하지만 결과는 망가진 몸, 과체중, 의미 없는 섹스와 텅 빈 지갑이다. 그리고 이는 모두 수치심만 더 가중시킬 뿐이다. 더구나 수치심을 없애려고 밖으로 표출하는 행동은 인생을 송두리째 망치는 결과를 가져오기 쉽다.

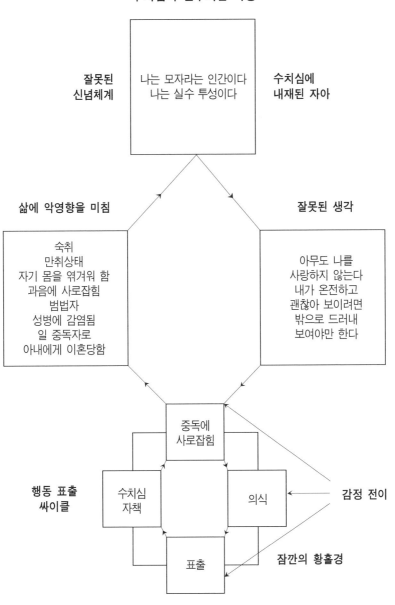

도표 1-1 강박적 · 중독적 싸이클이 반복되는 과정과
수치심이 전수되는 과정

잘못된
신념체계

나는 모자라는 인간이다
나는 실수 투성이다

수치심에
내재된 자아

삶에 악영향을 미침

잘못된 생각

숙취
만취상태
자기 몸을 엮겨워 함
과음에 사로잡힘
범법자
성병에 감염됨
일 중독자로
아내에게 이혼당함

아무도 나를
사랑하지 않는다
내가 온전하고
괜찮아 보이려면
밖으로 드러내
보여야만 한다

중독에
사로잡힘

행동 표출
싸이클

수치심
자책

의식

감정 전이

표출

잠깐의 황홀경

이들이 반복적으로 보여 주는 메시지는 "나는 좋은 사람이 못돼. 난 뭔가가 잘못되어 있어"라고 하며 마치 고장 난 레코드 마냥 같은 내용만 반복한다. 고장 난 것을 자꾸 틀수록 더 고장 나듯이 그들의 생활도 그렇다. 한마디로 해로운 수치심은 모든 중독의 원인인 것이다.

죄책감과 수치심

해로운 수치심과 죄책감은 분명히 구분된다. 올바른 죄책감은 뭔가 잘못을 하거나 자신의 믿음대로 행동하지 않았을 때 중심에서부터 드는 감정이다. 하지만 이 죄책감도 나중에는 해로운 수치심으로 변질될 수가 있다. 에릭슨은 많은 진보를 이룩한 제3의 심리학에서 죄책감의 학습됨과 그 자발적인 면에 대해 차이를 다루고 있음에 대해 말하고 있는데 '죄책감은 수치심보다 좀 더 성숙한 감정'이라는 것이다. 죄책감은 자신에 대한 경멸을 드러내는 입장보다는 오히려 자신에 대한 가치관의 통합된 입장에서 나오는 경우인데 포슴(Fossum)과 맨슨(Mason)에 따르면

> "죄책감을 느끼는 사람들은 '내가 그런 일을 저지르다니 믿을 수 없어', '내가 어떻게 그런 일을 했을까' 하는 정도이다. 이들의 말을 들어보면 이들은 자신이 그런 일을 저지르리라고는 생각할 수 없는 사람이기에 그런 일을 저질렀다는 게 믿어지지 않는다는 말이다. 이것을 보면 결국 죄책감은 자신의 가치를 좋게 보고 있기에 그가 그 자신이 믿는 방향대로 나아가지 않을 때 생기는 감정인 것이다. 하지만 수치심은 아예 자신의 가치를 좋게 여기지 않고 수치스럽게 여긴다. 행동이 아닌 존재에 관해서 부정적인 감정을 느끼는 것을 의미한다."
>
> *- Facing Shame -*

표1.2는 해로운 수치심과 죄책감 그리고 건강한 수치심과 죄책감에 대한 것이다. 여기서 주된 관점은 해로운 수치심이 행위가 아닌 존재에 대한 관점이기에 자신을 이미 부정하고 안 좋게 여기는 이상 행동으로써 이를 바꿀 도리가 없다는 것을 보여준다.

도표 1-2 수치심 - 죄책감 대조

	해로운 죄책감	건강한 죄책감	해로운 수치심	건강한 수치심
원인과 각본	존재로 인한 성장발달 과정의 실패; 혼란된 기억이 원체주의 결과	수치심 이후에 발달(3세~6세) 에릭슨의 3단계 사회심리학 단계; 좌책감을 느끼기 시작함 의식의 전단계	실패적인 성장과정 a. 수치심의 내재된 모델 b. 버려짐의 상처 c. 수치심의 이미지 상호연결	초기 발달 15개월~3세 에릭슨의 2단계 사회심리학 단계
책임과 권력	힘이 없는 시스템에서 힘을 가져다주의 과도한 책임을 짐	적절한 책임감 선택에 따른 결과에 책임을 짐	무책임: 미약함, 선택의 실패, 무능력	제한된 권력과 책임감; 권력은 자신의 한계를 인정하고 도움이 필요한 존재인식
감각을 느낌	아둔고 서라움. 실수할 여지가 없음. 나는 실수를 하면 안돼 그건 너무 끔찍해	나는 실수를 했다; 자신의 가치 판단에서 자신을 시아하게 생각하지 않는다	나는 실수를 했다 난 희망이 없다 나는 가치가 없고 선하지 않다	나는 실수를 할 수 있고 앞으로 실수할 것이다 실수를 통해서 개선될 수 있다
문제	염격한 역할; (다른 사람이 잘못된 인생에 책임이 있다고 믿음)	잘못 행동 일에 관해 변화 기능	존재의 잘못; 자신에 결점 특성이이며 치료 불가능하다고 여김	유한한 존재 한계가 있으므로 잘못을 범할 수 있다
도덕적으로 선함	내가 완벽하다면 선해질 수 있다 (율밖주의) 그러므로 나는 모든 규칙을 고쳐야 한다	나는 선해질 수 없다 나는 실수를 적당하게 회복할 수 있다	나는 악하다 나는 선하지 않다 나는 부적당하다 (지나친 도덕주의)	나는 유한하지만 나는 인간임을 허락한다
경계선	염격한 규칙이나 역할 이외에는 나는 나의 경계선을 지킬 권리가 없다	정도에서 벗어난 도덕적 경계선	경계선이 없음; 자신의 모든 것을 못마땅하게 여김	책이 되는 경계선
소포츠 비유	존재가 엄살이다; 과도한 반칙, 경기에서 추방되기까지 기본적인 규칙 위반	축구규칙을 경계선 없이 뛰는 것과 같다 위반으로 대체됨	경기 개임 자체를 위반함 아는 마지 잘못된 플레이 할 수 없는 경기를 하는 것과 같다	규칙위반 단순한 위반

성격장애 증후군으로써 수치심

자기도취형 성격장애

자기도취형 성격장애에 대해 제임스 매스터슨(James Masterson)는 이렇게 정의하였다:

> "과장된 행동양식으로 자신에게 과도한 관심과 주의를 기울이는 반면 다른 사람들에게는 매우 부주의하며 무관심하다. 대신 그들이 남에게 관심을 갖는 때는 오직 남들이 자신들을 봐주고 숭배할 대상으로 뿐이다."
> *'나르시즘과 자아의 경계 장애'*

악성 나르시즘은 자신이 하는 모든 일에 끊임없는 주의와 완벽함을 요구한다. 그리고 그런 인격이 추구하는 일은 자신의 전능함을 보여줄 부와 권력과 아름다움을 좇으며 다른 사람들이 자신에게 열광해 주고 숭배해 주는 것뿐이다. 하지만 그 밑에 깔린 것은 질투와 분노로 가득찬 지독한 공허감과 허망함이다. 다시 말해 악성 나르시즘의 중심에 있는 것은 내면화한 수치심이라 볼 수 있다.

편집장애

편집장애 역시 내면에 있는 수치심을 감추기 위해 일어난다. 편집증을 가진 사람은 항상 초긴장 상태로 자신이 언젠가는 일어나리라고 염려하는 일 즉 자신이 무시되거나 배신하는 일 등이 일어날 것에 대해 항상 긴장하고 있다. 편집증을 가진 사람은 평범한 일도 자신을 위협하는 획기적인 사건으로 여기며 항상 긴장을 늦추지 않는다.

해리 스택 설리반(Harry Stack Sullivan)은 편집증을 "절망적으로 불안정하게 느끼는 마음"이라 정의했다. 편집증의 결함이라면 그건 외부를 비난한다는데 있다. 이들의 수치심에 기초한 눈은 자신이 부정하고 싶은 자신에 대한 경멸이나 불만족을 외부로 투사한다. 남이 하는 잘못이나 실수거리는 이들에게는 용서가 안 된다.

그들은 자기 자신을 용납하지 못하고 용서하지 못하는 마음을 밖으로 투사하여 남에게 전가시키며 가혹하게 구는 것이다.

공격적인 행위

일반적인 범죄

엘리스 밀러(Alice Miller)는 대부분의 범죄 행위가 자신이 받은 것을 밖으로 표출해서 생기는 행위라 했다. 이 '표출하다' 라는 말은 다시 재연한다는 말이다. 다시 말해 범죄를 저지르는 범죄자가 전에는 오히려 피해자였다는 말이다. 가족에게 학대받고 유기되어 자란 아이는 희생자의 역할을 그간 해온 셈이다. 그리고 이 아이들 대부분이 후에 그들이 학대받던 대로 다른 사람에게 학대를 받거나 아니면 가해자와 자신을 동일시하여 자기가 받은 그대로 남을 학대하는 가해자 대 희생자의 규칙을 반복한다. 이런 행동의 반복을 가르쳐 "강박적 재연" 이라고 한다.

엘리스 밀러(Alice Miller)의 저서인 '당신 자신을 위해서' 에서 그녀는 약물중독에서부터 아동살해에 이르기까지 자신이 받은 '학대의 재연' 을 총망라했다. 그들이 한 행위가 자신이 받은 학대에서 기인한다는 확실한 증거는 없지만 나는 그들이 받은 학대가 후에 이어지는 범죄행위에 상당한 영향을 미치는 것으로 믿고 있다. 물론 아무도 이 끝없는 문제들에 대한 답을 시원하게 줄 수는 없다. 하지만 나에게는 의심할 바 없이 이 모든 각종 범죄가 가족 내에 막대한 양의 해로운 수치심이 외부로 표출되어 사회적으로 드러나는 일들이라고 생각된다.

육체적 학대

육체적 학대자는 그 자신도 전에 피해자일 가능성이 많다. 아이들을 폭력이나 육체적으로 학대하는 부모는 그 자신들도 어릴 적에 부모로부터 그렇게 당한 사람들이다. 자신이 당한 상처를 가슴속에 묻어둔 채 미처 해결하지 못하고 있다가 아이를 키우는 때에 전에 자신이 경험했던 비슷한 상황이 도래하자 아이들에게 자신이 부모에게 받은 상처를 그대로 재연하는 것이다. 카우프만(Kaufman)은 이에 대해,

> "아이들을 때리는 부모들은 전에 자신이 부모에게 그와 같이 맞은 때가 있었다. 다만 이제는 그때 해결하지 못한 마음을 부모 역할을 하면서 아이에게 표출하는 것이다. 그리고 이제는 부모와 같은 가해자의 역할로써 말이다."

　왜 그같이 괴로워했던 일을 부모가 되어서 자신의 아이에게 그대로 하려는 것일까? 이 답은 가공할만한 '동일시'에 있다. 이는 베틀멤(Bettelheim)이 언급한 '공격자와 동일시'란 말과 같은데 아이들은 맞거나 감정적으로 상처를 당할 때 이를 가능한 빨리 밖으로 표출시키고 싶어 한다. 하지만 상황은 여의치 않으니 아이들은 차라리 자신에게 폭력을 가하는 힘과 권력을 가진 가해자와 자신이 동일한 존재하고 여기며 그 참혹한 순간을 버텨 나간다. 아이는 가해자와 자신을 동일시하면서 자신이 비참한 지경에 처한 아이인 동시에 또 막강한 힘을 가진 가해자로 보려 한다. 이들이 나중에 가해자의 역할을 하게 될 때 그 대상이 되는 것은 이들 자신이나 아이들 그리고 배우자이다. 그리고 그들 안에 있는 과거에 겪은 상처로 인한 수치심은 이 부정적인 순환주기를 강박적으로 계속 진행시키게 한다. 폭력의 희생자는 나중에 가해자가 되는 수도 있지만 대부분이 반복되는 폭력의 희생자가 되어 소위 말하는 '학습된 무기력자'가 되고 만다.
　예측 불가능한 폭력은 무작위로 이어지고 수동적이 되어 깊은 무기력에 더 이상 자신이 어떻게 해볼 도리가 없다고 여긴다. 한마디로 그들은 더 이상 자신이 선택할 여지가 없다고 믿어 버리고 만다. 여기서 놀라운 점은 학대를 받고 폭력을 당할수록 오히려 부당하게 학대받는 자신을 더욱 수치스럽게 여긴다는 사실이다. 자신을 수치스러워 하면 할수록 더욱 자기를 대접받을 자격이 없는 못난 존재나 가치 없는 존재로 여긴다. 그리고 자신이 가

치 없고 보잘 것 없는 존재로 여길수록 선택할 힘도 점점 사라져 간다. 내면에 자리 잡은 수치심은 자신을 지킬 자리마저도 파괴한다. 자신을 지킬 수 있는 경계가 없으면 자신을 방어할 자리도 없다.

성적 학대

성적 학대를 가하는 사람들의 대부분이 성중독자이다. 하지만 어떤 경우는 그들이 과거에 받은 성적 학대를 되풀이하는 경우도 있다. 그리고 성적 학대는 희생자가 자아가 분리되는 증상을 줄 정도로 심한 고통을 준다. 근친상간의 가해자들이나 대부분의 성적 가해자들 역시 자신의 수치심에 의해 그런 행동을 한다. 카우프만에 따르자면,

> "가해자들 또한 수치심이 내재된 사람들이다. 그런 종류의 행동은 권력의 추구와 복수하고자 하는 마음을 표출시키는 행위로 내면에 있는 수치심의 영향으로 행해지는 것이다. 자신의 무능력함과 비참함을 희생자에 대해 고문과 같은 비인간적이며 더러운 행위로 표출하면서 이들은 순간이나마 무력감과 비참함에서 해방된 느낌을 갖는다."

희생자들이 겪는 일로는 근친상간, 강간, 성적인 괴롭힘, 관음증, 노출증, 적절치 못한 행동이나 음란 전화 등이 있다. 그리고 이 모든 일이 가해자의 수치심의 표출로 인해 수치심과는 전혀 관계없는 사람들이 희생되는 것이다.

초인간이 되려는 잘못된 의지

해로운 수치심을 가진 사람의 이면에는 항상 무슨 척을 하려는 양상이 숨어있다. 정상에서 벗어나 과장되거나 오버하는 행동은 그의 의지 쪽에 문제가 있어서 생긴다. 악성 나르시즘이나 자기를 확대시켜 보이려는 증상, 아니면 자신을 벌레처럼 여기는 행동 이 양극단의 행동 모두 같다고 볼 수 있는 것이다. 이들은 인간이상이 되려 하거나 인간이하의 존재로 떨어지는 등 항상 극에서 극으로 치닫는다. 자신을 벌레 같은 인간으로 여기는 것도 과

장됨의 범주에 넣는다는 것이 흥미로운데 이는 자신을 너무 낮춘 나머지 다른 곳에서 도움을 전혀 받을 수 없고 또 나아질 수도 없다고 과장 되게 판단하기 때문이다. 그리고 이들이 이렇게 정도에서 벗어난 행동을 하는 것은 의지에 문제가 있다는 말이고 의지에 문제가 있다는 말은 감정을 조절하는 데 문제가 있다는 말과 같다.

수치심이 내재되어 감정이 막히면 자신을 하나로 통합하는 일과 지성적인 판단을 하는 것이 어려워진다. 감정적인 일이 생기더라도 이성적으로 처리하기 위해서는 감정의 정도를 감소시켜야 하는데 감정이 수치심에 묶여 있게 되면 감정을 이성적으로 처리할 수 있는 힘이 얼어붙어 사고가 자유롭지 못하게 된다. 사고 작용이 없는 의지는 제멋대로 작용하게 된다. 이때 의지는 더 이상 내용이 없는 의지 그 자체일 뿐이다. 여기에 따르는 문제는 다음과 같다.

* 의지만 가지곤 할 수 없는 일을 하려하고
* 모든 것을 통제하려 들며
* 의지가 너무 확장되어 전능하게 느끼든지 혹은 초라한 존재로 느끼고
* 그들의 의지는 충동적인 의지를 위해 존재하고
* 이것 아니면 저것, 전부가 아니면 아무것도 아니라는 극단으로 치닫는다.

영적인 파멸을 가져다주는 해로운 수치심

해로운 수치심의 문제는 이를 가진 사람의 영혼에 악영향을 준다는 것이다. 나는 이것을 '영혼이 무너져 내림'이라고 부르겠다. 나는 이미 앞에서 인간이 인간으로 존재함은 영혼으로 말미암는다고 말했다. 우리는 단순한 유기체가 아니다. 온전한 영혼이 되기 위해 우리는 일생을 통한 긴 여행에 들어가는 영적인 존재이다. 영적 삶의 방식은 생활에 성장과 확장을 가져온다. 그러므로 영적으로 되는 것은 그들에게 새로움과 창조성을 부여한다.

영적인 것은 존재에 관한 것이다. 우리가 이 세상에 존재한다는 말은 우리가 아무 것도 아니라는 말과 정면으로 대치한다. 우리가 이 세상에 존재한다는 사실은 이 세상에 있다는 것을 인정하는 것이며 우리가 단지 존재함으로써도 우리가 아무 것도 아니라는 소리를 이미 이긴 것이다. 그리고 우리가 세상에 존재한다는 사실을 받아들이는 것은 우리 본연의 모습이 될 수 있게 하는 기초가 된다.

비인간화

인간은 해로운 수치심으로 말미암아 그 자신과 분리된다는 사실을 앞에서 밝힌 바 있다. 자신과 분리되었다는 것은 자신이 아닌 뭔가 다른 존재가 되었다는 말과 같다. '다른 존재'란 말은 스페인계 철학자인 오르테가 Y. 가셋(Ortega Y. Gasset)이 비인간화를 두고 한 말이다. 그는 '인간은 자신 안에 거해야 인간'이라 했다.

온전한 자기가 되기 위해서는 진정한 자기 자신이 되어야 한다. 하지만 만약 인간이 자신 안에 살지 못한다면 동물처럼 항상 주위를 경계하며 비인간적으로 살아가게 된다. 해로운 수치심으로 인해 인간 이상이 되려고 하거나 그 이하가 되려는 것들은 모두 비인간적인 행동이다. 그들은 자기를 가리려고 거짓된 모습을 꾸며 놓고는 이제 그 모습을 유지하기 위해 많은 일들을 성취한다. 하지만 그 모든 일이 자신으로부터 우러나온 일이기보다는 남을 위해 이루어지는 공연에 가깝다. 그들의 관심은 그들의 존재가 아닌 겉으로 드러난 행위에 맞추어져 있다.

우리가 존재한다는 것은 그 어떤 것으로도 측정할 수 있는 일이 아니다. 그저 존재하는 것이기 때문이다. 그리고 존재함은 우리가 내적 삶의 풍요를 누리기 위한 기반이 된다. 성경은 "천국이 너희 안에 있느니라"라고 말했다. 하지만 해로운 수치심에 묶인 사람들은 자신의 안이 열등하고 못났다고 여기는 고로 자신이 아닌 겉에서 행복과 자신의 가치를 찾으려 한다. 그 결과는 영혼의 파멸이다.

수치심이 반복됨으로 인한 절망

해로운 수치심은 사람의 내면을 갉아먹는데 그 사람이 자신을 못나고 열등하고 결점 투성이라고 끊임없이 여기기 때문에 결국 그 사람은 무기력해지고 만다. 이는 "어떻게 날 바꿀 수 있겠어?"라며 계속 수치에 수치를 거듭하는 성질이 수치심이 가진 성격이라 볼 수 있다. 표1.1에서는 수치심이 내면화되어 표출된 행동들이 당사자를 더욱 수치스럽게 만든다는 것을 보여 준다. 이는 수치심을 없애려고 시작한 행동이 중독으로까지 번져서 결국에는 수치심을 가중시킨다는 것을 보여 주는 것이다.

수치심의 자동적인 기능화

일단 수치심이 내면화되면 이제는 외부에서 굳이 자극하지 않아도 자동적으로 내면에서 작동하게 된다. 이는 자신이 수치스러웠던 당시 상황을 상상하거나 내면에서 울려오는 부정적인 소리 때문이다. 수치스러웠던 경험이 많을수록 그 사람 내면에서 자발적으로 괴로워하는 일도 심해진다. 이런 일들은 너무도 절망적이라 수치심이 그를 죽게 한다 해도 과언이 아니다. 자신이 인간으로써 가망 없는 못난 존재라 여기면 여길수록 자신을 변화시킬 가능성 또한 줄어든다. 깊숙하게 내면화된 수치심은 영혼을 죽이는 결과를 가져온다. 이제 이 책을 읽는 사람들은 내가 수치심에 대해 밝혀 나가는 일이 얼마나 드라마틱한 일이었는가를 알게 될 것이다. 수치심의 성격을 알고 그 존재를 짚어 가늠해 보는 것만으로 우리는 이미 수치심을 정복할 힘을 갖춘 셈이다.

2 해로운 수치심의 요인

가족 체제

소개

해로운 수치심은 중요한 관계 특히 인간관계 가운데 문제가 발생할 경우 갖게 되는 감정이다. 왜냐하면 중요하지도 않은 사람에게서 깊은 상처를 받기란 드문 일이기 때문이다. 우리가 깊이 상처받고 수치심을 조장하는 일은 바로 우리와 깊은 관계를 가진 사람과 관계에서 일어난다. 그리고 우리를 가장 가깝게 돌봐 주는 사람들이 수치심에 절은 사람이라면 그들은 마치 그 자신들은 수치심을 느낄 만한 게 전혀 없는 것처럼 굴며 그들의 수치심을 당신에게 전가시키며 괴롭힐 것이다. 자신을 수치스럽게 느끼는, 자기를 귀중히 여길 줄 모르는 사람이 다른 사람에게 자신을 수치스럽게 여기지 않고 소중하게 여기는 방법을 가르쳐 줄 수는 없는 일이기 때문이다.

해로운 수치심은 세대 간에 이어진다. 세대에서 다음 세대로 계속 전수된다. 흥미로운 점은 수치심이 내재한 사람 역시 같은 부류의 사람과 만나 결혼한다는 것이다. 그리고 그들이 한 결혼을 통해 각자 자신이 자란 가정에 있었던 수치심을 그들이 만든 가정에 들고 오는 셈이다. 그들의 결혼은 이미 수치심이 중심에 자리 잡은 결혼이며 이런 사람들은 가족간에 서로 친밀한 관계를 가지지 못한다. 왜냐하면 스스로를 못나고 열등한 존재로 격하시키고 있는 사람들은 다른 사람과 친밀한 관계를 가질 수 없는데 이는 자신이 노출될까봐 두려워서 어느 정도까지 가면 더 이상 허용하지 못하기 때문이다. 수치심이 내재된 부부들은 대화가 거의 없으며 싸운다 해도 생산적으로 싸우지 못하고 서로를 상처 주는 어리석은 싸움만 반복한다.

또한 서로 조종하려 들고 더 많은 힘을 가지려 하며 부부 간에 경쟁하며 뒤로 물러서고 서로를 비난하면서 살아간다. 그들은 그들만의 암묵적인 합의하에 사는데 이 합의란 서로에게 동의하지 않기로 합의했다는 뜻으로 이들은 합의 가운데 관계를 이어 나간다. 만약 이런 가정에서 아이가 태어나면 그 아이는 처음부터 출발이 안 좋은 것이다.

부모는 아이들의 모델이 되는 사람들이다. 그리고 이 모델 역할에는 어떻게 남자와 여자 역할을 해야 하는 건지, 다른 사람과 관계는 어떻게 맺는 건지, 감정을 어떻게 표현해 내는 건지, 그리고 정당하게 싸우는 법과 다른 사람 사이에서 감정적, 정신적, 육체적 경계를 어떻게 세울 수 있는지 그리고 살아가면서 만나는 문제를 어떻게 다루어야 될 지, 스스로를 어떻게 다스려 나가며, 어떻게 남을 사랑할 지가 포함되어 있다. 그러나 수치심이 내재된 부모는 어느 하나도 제대로 할 수 없다. 그들이 배우지 않았는데 어떻게 가르쳐 줄 수 있겠는가.

아이는 부모의 주의와 시간이 필요한 존재다. 아이를 돌본다는 말은 시간을 내서 아이와 함께 하는 것을 말하는데 이는 부모가 아이를 위해서 있어 준다는 말이지 아이가 부모를 위해 있어 준다는 말이 아니다. 예를 들면 나는 내 아들과 함께 한 시간이 많았는데 내 아들이 저쪽 방에서 놀고 있는 동안 나는 주로 텔레비전을 보고 있었다. 온통 T.V 보는 데만 정신을 쏟다가 아들이 무슨 소리라도 내면 고함을 질러대곤 했는데 이런 행위는 제대로 아이를 돌보았다고 말할 수 없는 행동이다. 아이를 돌본다는 것은 아이의 말을 들어준다는 것이다.

아이들은 자신이 무엇을 원하는 지는 분명히 알지만 이를 제대로 표현할 줄은 모른다. 그러므로 들어줘야 한다. 그렇지만 불행하게도 들어주는 일은 감정이 성숙한 사람이 할 수 있는 일이다. 자신이 불만족스럽고 불안하다면 남의 이야기를 들어줄 여력이 없다. 심한 치통을 생각해 봐라 신경이 온통 그곳에 쏠린 것처럼 다른 것에는 관심을 가질 수 없다. 그리고 수치심이 내재된 사람은 특히 더하다.

자기 자신이 채움을 받지 못한 부모들은 아이들의 요구를 들어줄 수 없다. 이런 부모 밑에 있는 아이들은 자신의 요구를 표현 할 때마다 수치를 당하는데 이는 아이들의 필요한 것들을 부모 역시 가지고 있지 못한 이유이다. 이런 가정에서 자라게 되면 나중에 커서 외모는 어떤지 모르지만 내면은 그들이 필요할 때에 채움을 받지 못한 아이가 자리 잡고 있어 늘 공허함을 느낀다. 더구나 아이의 필요가 채워지지 못해 후에 성인구실도 못한다. 이 말 뜻은 성인이라면 자신을 위해 일하면서 준비하는 즉 그 자신이 스스로를 만족시킬 줄 아는 수준의 사람이라 볼 수 있지만 이들에게는 욕구가 미해결 상태로 남아 성인으로써 가질 수 있는 만족을 누릴 수 없는 것이다. 예를 들면 내가 다른 사람과 관계를 갖는 초기부터 나는 항상 너무 많은 것을 바라거나 처음부터 너무 깊숙이 진전했다. 여자를 만나면 얼마 되지도 않아 결혼 이야기부터 꺼냈다. 심지어 첫 데이트부터도! 그리고 일단 그 여자가 날 사랑한다고 여겨지면 날 엄마처럼 보살펴 줄 것을 기대했다. 마치 예전에 받지 못한 부모 사랑을 대신 채울 것처럼 말이다. 수치심이 내재된 사람들은 수치심이 내재된 가정을 만든다.

아이는 자라면서 사랑대신 수치심의 토양에서 자라게 된다. 수치심이 내재된 가정은 사회적 시스템의 규칙으로 운영된다. 사회 시스템이 역기능적이면 엄격하고 융통성 없는 규칙에 빠지고 만다. 그러면 개개인은 자신들의 참 모습을 죽이면서 가족을 움직이는 시스템의 요구에 균형을 맞추려고 노력하게 된다. 그리고 이런 가정 가운데서 자란 아이들은 나중에 학교나 교회에 간다해도 자신이 원래 가지고 있던 수치심을 치유하는 게 아니고 그 위에 옷만 덧입힐 뿐이다. 즉 이들을 둘러싸고 있는 사회적 시스템은 이들의 수치심이 더 깊게 자라도록 환경만 제공해줄 뿐이다.

맥스(Max's)의 이야기

맥스의 경우는 내가 20년 가까이 상담한 동안에 가장 비극적인 사례이다. 그가 내게 상담을 받으러 올 때는 44세 정도 무렵이었다. 나는 그를 보자마자 좋아졌고 다른 사람도 마찬가지였다. 그러나 그의 문제는 무려 아홉 번이나 도망가는 것이었는데 이런 경우는 내가 전에는 접하지 못한 것이다. 그는 삶에서 어느 정도 자리를 잡고 살아가면서 스트레스와 일이 점점 가중되기 시작하면 그가 부양하는 아이, 아내, 집이고 간에 그가 맡고 있는 모든 책임으로부터 그저 도망쳤다.

그가 이렇게 아홉 번 도망으로 뒤에 버리고 간 아이들은 무려 다섯 명으로 모두 미성년이었다. 그 아이들 모두 맥스의 3번째 이혼 후부터 함께 살고 있던 아이였는데 3명은 첫 번째 결혼에서 넷째 아이는 두 번째 결혼에서 다섯 번째 아이는 3번째 결혼에서 생긴 아이였다. 나는 맥스와 이야기할 때마다 그의 고통과 절망을 느낄 수 있었다. 물론 그의 수치심은 말할 것도 없었다. 사실 맥스는 수치심 덩어리로 수치심이 내면화되어 일어날 수 있는 모든 것을 다 보여주는 사람이었다. 그는 사실 자신의 수치심을 커버하려고 그동안 별 일을 다 해 왔다.

그는 다른 사람과 말할 때 사람을 똑바로 쳐다보지 못했다. 얼굴이 자주 붉어졌으며 너무 자기를 의식하면서 지나친 경계를 했다. 그에 대해 무슨 소리라도 하면 가끔은 굉장히 도전적으로 행동하고 동시에 자신을 심하게 정죄 하고 판단하는 말을 했다. 그리고 다분히 허풍이지만 어쨌거나 자신이 얼마나 많은 업적을 이루었으며 성공했는지를 보이려고 내 앞에서 애를 쓰는 것이었다. 만약 내가 그의 거짓말에 부드럽게 지적하려 들면 그는 과도하게 반박하며 때로는 화를 벌컥 내기도 했다. 하지만 그러면 그럴수록 내게 다가왔던 건 그의 외로움과 비참할 정도로 그를 절망케 했던 그의 깊은 수치심이었다. 아무리 그가 잘나가는 세일즈맨에 기술자라고 내 앞에서 떠벌렸을지라도 그는 그의 직업을 세상에서 쓸모없는 일이라 여겨 도망치곤 했다. 그가 지금까지 했던 일은 수의, 접시닦이, 쓰레기장 청소부, 벌목꾼,

극장 표 접수하는 사람, 하급 요리사, 그리고 그가 마지막으로 도망갈 적에
는 깡통을 수집해서 팔고 있었다. 그는 여자에게 인기가 아주 많았지만 늘
혼자 도망갔다. 그는 1미터 90센티의 큰 키에 잘생긴 남자였지만 내가 그를
만났을 당시에는 그는 성불능이었다. 이는 난잡한 성생활과 오랜 고립, 그
리고 마리화나를 피워댄 까닭이었다. 맥스는 팻 칼멘(Pat Cames)이 그의
책, '그림자 밖에서'에서 밝힌 제 1 단계와 2 단계의 성 중독자였다. 그의
성 중독에 대한 분류를 보면,

　　1 단계의 성 중독은 아래와 같다
　　　　　난잡한 섹스 행위
　　　　　포르노 잡지나 잡지 없이도 벌이는 강박적인 자위행위
　　　　　동성애, 양성애
　　　　　물건에 성적 집착 또는 수간과 매 매춘
　　2 단계의 성 중독은 관음증, 노출증, 음란한 행동에 무절제, 음란전화
　　3 단계의 성 중독은 근친상간, 강간, 성적인 추행

　칼멘의 분류는 피해자의 정도와 그에 가해지는 처벌 기준으로 나눈 것이
다. 그래서 2단계와 3단계에 접어들면 이미 처벌기준에 속한 것이다. 맥스
의 경우는 세 번의 결혼 생활 속에서도 계속적으로 바람을 피워 왔다. 두 번
째 결혼생활에서 그는 이미 관음증에 중독되었다. 비록 그가 그런 자신의
모습을 몹시 수치스러워하고 비하하였음에도 말이다. 그는 종종 나무 위에
올라가 창가로 보이는 여자들의 속옷을 훔쳐보기도 했다. 그는 쇼핑몰에도
자주 가서는 음란한 행동을 하려 했다. 그가 내게 상담 받으려 왔을 때는 이
미 그런 행동들로 말미암아 여자들과의 관계가 완전히 끝난 상태였다. 그는
철저하게 고립되어 있었고 가족, 다른 사람과 완전히 혼자 떨어져 살고 있
었으며 체념한 듯이 낡은 옷들을 파는 가게에서 점원으로 일하고 있었다.
그의 아이들 역시 모두 중독자였다. 큰딸은 이미 26살에 두번 결혼한 상태

였고 아이에게 사랑과 동정으로 상호의존하고 있었다. 그녀는 남자를 고를 때 그녀가 돌봐줄 수 있는 비참한 삶을 영위하는 남자들과 사귀었다. 그녀가 두 번째로 고른 남자는 유럽에서 마약 거래를 하다가 감옥에서 수년을 보낸 사람이었다.

맥스의 두 번째 결혼에서 얻은 두 아들과 딸은 이미 심한 마약 중독자였다. 그리고 가장 어린, 그의 세 번째 결혼에서 얻은 남자아이는 술이나 마약을 먹고 폭력적인 행동을 한 혐의로 13살의 어린 나이에 감옥에 무려 네 번이나 다녀온 아이였다. 나는 맥스를 7년 동안 상담을 했는데 그는 좀 진척이 있다 싶으면 그만 포기를 했다(나로부터 도망간 거라 표현할 수 있겠다) 난 맥스에게 더 많은 관심을 기울이며 그에게 깊이 연관되었는데 이는 그가 내가 가지고 있었던 수치심과 상호의존증을 가지고 있었기 때문이었다. 나는 그를 너무나 도와주고 싶은 마음에 과도하게 일의 결과에 집중했었다. 하지만 1974년 9월에 그는 52세의 나이로 죽었다. 그리고 그때는 정확히 그의 아버지가 죽은 나이와 같은 때였다.

그는 신파극이나 멜로드라마에나 어울리는 성격을 가진 남자였고 동시에 남에 대한 무한한 관대함과 고귀함을 가지고 있었다. 그는 고통 받는 불쌍한 사람에 대한 동정심을 갖고 있었고 그것은 끝이 없었다. 그의 사망 원인은 등에 있던 종양이라고 밝혀졌고 그의 장례식이 진행되는 동안 나는 상상을 초월할 정도로 서럽게 울었다. 그는 수치심에 내재된 사람이 보여주는 온갖 종류의 증상을 다 보여 주는 사람이었다. 그는 등에 난 종양으로 죽었지만 내가 보기에 그는 수치심으로 죽었다. 그의 수치심이 그를 상호의존증에 걸리게 하고 약물 중독과 섹스에 중독되게 만든 것이다. 맥스는 수치심이 뭔지 보여주는 사람으로 그의 삶은 시작하면서부터 끝날 때까지 수치심의 원천이 뭔지 보여주었다. 맥스는 역기능 가족에 태어나 수치심이 내재된 부모 밑에 자라 세대 간에 이어지는 불행에 말려들었다. 그는 부모로부터 방치되어 일을 했고, 학교에서는 아이들에게 수치를 당하고 수치스럽게 만드는 문화와 종교적인 배경 속에서 살았다.

역기능가족

해로운 수치심은 중요한 인간관계 속에서 조장된다. 그리고 인간에게서 가장 중요한 관계는 아마도 가족 관계일 것이다. 주디 발드윅크(Judith Bardwick)에 따르면,

> "결혼과 가정생활이란 인간관계 가운데서 가장 중요하며 친밀한 관계라 볼 수 있다. 가족이란 앞으로 다가오는 무수한 어려움과 일들 가운데서 우리를 보호해줄 수 있는 곳이며 성장기의 무수한 일들이 벌어지는 기초가 되는 곳이다. 어떠한 깊은 친구 관계라도 이를 대신할 수는 없으며 동시에 그만큼 대가도 크다고 볼 수 있다."
>
> *변천사 중에서*

가족은 우리가 자신에 대해 배우는 첫 시발점이며 동시에 자신을 부모의 눈을 통해 알고 규정하는 곳이기도 하다. 다시 말해 우리가 자신에 대해 어떻게 여기는가는 우리를 돌봐주는 사람들(주로 부모)이 우리를 어떻게 대해주느냐에 따라 달렸다. 맥스의 경우는 그의 아버지가 술 없이는 못사는 알코올 중독자에다 성 중독자였다.

맥스 역시 수치심에 절은 사람이며 그의 아버지에게 버림받은 알코올 중독자인 어머니 손에서 다분히 감정적으로 근친상간적 관계로 양육되었다. 그녀에 대한 맥스의 묘사는 끔찍했다. 맥스가 8살이 되던 해에 그의 어머니 펠리샤는 남편인 제롬과 이혼했다. 그 이후로 맥스는 감정적으로나 재정적으로 버려진 셈이었다. 그의 형 랄프가 아버지를 대신해서 그를 돌보았으며 그의 누나 맥심은 그의 어머니 역할을 했고 그들은 작은 부모와 같았다. 게다가 그들의 아버지인 제롬이 걷잡을 수 없이 술에 취해 더 이상 일을 할 수 없게 되자 재정적인 것 역시 이들이 담당해야 했다. 맥스의 엄마, 아빠는 그들이 각각 17살, 18살에 결혼했는데 이는 펠리샤가 아이를 이미 임신했기 때문이었다. 엄격한 기독교 가정인 펠리샤의 집에서 임신 때문에 결혼을 강요했기에 결혼한 것이었다. 펠리샤는 굉장한 새침때기에 요조숙녀인 척을

하는 여자였고 감정적으로 닫힌 사람이었다. 그녀는 엄마의 억압된 성적인 분노를 표출해 내고 있었는데 이는 그녀의 엄마가 아빠(역시 술중독자)그리고 그녀의 9명이나 되는 남자 형제 중 두 명에게 성폭행을 당했기 때문이었다. 펠리샤의 엄마는 그녀가 당한 일을 숨겨 왔고 비밀에 붙였었다. 펠리샤 자신은 굉장히 숙녀인 것처럼 행동했지만 17살에 임신하는 것으로 엄마가 가진 성적인 억눌림을 표출해 내었다. 게다가 펠리샤 역시 어릴 적에 외할아버지에게 성폭행을 당했었다. 펠리샤는 아버지의 '정서적인 배우자' 역할을 했다. 그녀는 집안에서 '작은 부인' 역할을 했고 엄마가 건강 염려증에 걸려 힘을 잃자 더 자신감을 가졌다. 그녀의 남편 제롬 역시 그의 어머니의 '정서적인 부모' 역할을 했다. 그는 집안의 작은 남자 역할을 했으며 엄마의 대리 배우자였다.

이를 살펴보면 맥스의 부모 모두 감정적으로 부모와 근친상간을 한 셈이다. 둘 다 심하게 수치심에 멍들어 있었으며 상호의존증과 중독에 빠져 있었다. 맥스의 엄마는 의무적이며 차가운 사람이었다. 맥스가 태어났을 때는 그들이 결혼한 지 5년이 지난 때였고 맥스는 원하지 않은 사고로 임신한 아기였다. 맥스는 가족시스템 이론으로 말하면 가족 내에서 '버려진 아이'였던 것이다.

사회적인 시스템으로써 가족

내가 버려진 아이, 대리 배우자, 작은 부모라는 말을 쓰는 이유는 가족시스템의 요구에 의해서 벌어지는 엄격한 역할에 대해 보여주려고 이 말을 쓰는 것이다. 나의 책 '가족'과 T.V시리즈에서 방송한 프로그램에서 나는 가족관계를 사회적인 시스템으로 비유하여 설명했었다. 가족은 유기적인 법칙이 있는 사회적 시스템이다. 사회 조직의 첫 번째 규칙은 전체가 부분의 합보다 더 크다는 것이다. 가족은 그 부분의 합보다는 그 부분들이 작용하는 관계에 인해 정의한다.

이 논리를 인간의 몸을 가지고 설명하면 우리의 몸은 하부 시스템이 연결된 큰 유기체 시스템이라고 볼 수 있다. 신경계, 내분비계, 골격, 순환계 등. 그리고 몸은 단순히 부분들이 모인 덩어리가 아닌 각 부분이 작용하는 시스템에 가깝다. 모든 기관이 서로 연관되어 있으면서도 전체를 이루어 나가기에 만약 내 몸에서 다리를 잘라낸 다음 내 모습을 상상해 보면 아마도 다리 잘려진 내 모습이 정상적인 나라고는 여길 수 없을 것이다. 가족도 마찬가지다. 가족 안에 개인보다 조직된 전체 가족은 더 크다. 가족은 부분의 합보다 부분 사이의 관계에 의해서 정의되기 때문이다. 사회적 시스템으로써 가족은 규칙, 역할의 시스템으로 구성된다. 그리고 시스템으로써 가족의 결정적인 역할을 하는 부분은 결혼이다. 만약 결혼이 건강하고 기능적이 되면 가족도 기능적이 되고 건강하게 된다. 그러나 만약 결혼이 역기능적이 되면 가족도 역기능적이 되고 만다.

맥스의 경우, 부모의 결혼 생활이 심하게 역기능적이 되었다. 시스템의 구성이 역기능적이 되면 전체 시스템은 균형이 기울어진다. 균형이 기울어진 시스템이 되었을 때 역동적인 항상성(homeo‑stasis)의 법칙에 의해 균형을 잡으려고 한다. 항상성은 한쪽 균형이 망가지면 다른 부분이 균형을 잡으려 하는 성질을 가지고 있다.

가족을 이루는 한쪽 시스템이 균형에서 벗어날 때마다 다른 시스템의 멤버들도 따라서 움직인다는 것이다. 나는 T.V 시리즈에서 모빌을 들고 나와 이것을 설명하는데 모빌의 한쪽을 움직이면 다른 부분도 따라서 움직인다. 신강하고 제 기능을 하는 가족일 경우의 모빌은 움직임이 부드럽지만 역기능가족의 모빌은 움직임이 경직되고 굳어 있다. 역기능 가족의 아이들은 가족 내 균형을 위해서 엄격한 역할을 한다. 예를 들면 아이는 자신이 가진 필요를 모두 포기한 채 가족의 암묵적인 균형을 맞추려고 시도한다. 부모를 돕는 자, 영웅, 조용한 아이가 되려 한다. 하지만 얼마나 성취하며 부모로부터 칭송을 받던 간에 그 아이는 이미 잃어버린 아이 즉 역할자이다. 맥스와 그의 누나인 맥심 둘 다 잃어버린 아이였고 늘 과도하게 성취하면서 집안에서 유일하게 바라보는 태양이며 영웅적 역할을 담당했던 랄프도 사실은 집

안에서 벌어지는 수치스런 면을 조금이라도 줄이려고 그렇게 한 것이다. 그 역시 다른 아이처럼 버려진 아이였다. 그리고 부모의 역할이 부재한 가운데 맥스의 누나와 형이 그의 부모 역할을 했다.

제롬이 알코올 중독이 되었을 때 맥스는 그의 어린 시절이 유기되었다. 아버지가 없는 시스템이 되었을 때 랄프는 맥스의 대리 부모 역할을 하게 되었다. 결혼생활이 없게 된 순간부터 랄프는 엄마 펠리샤의 정서적인 대리 배우자가 되는 역할을 하게 되었다. 맥스는 어려서 술에 절은 아버지로부터 보호한다는 명목 아래 친척집에 보내진 적이 있는데 그 자신은 이 일을 자신이 버려진 일로 여기고 있었다. 후에 랄프에 의해 키워지기는 했지만 집안의 영웅이었던 그의 형은 매우 혹독하게 맥스를 다루었다. 아이를 아이답게 여기지 않고 계속적으로 '해야 한다, 하지 말아야 된다'로 강요하며 맥스에게 완벽한 인간을 기대했다. 게다가 랄프는 자신의 수치심까지 맥스에게 뒤집어씌우면서 자신은 완벽한 인간인 것처럼 행세하며 그를 괴롭혔다. 맥스는 그의 형에 의해 끊임없이 자신을 수치스러운 존재로 여겼으며 그의 형 랄프를 몹시 사랑하고 의지했기 때문에 형이 자신에게 퍼붓는 비난과 수치를 모두 자신의 것으로 받아들였다. 랄프는 또한 종교적으로 거룩한 사람이었고 목회자가 되는 공부를 하고 있었다. 그는 자신이 보여주는 종교적인 의로움으로 그의 수치심을 가리고는 자신이 숨기고 있는 수치심을 맥스에게 전이시켜 마치 어린아이인 맥스가 죄의 상징인 것처럼 그를 끊임없이 도덕적으로 정죄하며 판단했다.

역기능 가족에서 두려움과 상처, 그리고 외로움이 어느 정도까지의 높은 수위에 도달하면 이를 배출해낼 가족 희생양을 구하게 된다. 그리고 이 희생자 역할을 맡는 건 언제나 가정에서 가장 연약하고 감정이 민감한 인물이기 쉽다. 그리고 그 인물에게 그들의 괴로움을 뒤집어씌우면서 가족들은 그들이 덜 괴롭다고 여긴다. 처음에는 큰딸인 맥심이 엄마를 대신해 그 역할을 떠맡았었고 그 후엔 랄프가 주정뱅이 아버지를 대신하여 이 역할을 맡아 십대에 심각한 알코올 중독을 보였지만 회개하고는 신학교로 갔으며 마지막에는 가장 어린 맥스가 이 역할을 담당했다. 맥스는 15세에 이미 알코올 중독에 도망가는 증상으로 가족의 골칫거리가 되었는데 처음에는 사흘동안 집을 나가 뉴올리온즈에 있는 해변가에서 발견되었다. 그의 탈선이 계속될수록 가족은 그에게 신경을 써주었지만 그가 가지고 있는 근본적인 고통은 간과했다.

맥스는 이스라엘의 제사에서 희생 제물로 바칠 때 사용하는 희생양이었다. 구약 성경의 제사에서 양은 피를 흘리고 죽음을 당하게 되어 사막에 버려진다. 이 양처럼 맥스는 세대로부터 이어오는 가족 내 역기능적 요소였던 수치심을 안고 죽어갔다. 맥스의 가족 시스템의 모든 규칙은 이들의 부모인 제롬의 알코올 중독과 펠리샤의 상호의존증을 커버하기 위해 행해진 것이었다. 기능적인 가족에서는 규칙이 자유롭고 유연하지만 역기능 가족에서는 매우 엄격하다. 표 2.1에서 규칙에 대한 맥스의 가족의 역사를 알 수 있다.

이 모든 규칙이 중심에 있는 수치심(제 기능을 감당하지 못한 부모)을 커버하기 위해 행해졌음에 주목하라. 모든 멤버들이 각자 엄격한 역할에서 벗어나지 못하며 매어 있다. 역기능 가족의 규칙은 그 참담한 모습 그대로 굳어지게 만드는 것같이 보인다. 왜냐하면 아무리 노력한다 해도 중심부터 잘못된 요소가 밖으로 이어지기 때문이다. 멤버들은 참 자신의 욕구와 모습을 숨긴 채 가족을 유지시키기 위한 가족의 규칙에 자신을 바친다.

수치심이 내재된 가족과 다세대 전수로 나타나는 증상들

수치심의 가장 끔찍한 점은 세대 간으로 전수되어 간다는 것이다. 세대로부터 내려오는 숨겨진 비밀들이 가족을 병들게 하는 원천이 된다. 그리고 숨겨져 있기에 찾아내어 고치지도 못한다. 가족은 그 숨긴 정도만큼 병들어 있다고 볼 수 있다. 그들이 숨긴 이유는 수치스럽기 때문이다. 그런 일들은 자살이나 살인, 근친상간, 낙태, 중독, 공공적으로 망신을 당할 일, 재정적 재난 등이다. 그러나 모든 숨겨져 있는 일들은 은연중에 밖으로 표출되고 만다. 그렇기에 해로운 수치심이 무섭다고 하는 것이다.

가족이 가지고 있는 수치스런 일에 대한 고통과 슬픔은 무의식적으로 그리고 자동적으로 계속적으로 다음 세대로 이어진다. 프로이드는 이를 다양한 용어로 정의했는데 부인, 부정, 형편없는 부모를 이상화시켜 아름다운 추억으로 간직하는 것, 감정의 억압과 자신이 느끼는 감정에 대해 잘 모르는 것 등으로 말하고 있다. 여기서 중요한 점은 우리가 모르는 것을 알 수 없다는 법칙이다. 부인과 이상화, 억압, 감정과 연결되지 못함 등 이 모든 증세들은 일단 내면화되어 안에서 무의식적으로 작용하면 자신이 그런 면이 있는지 도무지 알 수가 없다. 더구나 의식할 수도 없어서 그 악영향이 주는 대로 따라 살 수 밖에 없는 것이다. 우리는 우리가 모르는 것을 느낄 수가 없다. 알 길이 없다는 것이 수치심이 세대로 그간 계속 이어온 이유이다.

나는 이미 맥스의 부모가 수치심 내재된 가정에서 자라 왔다고 밝혔다. 표2.2에는 펠리샤의 가정에 대한 도표다. 그녀의 어머니는 알코올 중독과 근친상간 가족에서 자랐다. 펠리샤의 어머니는 수치심을 치유하지 못한 채 상호의존과 중독에 빠져있었다. 그녀는 또한 광장 공포증과 우울증에 시달렸다. 펠리샤의 아버지는 아내가 수치심에 고통 받게끔 방치했다. 더구나 그는 펠리샤를 자신의 대리 배우자로 삼았다. 펠리샤는 그녀의 어머니가 가진 남자에 대한 성적인 증오심과 분노를 은연중에 이어 받았다. 그녀는 맥스와 랄프를 무의식적으로 유혹하는 일로 표출했는데 그 중에서도 큰아들인 랄프가 정신적인 대리 배우자 역할을 했다. 펠리샤는 자신을 학대하는 아버지를 이상화시켜 그의 자식에 대한 과도한 의존과 (상호의존)자신과 가족을 돌보지 않고 일만 하던 그를 이상화시켜 받아들였다. 펠리샤의 세 여자 형제 모두 문제가 있는 남자와 결혼했으니 그들 모두 어머니가 가지고 있는 성적인 분노를 표출한 셈이었다. 펠리샤는 무의식으로 자신의 아들을 유혹했는데 .그녀가 아들들에게 잘 하던 말은 "남자가 원하는 건 하나 밖에 없어. 제 몸에 난 고추 밖에는 없다니까" 라는 말이었다. 어린 소년 앞에서 이런 종류의 이야기를 자주 하는 건 성적인 학대이다.

도표 2-1 맥스의 역기능 가족의 기원

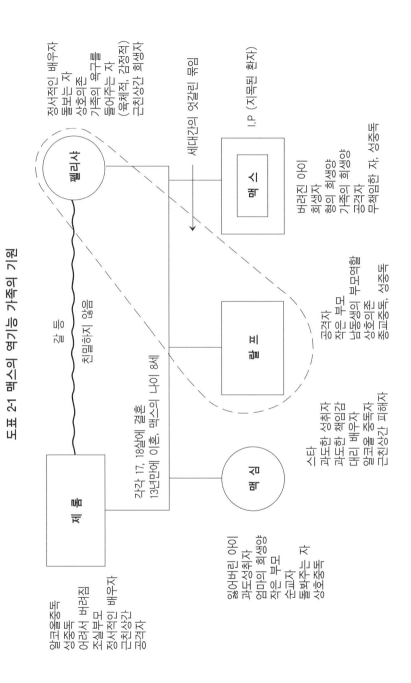

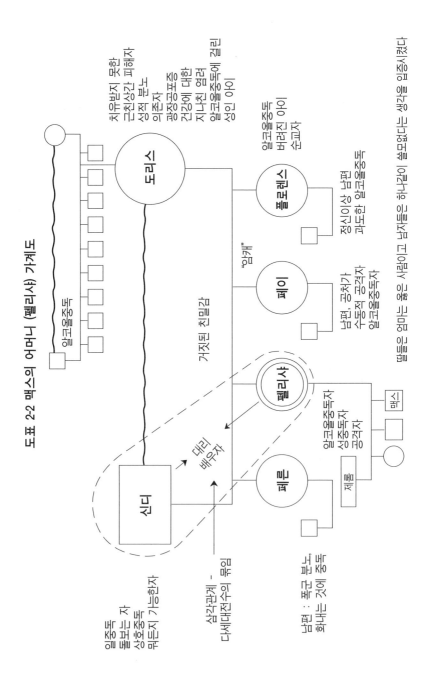

도표 2-2 맥스의 어머니 (펠리사) 가계도

맥스와 랄프 둘 다 어머니의 의식하지 못한 성적인 분노와 유혹의 대상으로 피해를 입었다. 펠리샤는 십대에 제롬과 임신하여 결혼해 어머니가 가지고 있던 성적인 억압을 표출했고 그녀의 아들 맥스 역시 그의 첫 아내 브리짓과 임신으로 결혼했으며 랄프 역시 십대에 임신하여 결혼한 것으로 그의 엄마의 성적인 분노와 억압을 표출했다.

표2.3은 제롬의 가족사이다. 제롬의 어머니는 그녀가 어릴 적인 7살 때에 엄마가 불에 타 죽는 것을 보고 말았다. 그녀는 아버지에게도 버림받았는데 그녀는 버려진 후 한 남자를 증오하는 그녀의 아주머니뻘 되는 부인의 손에서 자랐다. 그녀는 부모가 그녀를 버린 것에 대한 분노를 계속해서 문제를 일으키는 것으로 표현했다.

그리고 어린 나이 때부터 성적으로 난잡해 졌는데 나는 그녀의 난잡한 성생활이 성적인 학대를 당한 것에서 기인하지 않았나 생각해 본다. 맥스는 그녀 쪽에 대한 기억이 없다. 따라서 그녀가 성적인 학대를 당했다는 것에 대한 확신을 할 수 없다. 하지만 맥스는 외할머니를 싫어했고 외할아버지는 본 기억도 없다. 그녀는 16살에 결혼하지만 그녀의 남편은 30살이 되기 전에 감전 사고로 비극적으로 죽고 만다. 그녀는 남편의 죽음으로 많은 돈을 받았지만 술 마시고 파티를 여느라 수년간의 유흥비로 돈을 모두 허비해 버렸다. 그녀는 천부적인 술꾼 같았다.

그녀는 제롬의 아버지와 임신한 채로 결혼했지만 폭풍 같은 결혼 생활 이후에 둘은 이혼하고야 만다. 그때 제롬은 아홉 살이었고 그 이후로 단 두 번 밖에 아버지를 보지 못했다.

한번은 그가 300마일이나 되는 거리를 무임승차로 가서 아버지를 만났으나 아버지에 의해 다시 집으로 돌려보내졌고 나중에 신문을 통해 아버지의 죽음을 알고 장례식장에 찾아갔지만 아버지는 재혼하여 부인과 다른 아이들이 지키고 있기에 그만 돌아 와야 했다. 제롬은 아버지 없이 자라며 술과 섹스에 중독된 어머니에게 말려들어 갔다. 남자 없는 가정에서 그는 어머니의 정서적 배우자 역할을 해야 했다.

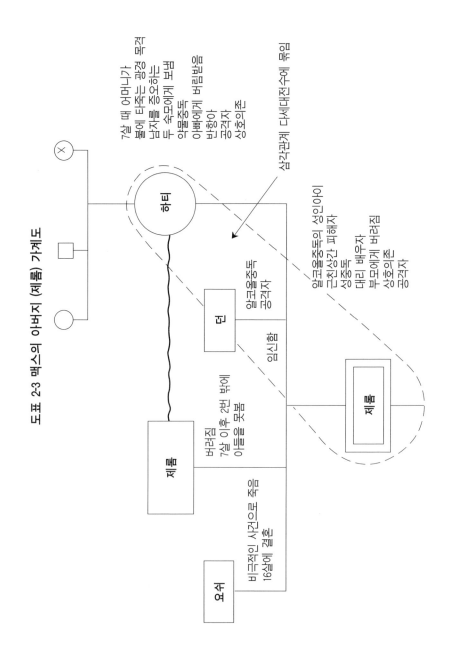

도표 2-3 맥스의 아버지 (제롬) 가계도

7살 때 어머니가
불에 타죽는 광경 목격
남자를 죽으라는
누 수모에게 보냄
약물중독
아빠에게 버림받음
반항아
공격자
상호의존

삼각관계 다세대전수에 묶임

알코올중독 공격자

알코올중독의 성인아이
근친상간 피해자
성중독
대리 배우자
부모에게 버려짐
상호의존
공격자

하티

임신함

단

제롬

버려짐
7살 이후 2번 밖에
아들을 못봄

제롬

비극적인 사건으로 죽음
16살에 결혼

요서

여기까지 비추어 볼 때 맥스가 했던 중독과 노망 등은 그의 집에서 세대로 이어온 안 좋은 면들을 밖으로 보여주는 행동에 지나지 않는다. 그의 부모 둘 다 같은 성을 가진 부모에게 버림받았고 그들의 필요보다는 부모의 필요에 의해 사용되어지고 강요당했던 것이다.

맥스는 그의 첫 아내인 브리짓을 대학 때 만났는데 그녀는 알코올 중독인 아버지에 역기능가족에서 자랐고 알코올 중독자 아버지가 가장 사랑하는 딸이었다. 집안의 유일한 딸로 아름다웠고 명석했으며 집안의 자랑거리요 부모와는 수평적 관계(상호의존과 정서적 대리 배우자 관계)로 묶여 있었다. 맥스는 세 번째 아이로 태어났다. 세 번째 아이는 부부가 가진 문제를 밖으로 표출시키는 역할을 맡을 때가 많다. 맥스는 말 그대로 그의 부모가 저질렀던 '임신하여 어린 나이에 결혼' 한 일을 그대로 재연했다. 그리고 그가 나중에 자신의 아이들을 버린 일도 맥스가 그의 아버지에게 받은 대로 한 것이다. 또한 맥스는 부모들이 그들의 결혼 생활에서 가지고 있었던 외로움과 고독도 느꼈다.

브리짓은 집안사람들을 돌보는 역할을 담당한 사람으로 아버지의 슬픔과 고독, 절망을 위로해 주는 역할을 했다. 그녀는 항상 다른 사람을 북돋으려 했으며 학교에서는 치어 리더로 그 역할을 담당했다. 그리고 그녀가 가족 가운데서 하던 '돌보아 주는 사람 역할"은 해를 거듭할수록 만성화되어 나중에는 참 자신의 모습을 잃어버리고 말았다. 한번은 맥스가 그의 큰 딸 때문에 그녀를 만난 것을 부탁한 적이 있는데 나는 두 사람이 같이 그 아이를 다루는 것을 제안했다. 그녀는 큰딸에게 돈을 그녀 자신도 감당 못할 정도로 너무 많이 주면서 딸을 혼잡스럽게 만들고 있었다. 그녀와 대화하는 동안 나는 내가 도대체 누구와 이야기하는 것인지 도무지 갈피를 잡을 수 없었다. 그녀는 앵무새와 같이 말을 되새기며 자신이 아닌 연기하고 있는 것 같았다. 사람은 연기가 만성화되면 나중에는 그 역할 안에 들어가 자신이 진짜 누군지 모르게 된다. 표2.4에서는 맥스의 가정에 대한 가계도가 나온다.

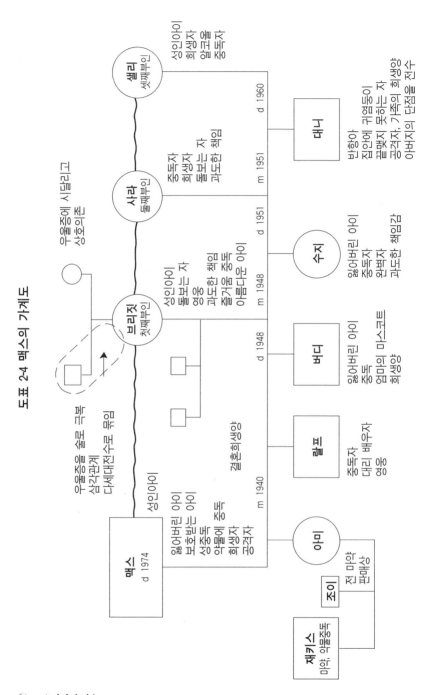

도표 2-4 맥스의 가계도

우울증에 시달리고
상호의존

우울증을 술로 극복
삼각관계
다세대전수로 묶임

브리짓
첫째부인

성인아이
돌보는 자
영웅
과도한 책임
즐거운 중독
아름다운 아이

사라
둘째부인

중독자
희생자
돌보는 자
과도한 책임

셸리
셋째부인

성인아이
희생자
알코올
중독자

맥스
d 1974

성인아이
잃어버린 아이
보호받는 아이
성중독
약물에 중독
희생자
공격자

결혼희생양

아미

필포

버디

수지

대니

m 1940   d 1948   m 1948   d 1951   m 1951   d 1960

아미

중독자
대리 배우자
영웅

필포

중독자
대리 배우자
영웅

버디

잃어버린 아이
좋아하는 아이
중독
엄마의 마스코트
희생양

수지

잃어버린 아이
좋아하는 아이
중독자
완벽자
과도한 책임감

대니

반항아
집안에 귀염둥이
골맺지 못하는 자
공격자, 가족의 희생양
아버지의 단점을 전수

조이

전 마약
판매상

재키스
마약, 약물중독

62   수치심의 치유

가장 큰딸은 버려진 아이로써 그녀 자신은 돌봄도 받지 못한 채 가족을 위해 모든 것을 다 내주고 그 밑의 아이들은 가족의 수치심을 표출하는 역할로 나온다.

가운데 아들은 심각한 알코올 중독자로 네 번째 아이는 알코올 중독에 약물까지 겸하고 있고 가장 어린 막내아들은 맥스가 가진 분노를 공격적인 행동으로 표출하고 있다. 아이들은 부모가 가지고 있으되 알지 못하거나 인정하지 않은 면을 표현한다. 나는 이 책을 읽는 독자들이 세대로 이어지는 수치심의 악영향을 맥스의 가계도를 통해 인지할 수 있기를 바란다. 또한 맥스의 부모로부터 받은 행동 패턴이 그의 자녀들에게까지 이어지고 또 이어져 왔음을 보기를 바란다. 맥스의 가정에 5세대에 걸쳐 내려온 것을 살펴보면 알코올 중독과 신체적, 정서적 유기, 상호 의존 그리고 4세대에 걸친 성적인 학대와 섹스중독 등이다. 그들은 이로 인해 어린 나이에 임신한 채로 결혼해야 했으며 또 결혼과 이혼을 반복했다. 맥스는 그의 아버지인 제롬이 버림받은 정확히 같은 나이에 제롬에게 버림받았고 맥스는 그의 아버지가 죽은 나이와 정확하게 같은 나이에 죽었다. 맥스의 5세대 간에 걸친 일을 보여주는 가계도는 수치심이 내재된 가정의 전형적인 모습을 보여준다고 볼 수 있다.

수치심에 기초한 결혼과 부모 모델

이제까지 수치심을 형성하는 주요 장소는 바로 우리의 가정이며 세대로 이어져 내려온 것임을 살펴보았다.

더욱이 특이할 만 한 점은 수치심이 내재된 사람들이 수치심이 내재된 사람들을 만나 결혼한다는 사실이다. 그들 속에 있는 곤궁한 아이는 상대방이 자신의 요구를 채워 줄거라 기대한다. 이들은 불안정하며 불완전한 사람들이다. 이 성인아이들이 사랑할 때면 상대방을 그들의 기대를 채워주는 사람으로 본다. 이들은 사랑에 빠지면서 유아기에 있었던 결핍이 혼합되어 하나가 되는 경험을 한다. 그들의 사랑이 큰 대양과 같이 느껴지며 둘은 하나가

되어 세상에 무서울 것이 하나도 없는 완전한 상태가 되었다고 여긴다. 성적인 사랑 속에 이들은 큰 바다와 같은 사랑을 경험한다. 이 바다와 같은 사랑은 경계가 없어진 상태이며 이 둘의 사랑은 마약보다 더 강력한 효과가 있다. 그들은 사랑 속에서 온전하다고 느끼며 강력한 엑스타시를 경험한다. 하지만 불행하게도 이 둘의 사랑은 곧 끝이 나고 만다.

엑스타시 사랑이란 불안정한 사람의 수치심에서 기인한 것이기 때문이다. 더구나 처음에 느끼던 사랑의 감정도 서로에 대한 참 모습을 알아 갈수록 쇠퇴하고 만다. 완전히 서로에 몰입하여 모든 게 좋아 보였다가 감정이 식으면서 그들이 집에서 겪었던 수치심이 고개를 들기 시작한다. 이 둘 모두 수치심에 기초한 사람이기에 이제 그들 자신의 문제가 튀어 나오기 시작하는 것이다. 누가 돌보고 누구의 뜻대로 움직이는가에 대한 신경전이 벌어지며 서로의 주장이 날카롭게 대비한다. 그리고 수치심을 더 많이 가진 사람일수록 상대방이 자신과 다른 점을 못 참는다. 이들이 주로 하는 말은 "당신이 날 정말 사랑한다면 내가 원하는 대로 해 줘야 되는 거 아냐!"이다. 이들 사이에 끝도 없는 갈등과 전쟁이 시작된다.

수치심이 내재된 가족 안에 존재하는 규칙

가족은 일종의 사회적인 단체로 그 나름대로의 규칙을 가지고 있다. 예를 들면 사회적인 부분, 접촉과 성적인 부분, 휴가를 어떻게 보내는지, 집안 일, 돈 쓰는 법에 대해 감정을 어떻게 표현하고 대화와 상호 교류를 하는지 그리고 부모 노릇은 어떻게 하는 지에 대한 것이다.

규칙은 수치심이 내재된 가족 구성원에게 수치심을 안겨 주는 역할을 한다. 이때 일반적으로 피해를 받는 것은 아이들이다. 가정에서 수치심을 커버하기 위해 가장 좋은 수단은 권력으로서 수치심이 내재된 가족은 사랑과 존중이 아닌 힘으로 해결하려 든다. 아빠는 가족 전체에 소리를 질러 대고 엄마는 아이들에게, 아이들은 그 화풀이를 고양이에게 한다.

역기능가족 규칙

1. 통제 - 한 사람이 가족 전체의 감정과 상황을 통제하려 들며 또 그렇게 한다. 통제하려는 것이야 말로 그 통제자의 수치심을 커버하는 데 최상의 도구이다.

2. 완벽주의 - 모든 일이 항상 올바로 되어야 한다. 완벽주의는 멤버들에게 완벽한 기준을 세우고 그 기준으로 강요하기 위해 만든 것이다. 부정적인 일을 피하려는 것이 이들의 관건이며 자신도 못 따라올 기준에 따라 산다.

3. 비난 - 뭐든지 계획대로 안 되거나 일이 풀리지 않을 때 자신이나 남을 비난하라. 비난 또한 수치심을 커버하기 위한 좋은 수단이다. 비난은 통제가 자기 뜻대로 이뤄지지 않을 때 주로 사용된다.

4. 인간의 기본적인 다섯 가지 자유를 부정하기 - 인간이 제대로 인간답게 살기 위해 다섯 가지 자유가 필요하다고 버지니아 사티어가 말했다. 예를 들면 지각하고 생각하고 느끼고 원하고 상상하는 자유다. 하지만 역기능 가족에서는 자유로운 감정 표현이 제한된다. 이 말은 당신이 그 안에서 자유롭게 생각하고 느끼고 표현할 수 없다는 말과 같다. 당신은 항상 만사 'O.K'의 완벽한 사람으로 보이기 위해 표현할 것을 제대로 못하는 것이다.

5. 말하지마 - 자신의 감정을 숨기고 말로 표현할 수 없다. 수치심이 내재된 역기능 가족의 구성원들은 한번 말하기 시작하면 그동안 쌓아온 게 터질 것 같아서 참된 감정과 욕구를 숨기고 싶어 한다. 따라서 그들이 느끼는 외로움과 자신이 무너져 가고 있는 것같은 절망적인 상황에 대해 말할 엄두를 못 낸다.

6. 실수하지 말라 - 수치심이 내재된 가족은 인간의 당연한 실수조차 자신의 취약점을 드러내는 것으로 인식한다. 그래서 자신이 실수한 건 교묘하게 감추고 남이 실수한 것에 대해서는 수치심을 안겨준다.

7 믿지 못함 - '관계를 믿지 말라'가 이들의 신념이다. 믿지도 않으면 실망

할 것도 없다고 여긴다. 부모는 아이들이 그들을 신뢰하게 하지도 못할 뿐더러 아이들이 필요할 때 있어주지도 않는다. 그리고 이 불신의 순환 고리는 계속 반복한다.

물론 이런 규칙이 냉장고에 붙여 놓을 정도로 고정적인 것은 아니다. 하지만 명백하게 이런 규칙이 역기능 가족에서 존재하고 있다. 그리고 악순환은 계속 반복한다. 서구 사회에서 사용된 부모들이 가진 논리는 엄청난 수치심을 양성하는 결과를 가져왔다. 더구나 근친상간과 알코올 중독, 육체적 정신적 학대까지 포함하면 당신은 얼마나 많은 가정이 파괴되고 역기능적이 되었는지 알 수 있을 것이다. 엘리스 밀러(Alice Miller)는 이를 가르쳐 '치명적인 독처럼 작용하는 교육' 이라 평했다. 이를 살펴보면,

1. 성인은 아이들의 지배자이다.
2. 그들은 마치 신처럼 뭐가 옳고 그른지 다 판단한다.
3. 아이들은 부모가 기분이 나쁜 것에 대해 책임이 있다.
4. 아이들이 아닌 부모가 항상 보호되어야 한다.
5. 아이들이 가진 확신은 부모의 독단적인 권위에 위협으로 여겨진다.
6. 아이들은 가능한 빨리 부모에 의해 고집이 깨지고 상처받아야 한다.
7. 이 모든 일이 아이가 자신의 상처를 인지하지 못하는 아주 어릴 때에 행해져서 나중에 부모에게 이에 대한 이의를 제기하지도 못하게 해야 한다.

이런 부모의 신화적 전권은 옛 봉건주의의 전제 군주시대나 통용됐던 것이다. 지금 우리의 아이들은 미래의 민주주의의 일꾼이며 아인슈타인과 같은 영민한 존재이다. 그들은 세상에 존재하며 영원히 변하지 않는 고귀한 법칙들을 기대하며 세상에서 문제가 닥칠 때 누군가가 자기를 도와주기를 간절히 바라는 심정으로 세상을 바라보는 연약한 존재이다. 지금은 뉴턴이나 데카르트의 시대다. 그런 봉건적인 생각들은 벌써 몇 번이나 전복되었던

생각들인 것이다. 위에 나온 교육 방식들은 모두 아이의 창조성을 죽이는 방식이며 아이를 육체적 학대와 거짓말, 이중적, 조종, 아이에게 겁을 주고 사랑을 거둬들이며 고립시키는 고문의 대상으로 삼는 것이다. 그리고 이런 모든 일들은 아이들이 자신을 수치스럽게 여기도록 만들어 왔다.

존재에 대한 수치심

자신이 저지른 일에 대해 수치심을 느끼는 게 아니라 존재에 대해 수치심을 갖게 되는 과정을 '수치심의 내면화 과정' 이라 한다. 이 부정적 수치심의 내면화 과정을 통해 정상적으로 수치심을 느끼는 방식이 사라지고 존재에 대한 환멸로 자신을 인간으로써 부적당하고 결함 있는 존재로 여긴다. 이 변화 과정은 세 가지 측면으로 나눌 수 있는데 첫째가 수치심이 내재된 사람을 자신의 모델로 삼은 경우 둘째, 제대로 된 돌봄을 받지 못하고 감정을 부인하며 수치스럽게 여기게끔 키워진 경우 셋째, 과거에 경험했던 수치스런 일들을 안에서 자꾸 되새기며 확대시켜 나중에는 신체적으로 영향을 줄 정도로 자리 잡은 경우이다.

버려진 상처

유기-버려짐이라는 말을 나는 원래 그 단어가 가지고 있던 것과는 거리가 약간 먼 의미로 썼다. 오히려 의미가 더 학대되었다고 볼 수도 있는데 나는 이 단어 사용 안에 신체적으로 유기된 것도 포함했다. 우리를 파괴시키는 악을 정의하기 위해 해로운 수치심이라는 이 단어의 뜻을 더 확장해 보자. 나는 이 '유기한다' 는 말에 단순히 신체적으로 돌보지 않는 상황에다 정신적인 개념까지 포함하였다. 이는 자녀에게 부모가 반응을 해주지 않는다든지 부모가 자기애에 빠진다든지 아이와 부모가 거짓되며 허황된 관계에 매여 있다든지 부모가 아이의 의존하려는 욕구가 자라나는 것을 무시한다든지 아니면 가족 구성원이 가족 간에 벌어지는 악순환에서 벗어나지 못하고 말려드는 것을 말한다. 그리고 나는 이 유기란 말에 학대의 개념도 포함하려 한다. 엘리스 밀러는 엄청난 반응을 불러 일으켰던 그녀의 책, '영재아의 드라마' 에서 역설적으로 선하고 착하고 헌신적인 부모가 자녀를 어떻게 유기시키냐에 대해 다루었다. 그녀는 또 많은 재능 있고 성공한 사람들이 속으로 얼마나 절망하고 있으며 그들이 어린 시절에 받은 유기로 자신이 가지고 있는 참 모습을 수치스럽게 여기며 중요하지 않게 보는지에 대해도 썼다. 나는 그들이 가진 상태를 '그들의 영혼에 구멍이 난 상태' 라고 보고 싶다. 그녀의 저서는 나의 어린 시절의 버려진 상처에 대한 접근과 연구에 정말로 큰 도움을 주었다. 그녀가 수치심을 주 소재로 사용하지는 않았지만 참 자아에 대한 상실과 그에 동반한 우울증이 수치심을 뜻한다는 것은 누구나 알 수 있을 것이다. 사람은 버려지면 홀로 남게 된다. 버려짐-유기는 그들의 곁에 사람이 있든지 없든지 간에 일어날 수 있는 일이다. 그리고 사실 돌봐주는 사람이 아예 없는 것보다도 사람이 있으나 제대로 돌봐주지 않는 것이 더 사람을 미치게 한다.

실제적인 유기

맥스는 인생을 시작할 때에 두 가지 불운을 가지고 태어났다. 그는 부모가 원하지 않았고 계획에 없던 아이였다. 그는 부부가 가장 힘들었을 때 잘못해서 임신한 아이였다. 제롬은 술을 천정부지로 마셨고 펠리샤는 그를 제어하려고 몇 번이나 집을 떠났었다. 그리고 네 번이나 걸친 별거는 모두 맥스가 여덟 살이 채 되기도 전에 일어났다. 맥스 자신도 세 번에 걸친 별거 기간 동안에는 그의 형제와도 이별해야 했다. 그는 누나와 형이 외할머니와 사는 동안 엄마와 살았다. 아이는 의지하고 배울만한 대상을 필요로 한다. 맥스 역시 누군가 믿고 의지할 사람을 원했다.

나는 내 아들이 3살 때를 기억하는데 그 애는 항상 내게 잠자리에 들기 전 동화책을 읽어 달라고 했다. 그 아이가 가장 좋아한 책은 '토끼 피터' 와 '작지만 움직였던 차' 였다. 아이에게 몇 번이고 같은 이야기를 해 주다 보니 나중에는 완전히 질려서 페이지를 살짝 건너뛰려 하면 그 애는 어찌나 살 알아채는 지 불안해하며 질색을 하는 것이다. 아이에게는 앞으로 스토리가 어떻게 일관되게 진행되느냐가 중요했다. 만약 이것이 조금이라도 달라지면 아이는 자신의 세계에 이상이 온 것으로 여겼다. 마찬가지로 아이에게 계속된 이사는 아이를 심히 화나게 한다고 볼 수 있다. 아이는 부모 양쪽을 다 필요로 한다. 소년에게는 엄마에게 양육 받아 자라다가 나중에는 엄마 품을 떠나 아빠에게 다가가 배워야 한다. 아빠와 같이 있는 다는 말은 시간을 함께 보내고 감정을 나누고 친교하고 터치하며 서로가 원하는 것을 나누는 것을 말한다.

맥스는 아빠가 그의 주위에 거의 없었다. 그는 일하지 않을 때는 술을 마셨다. 그리고 맥스에게는 아주 적은 시간을 내줄 뿐이었다. 어린아이는 부모가 알코올 중독에 문제가 있는 사람이란 것을 모른다. 그들의 사고는 비논리적이며 모든 것이 자기에게 쏠려 있다. 심지어 7, 8살이 되기까지도 도덕적 개념에 대해 명확하게 모른다. 아이들은 16살이 되어서야 웬만큼 생각할 능력이 생기는 것이다.

자기중심적 사고는 아이에게 모든 것이 내 책임이라는 생각을 갖게 한다. 이는 모든 것을 개인화시킨다는 말과 같은데 예를 들면 "엄마가 날 사랑했다면 교회에 안가고 나랑 있었을 텐데" 이다. 우리는 사랑하는 것에 시간을 둔다. 아이들에게 시간을 들이지 않으면 아이는 자신을 가치 없게 느낀다. 아이는 관심과 이끌어줌이 필요하다. 아이들의 자기중심적인 사고방식은 엄마나 아빠가 보이지 않으면 자기가 싫어서 그런다고 여긴다. 자신이 뭔가 잘못해서 그렇지, 괜찮다면 옆에 있을 것이라고 여긴다. 아이들이 자기중심적으로 모든 것을 판단하는 이유는 아직 그들이 자신의 경계를 알 만큼 성숙하지 않았기 때문이다.

자아의 경계는 그들이 그 안에서 힘을 유지할 수 있도록 보호하는 역할을 한다. 이를 비유하면 그 사람이 가지고 있는 경계는 외부의 환경으로부터 그를 보호해 주는 집 같은 구실을 한다. 아이들의 경계는 집이 없는 상태와 같고 있어도 문이 없는 것과 같아 밖에서 벌어지는 일이 여과 없이 받아들이기 십상이다. 아이들이 부모를 필요로 하는 이유는 부모가 그들에게 그들 자신을 보호할 힘을 주기 때문이다. 아이는 부모와 자신을 동일시하면서 부모가 하는 것을 보면서 그들의 자아경계를 성립한다. 하지만 부모가 믿을 만 하지 못할 때는 이런 정서적 힘이 개발될 수가 없다.

정서적 유기와 자기애의 박탈

아이들은 누군가가 그들의 행동에 반영해 주고 그들의 욕구를 인정해 줄 필요가 있다. 그리고 이는 그들을 돌보는 사람의 눈을 통해서 이루어진다. 아이들에게 반영해 준다는 말은 아이들 곁에 항상 머물러 있으면서 그들의 행동에 응답해 준다는 뜻이다. 태어나서 삼 년 동안 우리는 완전히 받아 들여져야 하고 존중받아야 한다. 이때처럼 우리가 우리 모습 그대로 받아 들여져야 하는 때도 없다. 이 시기의 필요를 가르쳐 엘리스 밀러는 '기본적인 자기애의 성립시기' 라 했다. 예를 들어 좋은 부모에게서 좋은 보살핌과 피드백이 이루어지면 다음과 같은 일이 아이들에게 생긴다.

1. 아이들의 고집스러울 정도의 충동적인 요소가 부모로부터 전혀 위협을 받지 않아 저절로 완화된다.
2. 아이들이 자발적으로 굴려 하려는 것을 부모가 자연스레 받아준다.
3. 아이들이 가진 인간의 감정인 질투, 분노, 성적인 호기심, 반항적 태도 등이 부모에게 수용되는데 이는 부모들도 먼저 이 감정을 당연한 인간의 감정으로써 인정하고 자신들도 이런 감정이 있는 것을 인정했기 때문이다.
4. 아이들은 부모를 기쁘게 해줘야 하는 존재가 아닌 각자의 필요와 욕구대로 나아갈 수 있는 존재이다.
5. 아이들은 부모에게 말려들지 않고 그들에게 기대고 의지할 수 있다.
6. 아이들은 부모의 확고한 독립성과 자아경계를 보고 배워 자신들도 자아상을 확고히 한다.
7. 인간의 이중적인 감정이 받아들여지기에 어느 한쪽만 인정하려 들 때 벌

어지는 자아의 균열이 일어나지 않고 내신에 아이가 느끼는 '좋고도 싫은 것'에 대한 개념이 낯설지 않고 자연스럽게 받아진다.

8. 부모가 이미 아이를 온전한 객체로 인정했기에 아이는 올바르고 진정한 사랑이 뭔지 배울 수 있다.

그렇지만 만약 부모가 수치심이 내재된 사람이면 어떻게 될까? 그래서 그들이 아이 곁에 있어 주지 못하고 아이들의 감정을 인정하지도 반응해 주지도 않는다면 아이들은 어떻게 될까? 더구나 수치심이 내재된 사람에게는 자신을 사랑하는 면이 없다는 게 당연한 사실인데 그렇다면 아이들에게는 이것을 누가 어떻게 설명해 주나? 더구나 이런 부모들은 아직도 자신이 노력하고 베풀기 보다는 누군가 자신을 부모처럼 완전히 돌봐주기를 바라는 미성숙한 성인 아이들인데 말이다. 그렇기에 이런 부모들은 아이를 돌보는 게 아니라 거꾸로 아이가 자신을 부모처럼 돌봐주기를 바란다. 이때 벌어지는 형상에 관해 엘리스 밀러는,

> "아이는 부모에게 완전히 의지하는 존재로 부모의 돌봄은 이들에게는 생명과도 같다. 처음부터 끝까지 아이는 살아남기 위해 자기 주위 상황을 파악하고는 마치 식물이 살기 위해 태양에 향하듯이 그들 역시 살기 위해 부모의 요구를 따라간다."

그런데 만약 수치심이 내재된 엄마가 아이에게서 그녀가 찾으려 했던 엄마 모습을 찾지 못하면 어떻게 하나? 아이는 항상 부모의 처분만 기다리고 있는 연약한 존재인데. 더욱이 아이는 엄마처럼 상황이 좋지 않다고 도망갈 수도 없다. 아이는 부모에게 완전히 의지해 살기 위해서 부모가 요구하는 존경과 애정을 전폭적으로 보내면서 부모에게 붙어 있는 것이다. 아이들은 무의식적으로 부모가 요구하는 것을 신비하게도 잘 간파하는 능력이 있다. 그래서 부모가 요구하는 것을 베풀면서 아이는 자신이 부모가 원하는 것을 잘 제공하고 있는 한 자신이 안전하고 보호받고 있다고 여긴다. 하지만 부

모가 아이를 돌보는 게 아닌 돌봄을 받는 다는 건 자연에 역행하는 짓이다. 역설적으로 부모에게 버림받기 싫어서 부모의 요구대로 움직이는 아이는 사실상 부모로부터 버림받은 것이다. 아이가 부모를 위해 있어주는 자리 외엔 이미 아이를 위해서는 그 누구도 없는 것이다. 이런 식으로 자라는 아이는 자기애를 키울 겨를이 없다. 자신을 돌볼 기회가 철저히 박탈당하는 것이다. 불행하게도 이런 일은 많은 가정에서 흔하게 일어난다.

> "세상에는 부모를 돌보고 부모에게 용기를 주며 살아남았기에 자신을 사랑하는 것에 관해서는 잘 모르는 사람들이 너무도 많다. 이들은 심한 우울증을 앓고 있으며 이를 치료하기도 어려운 이유는 그들은 자신의 유년기가 정말 행복했다고 믿기 때문이다."

이런 현상들은 남들이 존경해 마지않는 재능 있고 성공한 사람들에게서 보인다. 밖에서 보기에는 그들은 모든 것을 다 가진 것처럼 보인다. 강하고 자신만만하며 자신에 대해 확신에 차있다. 그러나 그들 내면은 오히려 그 정반대다. 자기애가 결여된 사람은 밖에서 주어지는 모든 일에 최선을 다하며 존경을 받지만 정작 자신에게는 소용이 없다. "이 뒤에는" 엘리스 밀러가 말하기를 "우울 , 공허, 그리고 소외"가 자리 잡고 있으며 그들에게는 "이 모든 게 다 무슨 소용이 있겠냐"는 생각이 지배적이다. 그리고 이 찬란하게 빛나는 스타들의 화려함이 사라지고 나면 이들에게 남는 건 죄책감과 수치심일 뿐이다.

나는 이런 타입의 사람들을 많이 상담해 보았다. 사실 나 자신도 그 중 하나였고. 밖으로 성공하는 사람이 얼마나 속에서는 자신을 수치스럽게 여기는지는 사람들이 잘 모른다. 그들은 성장기에 그들 자체보다는 그들이 벌이는 성취와 성공에 사랑을 받던 사람들이다. 그럼으로써 그들의 존재는 무시받은 것이다. 내 경우는 내가 정말로 무슨 감정을 느끼고 있는지를 아는 것만 해도 수년이 걸렸다. 내 분노, 질투, 고독과 슬픔 같은 것 말이다. 사람들이 그들 자신의 감정을 느끼지 못하는 것은 과거에 부모로부터 유기된 결과로 생긴 일이다. 왜냐하면 아이는 부모가 자신의 감정에 반응해 주고 인정하고 지지해 주어야만 자신이 뭘 느끼고 있는지에 대해 감을 잡기 때문이다. 정서적 유기의 또 다른 결과는 자신을 잃어버리는 것이다. 자신에 대한 검증도 없는 채 행위로만 인정을 받아 간다면 그들은 결국 '행위 지향적인 인간'이 되어 행위에만 의존하지 자신이 존재함으로 존재한다는 생각을 못한다. 윈티코티는 이에 대해 참 자아는 "교류가 끊긴 채 내면에 남아 있다"고 했는데 나는 이런 현상을 더 이상 존재하지 않는 인간으로 표현하고 싶다. 존재함으로 존재한다는 사실을 받아들이지 못한 사람은 내면이 텅 비인 상태로 안에 있는 건 공허감과 고아 같은 느낌 그리고 자신을 무가치하게 여기는 마음뿐이다. 아마도 정서적 유기의 가장 부정적인 결과는 로버트 피얼스톤이 말한 '환상에 묶인 관계'나 엘리스 밀러가 말하는 '관계 가운데 묶인 행동 양식'이라 부르는 경우일 것이다.

이를 구체적으로 설명하면 아이가 그들의 감정을 부인하고 처음에는 의식적이었지만 점차 무의식적으로도 부모에게 자신의 감정까지 의존하는 관계를 말한다. 이 일에 대한 엘리스 밀러의 부연 설명은 "그는 자신의 감정을 믿지 못한 채 그에게 닥친 어려운 일들을 겪어 나간다. 그러면서 자신의 감정과 분리된 수위는 점점 높아져만 간다"고 한다. 그리고 이런 사람들은 부모로부터 떨어지지 못한다. 그들은 거짓된 관계에 묶여 있어 부모가 그들을 정말 사랑하고 있다고 여긴다. 그러나 사실 그들은 부모와의 관계 가운데 휘말려 제자리를 못 찾고 있는 것이다. 더구나 이런 잘못된 관계는 나중에 있을 다른 인간관계까지 파급된다. 거짓된 관계에 매여 있는 사람은 자신에 대한 확신을 주위에 있는 사람들에게 찾으려 하고 또 아이들에게까지 인정받으려 한다. 하지만 이들은 다른 사람들과 진실한 관계를 가지지 못하는데 이는 그들조차 자신이 누구인지 모르기 때문이다.

부모가 이들을 오직 자신들을 기쁘게 해줄 때만 사랑하고 인정했기에 이들은 어느덧 부모의 요구를 자신의 것으로 여기며 참 자아와는 멀어져 '부모 역할의 부재'로 이한 결과는 '자신으로부터의 소외'로까지 이어진다.

직설적으로 말해서 이런 사람들이 보여주는 밖으로 드러난 확고함은 이런 이유에서 기인된다. 내면에 의지할게 없어 밖으로 드러내어 주위사람의 존경과 인정 속에 자신을 찾으려는 것이다. 그들은 항상 완벽해야지 조금이라도 실수나 실패라도 하면 큰 재앙이 일어난 것처럼 절망한다. 이들의 화려함 뒤에는 절망이 도사리고 있는 것이다. 재능이 있고 성공한 많은 사람들이 심한 우울증으로 고생하고 있다는 것을 아는가. 이들의 우울은 그들 안에 있는 외롭고 소외된 아이 때문이다. "우울증에서 빠져 나오는 길에 대해 엘리스 밀러는 "자아에 대한 확신을 그들이 행한 일과 성취보다는 참된 자신의 모습에 기초해야 한다."고 말했다. 정서적 유기는 세대로 이어진다. 자신을 사랑할 줄 모르는 부모를 둔 아이는 커서 자신을 사랑할 줄 모르고 나중에 자신의 아이도 자기를 사랑할 줄 모르는 사람으로 키운다.

맥스의 부모는 자기애가 결여된 사람으로 그 역시 자기애가 결여된 사람으로 자랐고 이런 사람들은 아이를 가져도 아이를 통해 자신이 사랑을 받으려 한다. 그리고 그들의 아이 역시 자라서 같은 악순환을 반복한다. 맥스의 아버지인 제롬은 자기애가 결여된 사람으로 섹스와 술로써 위안을 삼으려 했고 그의 아내 펠리샤는 그녀의 아들 랄프를 자신을 사랑해 주는 자기애의 대용물로 삼았다. 그는 가족의 스타로써 항상 많은 것을 성취했고 나중에는 목회자가 되었다. 맥스와 맥심 둘 다 가정 가운데 '버려진 아이'로 의무적이고 냉정한 엄마는 결코 그들이 필요했던 감정을 인정해 주거나 반영해 주지 못했다.

맥스 역시 부모가 그에게 했던 대로 아이들을 자기애의 공급원으로 삼았었다. 더구나 기분 내키는 대로 아이들을 버리고 도망가곤 했다. 그의 자녀 중 딸들은 받는 것 없이 그와 가족에게 베풀기만 했다. 내가 그의 아이들과 상담하면서 놀랐던 것은 이들 중 그 누구도 자신들이 유기 되었다는 사실을 인정하지 않는다는 거였다. 이 아이들의 참된 감정은 철저히 기만당해 있었다. 정서적 유기를 당한 사람에게 유년기를 묘사해 보라고 하면 이들은 항상 감정 없이 이야기하는 특성을 보인다. 엘리스 밀러는 이에 대해,

"그들은 자라난 시절을 회고하면서 전혀 감정이나 동정하는 마음도 없이 말을 한다. 더욱이 자신의 유년기에 대해 마치 남의 일처럼 조소와 경멸까지 섞으며 전혀 감정 없이 아동기에 있었던 불행한 일과 그들의 필요가 무시된 사실에 대해 이야기해 나간다는 것이다. 이들 안에는 거짓된 각본이 단단히 자리 잡고 있는 고로 그들 자신조차 어릴 적에 행복했다고 믿고 있는 것이다."

아이들은 그 수많은 유기에도 불구하고 맥스를 우상시 화하고 이상적인 아빠로 여기고 있었다. 그 아이들은 기만 가운데 살고 있었고 맥스 자신도 아버지에 대한 분노를 알지 못했다. 오직 술에 완전히 취해 정신이 없을 경우에만 아버지에 대해 화를 표시할 뿐 그를 더 괴롭힌 엄마에 대해서는 전혀 분노를 나타내지 못했다.

학대를 통한 유기

모든 종류의 학대가 다 아이를 유기 시키는 일이라 볼 수 있다. 진정 강조하고 싶은 것은 아이가 학대를 당할 때 그것은 아이 책임이 아닌 부모의 문제라는 것이다. 이것이 바로 학대라 불려지는 이유이다. 학대가 벌어지는 것을 유기라고 표현하는 것은 아이가 학대를 받을 때 누구도 옆에서 아이를 위해 있지 않기 때문이다. 글자 그대로 아이의 안전을 위해 있어 주는 사람이 없다. 더구나 이들이 학대받는 이유도 본인이 아닌 부모 때문임에도 불구하고 학대는 아이에게 스스로를 수치스럽게 여기며 거의 미칠 지경으로 만든다.

아이들은 자기중심적으로 생각하기에 부모가 아이를 학대한다 해도 그들에게 원인이 있다고 여긴다. 아이들의 사고방식은 논리와는 거리가 먼 살아가기에 마법처럼 작용하는 방어기제와 같다. 그들에게는 부모가 전부인데 부모가 문제가 있거나 미친 사람이라면 그들이 어떻게 의지할 수가 있겠는가! 그래서 '살기 위해' 그들은 문제가 있는 쪽은 자신이라고 믿어버린다. 아이들에게는 이 이외에는 생각할 여지가 없다 그렇기에 계속되는 학대는 이들에게 스스로를 수치스럽게 여기게 만든다. 그리고 어떤 학대는 다른 어떤 것보다 더 사람을 수치스럽게 만든다.

성적학대

성적학대는 다른 학대보다도 더욱 사람을 치욕스럽게 만든다. 성적학대는 이 세상에 너무나도 많다. 최근 조사에 따르면 6천만의 사람들이 성적학대를 당했다고 한다. 이 학대에 대한 우리의 인식은 지난 30년 동안 엄청나게 증가했다. 과거에는 성적학대가 일부 끔찍한 이야기로 제한되어 있었다. 예전에는 잘 다루어지지 않았던 성적학대에 대한 인식이 요즘에는 과거에 비해 높아진 편이다. 내 저서 '가족'에서는 피아 멜로디가 한 연구를 적용했는데 여기서 알 수 있듯이 성적학대는 전 가족을 다 포함한다. 이 뒤에 나오는 것이 '가족'에서 소개했던 내용이다.

1. 신체적 학대

이는 손으로 성적인 터치를 한 경우를 말한다. 범위는 성적으로 안는 것과 키스에서부터 성적인 터치, 혀로 한 경우, 항문을 통한 섹스, 피해자에게 자위 행위를 하게 하거나 가해자의 자위행위를 돕도록 한 행위 및 성 관계 등

2. 명백한 성적인 학대 - 관음증과 노출증

이런 일이 집안에서나 밖에서 행해질 때. 부모들은 종종 아이들에게 이두 가지 행위를 행하는 경우가 있는데 부모가 자신의 성적인 욕망에 의해 아이를 자극하는 경우로 아이에게는 이에 대해 항상 불쾌함이 남아 있다. 나의 내담자중 한 사람은 그녀가 화장실에서 팬티차림으로 나오는데 아버지가 그녀의 모습을 곁눈질 한 것을 이야기해 준 적이 있다. 어떤 이는 화장실에서 개인의 영역이 확보되어 있지 않아 어려움을 겪었다고 말했다. 나는 남자들 12명 정도에게서 8살, 9살 때에 어머니가 그들을 목욕시켜 주면서 그곳을 만져 발기시켰다는 이야기를 들은 적이 있다. 아이들도 부모에게 성

적인 감정을 느낄 수 있지만 부모가 직접 아이에게 그런 감정을 불러 일으키지 않는 이상 성적학대라고는 볼 수 없다. 모든 게 다 부모하기 나름인 것이다. 하지만 나는 여기서 부모가 아이에게 성적인 감정을 느낀 것을 모두 성적학대라 말하는 게 아니다. 다만 부모가 아이를 자신의 성적 욕망에 이용한 것을 말하는 것이다.

3. 암묵적인 성적학대

ㄱ) 언어- 이는 적절치 못한 언어사용에 해당하는데 예를 들면 가족 중 남자들이 여자 형제들을 "창녀" "성기" 등이나 그 외에 적절치 못한 말로 불렀을 경우를 말한다. 또한 부모나 아이를 돌봐 주는 사람이 아이의 성적인 감정이나 2차 성장에 관해 지나치게 캐물으며 아이를 불편하게 만드는 경우와 전혀 아무 것도 가르치지 않은 것도 포함한다. 나는 월경이 어떤 작용으로 어떻게 생기는 것에 대해 전혀 모르는 여성들이나 심지어는 그들의 성기가 어떤 작용을 하는지 20살이 되도록 몰랐던 3명의 여성들을 알고 있다. 언어로 인한 성적학대는 부모가 그들의 잠자리에 관하여 아이들 앞에서 적절치 못하게 이야기하는 것도 포함한다. 그리고 아이의 성적 기관에 관해 부모가 함부로 말한 것도 들어가는데 내 경우만 해도 수십 명의 남자와 여자가 각각 어머니가 그들의 성기의 크기에 관해 농담을 한 경우, 아버지나 친척들이 그들의 엉덩이나 유두에 대해 놀린 것을 호소해 왔다.

ㄴ) 경계 침범-이는 아이가 부모의 성교를 목격한 것을 포함하는데 부모가 문단속을 제대로 못한 경우에 종종 발생한다. 이는 또한 아이가 자신 만의 공간이 없는 경우도 해당한다. 화장실에서 문 잠그는 것을 미처 배우지 못해 자신의 모습이 노출된 경우도 이 범주에 들어가고 부모가 아이들이 6살쯤 되면 벌써 성적으로 호기심이 드러나는 나이인데 아이들 앞에서 벗고 돌아다닌다면 문제가 있다.

그러나 엄마의 경우 아이들 앞에서 벗는 게 성적인 의도가 아니라면 굳이 성적학대의 범주에 포함되지 않는다. 그저 그녀는 개인의 공간을 지킬 필요가 있을 뿐이다. 그리고 아이들에게 관장제를 부모가 직접 삽입하는 것도 아이들에게 성적인 수치를 불러일으킬 수 있다.

4. 정서적인 성적학대

정서적 학대는 아이들이 부모와 관계가 얽혀 있는 경우 많이 일어난다. 나는 앞에서 미리 다른 성별을 가진 부모와 아이가 지나치게 서로 가까운 건 결혼 생활이 역기능인 가정 가운데서 흔히 일어난다고 설명했다. 이럴 때 부모는 사실상 아이를 배우자와 성적인 욕구 이외에 정서적인 욕구를 채우기 위해 이용하고 있는 것이다. 그렇기에 성관계가 없다고 하더라도 둘은 다분히 성적이나 로맨틱한 정서를 가지기 쉽다. 밖에서 보이는 현상은 딸이 아빠의 작은 공주가 된다든지 아들이 엄마의 작은 남자가 된다든지 이다. 그러나 사랑을 듬뿍 받고 있는 것 같이 보여도 사실상 부모가 아이의 필요를 채우는 게 아닌 아이가 부모의 욕구를 채우기 때문에 이 아이들은 부모로부터 유기 된 것이나 다름없다. 왜냐하면 아이는 배우자가 아닌 부모를 필요로 하기 때문이다. 피아 멜로디는 여기에 대한 정확한 정의를 했는데 그녀의 말에 따르자면 '한쪽 부모가 자녀와 갖는 관계가 자신의 배우자보다 더 가까울 때를 정서적 · 성적학대' 라 볼 수 있다고 정의했다.

가끔씩 부모가 아이와 정서적으로 묶일 때가 있다. 이때는 주로 아이가 부모의 감정을 돌보려고 할 때인데 내 여성 내담자중 한 사람이 그녀의 아버지가 한 일을 나에게 말해 주었다. 그녀의 아버지는 그의 아내가 성적 욕구를 들어주지 않을 때면 한밤중에 딸의 방에 와서 그녀를 안고 방에서 함께 눕곤 했는데 그녀는 이 일 때문에 자신의 성 정체성에 대하여 너무나 괴로워했다.

부모와 묶이는 일은 같은 성을 가진 부모와 아이에도 일어나는데 이때 주로 일어나는 대상은 엄마와 딸이다. 엄마가 남자에 관해 성적인 분노를 가지고 있는 경우 딸을 통해 정서적 필요를 얻으며 남자에 대한 분노를 풀고는 딸의 남자에 대한 관점도 자신처럼 바꾸어 놓아 버린다. 이들 모든 부모가 아이를 위해 있기보다는 아이가 부모를 위해 있기 때문에 벌어지는 일이다. 그리고 아이가 부모의 성적인 욕구에 사용 될 수 있는 경우 부모가 아이를 성적으로 취급할 때마다 아이는 성적학대를 당한다고 볼 수 있다. 어떤 경우는 그 아이보다 더 나이가 많은 형제에 의해 저질러지기도 한다. 일반적으로 같은 나이에 벌어지는 성적인 일을 성적학대라고 보지는 않는다. 다만 당하는 아이가 가해자 역할을 하는 아이보다 3, 4살이 어린 경우를 성적학대라 보는 것이다.

신체적 학대

매를 아끼면 자녀를 망친다는 성경에 나온 말이 자녀를 신체적으로 학대하는 것에 대해 용인하게 만드는 것이 아닌가 하는 생각이 든다. 아이나 여성에 대한 폭력은 고대 인습 가운데 있던 부분이었다. 신체적 학대는 성적학대에 이어 사람을 수치스럽게 만드는 요인 중 하나이다. 더구나 신체적학대는 중독되기 쉽다. 먼저 장에서 수치심으로 인한 장애 중 자신을 수치스럽게 여기는 마음이 밖으로는 폭력으로 표출될 수 있으며 일단 이런 '격노'나 '폭력'으로 자신의 수치심을 표출하는 건 중독되기가 쉽다고 언급한 바가 있다. 정확히 말해 폭력을 가하는 가해자는 그 자신이 수치심에 내재된 사람이다. 아이에게 신체적 학대를 가하는 부모의 특징을 알아보면 그들은 고립되어 있고 자신들에 대한 평가가 낮으며 다른 사람의 마음을 이해하지 못하고 그들이 전에는 그런 식으로 신체적 학대를 당한 사람이다. 부모의 가장 기초적인 돌봄조차 받지 못한 경우, 사랑 받지 못했거나 위로 받지 못한 경우, 자신이 가진 문제를 부인하며 막상 닥친 문제에 대해서는 어떻게 대응 할 줄 모르는 사람, 충고를 해주거나 막는 사람도 없고 아이가 도저히 감당할 수 없는 것을 아이에게 기대하고 오히려 아이가 자신을 돌봐줄 것을 기대하는 사람, 그리고 아이가 자신을 부모와 같이 보살펴 주지 못하면 절망하면서 분노에 휩싸이는 사람, 아이에게 아이 나이보다 훨씬 더 나이가 많은 사람으로써 역할을 기대하는 사람 등이다.

신체적 학대에 관한 정확한 자료는 없다. 오직 보고된 내용을 가지고 가늠할 뿐이다. 그리고 이런 통계도 신체적 학대임에도 불구하고 의사에게 치료받지 않은 것을 제외했고 치료 받더라도 신체적 학대로 분류되지 않은 것을 제외했고 신체적 학대로 보더라도 보고되지 않은 것을 제외한 숫자이다. 실제로 따진다면 한 사건이 보고될 때마다 보고되지 않는 사건은 그것의 200배 정도가 된다고 한다. 아이를 부모의 소유로 간주하고는 아이들이 가진 의지를 부서 버려야 된다는 믿음으로 활발한 아이들의 의지를 꺾어 놓는다. 이런 신체적 학대의 피해자들은 곧 수치심에 사로잡히게 된다. 처음에는 이들은 단순한 공포를 느끼지만 학대가 계속되면 자존감도 부서져간다. 자존감이 점점 약해져 가면 스스로 선택할 수 있는 힘도 잃어버리게 된다. 그래서 나중에는 아이들은 한 조각 빵 부스러기 같은 사랑이라도 얻으려고 몸부림치게 되는 것이다.

폭력은 그 자체가 비이성적이고 비합리적이며 때를 가늠할 수 없이 닥치는 대로 이루어진다. 이 닥치는 대로 행해지는 폭력은 셀리만이 언급한 "습득된 무능력한 상태"를 가져오게 한다. 이렇게 무능력한 상태로 만들어지면서 정신적 혼란도 가중된다. 일단 이런 상태가 되면 사람들은 더 이상 생각하거나 뭔가를 계획할 수 없는 상태가 된다. 그저 수동적으로 학대를 받아들이게 되는 것이다. 나는 이것보다 더 심하게 인간의 영혼을 죽이는 일은 찾아볼 수 없다고 생각한다.

이런 신체적 학대는 의외로 가정 가운데서 많이 행해지는 데 이는 이것을 부추기는 체벌 형식의 교육 방식 때문이다. 이런 폭력적인 방법이 아이를 교육하는 방식으로 교묘하게 묵인되고 있다. 그리고 신체적 학대는 특히 역기능 가족에 만연되어 있다. 실제로 후려치는 것을 포함해 벨트나 막대기로 고문하는 것, 주먹으로 때리거나 뺨을 갈기고 쥐어뜯고 또는 질식 직전까지 가게 하거나 발로 차고 날카로운 것으로 찍거나 때리고는 버려두는 것, 가둬 놓거나 아이의 잘못에 경찰을 부르는 행위, 심지어는 다른 한쪽 부모에게 가해지는 폭력을 목격하거나 형제자매가 당하는 것을 보는 것이다. 그리고 주로 폭력을 당하는 쪽은 아이들의 엄마이다. 아이에게는 엄마가 당하는 폭력은 자신에게 행해지는 폭력과 같은 강도의 충격이며 상처다. 아이에게 엄마가 당하는 것을 목격하는 것은 지울 수 없는 상처를 남긴다.

정서적 학대

정서적 학대는 너무나도 보편화되었다. 나는 많은 사람들이 정서적 학대를 받으며 살고 있음을 알고 있다. 우리가 배운 교육 중 정말 해로운 것은 감정을 약한 것으로 여긴다는 것이다. 우리는 이성적이고 논리적이어야 하기 때문에 감정을 쉽게 발산해서는 안 된다는 것이다. 모든 감정을 억눌러야 하며 특히 분노와 성적인 감정은 더욱 억압해야 한다고 배운다. 나는 미국 가정 어디라도 분노와 성적인 감정을 자연스럽게 허용한 가정은 그리 많지 않을 것이라고 생각한다.

감정이 수치스럽게 여겨짐

감정은 우리의 에너지의 가장 기초가 되는 부분이다. 감정은 우리의 삶에서 두 가지 기능으로 작용하는 데 하나는 우리의 욕구가 무엇인지 그리고 뭐가 만족스럽고 불만족스런지 말해 준다.

이런 감정의 에너지가 없이는 우리는 우리가 무엇을 원하는지 본질적으로 알 수 없다. 감정은 또한 행동할 수 있게 하는 에너지다. 나는 '감정'이라는 말을 강조하는데 이 감정은 우리를 행동할 수 있게 하는 에너지다. 그리고 이 에너지가 우리로 하여금 우리가 원하는 것을 얻게 해준다. 그래서 우리의 본질적인 욕구가 위협 당하면 이를 지키기 위해 분노가 일어난다. 우리의 분노는 바로 우리에게 힘을 주는 에너지이다. 마치 영화에서 나오는 헐크가 다른 사람들을 도우려할 때 평범한 남자가 괴물로 변해 막강한 힘을 발휘하는 것처럼 말이다.

슬픔은 과거를 완결시켜주는 에너지 구실을 한다. 우리는 우리의 필요가 위협받아 생기는 분노의 감정을 받아들이고 겪어 나가면서 동시에 현실도 받아들이게 된다. 하지만 슬픔은 고통스럽기 때문에 우리는 이를 피하게 된다. 하지만 사실은 이 슬픔을 직면해서 느껴야만 이를 극복해 나갈 힘이 우리에게 생기게 되는 것이다. 이것 때문에 정신 치유의 슬로건 중 하나가 "비탄은 곧 치유의 시작"이라는 것이다. 두려움은 우리가 위험에 대한 경고를 해주며 바로 이 두려움이 우리에게 분별력과 지혜를 주는 에너지이다. 죄책감은 우리의 양심을 이루고 있는 에너지이다. 죄책감은 우리의 소중한 것을 위반했다는 것을 알려 준다. 그래서 이를 의식하여 고치게 한 다음 실행으로 이끌어 내게 하는 역할을 한다.

수치심은 인간은 유한하고 제한된 존재임을 깨닫게 해준다. 우리에게 인간으로써 더도 말고 덜도 말라고 말해 주는 것이다. 기쁨은 우리의 욕구가 충족되었다는 만족스런 에너지이다. 그래서 우리는 기쁨에 노래 부르고 뛰곤 한다. 이 기쁨은 우리에게 모든 것이 잘되고 있다는 것을 알려 준다. 그러나 우리의 감정이 이런 것들을 제대로 반영하지 못할 때 우리는 가장 근본적인 힘과 접촉하지 못하고 있는 것이다. 자연스런 감정과 교감하지 못하는 부모는 아이들에게 감정을 다루는 부분에 있어 적합한 본이 되어 주지 못한다. 왜냐하면 그들은 감정이 차단된 사람들이기 때문이다. 그들은 한마디로 정서가 마비된 사람이라 자신이 무엇을 느끼는 지도 잘 모르기에 아이들의 정서적인 발달마저 막아버린다. 부모 자신이 만든 규칙을 신성불가침일 정도로 아이에게 적용시키며 아이들의 감정을 인정하지 않는 자들은 아이의 마음을 망가뜨리는 것이다. 그들은 감정을 약한 것이라고 아이들에게 가르치는데 이런 가르침이 아이들로 하여금 자신의 감정을 부인하게 만들며 본인의 감정을 수치스럽게 여기게 만든다. 더욱이 율법적인 종교는 더욱 해로운 교육 방식을 행하게 만든다.

종교적 교리에서 분노는 죄악으로 간주된다. 바로 이런 죄들이 지옥으로 이끈다고 가르친다. 그러나 여기서 중요한 것은 분노라는 감정 자체가 죄가 아니라 이에 이어지는 파괴적인 행동이 죄라고 한다는 것을 알 수 있다. 이에 관련된 행동이 소리치는 것, 잔인하게 구는 것, 때리는 것, 공개적으로 누군가를 비난하거나 정죄 하는 것 그리고 육체적 폭력이다. 문제가 되는 것은 행동이지 감정이 아닌 것이다. 사실 많은 아이들이 자신의 분노의 감정으로 인해 수치를 겪게 된다. 하지만 그들은 또한 부모가 화를 내거나 격노하는 것도 보게 된다. 이것은 부모가 화를 내는 것은 괜찮고 아이가 화내는 것은 안 된다는 메시지인 것이다.

수치심으로 만든 파르페 [1]

분노의 감정이 수치스럽게 여겨지면 두 가지 일이 생긴다. 첫째는 분노가 수치심에 묶이게 되어 화를 낼 때마다 수치심을 느끼게 되고 둘째는 분노가 수치스럽게 여겨지기 때문에 그것을 억압하게 된다는 것이다. 억압은 첫번째 방어기제이다. 이것은 어떤 상황이 도래하면 자동적으로 혹은 무의식적으로 이루어진다. 이 분노의 감정은 무의식적으로 자신을 보호하기 위해 밖으로 표현하는 것이다. 그러나 일단 분노의 감정이 억압되면 억압 될수록 커져만 간다. 버지니아 새티어(Virginia Satir)는 이를 지하실의 굶주린 개들로 표현했는데 이 개들은 배가 고프면 고플수록 더 밖으로 나오려고 한다. 억압된 에너지는 이를 숨기고 누르면 누를수록 더 많은 에너지가 필요하다. 억압된 감정은 점점 커져 나중에는 삶 자체를 장악해 버린다. 어느 날 더 이상 눌러둘 공간이 없게 되었을 때 에너지는 폭발해 버린다. 분노를 억누르는 자는 곧 자신이 통제 불능의 상태에 있음을 발견한다. 폭풍 같은 감정이 휘몰아치고 나서 이에 대해 "오늘 대체 무슨 일이 벌어 졌는지 도무지 모르겠어!, 세상에 정말 내 자신을 잃어 버렸지 뭐야" 라고 이야기한다. 억압되고 수치심에 묶여 해결되지 못한 분노는 곧 격노로 변한다. 격노는 수치심으로 묶인 분노의 산물이다.

슬픔이 수치스럽게 되면 슬픔은 위로할 길 없는 비탄과 절망으로 변하게 된다. 어떤 때는 이것이 자살의 요인이 되기도 한다. 우리의 문화는 아이들

---

[1] 아이들이 먹는 층별로 된 아이스크림

이 우는 것을 수치로 여긴다. 그러나 우는 것이 수치스럽게 여겨지지 않는다면 위안을 주고는 곧 끝날 것이다. 어떤 때는 마치 우는 시간이 정해진 것처럼 "좋아 이제 충분히 울었으니까 그만 울어라"라고 이야기하기도 한다. 이렇듯 아이들은 우는 것으로 인해 놀림감이 되거나 정죄 받는다. 심지어 우는 아이를 "네가 그렇게 하찮은 이유로 징징거리니 내가 정말 우는 이유를 주겠다"며 우는 아이를 때리거나 철썩 뺨을 갈기기도 한다.

두려움도 이와 마찬가지다. 아이들이 두려움을 느끼는 것도 수치스럽게 여긴다. 이렇게 수치스럽고 부인된 두려움은 과대망상증으로 발전되기도 한다. 그리고 슬픔과 두려움의 감정을 용납하는 범위는 종종 성별과 연관이 있다. 사내아이 보다 어린 소녀가 슬픔과 두려움을 표현하는 것에 대해서는 관대하다. 그렇지만 현 문화가 모든 감정을 잘 용인하지 못한다. 그리고 심지어는 즐거움마저 수치스럽게 여겨진다. 너무나 행복하여 어쩔 줄 모르는데 갑자기 누군가 찬물을 엎는 말에 우리의 즐거움은 곧 빼앗긴다. "너무 그렇게 좋아하다가는 자만심에 무너질 수 있다.", "북한에서는 애들이 굶어죽는 데 뭐가 그리 좋다고 난리야!" 등의 책망으로 찬물을 뒤집어씌운다. 그리고 당신이 자주 듣던 이런 메시지들이 수치심의 감정들과 묶여서 정말로 행복하거나 성공했을 때마다 당신에게 수치심을 느끼게 만든다.

성적인 감정이 수치스럽게 여겨짐

성적인 부분만큼 수치심에 엮인 것도 없으리라. 성은 인간 존재의 핵심을 이루는 부분이다. 성은 우리가 소유한 것이 아닌 우리 자체이기 때문이다. 그리고 성은 우리가 서로를 가장 먼저 인식하는 부분이기도 하다. 성은 창조물의 본질적인 부분이다. 만일 인류가 이러한 성적 동기에 대해 문을 닫는다면 120년 안에 인류는 멸종될 것이다. 우리의 성적 동기가 수치스러우면 존재도 수치스러운 것이 된다. 성적 에너지인 리비도(Libido)는 우리를 인간답게 살게 하는 우리의 독특한 힘, 그 자체인 것이다. 아이들이 성에 호기심을 보이는 것은 자연스러운 일이다. 나는 어릴 적 내 이웃이 남자의 성기가 여자의 성기 안에 들어간다고 이야기한 것을 생생하게 기억하고 있다. 나는 그 이야기에 압도되고 말았다. 믿을 수가 없었다! 성은 아이에게 굉장하고 동시에 혼돈스럽게 여겨진다. 그리고 아이는 자연스럽게 자신의 성기에 관심을 보이고는 일정한 나이가 되어서 아이들 세계의 성적인 놀이로 빠져드는 것이다. 나는 종종 우리의 성이 어떻게 수치스럽게 여겨지는지 그 대략의 시나리오를 보곤 한다.

예를 들면 3살 남자아이가 자신의 몸을 살펴보고는 코를 발견하고는 "코"라고 했다. 아이의 엄마는 이것을 보고 기뻐서 자신의 엄마에게 아이의 놀라운 진보에 대해 이야기하자 그녀가 즉시 달려와 아이에게 코를 집어 보라고 말하자 아이는 자랑스럽게 코를 가르쳐 보이고는 할머니에게 몹시 칭찬받는다.

시간이 흘러 아이는 팔꿈치, 귀, 눈 등에 이름을 붙일 줄도 알게 되었고 어느덧 집에 목사님을 모시고 가정 예배를 드릴 무렵 이 어린아이는 마침내 자신의 성기를 발견하게 된다. 생각하기를 코의 이름을 알게 된 것에 사람들이 그렇게 좋아하는 데 이것을 내가 알고 있다는 것을 알게 되면 얼마나 좋아할까 여기며 목사와 일가친척이 다 있는 거실 앞에서 자랑스럽게 자신의 성기를 보여주며 '고추' 라 말한다.

아마 이 어린아이는 그런 수치스런 일을 전에는 겪어 보지 못했을 것이다. 엄마는 귀를 잡아 무서운 속도로 끌어 잡아 다니는데 이는 전에는 없던 일이라 아이의 얼굴이 일그러진다. 엄마는 눈에 보일 정도로 몸을 떨더니 다시는 이런 짓을 하지 말라고 한다. 그가 한 짓은 아주 나쁘다는 것이다. 아이들은 자신에게 최악인 상황을 겪으며 성은 수치스런 것이라고 내면화한다. 이런 일들이 다반사로 가정에서 일어나고 있다. 자신의 성적인 일에 수치심을 느끼는 부모는 아이의 자연스런 성에 관심조차 가지는 것도 용납 못한다. 만일 아이가 성에 관심을 나타내면 부모의 반응은 도저히 용납하지 못하겠다거나 더 나아가서는 이런 아이를 역겨워 하기까지 한다.

일반적으로 성에 대해서는 구체적으로 지목하지 않고 "그거" 또는 "거기만지지 마라" 혹은 "거기다 뭐 좀 걸치고 다녀", "네 은밀한 곳을 가려라" 등으로 이야기하면서 성적인 것에 대해 뭔가 나쁘고 역겹고 더러운 것으로 여기게 한다. 하지만 이렇게 하는 것은 우리의 한 부분을 부정하는 것이다. 그래서 우리의 성은 수치심으로 얼룩지게 된다. 그리고 그런 가정(사실 대부분의)에서 자라난 아이는 성을 수치스러운 것으로 받아들인다. 온전하게 표현을 하자면, 우리의 본질적이며 자발적인 부분이 수치로 묶여 있다는 말이다.

그리고 아이들은 너무 활기차다고 수치를 당한다. 너무 크게 웃거나 무엇을 원해도 그렇다. 많은 경우 우리를 역기능적으로 만드는 수치심들이 저녁 식사 테이블에서 행해진다. 아이들은 배가 고프지 않아도 먹어야 한다. 전혀 식욕이 돌지 않는데도 말이다. 음식을 다 먹기 전에는 일어설 수 없다. 음식을 다 못 먹어서 혼자 남겨져 다른 사람이 자신을 조롱하는 것을 듣는 것은 공개적인 수치를 당하는 것이다. 나의 내담자 중에서 어릴 적에 저녁 상에서 당한 수치스런 일 때문에 상에 앉아 먹지 못하고 서서 먹거나 또는 뛰면서 먹으려는 사람을 만난 적이 있다.

우리의 본능적인 부분이 수치심에 묶이게 되면 이는 우리 삶의 핵심 부분이 묶여지게 되는 것과 같은 것이다. 이건 마치 도토리가 자라서 참나무가 되는 것을 부끄러워한다거나 꽃이 꽃피는 것을 부끄러워한다는 것과 같다. 다시 말하면 인간의 본능은 천부적인 것이기에 억압될 수 없다. 그러나 우리의 본능들이 수치심에 묶이게 되면 그 본능들은 배고픈 개들처럼 되어 언제 뛰쳐나올지 몰라 항상 경계해야 한다.

수치심, 지배적인 정서

수치심은 모든 감정 중 가장 지배적인 감정인데 왜냐하면 수치심이 일단 자리 잡으면 모든 감정들이 수치심에 묶이기 때문이다. 감정이 수치로 묶인 부모는 아이의 감정을 허용하지 못하는데 이는 아이의 감정이 부모의 억눌린 감정을 껄끄럽게 일으키기 때문이다. 사실 억압된 감정이 드러나게 되면 거기에 압도될까 싶어서 두려워한다. 이는 자신의 감정을 드러내는 것조차도 수치스럽게 여겨서이다.

감정이 수치에 묶여져 문제가 되었던 것이 맥스의 주된 문제였다. 맥스는 한 번도 신체적으로 학대받은 적은 없다. 그러나 그는 성적으로 학대받은 것이 분명했다. 그의 부모 둘 다 근친상간의 피해자로 치유가 되지 못한 사람들이었다. 아버지 제롬은 바람둥이였는데 이 사실은 항상 집안의 비밀로 묻혀 있었다. 맥스는 그의 엄마가 그에게 자주 유혹적인 태도를 보였다고 내게 이야기한 적이 있다. 맥스의 엄마인 펠리샤는 확실히 그에게 정서적 학대를 가했다. 그녀는 맥스에게 이름을 지어 놀리고 남과 비교했으며 막 소리치고 그를 경멸하고 역겨워 하기도 했다. 무엇보다도 나쁜 것은 그녀가 항상 맥스로 하여금 자신의 기분을 돌보게 한 점이다. 하지만 그녀는 맥스의 기분은 상관해 주지 않고 막 야단치거나 그의 감정을 비난하곤 했다. 맥스의 말에 따르자면 그녀는 "뭣 땜에 화가 난거야?" 내지는 "두려워 할 것 아무 것도 없어", "울음 그치지 않으면 내가 진짜 울만한 이유를 주마" 등으로 그를 위협했다. 맥스는 몹시 슬퍼 보였다. 한 몇 년은 울 수 있을 것 같이 보였다. 맥스의 가정은 해결되지 못한 슬픔이 세대 간에 이어져온 듯 했다. 나는 그와 마주 앉은 것만으로도 그의 슬픔이 내게 깊이 느껴졌던 것을 기억한다.

의존 욕구가 무시당하고 버려짐

어려서 우리는 우리 의존의 욕구가 충족되기 위해서 다른 사람의 도움을 필요로 한다. 특히 아이들은 의존적이고 도움을 필요로 할 수밖에 없다. 아이가 태어나서 한 15세 정도까지는 부모의 도움이 절실하다. 이 일은 오직 돌보는 자의 헌신에 의해서 충족된다. 표 2.5는 이를 잘 보여 주고 있다. 아이들은 누군가 자기를 안아주고 만져줄 사람이 필요하다. 그리고 그들은 자신의 감정을 받아 주고 지지해 줄 사람과 거울의 역할을 할 사람이 필요하다.

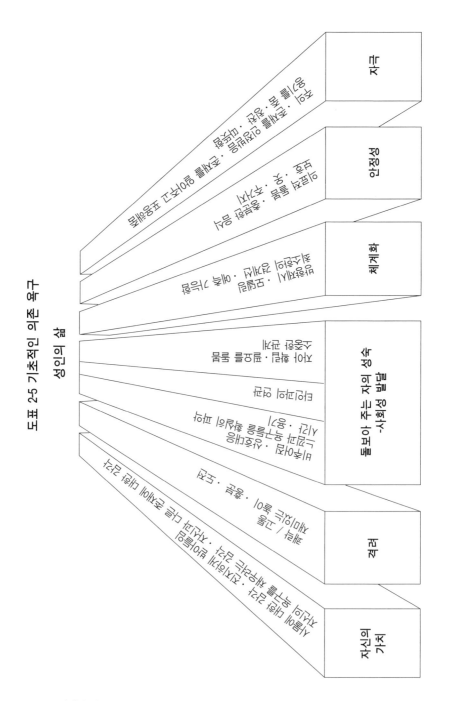

도표 2-5 기초적인 의존 욕구

성인의 삶

아이들은 틀이 있는 교육을 받아야 하며 앞으로 무슨 일이 벌어질 것인지 예측이 가능해야 한다. 그들은 신뢰의 관계가 필요하며 믿을 수 있는 누군가가 있어야 하는 것이다. 또한 아이들은 자신만의 공간이 필요하며 자신이 남과 다른 존재라는 것을 알 수 있어야 한다. 그들은 안정감이 필요하고 충분한 음식과 옷, 집, 그리고 의학적 돌봄도 필요로 한다. 그리고 무엇보다도 아이들은 부모의 관심과 사랑을 필요로 한다. 아이들의 삶의 문제에 대해 방향을 제시하거나 지혜를 가르쳐줄 누군가가 필요한 것이다.

기본적 욕구가 수치심에 묶인다면

아이의 욕구가 무시될 때 아이는 자신의 욕구가 중요하지 않다는 메시지를 받게 된다. 그리고 자신의 가치를 중요하게 여기지 못한다. 자신을 다른 사람이 돌봐줄 가치가 없는 존재로 여긴다. 한 마디로 자신을 중요한 존재로 느끼지 못하게 된다. 자신의 필요가 만성적으로 무시 받게 되면 자신은 다른 사람에게 기댈 권리가 없다고 믿어 버린다. 하지만 이런 의존적 욕구는 개인의 내면과 온전함을 위한 성숙의 토대가 되는 교량의 역할을 하게 된다. 그리고 이런 욕구가 무시되면 내면과 세상을 잇던 다리는 곧 무너지고 만다. 자신은 기댈 사람이 아무도 없는 고로 남에게 기댈 권리조차 없는 사람이라고 믿어 버린다. 그래서 욕구를 느낄 때마다 수치심을 느끼게 된다. 사실 의존하려는 욕구는 인간의 가장 기본이 되는 욕구이며 이것이 충족될 수 없으면 다른 것으로라도 이것을 채우려 든다. 이런 방법으로 자신의 욕구가 무시된 아이가 문제를 일으키거나 부모를 화나게 하서라도 부모의 관심을 끌려 하는 것을 볼 수 있다.

사람은 목말라 죽게 되면 진흙물이라도 마시려 한다. 나는 부모에게 맞는 짓이라도 함으로써 부모의 손길과 부모와 연결되려는 마음을 충족시키려는 한 아이를 알고 있다. 여기에 관해 결과가 안 좋은 입양에 관한 글이 있는데 적당한 때에 알맞은 양육이 이루어져 의존적 욕구가 때에 맞추어 채워지지 않으면 인격은 발달 단계에서 미숙한 단계에 있게 된다는 것이다. 아이는 자신의 필요를 채우는 적절한 방법을 배워야 한다. 그러나 만일 배우지 못한다면, 즉 필요를 채우지 못한 채 보내 버리게 되면, 나중에는 자신의 필요에 대한 자각을 잃어버리게 된다. 궁극적으로 자신이 뭘 원하는지 모르게 된다는 말이다.

의존적 욕구가 제때에 채워지지 못한 채 유기 되면 아이가 장차 성인 아이가 되는 데 중요한 비중을 차지한다. 걷는 것도 말하는 것도 성인같이 보인다. 그러나 내면에는 공허하고 불만족스런 아이가 있는데 이는 도움이 필요했었으나 그 필요가 채워지지 못한 곤궁한 아이가 안에 자리 잡고 있기 때문이다. 그리고 이 내면에 자리 잡은 불만족스런 아이는 인간을 강박적이고 충동적으로 만드는 데 핵심적인 역할을 한다.

맥스의 경우 그는 모든 욕구를 성적인 것으로 전환시킨 경우였다. 그것이 그동안 그가 성에 집착해 왔던 이유였다. 다시 말하면 이런 아동기의 채워지지 못한 결핍이 성중독의 주된 구실을 한다. 일단 사람이 학대를 통해서 버림받게 되면, 그는 인간 이하의 "대상"으로 떨어질 확률이 높다. 맥스의 경우, 형들의 수치심을 전이시키는 대상으로 사용되어 졌으며 아버지에게는 실제적으로 버림받았다. 그는 가족 시스템 속에 희생당한 것이다. 희생당했다는 뜻은 일단 어떤 "대상"으로 취급당하고 사람으로 대접받지 못했다는 것이다.

이렇게 사람이 대상화되면 그 본인도 자신을 대상화시킨다. 맥스는 자신을 대상화시킨 것이다. 형제들이 전가한 수치심을 내면화시키면서 그는 자신을 비난하고 조롱하고 정죄하고 깎아 내리기 시작했다. 그는 자신을 거절의 대상으로 여겼다. 자신이나 남을 어떤 대상으로 구체화시키는 것은 인격을 잃어버리는 짓이다. 맥스 자신 스스로 그를 온전한 인간으로 바라보지 못했기에 남도 그렇게 보지 못했다. 그는 여자와 성관계 하는데 세월을 보냈다. 그는 특히 여성의 가슴에 집착했는데 그는 여자를 인격적으로 보지 못했다. 그는 가족과 자신의 체면에 먹칠을 하는 것에 전혀 아랑곳하지 않고 백화점에서 여자의 가슴을 만지려고 하거나 몰래 훔쳐보는 것으로 대부분의 날을 보냈다. 인간을 성에 빠지게 만드는 또 다른 역동적인 이유는 그 자체 즐거움인 오르가즘 때문이다. 일단 아이가 유기 당하고 나면 아이의 마음 깊은 심연에 고통이 자리 잡게 된다. 그래서 자신을 무가치하게 느끼게 되고 그는 자신이 왜소하게 느껴지고 자신이 남에게 노출되어 있다고 여긴다. 하지만 성관계로 일치감과 절정에 이르게 되면 모든 것을 능가할 수 있는 것처럼 느껴지고 강력한 기쁨까지 얻게 된다. 즉 이 기쁨이 그동안 채워지지 못했던 다른 욕구의 자리를 채우는 것이다. 이것으로 모든 욕구를 대치할 수 있다고 스스로 속는 것이다. 카우프만(Kafman)이 이를 신랄한 어조로 평했는데

> "감정적 필요를 부모로부터 채우지 못한 어린 소년은 어리고 불안정한 자신을 마주할 때마다 딜레마에 빠지게 된다. 만약 자위행위가 그에게 좋은 느낌을 주었다면 자기 자신에 대해 좋은 느낌이 필요할 때마다 그는 자위행위에 의지할 것이며 성욕과 관계없는 일에도 그는 이것을 사용하게 될 것이다."

인간은 어려서 자기충족에 대한 욕구가 채워지지 못하면 다른 것이라도 만들어서 채우려 든다. 그것은 음식, 돈, 혹은 과도하게 주의를 끌려는 것일 수도 있다. 하지만 맥스의 경우는 섹스였다. 그의 아동기의 시절의 욕구가 성적인 것으로 전환된 것이다. 정서적 필요가 성적인 것으로 전환되었다고 볼 수 있다. 그는 불안정하고 욕구가 일어날 때마다 그것을 성욕으로 대치시켰다. 불행히도 그는 결코 섹스가 줄 수 없는 것을 섹스로 전환시켜 채우려든 셈이다.

가족시스템으로 인해 혼합된 가족의 유기

나는 가족을 이미 사회적인 조직으로 묘사해 왔다. 그 구성과 규칙 그리고 그 역동적인 항상성(homeo-stasis)으로 인해 말이다. 역기능적인 가족은 가족 구성원을 균형을 잡는데 사용하고 있다. 실제로 역기능이 심할수록 엄

격한 역할과 닫힌 체제가 된다. 약물 중독과 성 폭력, 가정 폭력의 가족은 그 역기능 체제에서 역할이 필요하다. 그 가족을 유지시키는 것은 그 구성원들이 하는 역할에 달려 있다고 여겨진다. 그러나 이 역기능 가족의 엄격한 역할은 사실상 본인을 방치하는 것이다. 가족 내 영웅의 역할을 하기 위해서 나는 강해져야 되고 약한 모습을 보여서는 안 된다고 여긴다. 나는 영웅이 되어야 되고 영웅은 두려워해서는 안 된다는 이런 역할은 마치 연극 대본과 같다. 무엇을 느낄 수 있고 느끼지 못하는 것을 금지하는 것이다. 이런 영웅 노릇을 몇 년 하면 나중에는 자신이 누구인지 모른다. 그러나 진정 회복되고 자신이기를 원한다면 그 역할을 포기해야 한다. 포기한다는 것은 내 자신의 약한 부분을 알아간다는 뜻이다. 리더 보다 구성원이 되어야 하고 이끌기보다는 따라가야 한다. 왜냐하면 역할은 가족을 유지하기 위한 것이기 때문이다. 그러나 아이들은 자기를 포기하고 가족을 유지하기 위해 가정을 돌본다.

이런 식으로 아이들이 돌봄을 받지 못하고 방치되면 아이들은 참자신의 접촉과 상호친밀감을 잃어버리고 다른 관계까지 악영향을 받는다. 아이들은 소중하고 비할 데 없는 존재다. 아이들 자신이 존귀와 사랑으로 보살핌을 받지 않으면 자신을 소중하게 여기는 마음은 사라지게 된다. 그리고 치명적으로 수치심을 내면화시키면, 다시 말해 자신을 수치스럽게 여기게 되면 이런 마음은 아예 사라져 버린다.

이미지의 상호연결

수치심은 수치심을 주는 사람, 언어, 장소, 당시의 경험을 통해 내면에 이미지화 한다. 그것은 선명한 청사진같이 박힌다. 예를 들어 어떤 말을 들을 때 나의 옛날 수치스런 것을 상기시킬 수 있다는 것이다. 이런 다양한 종류의 수치스런 경험과 이미지는 혼합되어 저장된다. 카우프만이 언급한 대로 "수치스런 일들이 상호 연결되면서 더욱 증폭된다. 즉 언어와 현장 경험이 혼합되어 수치심의 의미가 변형된다. "난 수치심을 느껴" 가 "나는 수치스리운 인간으로써 아무 쓸모없는 사람이야' 라고 까지 번진다. 수치심이 단순한 느낌뿐이 아닌 자신을 구성하는 것으로 바뀌는 것이다. 이 수치심을 내면화시킨 것은, 다시 말해 수치심을 자신의 것으로 여기는 것은 존재를 얼어붙게 만든다. 즉 수치심은 더 이상 감정의 신호가 아니라 존재 자체가 된 것이다. 이것은 깊고 영속적이며 그 자신이 결함이 있다고 여기는 마음을 구석구석 우리의 전 존재에 퍼트린다. 이런 느낌은 우리의 존재에까지 영향을 미쳐서 앞으로 벌어지는 일에도 이런 느낌을 가지고 받아들이게 된다. 시간이 지날수록 이런 수치심에 사로잡힌 마음이 우리를 의식에서 점점 멀어 지게 만든다. 이런 방식으로 수치심은 정체성을 구성하는 기본 요소가 되고 마침내 수치심에 사로잡히는 사람이 된다.

기능적 자동화

일단 수치심이 내면화되면 수치심은 외부 자극 없이도 작동된다. 그래서 수치심을 일으킬 만한 특별한 자극 없이도 일어나는 것이다. 나는 과속으로 스티커를 띠었던 수치스런 일이 있는데 그 후 경찰서에서 근무하는 사람 앞에만 걸어가도 수치스런 경험이 되살아나는 것이다. 그 사람이 친절하고 좋아 보이고 미소를 짓고 있어도 소용이 없었다.

내면화된 수치심의 악순환

이런 수치심은 카우프만이 말한 대로 "내면화된 수치심의 악순환"을 이렇게 묘사했는데,

"수치심을 일으킬 만한 일이 생긴다. 아마도 다른 사람과 가까워지려 하다가 거절당했거나 친구에게 비판받아서일 수도 있다. 이때 그 사람은 갑자기 수치심에 마음이 산란해지고 눈은 안을 향하게 되고 경험은 철저히 그 상황과 함께 내면화된다. 수치심은 내면에서 돌고 돌아 그런 경험들 하나하나를 끊임없이 자극시킨다. 이는 그 사람을 깊이 침몰시킬 때까지 계속된다. 이런 식으로 수치심은 사람을 무력하게 만든다."

이런 악순환은 역기능적인 수치심의 가장 파괴적인 면이다. 일단 수치심이 작용하면, 다른 수치스런 경험들도 살아나게 하여 인격 안에 수치심을 견고케 하는 구실을 한다. 수치심이 내면화된 후에는 자신의 마음이 폭로될까봐 두려움이 엄청나게 확대된다. 폭로는 인간으로써 결함이 있는 자신이 남에게 보여 진다는 뜻이다.

그에게 있어 이렇게 공개되는 것은 돌이킬 수 없고 말할 수 없이 나쁜 것이다. 그는 이런 노출을 막기 위해 무슨 방법이든 찾아야 한다. 이를 위해 어떠한 방어 전략이라도 써야 한다. 수치심을 전이시키기 위한 방법과 전략을 쓰면 쓸수록 그 안에 수치심을 의식하는 부분은 약해져 간다. 요약하면, 내면화된 수치심은 네 가지 중요한 결과를 가져온다. 수치심에 기초한 정체성, 자아를 얼어붙게 만드는 깊은 수치심, 수치심의 자동화, 내면화된 수치심의 악순환을 일으키는 것이다.

학교의 체계

맥스는 중학교까지 사립학교를 다녔다. 그는 고등학교는 공립학교를 갔는데 그의 학교에 대한 기억은 수치심의 전형적인 모습 그것이었다. 아이들을 다루는데 수치를 사용하는 방식은 일선 학교에서는 의례적인 행사이다. 바보라는 명패가 붙인 모자를 씌워서 구석에 세워 놓는 것이 학교 모습이다. 물론 모든 학교가 바보 모자를 사용하지 않는다 해도 수치심을 사용하여 다루는 것은 여전하다. 나는 그동안 3곳의 고등학교와 4개의 대학에서 가르쳤는데 그때 내가 발견한 것은 교육 체계가 수치심이 내면화된 사람의 수치심을 더욱 강화시킨다는 것이다.

완벽주의(Perfectionism)

완벽주의는 가족 내 규범으로 작용을 하면서 해로운 수치심을 만드는 주범이다. 우리는 종교 조직과 문화에서도 이것을 볼 수 있다. 완벽주의는 건강한 수치심을 부성한다. 이렇게 함으로써 자신이 완벽해 질 수 있다고 여긴다. 그런 가정은 인간으로써 제한된 우리의 본질을 망각하는 것이다. 왜냐하면 완벽주의는 우리가 실수를 저지르는 것이 자연스럽다는 것을 부인한다. 완벽주의에는 부정적인 기준을 세우고 그것을 절대화시키는 것도 포함한다. 일단 기준이 절대화되면 그 기준이 다른 것들까지도 판단하는 잣대가 된다.

우리는 이에 따라 모든 것이 비교당하고 판단 받는 것이다. 학교에서는 아이에게 점수 100점이 기준이 되게 한다. 만일 그 점수를 못 받으면 공부 못하는 아이로 취급받게 되고 낙제를 당한다. 아이가 학교 점수가 나쁘면 곧 인간으로써도 실패자로 여겨진다. 한마디로 망하는 것이다. 아이들은 이런 관계에 매우 빠르게 연관된다. 성적이 안 좋으면 인간으로써도 결함이 있는 것으로 여겨진다. 아이들은 종종 점수가 좋지 않으면 학교에 오면서부터 수치심을 느낀다. 사실, 이 아이들의 수치심은 학교 제도의 결함에 의한 것이다. 하지만 학교에서 실패한 아이는 깊은 곳에 수치심을 묻어 두고 또 다른 치명적인 수치심을 부른다.

맥스는 수치심이 학교를 통해 어떻게 형성되었는지를 보여주는 케이스였다. 그는 수치심이 내재된 형제자매의 길을 그대로 걸어갔다. 그는 전 과목 A 점수를 받을 정도로 노력하는 학생이었다. 그는 과도하게 성취 지향적인 학생이었다. 과도한 성취 그리고 완벽주의는 내면의 수치심을 덮으려는 주요한 두 가지 방편이었다. 역설적으로 보이겠지만 전과목 A점수 학생이나 F 점수학생이나 수치심에 의해 영향 받는 것은 결국 같은 것이다.

나 또한 전 과목 A점 학생이었다. 더구나 중학교부터는 학생회장까지 맡고 있었다. 고등학교에서 상급생이었을 때는 편집장을 맡고 있음에도 전교 6등을 했다. 그것은 영웅적인 역할의 일부였다. 과연 얼마나 많은 선생님이 편집장에 전교 6등인 학생에게 '너는 내면화된 수치심으로 고생하고 있다'고 이야기해 줄 수 있을까? 그러나 사실 나는 건강 차트에 알코올 중독의 문제가 있다고 말해 주는 기록표를 주렁주렁 달고 다니는 학생이었다. 나는 열네 살이 될 때부터 술을 마시기 시작했고 상급생이 되기까지 기억이 끊긴 적이 여러 번 있었다. 과도한 성취라는 것이 사실은 수치심으로 기인된 것이었다. 약하고 결함이 있는 내면이 느껴질 때마다 나는 외부에서의 놀라운 성취로 만회하려 했다. 내가 한 모든 노력은 겉모습을 잘 보여서 진짜같이 보이려는 시도였다. 나를 좋게 느끼는 것은 내 노력에 달려 있었다. 수치심은 자신을 좋게 여기려는 "행동하는 인간"을 창조해 낸다. 그리고 무엇인가를 성취하고 업적을 쌓음으로 자신을 좋게 여긴다. 나는 수치심에 범벅된 허풍쟁이를 기억하는데 그는 자신이 백만 달러 값어치가 있다고 떠들었다. 그는 몹시 불쾌한 남자였다. 그는 자신의 아내 앞에서 보라는 듯이 바람을 피워대는 것으로 아내를 학대해 왔다. 그는 이런 행동을 통해서 가치를 느꼈다. 그는 이것 밖에 입증할 방법이 없었다. 그가 자신이 무가치하게 느껴질 때면 이런 식으로 밖에서 입증하려 들었던 것이다. 학교 제도는 사람들의 명철함을 측정하는데 수치심을 주는 방법을 사용하고 있다. 존 홀트 (John Holt)가 말한 것처럼

> "명철함은 기억한 것을 시험을 거쳐서 알 수 있는 것이 아니다. 당신이 얼마나 아느냐를 측정하는 게 아닌 어떻게 할 줄을 모를 때 어떻게 해야 하는 지를 아는 것이다".

한마디로 완벽주의는 망해 가는 경쟁의 산물이다. 물론 경쟁을 통해서 발전해 나가는 면이 있어야 한다. 그런 경쟁이야말로 발전적이며 사람을 성장하게 해준다. 그러나 요즘 학교에서 주로 행해지는 이 완벽주의에 의한 시험은 학생들에게 커닝과 속임수를 장려하고 깊은 절망감을 야기 시킨다. 이들에게 점수는 보여 주기 위한 것이다. 점수가 안 좋으면 수치를 당하게 된다. 점수가 안 좋다는 자체가 이미 사람을 수치스럽게 만든다. 모두 이런 꼴을 안 당하려고 수많은 노력을 기울이고 있다. 그 자리에는 같이 참여한다는 의식과 협동은 이미 오래 전에 사라진 것이다.

합리화(Rationalism)

우리의 학교는 온전한 사람보다는 거대한 양의 편견을 길러 주고 있다. 학교 교육은 감성과 통찰력, 창조성 대신에 합리적인 것과 논리, 수학 같은 것에 중점을 둔다. 따라서 학생들은 호기심 있는 창조자로 길러지기보다는 외우기가 익숙한 순응자로 키워지고 있다. 지난 수 십 년에 걸쳐서 오른쪽 뇌에 대한 연구가 진행되어 왔는데 이 오른쪽 뇌는 생각을 느끼게 하는 역할을 한다. 바로 생각을 느끼게 하는 것이 음악과 시에서는 대단히 중요한 역할을 한다.

이 오른쪽 뇌 반구는 신성하며 직관적이며 기억하기보다는 상상한다. 그러나 이런 경향이 있는 학생은 벌 받기 십상이다. 나는 아주 명석한 학생들이 자신의 이런 직관력과 아는 것을 느끼는 능력 때문에 수치를 당한 고통스런 경험을 가진 경우를 보았다. 나는 직감적으로 느낀 것을 동료 교사에게 이야기했다가 그런 직관적인 추측은 비교육적이란 말을 들은 것을 기억한다. 나는 그 길로 도서관에 가서 이를 뒷받침할 만한 정확한 자료를 찾아보았다. 학교 교육은 우리 안에 있는 역동적이고 창조적인 정신을 수치스럽게 여기도록 만든다.

또래 그룹 내의 수치심

나는 아놀드를 기억한다. 그는 뛰어난 회계사였다. 하지만 그는 고등학교 때까지 심하게 수치를 받아 왔다. 그가 특별히 드러내 보였던 문제는 여성에 대한 혹평이었다. 어떤 여자도 눈에 차지 않았다. 그는 특정 여성과 관계가 깊어지면 결점부터 찾곤 했다. 그는 아주 사소한 일이라도 지적하는데 명수였다. 그 결과 그는 경제적으로 몹시 성공했지만 나이가 40세나 먹었음에도 불구하고 독신이었다. 그는 어린 시절 엄격하고 군인 같은 아버지 밑에서 온갖 멸시를 받고 자랐다. 그러나 이것은 어머니의 사랑으로 완화될수 있었다. 나중에 그의 가족은 이사해서 작은 마을의 고등학교에서 2학년까지 생활을 시작했는데 그 학교는 완고하고 아주 배타적인 학교였다. 아놀드의 집은 좀 가난한 편이라 전체의 95%가 자가용을 가지고 학교에 왔지만 그는 버스로 통학하게 되었다. 그로 인해 그는 어떤 그룹의 여학생들에게 조롱받고 놀림까지 받았다. 어느 날 그가 버스를 기다리는 중에 물 폭탄과 말똥세례를 받은 적이 있었고 이런 끔찍한 일이 그가 중학교 상급생이 될 때까지 계속되었다. 근 2년간 아놀드는 만성적인 수치심으로 시달려야 했다. 이는 그에게 너무나 많은 부정적인 영향을 끼친 경험이었다. 고등학교 시기는 이성에 한창 눈뜰 시기이다. 그리고 이 시기는 감정이 노출되는 예민한 시기다. 어린 시절에 영향을 끼친 해로운 수치심이 고등학교 때 진가를 드러내게 되는 것이다. 종종 십대 그룹들은 자신들의 수치심을 분출할 희생양을 찾곤 한다. 이로 인해 누군가가 전체 수치심을 떠맡게 되는 것이다. 그게 아놀드의 운명이었다. 그는 잔인하게 여자아이들 그룹에 의해서 수치를 당했다. 그것이 그가 여자들과의 관계에서 문제가 된 이유였다. 또래 그룹은 새로운 부모와 같다. 또래 집단은 더 엄격하고 당신을 넘겨볼 여러 개의 눈을 가지고 있다. 외모는 이들에게 너무나 중요하다. 여드름과 성적 미숙함은 치명적이다. 또래의 옷차림을 따르지 않으면 수치를 당하기 십상이다. 이 모든 면을 살펴 볼 때, 만일 그가 외모가 떨어지거나 경제력이 없으면 피해가 막심하다는 것을 알 수 있다.

초등학교 시절은 수치심을 심어주는 기초적인 단계가 될 수 있다. 미숙한 아이들은 끔찍할 정도로 잔인해 질 수 있다. 그리고 외양이 좀 다른 아이들은 따돌림의 대상이 되기 쉽다. 그리고 아이들은 자신들이 수치를 당한 대로 남에게 한다. 만약 아이들이 집에서 수치를 당하면 학교에 와서 다른 이에게 그대로 전가시키려 한다. 아이들은 또래를 놀리는 것을 좋아한다. 그리고 놀리는 것이 수치심을 형성시키는 주요인이 된다. 이 놀림은 수치심이 내재된 부모로부터 이루어지며 그들은 이렇게 자신의 아이를 비웃음으로 그들의 수치심을 아이들에게 전이시킨다. 손위 형제자매도 수치심을 전이시키는 요인이 될 수 있다. 나는 내담자들에게 형제에게 당했던 끔찍한 이야기를 여러 번 들어왔다.

학교만이 맥스가 수치를 당하지 않은 유일한 장소였는지 모른다. 그의 수치심이 그로 하여금 아주 많은 것을 성취하게 하는 동기가 되었다. 그는 밤에는 일을 하여 학비를 벌곤 했는데 졸업장을 받기 위해 너무나도 힘든 과정을 견딘 것이다. 이 시기가 그에게 뭔가를 성취한 것처럼 여겨졌던 때였으리라. 하지만 성공이 내면의 수치심을 제거해 주지는 못한다. 사실 성취하면 할수록 더 많은 목표를 성취해야만 하는 것이다. 우리의 마음 가운데 자리 잡고 있는 이 해로운 수치심은 존재에 관한 것이지 무엇을 하느냐에 달린 것이 아니기 때문이다.

종교적 시스템

맥스의 종교적 관념은 엄격하고 상당히 권위적이었다. 그는 어린 시절에 그가 영혼에 죄로 인해 더러움이 묻힌 채 태어났고 그는 참혹한 죄인이라는 가르침을 받았다. 그는 또한 하나님은 그의 생각을 다 아시고 모든 행동을 지켜보고 계시다고 교육받았다. 하지만 그가 잊을 수 없을 정도로 수치스런 일은 맥스가 아홉 살 무렵에 일어났다. 그가 교회에 있는 화장실에서 자신의 몸을 만지고 있었는데 어느 종교적으로 독실한 사람이 그를 붙잡아 제단에 엎드리게 하고는 하나님께 용서를 빌도록 했던 것이다. 많은 종교적인 가르침들이 인간을 원죄로 더럽고 타락한 존재라고 가르친다. 이 원죄라는 것은 당신이 태어난 순간부터 죄인이라고 가르친다. 그리고 이런 원죄 개념은 아이들의 다스려지지 않은 의지나 행동, 버릇을 통제하기 위해서 사용된다.

벌을 주는 가혹한 하나님

맥스는 종종 그가 행한 죄를 하나님이 용서했으면 하고 이야기했다. 그가 얼마나 똑똑하건 간에 그는 아직도 어린 시절에 배운 종교적 신념에 집착하고 있었다. 어쨌거나 그에게는 하나님이 그를 계속 아프게 한 셈이므로 그는 그가 알고 있는 것을 지킬 수가 없었다. 이 원죄 개념은 당신이 출발하기도 전에 당신을 쓰러뜨린다. 맥스의 삶은 계속된 고통의 연속이었다. 그의 내면에서는 끊임없이 그를 수치스럽게 만드는 목소리가 있었다. 그 날카로운 수치심은 지옥불을 지피는 방화범이었다. 사랑이신 하나님이 어떻게 그를 불태워 죽인다고 생각할 수 있을까? 하지만 어쨌거나 맥스는 그것을 믿었고 그래서 그는 지금 상담 치료를 받고 있는 것이다. 그가 가장 수치를 느낀 것은 하나님께서 그가 하는 모든 생각을 아시며(성적인 공상, 분노, 신실치 못한 모든 생각 등) 그가 하는 모든 생각들에 대해 벌하신다는 것이다.

인간의 의지를 부인함

  종교 교리에서 가장 인간을 수치스러운 존재로 느끼게 하는 잠재적인 것 중 하나가 인간의 의지에 의한 인과관계를 부정하는 것이다. 어느 교파에서는 인간의 의지는 어리석다고 한다. 인간이 하는 것 중에 가치 있는 것은 없고 단지 인간 자신은 버러지에 불과한 것이며 오직 하나님이 인간을 통해 일하셔야 만이 존엄성을 갖는다고 말한다. 그러나 이 신학은 전통 교리에서 벗어난 것이다. 원본 해석을 하면 인간은 의지를 가지고 있는 존재라고 한다. 토마스 아퀴나스(Thomas Aquinas)는 그의 Summa Theologia 에서 "우리가 하나님을 정말로 잘 알게 되면 인간이 하나님의 형상을 따라 지어졌으며 인간으로써 하나님께서 지으신 것들을 다스릴 권세를 갖는다." 라고 저술했다. 이것은 인간의 의지에 큰 비중을 주는 것이다. 인간의 의지는 중요하다. 은혜를 받기 위해서는 인간은 먼저 의지로 그 믿음의 선물을 받아 드려야 한다. 그 받아들임 후에도 인간의 의지는 삶에서 이루어지는 성화 과정에서 중요한 구실을 한다. 일부 교회 지도자들이 이것을 잘못 해석하여 인간을 완전히 잘못되고 결함이 있는 존재로 여기게 했다. 물론 인간이 죄를 질 수 있다. 오직 그의 중심이 수치심으로 가득 채워져 있으면 말이다.

감정의 부정

일반적으로 종교적 시스템은 인간의 감정을 중요하게 여기지 않는다. 물론 고조된 감성을 소중히 여기는 종파도 있다. 때로 카리스마를 강조하는 단체들이 일어나서 교회에 생기를 불어 넣은 적도 있다. 하지만 대체적으로 감정을 보이는 것을 크게 허용하지는 않는다. 나는 두 가지 타입의 종교적 입장을 보곤 하는데 둘 다 그리 온전한 것은 아니다. 나는 이것을 아폴론적인 관점(Apollonian)과 디오니소스적 관점(Dionysian)으로 부르려 한다.

아폴로 타입은 엄격하고 자기 금욕적이며 혹독하다. 그리고 상당히 지적이다. 그래서 감정적인 면은 허용이 안 된다. 거기에 반해 디오니소스적 타입은 독보적으로 열광적인 예배를 중요시한다. 이런 경우는 감정을 자유롭게 표현하는 게 장려된다. 그러나 사실은 어떤 특정한 타입의 감정만 주로 표출된다. 감정이 폭발된다 해도 본인이 느끼는 참 느낌과는 연결되지 않은 것이다. 이런 타입은 열광적인 예배 중에 종종 감정이 오버하는 수가 있다. 본인들이야 거기에 대해 자랑할지 모르지만 그리 오래가지 않는다. 정직하게 말해서 잘 드러내지 않는 감정인 분노 같은 것은 어디라도 허용이 되지 않는 것이다. 성적인 감정도 마찬가지다. 오히려 종교는 수치심까지 덧붙였다. 원죄는 현세에서의 욕망과 성욕을 의미한다. 이런 것을 금함으로 인간의 가장 강력한 감정이 부인되는 것이다.

완벽주의-종교적 율법

종교는 완벽주의를 통하여 수치심을 일으키게 하는 주 요인이 되어 왔다. 도덕적 당위성, 해야 할 것, 하지 말아야 될 것, 반드시 지켜야 될 것 등이 계시되어 왔다. 그리고 성경은 비난과 정죄를 정당화시키는 수단으로 사용되어 왔다. 종교적인 완벽주의는 의로운 행동을 하도록 가르치고 있다. 종교적 율법이 있는 곳에 거룩과 의로운 행동의 표준이 있는 것이다. 그 기준은 어떻게 옷을 입고, 말하고, 걸어야 한다는 온갖 행동에 기준을 세워 놓았다. 즉 이 기준을 벗어나면 죄를 짓는 것이다.

완벽주의는 그것을 어떻게 하면 달성하는가 식의 행동기준을 창출한다. 그 율법은 어떤 방식으로 사랑을 하고 의를 행하는가 하는 방정식을 말하고 있다. 그래서 진실로 사랑하고 의를 행하는 것보다 사랑하는 것처럼 보이는 행동에 더 초점을 맞춘다. 자신이 의롭다는 기분과 독실한 체 하는 것은 내면의 수치심을 가리는 데 최상이다. 그러면서 그들은 종종 자신의 수치심을 남에게 전이시킨다.

종교중독

강박적이고 중독적인 행동은 주로 기분을 전환시키기 위해 행해진다. 중독은 "삶에 악영향을 미치는 기분 전환을 위한 이변적 행동"이라는 말로 지칭되어 왔다. 해로운 수치심이 모든 중독에 핵심적인 역할을 한다는 것이 그동안 제기되어 왔다. 종교중독 역시 수치심에 뿌리를 둔 것이지만 이것이 다양하면서도 거룩한 종교적 행위를 통해 기분 전환을 하려는 것이 다르다. 그런 사람은 각종 예배의 형태를 통해서 자신에 대하여 의로움의 느낌을 갖는다. 금식. 기도. 명상하며 다른 사람에게 봉사, 거룩한 일. 방언으로 기도하기도 하고 성령에 사로잡히기도 하면서 성경을 묵상하고 구절구절 읽어가며 하나님이나 예수의 이름을 말한다. 그리고 이런 것들이 기분을 전환시켜 준다.

만약 수치심이 내재된 사람이라면 이런 행동은 더욱 크게 보상받을 것이다. 어떤 종교적인 사람들은 우리는 선하고 다른 사람들은 악하다는 식으로 가르치는데 이것은 수치심이 내재된 사람에게는 뛸 듯이 기쁜 일인 것이다. 자기 만이 의로운 사람이라고 여기는 것은 또 다른 수치심의 형태이다. 건강한 수치심은 우리가 실수할 수 있음을 알려 주고 수치심을 느낄 수 있다고 알려 주지만(성경에서 우리가 일곱 번씩 일흔 번도 넘어진다는 말이 있다) 자기를 의롭게 만들려는 일은 수치를 느끼지 않기 위해 모든 행동을 하는데 있어 실수가 없게 보이려는 것이다. 이렇듯 많은 종교 집단이 사람들에게 수치심을 야기하는 주된 일을 해왔다.

문화 시스템

T.S. 엘리엇(Eliot)이 쓴, "이곳은 하나님 없는 사람에게는 좋은 곳이다. 아스팔트 도로에 수천 개의 골프공 뿐이니"라고 묘사한 부분이 나오는데 이는 그의 황무지라는 글, 알프레드 프로프록의 연가에서 나온 글이다. 그는 이것을 통해 희망 없는 현대인의 모습을 표현했다.

내 저서, '가족'에서는 사회가 잘못된 교육 방식의 규칙으로 병들고 역기능적인 사람들로 가족을 구성하였다고 말한 바가 있다. 그런 교육 방식은 감정을 무시한다. 이렇게 함으로 무엇인가에 중독되어 정신을 마비시켜 버린다. 그런 교육 방식은 군주시대에서 나온 것이다. 그 당시는 주종 관계에 기초한 비민주적인 사회였다. 명령하고 따르는 것이 장려되던 시기였다. 그것은 혹독하고 생명을 무시하는 방식이다. 그 당시에는 온순하고 사려 깊고 이타적이며 규칙을 완벽하게 따르는 아이가 좋은 아이였다. 그런 규칙에는 생명력과 자발성, 내면의 자유로움과 독립성, 의존성 그리고 판단력 따위가 들어갈 자리는 없는 것이다. 그것은 부모에 의해, 부모를 위해, 자녀를 유기시키기 위해 고안된 것이다. 그런 유기가 내가 지금까지 묘사한 해로운 수치심을 야기 시켰던 것이다.

강박적이고 중독된 사회

현대 사회는 심하게 중독되어 있다. 우리는 6,000만 정도 되는 성적학대의 피해자에 7,500만 정도 되는 알코올 중독자와 많은 수의 약물 중독자가 있다. 불법 약물거래로 인한 파급효과로 인해 얼마나 많은 세금이 낭비되고 있는지를 알면 아마 놀랠 것이다. 1,500만 가정 이상이 폭력으로 얼룩져 있고 여성의 60%, 남성의 50%가 음식 조절에 장애를 가지고 있다. 우리는 섹스 중독과 일중독에 관한 통계는 없지만 도박 중독은 1,300만 정도의 그 수치가 나와 있다.

만약 수치심이 중독의 원인이라면 우리는 엄청난 수치심의 문제를 가지고 있는 셈이다. 수치심으로 파생된 행동 양식으로 우리 사회를 희망 없게 여기게 만드는 또 다른 형태는 바로 과민반응과 강박적인 생활양식이다. 에릭 프롬(Erich Fromm)이 그의 저서인 '희망의 혁명' 에서 이를 심도 있게 다루었는데 그는 이 과민반응을 수치심이 내재된 사람들과 안식 없고 내면의 평화가 없는 사람들의 전형적인 형태라고 규정했다. 사람들은 내적 생명이 없기에 그렇게 많이 활동하는 것이다. 수치심은 우리가 가만히 우리 안을 살필 수 있도록 내버려두지 않는다. 그러기엔 너무 고통스런 것이다. 안을 바라보니 도무지 희망이 없다. 쉘던 코프(Sheldon Kopp)에 따르면 "우리는 우리의 행동은 바꿀 수 있어도 우리 자신은 못 바꾼다." 내가 만일 인격에 약하고 결점이 있다면 나는 인간으로 무언가 잘못된 것이다. 나는 실수투성이고 나는 희망이 없다.

성공의 신화

누군가 말하기를 성공은 단계별로 적용이 다른 것이라고 했다. 젖먹이 시기에는 바지에다 오줌싸지 않는 것부터 아이 때와 사춘기에는 외모가 근사해 보이려는 것, 성인이 되어서 돈 잘 벌고 명성을 얻는 것, 나아가 편한 중년을 위한 것 그리고 노년의 나이가 돼서는 다시는 바지에 오줌 안 싸기라고 했다. 이런 것을 보면서 알 수 있는 것은 돈 잘 벌고 좋은 평판을 가진 다시 말해 잘 보여지는 삶이 중요하다는 말이다. 아마도 현 미국에서 가장 비극적인 연극은 아서 밀러(Arthur Miller)의 "어느 세일즈맨의 죽음"이 아닐까 싶다. 밀러는 평범한 사람의 삶 속에서 아리스토텔레스식 풍자적 희극풍의 비극적 영웅을 만들어 냈다.

윌리 로만은 미국 성공 신화의 상징이다. 그는 성공은 돈 잘 벌고 다른 사람에게 잘 보여지는 것이라 믿고 살았다. 그는 그가 성공적이었다는 것을 입증할 돈을 마련하기 위한 보험금을 타기 위해 죽는다. 아리스토텔레스의 시에서는 비극적 영웅이 비극인인 상황에서 고귀함을 위해 죽는다. 윌리는 고귀하다. 그는 그가 지닌 믿음을 위해 죽었다. 그의 비극을 자초한 건 그의 믿음이었다. 그는 진실로 남자가 돈을 잘 벌고 잘 보이면 성공한 것이라 여겼다. 바로 이것이 그를 자살하게 만든 것이다. 이런 성공 신화는 억센 사람의 이미지를 창출한다. 그는 자신의 힘으로 성공해야 되는 것이다. 혼자 이루어야 한다. 이 신화에서 돈은 그가 얼마나 잘했느냐의 척도가 된다. 그런 믿음을 소유한 수입이 적은 50대의 이 남자는 자신의 처지가 수치스럽게 여겨졌다. 우리가 열심히 노력을 한 만큼 부와 명성이 따른다는 것은 아직도 우리 삶에 엄청난 영향을 끼치고 있다.

엄격한 성의 역할

엄격한 성역할 구분은 아직 우리 사회의 완벽함을 상징하는 표준이 되고 있다. 그런 기준에는 참된 남자와 참된 여자의 역할이 정확하게 구분된다. 우리가 태어나서 뭘 해보기도 전에 먼저 어떻게 남자가 되어야 되고 여자가 되어야 할지 우리 안에 청사진이 찍힌 셈이다. 흔히 참된 남자는 입이 무겁고, 말보다는 행동이 앞서고, 조용하고 단호하고, 적에게 양보하는 일이 없다 등이다. 또한 참된 여자는 참된 남자를 돕는 사람이다. 그들은 가정 일을 도맡아야 하고, 감정적이고, 가변적이고, 나약하고, 평화주의자이고, 영원히 변하지 않는 사랑을 찾아 그들이 희생한 것을 보상해 주는 왕자에게 일생동안 돌봄을 받으며 살아간다.

많은 사람들이 이것은 구시대의 산물이라고 하는데 그렇다면 가정에서 남자 아이와 여자 아이를 키우는 모습을 보라. 옷 입히는 것과 그들이 가지고 노는 장난감을 보라. 아이들의 놀이는 장차 성인이 되었을 때의 모습을 선행적으로 보여준다. 아이들의 장난감은 여전히 성의 구분이 되어 있다. 진보적인 부모들도 아이 다루는 방식이 별반 다르지 않다. 아이들 만지는 방식부터 틀린 것이다. 우리의 성 역할은 엄격하고 양극화되어 있다. 남성과 여성에 대한 풍자만화에서도 이것을 가지고 묘사하고 있다. 하지만 이런 것은 우리가 가진 어떤 부분을 너무나 확대시켜서 전인적인 인간을 표현하는 데에는 실패하고 있다. 우리는 남성적인 부분과 여성적인 부분을 둘 다

가지고 있다. 우리는 이 둘의 호르몬을 모두 가지고 있는 것이다. 이 중에서 좀 많은 부분이 우리를 어느 정도 구분 짓게 하는 것이다. 전인격과 온전함을 위해 우리는 자신 안에 있는 다른 성과 교류해야 한다. 그러나 엄격한 성의 구분은 이런 것을 불가능하게 한다. 그런 잣대들이 우리 안에 있는 다른 성을 부끄럽고 수치스럽게 여기게 한다. 감성적이며 나약한 모습을 추구하려는 남자를 수치스럽게 여기고 공격적이고 행동하는 여자는 말괄량이라고 부른다.

완벽한 '10' 점의 신화

우리의 문화는 완벽한 육체적인 모습에 표준을 가지고 그렇지 못한 모습은 부끄럽게 여기는 경향이 있다. 좋은 영화에 10점 만점을 주는 식으로 사람에게도 10점 표준 점수를 메겨서 남자 여자를 판단하는 것에 대해 보 대릭은 매우 신화적이라 평했다.

이 10점 만점은 자신의 성적인 면에 수치심을 가지는데 우리 사회에서 큰 공헌을 했다. 10점 만점의 여자는 완벽할 정도로 둥근 가슴에 사이즈는 38D(최대의 가슴크기) 거기에 조화되는 엉덩이와 둔부를 가지고 있고, 10점 만점 남자는 남성적 근육질에 그을린 피부와 그에 상응하는 완벽에 가까운 몸과 그의 성기의 길이는 10센티 이상 됨 등을 말한다. 이런 육체에 대한 이상화는 많은 사람들에게 말 못할 고통을 가져다주고 있다. 나는 자신의 신체적 외양을 수치스럽게 여기고 괴로워하는 사람들의 경우를 담은 여러 장의 파일을 가지고 있다. 작고 납작한 가슴에 고등학교 때부터 고민하여 사람들과도 고립되어 괴로워하는 사람들이 상담을 하러 온 지가 근 20년도 더 됐다. 자신의 성기 길이가 고민이 되어 찾아오는 경우도 부지기수다. 성은 비밀스럽기도 하지만 동시에 진부하기도 하다. 진부한 경우라면 성기의 크기를 가지고 늦은 시간 토크쇼에서나 클럽에 있는 코미디 시간에 농담거리로 사용되어 지는 경우이다.

맥스는 자신의 성기가 작다는 강박적인 생각에 사로 잡혀 있었다. 그는 또한 입에 야구공을 맞아 약간 언청이가 된 일로 자신을 여자들에게 대단히 매력 없는 존재로 여겼다. 그는 또 사춘기 시기에 여드름이 있었다. 이런 모든 신체적 조건들이 그를 몹시 수치스럽고 고통스럽게 했다. 하지만 맥스가 알고 있는 것과는 반대로 의학적 통계에 보면 평균 남자의 성기 길이는 대략 7센티에서 10센티 정도이고 그것도 발기한 상태 이야기였다. 사실 맥스는 여자들에게 매우 매력적인 존재였었다. 이렇듯 자신을 10점 만점 수준으로 판단하려는 것은 우리 사회에 성적 수치심을 불러일으키는 데 막대한 구실을 했다.

감정의 부정

우리의 문화는 감정적인 부분을 잘 다루어 주지 못한다. 우리는 행복하고 괜찮은 사람들을 좋아 한다. 우리는 행복하고 괜찮게 보여야 되는 비합리적인 신념을 어린 나이부터 습득한다. 사람들은 코너에 몰려 죽을 지경이 되어도 다른 사람에게 수없이 "나 괜찮아요" 라고 말한다. 나는 무스키 상원의원(연설 당시 나약한 감정을 드러낸 인물)이 대통령 선거 운동을 할 당시를 생각해 보곤 한다. 그때부터 그는 역사적인 인물이 됐다. 우리는 감정이 있는 대통령을 원치 않는다. 그보다 행동하는 인물을 원하는 것이다. 감정은 확실히 직장에서 잘 받아들여지지 않는다. 감정을 진실 되게 표현하는 것은 부정적으로 받아들여져 멸시를 당한다.

착하고 친절한 소년 소녀의 신화

착하고 친절한 소년 소녀의 신화는 아이들을 순응하게 만들려는 사회적 신화이다. 그러나 이 신화는 성공을 위한 억세고 강한 인물의 신화와 상반된다. 어떻게 억세고 강한 개인이 동시에 순응적이 될 수 있을까? 이 순응이란 말은 "얌전하게 있어라", "문제를 일으키지 말아라" 라는 이야기다. 그냥 얌전한 소년 소녀가 되라는 말이다. 이러기 위해 우리는 많은 것을 가장해 보여야 한다.

"우리는 친절하고 예의 바르라고 교육받는다. 우리는 이러는 것(대부분이 거짓말)이 진실을 말하는 것 보다 낫다고 배운다. 우리의 교회, 학교, 정치판에서는 이런 부정직함(우리가 생각하지도 느끼지도 않는 것들을 말하는 것)을 가르치려고 혈안이 되어있다. 우리는 슬플 때 웃고 비탄에 신경질적으로 웃어댄다. 그리 웃기지도 않은 것에 웃고 그러고 싶지 않은 데 사람들에게 친절하게 굴기 위해 말을 붙이곤 한다."

존 브래드쇼 : 가족

그러나 그렇게 행동하고 연기한다는 건 거짓의 행위이다. 만약 사람들이 진정으로 느끼는 대로 행하고 파장을 일으킨다면 그들은 아마 추방될 것이다. 우리의 문화는 거짓을 말하고 아닌 척 가장하는 것이 장려된다. 이런 식으로 살게 되면 우리는 우리 안의 내면과 분리된다. 그것은 우리에게 우리의 수치심을 숨기고 덮고 살라는 것과 같다. 그리고 이렇게 되면 우리는 깊은 고독과 외로움으로 인도된다.

3 해로운 수치심을 숨긴 곳

"아담아 네가 어디 있느냐"

창세기에 보면 아담은 죄를 지은 후 나무 뒤에 숨었다. 아담은 인간 이상이 되려 하다가 인간 이하로 떨어졌다. 아담은 죄를 짓기 전에는 부끄러워하지 않았다. 수치심은 진실로 고통스런 것이다. 그건 내면으로부터 우러나오는 고통이며 우리 존재의 중심에서 일어나는 것이다. 수치심은 정말 너무나도 고통스런 일이다.

해로운 수치심을 느낀다는 것

수치심은 어린아이의 자아가 다치기 쉬운 약한 부분이 예상치 못하게 노출될 때 생긴다. 이 노출은 아이의 자아 경계가 아직 명확하지 않을 때 일어난다. 아이가 선택할 능력이 생기기도 전에 수치를 주는 일이 일어나는 것이다. 이 수치스런 일을 경험하는 느낌은 폭로될 때의 느낌이며 아직은 보여줄 준비가 되지 않았을 때 보여 주는 것과 같다. 이런 부끄러운 일들은 종종 꿈에 옷 입고 있어야 될 장소에서 벌거벗고 있다든지 준비가 되지 못한 채 나타난다든지 아니면 갑자기 준비치도 못한 기말고사를 치르는 경우로 상징이 되어 나타난다.

도표 3-1 내면화된 수치심으로 인한
고통에 대한 대응책들의 관계충돌

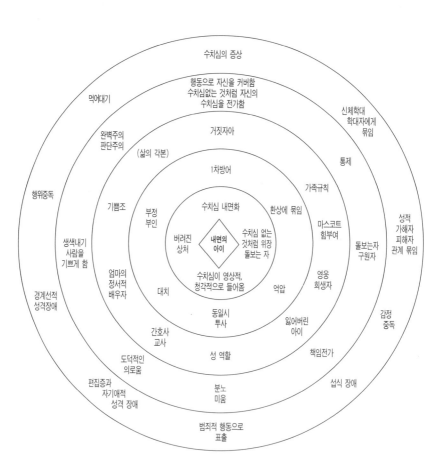

이런 예상치 못한 부끄러운 일을 당하는 경우, 아이는 자신을 신뢰하지 못하게 된다. 이런 치명적인 수치심이 내면에서 자라면 자랄수록 아이는 자신이 보는 입장과 판단, 느낌과 욕구를 믿지 못하게 되는데 이는 인간의 기본적인 능력을 사용하지 못한다는 것과 같다.

그리고 무기력한 느낌의 결과는 자기 역할의 불신을 가져온다. 자신의 나약한 부분이 수치를 당했기에 참자기가 되지 못하고 자기는 자신감으로부터 분리시킨다. 이런 자아분리는 곧 우리의 영혼의 분리를 가져온다. 즉 우리 자신의 어떤 대상이 된 것이다. 우리가 대상이 되었을 때 나는 더 이상 내 안에 존재하지 않는 것이다. 왜냐하면 나는 내가 한 경험으로부터 떨어져 나왔으니까 말이다. 내가 느끼는 것은 공허함과 남에게 노출 당했다는 느낌이다. 나는 나를 보호할 경계가 없는 고로 보호막도 없다. 나는 달아나서 숨어야 한다. 그러나 나는 완전히 노출된 상태이므로 숨을 곳이 없다. 그들은 날 좇고 있고 예기치 못할 때 날 붙잡을 것이다. 나는 순간 쫓기고 있다. 사냥꾼이 늘 다가오고 있다. 이런 곳에서 결코 내가 쉴 곳은 도무지 없는 것이다. 나는 항상 경계해야 하고 그렇게 하지 못할 때라도 경계해야 한다. 나는 홀로 이것을 감당하고 있는 것이다.

만성적으로 이런 일을 당하는 사람의 고통은 그리 오래가지 않는다. 왜냐하면 깊은 곳의 우리를 병들게 만든 수치심이 자동적으로 은폐하기 때문이다. 프로이드는 이 자동적 은폐를 우리의 '일차 자아 방어기제' 라 이름 붙였다. 일단 이런 자아 방어가 자동적 그리고 무의식적으로 기능을 하면 우리의 진실과 참된 자아는 곧 숨어버린다. 즉 거짓자기를 발전시킨다. 이제 우리는 다른 사람으로 가장하는데 권위자 수준까지 되었다. 우리는 수년 동안 우리 자아의 핵심 내면의 괴로움과 고통을 피하고 직시하지 않으려 노력한다.

표 3.1 에서 수치심에 의한 핵심 내면의 고통을 위장하기 위해 만들어 가는 다양한 형태의 층들을 볼 수 있을 것이다. 각각의 층들은 밖으로 나올수록 우리가 의식적으로 알 수 있는 것들이다. 그러나 가장 깊은 층 근본적 자

아 방어부터 가족 시스템의 각본과 규칙은 거의 무의식적이고 자동적인 것들이다. 각각의 층은 강박적인 우리들의 모습이고 그 안의 인격의 모습들은 비밀스럽게 감춘 모습 그 자체일지도 모른다.

일차적 자아방어

프로이드는 위협으로부터 자신을 보호하기 위해 생기는 이 자동적인 방어 작용에 대해 처음으로 명확한 정의를 내렸다. 그는 이 작용을 '1차 자아방어기제' 이라 명명했다. 우리 모두가 이런 방어를 때때로 할 필요가 있다. 이것은 병적인 것보다는 상황에 적응하기 위해 자연적으로 고안된 것이다. 아이들은 스스로를 지킬 수 없는 연약한 존재다. 그들의 자아는 태어날 적에 분화가 되지 않은 채 태어난다. 아이들은 각각 자신의 경계와 자아의 힘을 길러야 될 필요가 있다.

사실 아이들의 자아 보호는 어른보다 더 필요하다. 자신의 적절한 경계를 가질 때까지는 말이다. 아이들에게 강한 자아 경계를 발전시키기 위해서는 강한 자아경계를 가지고 있는 부모가 필요하다. 하지만 불행히도 수치심에 묶인 부모는 자아경계 기능을 가질 수도 없고 해줄 수도 없다. 만일 그 사람이 결함이 있고 정신적으로 불안한 사람이라면 그에 관련된 모든 것은 해로운 것으로 여겨지기 쉽다. 그 사람 존재까지 영향을 미치는 해로운 수치심은 자아 경계가 제대로 이루어지지 않았을 때 생긴 것이다. 자아경계가 없는 아이는 생존할 수 없다. 경계 없이 방치하는 것은 문 없는 집에 사는 것과 같고, 그것은 또 국경 없는 나라와 같고 또 국경을 지킬 군인이 없는 것과 같다.

자연은 자기를 지키려는 자기중심주의와 함께 경계가 없는 이 아이의 내면에 근본적인 자아 방어 시스템을 만들어 경계의 자리를 대신하게 한다. 이 자아방어 시스템은 아이들이 견딜 수없는 상황에서 살아나갈 수 있게 하는 역할을 한다.

부정과 환상에 묶이는 것

아마도 가장 기초적인 자기 방어는 부정일 것이다. 위협적인 상황 앞에서 사람들은 그런 일이 벌어지는 것을 부인하거나 아니면 그로 인해 상처받은 것을 부인하지 않으면 그 상황에 충격을 받기 때문이다. 이에 관해 로버트 피러스톤(Robert Firestone)이 프로이드의 부정에 관한 대목을 좀 더 정교화시켰다. 그는 가장 기초적인 자아방어를 환상과 결속하는 거라 했다. 아이는 돌봐주는 부모가 자신을 수치스럽게 만드는 존재일 때 아이들은 환상과 결속된다. 역설적으로 아이는 더 많은 학대를 받을수록 더욱 환상에 빠진다. 학대를 당하며 거기서 빠져 나올 수 없는 건 아이에게 수치심을 가장 많이 야기하며 아이를 큰 혼란에 빠지게 한다. 학대는 닥치는 대로 이루어지기 때문에 아이에게는 무작위로 받는 쇼크와 같다. 그리고 학대는 자존감을 떨어뜨려서 수치심을 낳게 한다. 자신을 존중하는 마음을 잃어버리면 잃어버릴수록 자신을 위해 선택하려는 기회와 변화는 점점 사라진다. 마침내 그는 선택 기회를 잃어버리고 학대자에게 매달리게 된다. 이제 환상 결속자(노예)는 학대자가 자신을 위해 있어 주고 보호해 주고 사랑해 준다는 환상에 빠지는 것이다. 이것은 마치 사막의 신기루와 같다. 일단 환상 결속 장치가 되면 현실을 부정하며 자동적으로 의식하지 못하게 된다. 수년이 지난 후 더 이상 현실적으로 위협하는 요소가 없어도 여전히 환상에 묶여 있는 것이다.

억압(Repression)

참기 힘든 일들은 강한 감정과 함께 기억된다. 감정은 에너지가 저장되어 있는 형태이다. 그것들은 상실과 무서움, 만족 등을 알려준다. 슬픔은 우리가 아끼는 것을 잃어 버렸다는 신호이다. 분노와 두려움은 우리가 위협 당할 때 일어난다. 기쁨은 우리가 만족하며 충만하다는 것을 알려준다. 아이가 학대를 통해서 버려질 때마다 슬픔과 분노와 상한 마음이 된다. 그러나 수치심에 사로잡힌 부모는 자신의 감정을 수치스럽게 여기기에 이런 아이들의 감정까지 참아줄 여유가 없다. 이 상황에서 억제는 아이들이 스스로를 마비시켜서 아무 것도 못 느끼게 하려 할 때 주로 이들이 사용하는 방법이다. 억압의 기제를 사용하는 것은 정확하게 설명하기는 어렵지만 억압이 될 때 근육은 긴장되고 호흡이 불규칙하게 되며 환상이 들어와 자리 잡게 된다. 일단 감정이 억압되면 그는 마비된 것이다. 감정의 회피는 자신이 회피하는 행위를 직시하지 않으려는 증상이다.

주관적인 경험의 제거

카우프만은 감정이 수치심에 묶여서 생긴 방어와 억압으로 인한 자아 방어의 경계를 분명히 했다. 그는 제안하기를 사람의 감정이 수치로 묶인 후에 그 사람은 그가 부르는 "경험의 제거"의 영역에 들어간다고 한다. 이때의 경험의 제거는 억압과 동일한 것이다. 감정은 밖으로 터지기 전에 먼저 안으로 경험된다. 그는 이에 관해 쓰기를,

> "경험된 일로 인한 분명한 감정이 침묵된다. 아이는 수치심에 묶여 자신에게 생긴 일이 내면에 영향을 주려 하면 의식은 저항을 한다. 그때 자아는 갑자기 감정을 폭발시켜 버리고 의식적으로 자기를 보호하기 위해 그 수치스럽고 당혹스런 일들을 지워 버린다."

이렇게 경험의 제거는 바로 자아를 보호하기 위해서이다. 점차 시간이 지날수록 우리에게 수치심을 주었던 일을 잊어버리고 자각하지 못하게 된다. 우리는 이렇듯 자신을 보호하기 위해 아무 것도 느끼지 못하는 것을 배우면서 영적으로 마비된다.

분열(Dissociation)

분열은 가장 끔찍한 학대에 속하는 성적학대와 육체적 폭력을 당할 때 나타나는 방어기제이다. 이 상처는 너무나 크고 두려운 것이어서 당하는 사람은 즉각적인 구원을 찾게 된다. 분열은 즉각적인 마비의 처방전을 준다. 이

것은 부정과 억압의 기제를 포함하고 있을 뿐 아니라 기분을 다른 것으로 돌리게 하는 것도 포함하고 있다. 근친상간을 당하는 피해자는 그 학대받았던 시간을 마치 긴 백일몽처럼 여긴다. 그와 같은 일은 육체적 학대를 당하는 사람도 마찬가지다. 그 고통스럽고 치욕스런 수치심이 너무도 크기에 피해자는 당하는 몸이 아예 자기 몸이 아니라고 생각한다. 이것이 이런 일을 당한 사람을 치유하기 어려운 이유이다. 감정은 남아 있지만 기억은 봉해져서 희생자는 미칠 것 같이 느끼면서 비현실 속에 살아간다. 피해자들은 종종 분리된(어떤 때는 다중인격)인격을 가지고 있는데 그들이 당한 폭력과 그에 대한 자신의 반응이 너무 연결이 되지 않아서(너무 무력해서) 미친 것은 자신이지 그 일이 아니라 여긴다. 분열은 이렇게 성적학대와 육체적 폭력에만 국한된 게 아니다. 감정이 섞인 혹평, 병적인 고민, 만성적인 걱정 역시 분열을 일으킬 수 있다. 그리고 분열은 일생동안 지속 될 수도 있다.

대치(Displacement)

대치는 분열과 밀접한 관련이 있다. 나의 내담자 중 한사람은 그녀의 아버지가 알코올 중독자였는데 술을 마시고 와서는 그녀 방에 들어오곤 했다. 그 후 그녀는 새벽 세시쯤 깨어나서 방에 희끄무레한 그림자 같은 것을 종종 보곤 하였다. 또 그녀는 밤에 괴물이 검은 그의 엄지손가락으로 그녀를 찍거나 때리는 꿈을 꾸고는 한다. 그런 그녀가 내게 치료받으러 왔을 때는 그녀는 자신이 근친상간을 당했다는 사실을 전혀 모르고 있었고 그녀는 그 이외에도 나이 많은 남자에게 성추행 당한 일이 더 있었다. 그 당시 그녀 나이는 겨우 26살이었다. 나는 치료를 위해 가벼운 최면술로 들어가 그녀의 가족의 기원을 더듬어 보고 있었는데 그녀가 전에는 알지 못하던 사실 즉 아버지와 함께한 침실에 관해 기억해 내기 시작했다. 처음에는 일반적인 반응으로 나오다가 세세한 일을 살피기 시작하자 그녀는 흐느껴 울기 시작하면서 그녀의 아버지가 어떻게 그녀에게 구강성교를 강요했는지 이야기하기 시작했다. 그 후 두달 동안 이어진 치료로 그녀는 그 일이 그녀가 3살에서 5

살 사이에 시작되었음을 기억해 냈다. 그녀는 아버지가 아끼는 딸이었다. 그는 자기 딸에게 이 일을 말하면 무서운 벌을 가하겠다고 협박했으나 동시에 그녀에게 따뜻함과 사랑을 베푼 유일한 사람이었다.

치료 과정을 통해 그녀의 감정과 그녀에게 벌어지고 있던 사건들을 맞추어 나가기 시작하자 그녀 방에 나타났던 희미한 그림자와 꿈에 나타났던 검은 엄지 괴물은 사라져 버렸다.

탈개성화(Depersonalization)

대치와 가까운 형태가 바로 탈개성화이다. 탈개성화는 그 사람이 학대받았다는 증거이다. 탈개성화는 중요한 사람으로부터 견딜 수 없는 일을 당해서 본인이 자신을 받아들이지 못할 때 일어난다. 그때 그녀는 자기 자신을 본인 자신이 아닌 어떤 대상으로 여긴다. 이는 그녀가 경험한 사실에 대해 내면의 자각이 이루어지지 못할 때 생기게 된다. 학대가 계속 될수록 자신이나 자신이 처한 현실이나 주변 상황을 도저히 받아들일 수가 없기에 이런 일을 당하는 건 자신이 아니라 여기며 자신에게서 이탈된다.

동일시(Identification)

학대를 당하게 되면 희생자는 때때로 가해자와 자신을 동일시하기도 한다. 그렇게 하는 것이 희생자에게는 덜 치욕스럽고 무기력한 마음이 덜어지기 때문이다. 사소한 일로 사람을 학대하려 드는 사람은 전에 자기에게 그런 일을 가한 가해자와 자신을 동일시한 사람이기 쉽다. 그들은 가해자와 자신을 동일시하면서 자신을 더 이상 수치스럽게 여기지 않는 것이다.

전환(Conversion)

나는 이 전환에 대해 맥스가 자신이 당한 학대와 유기로 인한 감정과 필요를 성적인 생각과 느낌, 행동으로 전환시켜 보상받으려 했던 것을 예를 들어 설명했다. 하지만 그 외에도 여러 가지 수치심을 전환시키는 방법이 있다.

감정의 라켓(Racket) [2]

나는 이미 수치심이 어떻게 내면화되는지 어떻게 인간의 가장 중요한 생명력 있는 부분이 부인되는지 설명했다. 내면의 분열된 부분 - 감정, 욕구, 동기 - 은 얼마나 시끄럽게 소리치는가? 이런 내면의 감정들은 지하실에 감금된 굶주린 개와 같다. 우리는 그 개들이 보채는 소리를 잠재워야 할 방도를 찾아야 한다. 그리고 그 방법 중 하나가 감정의 전환이다. 감정을 전환시키면서 우리는 수치심이나 참기 힘든 것 등을 좀 더 견딜 만하고 보다 더 잘 받아들여질 수 있는 것으로 바꾼다.

우리는 이미 성욕으로 이것을 전환시키는 것을 보았지만 다른 느낌도 이와 대치될 수 있다. 분노는 무의식적으로 분노 대신 죄책감이나 상처를 받는 것으로 전환된다. 그는 더 이상 분노를 느끼는 것이 아니고 남에게 받아들여질 수 있는 감정을 느끼는 것이다.

4살짜리 헥컬머는 엄마가 베스킨라빈스 아이스크림 집에 데리고 간다고 했다가 약속을 안 지키자 몹시 화가 나서 엄마에게 엄마가 싫다고 (세 살짜리 수준에 흔히 그러하듯)말했다. 엄마는 상호의존증에 기초한 수치심에 내재된 사람이다. 그래서 본인 자신이 화내는 모습이나 자신에게 남이 화내는 것을 견디지 못하는 사람이다. 헥컬머의 분노는 곧 그녀가 어릴 적 그녀의 부모에게 느꼈던 화를 끄집어낸다. 그러나 이 화가 그동안 그녀 내면 안에서 수치심과 죄책감에 묶여져 있었기에 그녀는 이로 인해 헥컬머도 그가 화낸 것을 수치스럽게 느끼게 만들고 죄책감에 빠지게 만든다.

그녀는 얼마나 마음이 상했는지 이야기한다. 그리고 울기 시작하는데 그녀가 이러는 이유는 어린 시절 자기가 화가 나는 것을 우는 것으로 전환해 표출시켰기 때문이다. 화가 났을 때 우는 것은 공통된 여자의 라켓이다. 엄마가 분노를 슬픔으로 전환시킨 경우는 다음과 같다. 그녀가 어릴 적에 그녀의 아버지는 그녀가 잠을 안자고 놀려고 하자 화를 냈다. 그래서 그녀가

---

2) 테니스 칠 때 공을 움직이게 하는 라켓으로 감정을 전환시키는 것을 비유함

울기 시작하자 기분이 안 좋아진 그는 아이를 안고 달래기 시작했다. 차가운 쥬스를 먹이고 잘 때까지 달래 주었다. 그때 헥컬머의 어머니는 슬퍼하는 것은 받아들여지고 어떤 힘까지 가져다준다고 배운 것이다. 분노는 그녀의 가정에서는 받아들여지지 않은 감정이었다. 헥컬머 엄마가 싫다고 화를 냈을 때 그녀는 울며 네가 이런 식으로 굴면 엄마는 앞으로 집을 나가거나 나가 죽을 지도 모른다고 이야기한다! 불쌍한 헥컬머는 절망한다. 그가 버림당할지도 모른다는 것과 엄마로부터 분리됨이 그를 마음에 죄책감이 가득한 채 엄마에게 달려간다. 그가 화가 났다는 사실은 까맣게 잊은 채 분노는 이제 죄책감으로 전환된 것이다.

대부분의 부모들은 아이가 화가 나면 같이 화를 내거나 두려워하거나 슬퍼하는 것으로 반응한다. 하지만 이렇게 되면 아이의 마음은 수치심이나 두려움, 위협 당하는 마음으로 전환된다. 내 분노는 두려움으로 일생동안 날 지배했었다. 내가 분노를 느끼는 그 순간 즉각 거의 공포 수준의 감정으로 전환되었다. 심지어는 분노를 느끼며 말할 때 목소리가 떨렸다. 교류 분석의 창립자인 에릭 번(Erick Berne)은 이를 '감정 전환과정' 이라 불렀는데 나는 이를 '감정의 라켓' 이라 부르겠다.

육체적 전환

감정 전환의 세 번째는 몸이나 신체적 형태로 드러나는 것이다. 욕구와 감정은 몸의 증상으로 전환될 수 있다. 사람이 아프게 되면 보살핌을 받게 된다. 이런 전환은 몸이 아픈 것이 주목을 받고 잘 보살핌을 받는 가족에게는 강력한 효과를 발휘한다.

나는 어려서 천식이 있었다. 학교에 가기 싫으면 나는 천식을 유발시키곤 했다. 나는 어릴 적부터 앓는 것이 가족들의 동정을 받는다는 것을 잘 알고 있었다. 아파서 주목받는다는 건 아주 흔한 현상이다. 사람들은 일하기 싫을 때 아파진다.

이 아프다는 것이 대단한 효과를 발휘하고 있는 것이다! 그러나 감정 전환으로 아프게 되는 것은 정신 질환의 토대가 될 수도 있다. 맥스의 가족들은 대대로 건강에 대한 지나친 염려를 했다. 그의 증조할머니는 수년 동안 몸져누워 있었고 그의 할머니는 45년 동안이나 몸져누워 있었다. 그리고 그의 엄마 펠리샤는 계속적으로 위궤양과 대장염, 관절염에 시달렸다. 맥스 자신도 병에 걸렸다는 강박적인 생각에 사로잡힐 때가 많았다.

내가 가진 믿음은 이런 신체적 전환은 가족 내의 특이한 질병인 천식이나 관절염 등의 기관 장애를 빼 놓고 부모가 감정을 신체적 전환시키는 것을 보여주지 않는 한 자식들에게 물려주지 않는다는 것이다. 부모가 본인의 결핍이나 복합적인 감정을 신체적으로 전환시켜 높은 보상받는 것을 아이들에게 보여줄 때 전수된다는 것이다.

투사(Projection)

투사는 가장 근본적인 방어기제이다. 이를 가장 드라마틱하게 나타내는 것이 기만과 환상이다. 일단 우리에게 수치심이 내재되면 투사는 불가피해진다. 우리가 감정, 소망, 동기를 부정했기에 그것들이 내면에서 몸부림을 치고 있다. 왜냐하면 우리가 억제한 바로 그것들이 우리에게는 없어서는 안 될 부분이기 때문이다.

그것을 조정하는 방법 중 하나는 남에게 떠넘기는 것이다. 대표적인 예가 나는 내 화난 감정을 부인하고 다른 사람에게 '너 왜 화났냐?' 고 묻는 형태이다.

나의 여성 내담자 중 한 사람은 여자를 증오했다. 특히 섹시한 여자는 더욱 그랬다. 그녀는 화학 공장의 거만하고 목에 핏대가 선 현장 관리자였다. 그녀의 아버지는 부인을 집 안팎 심지어 공공장소에서 망신을 주곤 했다. 그래서 그녀는 엄마처럼 수치를 당하는 나약한 존재가 되지 않으려고 그녀는 자라면서 아버지와 자신을 동일시하여 선머슴처럼 행동하였다. 어느덧 아버지의 낚시 친구가 되었고 열 살 때는 "어느 남자들처럼" 총을 쏠 수 있다고 그녀의 아버지는 그 아이를 자랑했다. 이 여성은 자신의 여성적인 면과 성적인 면이 아버지로 인해 완전히 무시된 것이다. 그녀는 자신의 여성성을 거절하면서 그것을 가진 여성을 경멸했다.

투사는 억압이 실패할 때 생긴다. 투사는 복잡하고 적대적인 인간관계에서 갈등의 근거가 된다. 그리고 부모를 전능하게 여기는 아이들에게 투사가 잘 일어난다. 아이들은 세상 속에 존재한다. 크리스토퍼 몰레이(Christopher Morley)의 시에서 아이에 대해 묘사했는데,

> "새와 동물과 꿀벌의 동료로 태어나
> 나무같이 자신을 의식하지 않는다.
> 느끼는 감정마다 우쭐되고
> 낙담도 없고 꾸밈도 없고…
> 너의 배우지 않은 투명한 눈에는
> 자각도 놀람도 없다.
> 너는 삶을 이상한 수수께끼로 받아들일 뿐이다.
> 너의 미지의 신성은 여전히….
> 그런 날들이라 오 부드러움이여
> 너의 때가 시 그 자체이리라. "

아이의 자아는 요정의 존재를 믿는 정령 신앙과 전능성을 구성하고 있다. 그리고 아이들은 특히 전능함을 그들의 부모에게 투사한다. 아이들에게 부모는 전지전능의 신과 같은 존재다. 어느 날 구슬을 가지고 노는 소년과 소년이 가지고 노는 구슬치기 게임의 규칙에 관해 대화를 나눈 삐아제 3) 는 그 아이가 경기의 규칙을 그 아이의 아버지가 만들어 냈다는 사실에 놀란다. 이에 삐아제는 아이에게 할아버지와 하나님에 관해서도 물었다. 그 소년은 자신의 아빠가 할아버지와 하나님 이전에 이미 그 규칙을 알고 있을 거라고 생각했다. 그런 전능성을 부모에 대해 투사시키는 건 아마도 아이와 부모의 상호 관계로 인해 생기는 수치심의 잠재성을 살펴보게 한다. 만일

---

3) 아동발달과 교육을 전문으로 다룬 학자

부모가 학대를 하면 아이는 부모 문제가 아닌(하나님이 완전한 것처럼) 아이 자신이 문제가 있어서 발생된 것으로 여기게 되는 것이다.

이차적 자아 방어들(Secondary Ego Defenses)

프로이드는 '이차적 자아 방어'를 설명했는데 이는 일차적 방어 시스템이 실패했을 때 작동한다. 이것은 특히 억압의 경우가 그렇다. 예를 들면, 수치스런 느낌이 표면으로 드러난다고 하자. 이는 두려운 것이므로 그는 재빨리 이차적 방어로 대처하려 한다. 이런 이차적인 방어로는 억제, 반동 형성, 제거하기, 정서고립 그리고 자기를 경멸하는 것이 있다.

1. 억제(Inhibition)

나의 내담자 중에는 세상과 담을 쌓고 살았던 사람이 있는데 그는 클럽에 가서 춤을 추려고 하면 몸이 굳어지곤 했다. 상담 치료를 하던 중 그는 12살 때 있었던 일을 기억해 냈다. 그의 어머니는 알코올 중독이었다. 어느 날 어머니가 술이 취해서 음악을 틀어 놓고 아들과 춤을 추려 했다 그런데 그가 한 몇 스텝을 밟던 중에 그만 발기하고 말았다. 이것을 본 어머니는 화를 내며 그를 구박했다. 그는 마음에 깊이 수치심을 느꼈다. 그가 나중에 춤을 출 때마다 근육이 굳게 된 것은 자기 방어를 위한 것이다. 춤추는 근육을 억제시키면서 그는 또 다른 수치를 당할 일을 미리 방지한 것이다.

2. 반동 형성(Reactive Formation)

반동은 내면에 억제된 수치심을 드러내지 않기 위해 의식이 막음으로 생긴다. 이것은 주로 억제하려는 힘이 약해졌을 때 생긴다. 예를 들어 남에게 친절하게 구는 것과 못되게 굴고 싶은 충동을 없애기 위해 사용되는 것이다. 못되게 구는 것은 그들에게 수치심 때문에 일어난 것이다. 그리고 이 못되게 구는 것의 정확한 반대가 친절함이다.

이렇게 친절하게 굴음으로 못되게 구는 것을 피할 수 있고 그렇게 함으로써 자신을 수치스럽게 느끼지 않아도 된다. 이렇듯 반동 형성은 흔히 드러내서는 안 될 것을 억제하느라 만들어진 경우가 많다. 이에 대해 화이트(White)와 글리랜드(Gilliland)는 말하기를,

> " 친절함의 특징은 엄격한 면이 있기 때문에 적합하지 못한 성격을 가질 수 있다. 그것은 모든 상황들 -정당하든지 못하든지 간에- 을 대처하면서 강제적이며 약간은 가학적인 면을 가진다. 그런 마음으로 친절을 행하는 자는 친절의 근본을 말살시키는 것이다."
>
> *"심리학의 요소"* 중에서

3. 제거하기(Undoing)

이 제거하기란 원상 복구한다는 의미로 쓰여졌는데 '제거하기' 는 글자 그대로 우리에게 수치심을 일으키는 생각과 두려움, 행동 등을 제거하기 위해 착안된 마술적인 행동이다. 내 학생 중 공부하는 습관에 대해 상담치료를 한 학생이 있었는데 그는 몹시 똑똑하고 명석한 학생이었다. 그러나 그는 자신의 공부하는 습관 때문에 대학교에서 학점이 떨어져 실패하고 말았다. 예를 들면 그는 공부하기 전 책과 노트, 연필 등을 가지런히 정리하느라 여러 시간을 소비했다. 그리고 각각의 물건들은 서로 닿아서도 안 되었다. 또한 그에게는 대학교의 전공 책들을 가지런히 두는 것도 몹시 중요했다. 상담하는 동안 나는 그가 뭔가에 닿는 것을 피하려 든다는 일정한 패턴이 있는 것을 알게 되었다.

그는 어릴 적 목회자에게 그가 성기를 만지는 것을 들킨 일에 대해 굉장한 망신을 당한 일이 있었다. 그 후에도 그는 엄마에게 자위행위 하는 현장을 들켜서 몹시 맞은 적이 있었다. 그는 또 자위행위를 하면 정말로 소경이 된다는 이야기를 끊임없이 주입 받았다. (나 역시도 그런 이야기를 들었지만 나는 위험을 무릅쓰고 했다) 내 학생이 그렇게 정리하는 습관을 가진 이유는 그가 자신의 성기를 만지거나 자위행위를 하지 않으려는 마음이 확대되어 나중에는 모든 물건에 손을 대지 않으려는 이상한 습관으로 고착된 것이다.

4. 고립(Isolation of Affect)

고립은 수치스런 마음과 충동을 다른 생각으로 전환시키려는 방법이다. 그렇게 함으로써 그 사람은 자신에게 드는 감정과 충동의 책임을 부인할 수 있다. 나는 근친상간 피해자 중 예수와 성교하는 강박적인 생각에 시달리는 내담자를 접한 적이 있다. 그녀는 독실한 기독교인이었다. 그녀는 또한 아주 지적인 사람이어서 본인자신도 이런 생각이 말도 안 된다는 것을 알고 있었다.

그녀는 아버지와 똑같은 사랑을 베풀었던 삼촌에게 4년 동안 근친상간을 당했었다. 그녀가 삼촌을 처음 대한 것은 6살 때이었다. 그녀의 엄마는 일하느라 집에 없었고 마침 하녀와 같이 있었는데 그 하녀는 종교적으로 매우 엄격하고 판단이 심한 사람이었다. 하녀는 그녀를 정서적으로 몹시 괴롭혔다. 그녀는 하녀가 가르친 종교적 논리와 자신을 수치스럽게 여기게 만든 일에 대해서 내 앞에서 몹시 분노를 표현한 적이 있었다. 그녀는 또한 삼촌에게도 격노했다. 비록 그녀가 어린 시절부터 그를 사랑했지만 말이다. 불행히도 그는 그녀에게 애정과 관심을 준 유일한 사람이었다. 이런 복잡한 일과 감정들 어느 것 하나도 그녀 안에서 제대로 정리된 것이 없었다. 그녀의 분노, 죄책감, 수치심, 삼촌이 부모처럼 돌봐준 것에 대한 애정 등 모든 것이 정리되지 못하고 복합되어 나중에는 예수와 성교하는 생각으로 이미 지화된 것이다. 예수와 성교하는 생각은 아무런 느낌 없이 이루어 졌다. 이런 생각을 하는 동안 그녀는 고통스럽고 수치스럽고 혼란한 느낌에서 벗어날 수 있었다. 이 경우는 복합화된 감정이 어떤 생각으로 전환되는 것에 대한 덜 드라마틱한 예이다. 정신적인 선입관은 감정을 다른 곳으로 벗어나게 해주는 것이다.

5. 자기 경멸하기(Turning Against Self)

자신을 경멸하는 것은 자기 방어의 일종으로 남에게 차마 적의를 품지 못하고 그것을 자신에게 돌리는 것이다. 이 방어는 여러 차례 학대를 받으며 버려진 사람들 사이에서 아주 흔하다. 아이는 부모가 꼭 필요한 존재이므로 그는 살아 남기 위해 자신을 학대하는 부모에 대한 격노를 자신에게 돌려버린다. 이 형태가 극화된 것이 자살이다.

이런 경우는(프랑스에서는 이 말을 '자기 죽이기' 라는 표현으로 불려진다.), 그는 자신을 학대하는 사람과 자신을 동일시하여 자신도 같이 자신을 죽이려 드는 것이다. 정도는 그리 심하지 않으나 그런 경향을 보여주는 것은 '손톱 물어뜯기', '머리 박기', '굽실거리기', '다중인격' 을 들 수 있다. 이런 일이 구체적으로 나타나지 않는다 해도 이런 경향을 가진 사람은 자신을 사회적으로나 재정적으로 위험에 몰아가 스스로 파탄시킨다. 그리고 이 모든 행위는 학대자가 너무 두려워 자신에게 화를 돌린 경우다.

그가 성장할수록 이런 일차적인 방어들은 새로운 수준의 억지 궤변을 낳는다. 이차적 자아 방어로는 '합리화', '축소', '변명', '승화', '보상', '투사' 를 들 수 있다. 이런 방어 체제는 치료받게 될 때까지 평생을 간다. 이런 거짓된 것들은 너무나 강하고 힘이 있어 진실을 왜곡시키고 자동적이고 무의식적으로 이루어지게 한다. 아마 그렇게 하는 것이 당시에는 최선이었을 것이다. 그렇게 하는 것이 당신을 제 정신으로 유지시켜 주기도 하고. 글자 그대로 당신을 끔찍한 삶에서 구하는 것이다. 그러나 이런 방어들이 일단 삶에 정착이 되면 해로운 수치심을 섬기는 사람이 되는 것이다.

거짓 자아

나는 전에 내면화된 수치심이 얼마나 개인의 인생을 파괴시키는지 이야기한 적이 있다. 일단 수치심이 자리 잡으면 우리는 있는 그대로를 느끼지 못한다. 왜냐하면 자신을 못나고 결함 있는 존재로 여기기 때문에 자신을 고통 없이 들여다보는 것이 불가능하기 때문이다. 그래서 거짓 자아를 만들어 낸다. 이 거짓자아는 자기를 방어하기 위해 수치심을 완화하려는 "위장" 의 두 번째 층에 해당되는 것이다.

정신치료를 다루는 모든 학교에서 이 거짓 자아에 대해 논한다. 융학파는 이것을 "페르소나(Persona)"라고 하는데 이를 영어로 하면 가면이라는 뜻이다. T.A 학파 사람들은 이것을 '순응하는 아이'라 부른다.

밥 써비(Bob Subby)는 이를 '대중 앞의 자기'라 명했는데 이는 개인 자신과 정 반대되는 개념이다. 그는 이것을 그림으로 묘사했다. 표 3.2는 이를 설명하는 것이다. 이 작은 모습의 사람은 자꾸만 왜소해지는 수치심에 기초한 자신의 참자아를 묘사한 것이다. 그리고 큰 모습은 대중적인 자신이나 거짓된 자기의 모습이다.

성경에서는 바리새인의 위선에 대해 나온다. 그리스어로 위선자 (hypocrite)라는 말은 배우란 뜻으로 위장하는 사람을 나타내는 것이다. 그리고 예수는 이런 위장된 거짓을 아주 싫어 하셨다. 이 거짓된 자기를 뚫고 참 자아를 만나는 방법 중 하나가 '심신 통일 훈련'이라는 것인데 이를 통해 자신의 참 모습과 대면하게 된다. 그들의 가슴아픈 일과 날조된 자기 모습 그리고 허위로 꾸민 자신까지 만나는 훈련이다.

나는 이 거짓 자아를 문화적 거짓자아와 삶의 각본 그리고 가족시스템의 역할로 나뉘고 싶다.

문화적 거짓자아

몇 장 앞에서 나는 우리 문화 가운데 존재하는 고정된 성의 역할에 대해 언급한 적이 있다. 그러면서 이런 역할이 어떻게 사람을 재는 완벽의 척도가 되는가를 언급했다. 엄밀히 말하면 우리는 정말 독특하고 둘도 없는 존재이기에 우리를 비교하거나 잣대로 재는 척도는 이 세상에 없다. 하지만 우리 문화에 있는 엄격한 성의 양분화는 우리에게 수치심을 안겨준다. 이런 성의 역할이 얼마나 존재에 영향을 미치는가를 보는 것은 정말 중요하다.

사회학자들은 이런 성의 양분화 과정을 "사회적으로 구성된 실재"라고 부른다. 우리가 이 사회적 구성 과정을 이해하게 될수록 우리가 어떻게 이런 역할과 우리의 거짓 정체성을 만드는가를 쉽게 볼 수 있다.

도표 3-2 수치심의 내면화
로버트소비의 개인자아 / 공적자아 참조

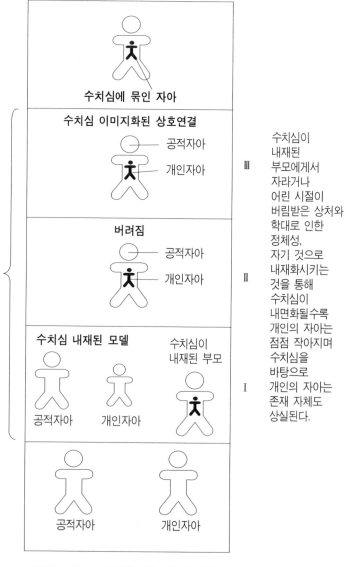

수치심이 내재된 부모에게서 자라거나 어린 시절이 버림받은 상처와 학대로 인한 정체성, 자기 것으로 내재화시키는 것을 통해 수치심이 내면화될수록 개인의 자아는 점점 작아지며 수치심을 바탕으로 개인의 자아는 존재 자체도 상실된다.

로버트소비의 잃어버린 시절; 상호중독의 실제 적용

사회적으로 합의된 실재

우리는 태어날 때부터 사회적으로 공통된 현실에 도달하게끔 되어 있다. 이 말은 사회학자들이 우리의 사회적 현실이 어떻게 형성되어 가는지를 설명할 때 사용하는 말이다.

사실 인간은 관습의 산물이다. 우리 인간은 주위 환경에서 살아남기 위해 그에 상응하는 행동을 하면서 살아가고 이런 행동들은 점차적으로 관례가 되어 간다. 이런 관습적인 행동을 함으로 그 사람은 사회적인 인정을 받게 된다. 즉 그런 행동들만이 사회적으로 받아들여지는 것이다. 후에 이런 사회적 관례는 사회학자들이 흔히 말하는 소위 "합의된 것"이란 관례가 된다. 이렇게 합의된 후에는 의식하지 않아도 자연스럽게 그런 방향으로 흘러간다. 그리고 무의식적으로까지 용인된 관례가 사회적 현실 법칙이 된다. 우리는 그에 대해 더 이상 의문을 제기 하지 않는다. 우리는 그것을 받아들임으로써 앞으로 어떻게 해야 될지 예측이 가능하다. 그런 관례들이 우리의 안전을 보장해 준다. 만일 누군가가 이런 사회적 관습에 의문을 제기하면 우리는 이에 위협을 느끼며 몹시 화가 난다.

사실 이것은 진실과는 관계가 없는 것들도 있다. 인류 문화를 연구하는 학자들이 계속적으로 이를 지적하기를 어떤 문화는 우리의 관례와 아주 다르다는 것이다. 이 현실의 규칙들은 우리가 현실을 구성하는데 합의한 것으로 이루어진 것이지 진실은 아니라는 것이다.

각 문화는 현저하게 어떤 남자와 어떤 여자가 되어야 하고 가족이 어떻게 해야 되는지를 우리가 공통적으로 동의한 게 무엇인지를 보여준다. 날 때부터 당신은 사회에서 요구하는 남자와 여자가 되어야 한다. 이런 정형화된 역할은 수치심이 내면에 자리 잡은 사람에게는 정당성을 부여해 준다. 이는 내가 사회에서 공인된 남자 역할을 할 때 나는 사회적으로 관대하게 인정받기 때문이다. 그러나 이런 정형화된 역할은 자신이나 이런 정형화 타입이 아닌 부분을 수치스럽게 여기게 만든다. 우리 사회에 있는 성의 문화적으로 고정된 역할은 물론 사회에서 진짜 그렇다고 인정받은, 이런 것들은 사실은 서부시대의 산물이다. 남자는 사냥꾼이나 전사였고 여자는 아이를 돌보고 짐마차를 보존하던 시대의 산물이란 말이다. 나는 물론 생물학적인 차이를 고려하지 않은 것은 아니지만 우리가 지금 진짜라고 믿고 있는 이 성의 역할은 사실 생물학적 차이를 뛰어 넘는 수준까지 되고 말았다. 즉 현재 우리가 믿고 있는 성의 고정 관념은 현대의 것이 아닌 서부 시대의 것이란 뜻이다. 이런 것들은 우리의 생물학적 특성마저 비웃는 것이다.

내가 전에 지적했듯이 그런 정형화는 모든 남자와 여자가 가지고 있는 양성적인 면을 부인하는 것이다. 우리 각자는 남성과 여성의 결합으로 이루어진 산물이며 우리 모두 남성호르몬과 여성호르몬을 조금씩 다 가지고 있다. 그래서 건강한 사람은 남성적인 면과 여성적인 면이 조화가 잘 이루어진 사람인 것이다.

그러나 이런 역할은 우리의 존재를 수치스럽게 할 뿐 아니라 때로는 우리가 숨는 장소도 된다. 구체적인 예를 들면 우리는 이런 손잡이와 같은 남자역할과 여자역할을 잡아들고는 그런 역할을 함으로써 내면에 있는 고통스런 수치심과 대면하는 것을 피하고 스스로를 나는 진짜남자 혹은 진짜여자라 여기며 자부심을 갖는다.

삶의 각본

교류분석의 창시자인 에릭 번은 이 삶의 각본에 대한 체계를 발전시켰다. 그는 인간의 대부분이 비참하게 살아간다는 사실에 주목했다. 그들의 삶은 매우 비극적이었는데 그들은 이에 대한 선택조차 없어 보였다. 그들은 마치 배우처럼 각본대로 그렇게 사는 것 같았다. 에릭 번은 사람들 대다수가 진부하거나 비참한 삶을 살고 있다고 느꼈다. 이 슬픈 각본이 토로우의 표현에도 사용되었는데 그는 인간 대부분이 매우 절망적으로 살고 있다고 말했다. 번도 오직 소수의 사람만이 자기 자신의 참된 삶을 살고 있다고 여겼다. 이런 삶의 각본은 영화 각본이나 연극대본과도 같다. 이것은 특정한 타입의 인물상을 정해 놓고는 그가 어떻게 느껴야 하고 또는 느끼지 말아야 하고 그리고 그가 어떻게 삶에 대응해야 할지를 지시한다. 비극적인 연극에서는 주인공이 자신 또는 남을 죽이거나 아니면 자신을 서서히 죽여간다든지 아니면 미치게 만든다.

T.A.이론의 전문가 클라우드 스테이너(Claude Steiner)는 이 비극을 세 가지로 나누었다. 생각하지 말기 (미칠 것 같아서) 각본, 사랑하지 말기(과거에 이미 심한 상처를 받아서) 각본, 느끼지 말기(감정 대신 중독으로 대치) 각본 등으로 말이다. 이 세 가지의 비극적 각본은 우리의 본질적인 감정들인 사랑하고 느끼는 부분이 수치스럽게 여겨져서 생긴 것이다. 각본은 복합적으로 형성된다. 가장 핵심은 금지령과 속성, 그런 각본을 보여준 사람 밑에서 양육되거나 삶의 경험을 통해서 생긴 것들이다.

금지령(Injuction)

금지령은 부모 안에 있는 수치스러운 아이에서 비롯되었다. 이런 금지령들은 대부분 확실히 말로 표현되지는 않는다. 예를 들면 한 마디로 "너 자신이 되지 말라" 는 것이다. '너는 소녀가 되어서도 안 되고 소년이 되어서도 안 되고 중요한 사람이 되거나 성공한 인물이 되어서도 안 된다. 이 모든 해악한 각본이 아이에게 너 있는 그대로의 자신이 되지 말고 너는 소중한 사람이 아니라' 라고 명령하는 것이다. 이런 금지령들이 자기 자신을 수치스럽게 여기고는 급기야 자기 파멸을 불러일으킨다.

속성(Attribution)

속성은 좀 더 의식적으로 언어로써 행해지는 학대 중 하나다. 주로 하는 말은 "애가 어찌 그리 멍청하냐" 혹은 "머리는 두었다 무엇에 쓰니?" 등으로 마치 아이가 생각할 머리조차 없는 것으로 여기게 만드는 것과 "너는 정말로 네 남동생을 사랑하지?" 혹을 "그렇게 미운 것을 드러내는 건 내 아들이 아니다" 등으로 그가 정말 사랑의 느낌이 무엇인지 모르게 혼란스럽게 하는 것과 "너 그렇게 화난 건 아니잖아", "왜 그리 우니" 등으로 아이의 감정을 축소시켜서 아이가 혼란에 빠지게 만드는 것을 조장하는 것을 들 수 있다.

속성은 어머니가 그녀의 친구 앞에서 그 아이나 형제를 가르쳐 "얘는 참 행동이 바른 아이야" 혹은 "이 아이는 우리 집의 악당이라니까" 등으로 정의하는 데서도 이루어 질 수 있다. 다른 종류로는 "넌 항상 공부하는 게 문제가 있더라", "넌 중요한 일은 못할 껄", "원 애가 그리 이기적이야. 누군지 저 애하고 결혼할 사람이 걱정된다", "우리 집안 남자는 대대로 변호사야", "우리 집안 여자 중 아무도 이혼한 사람은 없어" 등이 당신이 앞으로 살아야 될 방향을 미리 설정해 주는 셈이다. 이런 선입관이 당신의 참 자아와 접촉하는데 방해가 되어 결국에는 자신의 내면이 균열을 일으키는데 큰 영향을 미친다.

문화적 모형

나는 이미 아이들이 부모로 인하여 수치심이 내재되어 역기능적이 될 수 있다고 언급한 바 있지만 이렇게 만드는 게 꼭 부모만은 아니다. 그건 옛날 이야기나 영화, T.V 같은 대중 매체나 문화, 가족 내 역할에서도 올 수 있다. 무능한 주정뱅이 학대자 아버지를 둔 여자는 미녀와 야수의 이야기에 결부되어 평생을 짐승 같은 남자와 일생을 같이 하면서 이 이야기를 재연한다. 특히 여자들에게는 오랫동안 기다리면 왕자님이 나타날 거라는 마술적인 믿음이 주입된다. 이런 마법 같은 이야기는 수치심이 내재된 사람들에게 많다. 그들은 마법 같은 역할을 하여 자기를 부모와 같이 잘 돌봐줄 사람을 기다리며 이런 기약 없는 시간을 뜻하는 "언젠가는, 만약에, 혹시" 같은 환상적인 말에 붙잡혀 평생을 소비한다. 그리고 이렇게 환상에 사로잡힌 사람은 또 다른 환상으로도 감정 전이를 잘 일으킨다.

삶의 경험

사람이 전에 한 경험은 그의 내면을 구성하는 삶의 각본을 만드는데 영향을 준다. 가족 내에서 그가 담당했던 역할이 그가 앞으로 만들어갈 삶의 각본을 형성하는데 주요인이 된다. 예를 들어 엄마가 알코올 중독자이며 아이가 엄마를 돌보는 입장이었다면 그리고 이렇게 함으로써 아이가 애정과 칭찬을 받았다면 이것은 나중에 그녀가 삶의 각본을 만드는데 중요한 부분을 차지한다. 어떤 아이의 경우 만약 그 아이가 아파서 관심을 끈 경우라면 그는 평생을 두고 아파서 관심을 끌 경우가 많다. 그리고 만약 아이가 수치심에 기초한 역기능 가정에서 태어나 불안과 좌절을 많이 겪었다면 그가 성장했을 경우에도 그가 자신의 삶이 제대로 돌아가는 것을 보게 되어도 그는 아마도 뭔가가 이상하다고 여길 확률이 크다.

가족시스템 역할

모든 가족 구성원들이 그 나름의 역할을 가지고 있다. 엄마 아빠는 아이에게 여자와 남자의 역할이 뭔지 보여주고 있는 셈이다. 부모는 또 아이에게 어떻게 친밀해지고 자기만의 경계를 유지하며 어떻게 어려운 문제를 해결할 수 있는지, 어떻게 정의를 위해 싸우고 삶에서 일어난 문제를 어떻게 풀어 나가는 지도 보여주게 된다. 이때 아이가 집안에서 하는 역할이 뭐든 일에 호기심을 가지고 배우게 된다. 건강한 가정은 가족 내 역할이 유연하다.

딸이 엄마를 대신하여 접시를 닦고 아들이 음식이 타서 연기가 나는 것을 보고 불을 꺼서 영웅대접을 받는다든지 아빠가 휴가 기간에 가족을 돌보는 일을 맡아서 영웅대접을 받는다 든지 이렇게 자유롭고 유연하다.

나는 전에 역기능 가족의 역할을 언급한 바 있다. 당신 자신에게 한번 물어 보라. 당신은 집에서 어떤 존재였는가? 당신이 집에서 맡은 역할은 무엇인가? 이에 대해 휴스톤에 있는 가족회복 센터에서는 내가 언급한 이외에도 다양한 역할을 제시했다. 예를 들면 부모의 부모역할, 엄마 아빠의 친구, 가족 상담자, 엄마의 우상, 아빠의 우상, 완벽한 아이, 성자, 엄마 아빠에게 용기를 주는 아이, 악당, 귀염둥이, 운동선수, 가족 내 평화주의자, 중재자, 희생자. 극도로 종교적인 사람, 승리자, 실패자, 순교자, 초인적인 엄마, 아빠 혹은 배우자, 광대, 대장 노릇, 천재, 엄마 아빠의 희생양 등.

우리는 사람들이 이 역할을 하면서 느낌대로 이에 이름을 붙였으리라고 생각한다. 그리고 당신은 여기에서 몇 가지 역할을 담당했을 것이다. 각각의 역할을 하면서 드는 느낌이 있고 이 정서는 당신이 그 역할을 더 이상하지 않을 경우에도 당신 안에 남아있게 된다. 당신이 어려서 당신은 귀여웠고 집안의 마스코트였는지 모르겠다. 하지만 곧 2년 정도 지나 남동생이 태어나 당신을 이 자리에서 내 쫓는 경우가 생기더라도 당신에게는 그래도 그 역할을 계속하고 싶은 마음이 남아 있을 것이다. 하지만 이런 역할을 하면서 일어난 중요한 사실은 당신이 어떤 역할을 하게 될 때 당신 안의 진실함과 참 자아는 부인된다는 사실이다. 이 역할은 거짓된 자기 모습이다. 역기능 가족시스템은 구성원들이 가족 내의 수치와 스트레스를 대처하기 위해 이런 역할을 하게 된다.

이런 것을 만드는 요인으로는 아빠의 폭력과 근친상간, 엄마의 종교적 광신, 약물중독 혹은 섭취 장애, 아빠의 술주정 등이다. 이때 담당하게 되는 역할은 이런 요인이 주는 악영향으로 생기는 수치와 절망을 조금이라도 줄이려고 하는 것이다. 그래서 그가 그 역할을 하면 할수록 그 모습이 그에게 굳어져 간다. 점차 굳어져간 역할이 무의식으로 파고들어 후에는 참자기 모습을 잃어버리게 한다. 수치를 극복하기 위해 만들어진 역할이 오히려 그의 참모습을 부인하며 자신의 참모습을 드러내려는 것을 부끄럽게 만든다. 이 얼마나 역설적인가? 가족 내 수치를 대처하기 위해 만들어진 것이 굳어져 자신을 수치스럽게 만든다. 옛 프랑스 속담에 "네가 바꾸려고 노력하면 노력할수록 언제나 똑같은 제자리일 뿐이다." 라는 속담이 있다. 하지만 더 큰 문제는 이런 역할을 담당해도 가족을 회복하는 데는 전혀 소용이 없다는 것이다. 내가 했던 집안 내 영웅역할이 우리 집의 근본적인 수치를 바꿔 주지 못했듯이 맥스의 희생양 역할, 버려진 아이의 역할도 집안의 역기능을 고치는데 아무런 효과가 없었다. 그러나 이 고정된 역할의 힘은 그 역할이 고정적이고 예측 가능하다는 것에 있다. 그 역할을 하는 본인은 정작 자기 대신 그 역할이 주는 느낌을 가진다. 즉 그는 자신이 아닌 다른 누군가가 되는 것이다. 설사 그게 희생양의 역할이라도 그 순간만큼은 다른 누군가가 되어 자신을 피할 수 있지 않은가?

특히 영웅이나 돌봐주는 사람, 초인적인 성취자나 집안의 기둥 같은 역할은 포기하기가 더 힘들다. 이런 역할을 함으로써 본인을 기분 좋게 "돌봐주는 사람"이라 여기는데 어찌 자신을 결함 있는 불완전한 사람이란 느낌이 들겠는가? 나는 일주일에 상담을 50명(이는 상담자에게 감당하기 힘든 숫자이다)까지나 하면서 이 느낌을 가졌던 기억이 난다. 하지만 그때 내가 모르고 있었던 것은 내가 하는 초인적인 노력이 내 존재에는 아무런 영향을 미치지 못했다는 것이다. 내가 아무리 행동해도 내 수치심에 기초한 중심에서부터 이런 소리가 울려온다. "넌 결함투성이 못난 놈이야, 넌 뭔가가 잘못됐어, 이 세상에서 뭘 한다 해도 널 바꿀 수는 없어" 우리가 역기능 가족에서 어떤 역할을 담당하는 동안 우리는 우리자신을 잃어버린다. 일정기간이 지나고 나면 우리가 했던 그 당시 역할조차 의식 못한다. 그때는 필요했던 그런 '페르소나'가 자신이라 믿고는 우리는 자신을 역할에 의해 만들어진 느낌을 믿게 된다. 그리고 이런 거짓된 역할은 중독된 것이다.

수치심이 없는 것처럼 행동하는 유형들

자기를 수치스럽게 여겨 이를 보호하려는 자아방어의 세 번째 층에 해당하는 것이 바로 전혀 수치심이 없는 것처럼 행동하는 것이다. 이는 수치심이 내재된 부모나 교사, 의로움에 대해 설교하는 종교지도자, 정치가에게 많이 나타난다. 전혀 수치스러울 것이 없는 것처럼 행동하면서 자신의 수치심을 남에게 전이시키는 것이다. 교류분석자들은 이를 "뜨거운 감자" 즉 시급하고도 힘든 문제로 취급하는 데 이런 행동들은 바로 자신의 수치를 대면하려는 고통을 피하기 위해 행해지는 것이다. 그리고 이런 감정전이는 중독되기 쉽다. 이 감정전이의 주된 형태는 완벽주의, 권력과 남을 통제하려는 것에 탐닉하는 것, 분노, 교만, 비판과 책망, 심판과 도덕화, 경멸과 생색내기, 남을 돌봐 주는 자와 도와주는 역할하기, 질투, 사람을 기쁘게 하거나 친절하게 굴려는 것 등이 있다. 이런 행동들 모두가 남에게 보이기 위해 본인에게서는 비껴나간 행동들이다.

완벽주의(Perfectionism)

완벽주의는 자신을 수치스럽게 여기는 사람들이 이를 커버하기 위해 밖으로 보여지는 행동의 형태이다. 완벽주의자는 건강한 수치심을 갖지 못하였기에 인간의 한계라는 것을 모른다. 이는 건강한 수치심이 우리에게 우리의 인간으로써의 유한함을 가르쳐 주기 때문이다. 완벽주의자들은 결코 어디까지가 적당한지 모른다. 이들을 녹초가 되게 만드는 완벽주의는 어린 시절 오직 그들이 성취한 일이나 하는 행동으로만 부모에게 긍정적인 평가를 받을 때 형성된다. 부모의 애정과 사랑이 아이가 하는 행동에만 모아지니 아이가 성취하는 것만이 가치 있다고 여기는 것이다. 이때 행동 즉 업적을 행하는 건 오직 내면이 아닌 외부에서 보여지는 일이라는 사실에 주목하라. 아이는 부모에게 계속 앞으로 나아가며 행하라고 교육받는다. 그리고 이럴 때 아이에게는 순수한 내면의 즐거움이라든지 자기 존재에 대한 만족은 배울 수도 가질 수도 없게 된다.

완벽주의는 항상 남과 비교를 함으로써 자기가 더 우수한 인간이라는 평가가 주어지게 한다. 그래서 아무리 노력을 해도 '이 정도면 되었어'라는 개념이 없다. 이런 사람에게는 도무지 측정할 수 없는 일조차 자기 기준으로 비교해놓고 좋은 것과 나쁜 것, 더 좋은 일과 더 나쁜 일이라는 경계로 나누어 버린다. 그리고 이 좋고 나쁜 것의 기준을 정해 놓고는 도덕을 따지며 스스로 심판하기도 한다. 완벽주의는 사람들로 하여금 자신을 남과 비교하게 만든다. 카우프만이 이에 관하여 한번 언급하길 "이 완벽주의가 종식되려면 완벽주의를 추구하려는 사람이 다른 사람과 비교하여 여러 면에서 확실히 떨어질 때 이 남과 비교하여 완벽해 지려는 그의 욕구가 사라지게 되어 완벽주의가 사라지게 되는 것이다" 라고 했다.

완벽주의는 끊임없이 자신을 수치스럽게 여기게 만든다. 이들은 밖에서 이루어지는 일들로 자신을 평가해 자신의 존재까지도 외부에서 자신이 행하는 일로 평가하기 때문이다. 그리고 이렇게 판단하는 것과 남과 비교하려는 것은 파괴적인 경쟁에 이르게 한다. 이는 이들이 하는 경쟁의 목적이 남에게 이겨 잘 보이고 이에 기분이 좋아지려는 것이므로 각자의 최선을 다하는 목표와는 거리가 멀다. 남과 비교하여 자신이 나아 보이기를 원하는 것은 사실 자신 안의 깊숙한 곳에 존재하는 수치심 때문에 이를 만회하기 위해 하는 것이다.

권력과 통제를 위한 노력

권력은 남을 통치하기 위한 방법이다. 권력이 바로 통제의 형태이기 때문이다. 남을 통제하려는 것은 의지장애이다. 왜 남을 통제하려는가? 사람들은 자신의 약한 모습을 두려워한다. 왜? 약해지면 자신의 수치스런 존재가 드러나기 때문이다.

나는 전에 테리 켈로그(Terry Kellogg)가 이에 관해 말한 것을 기억한다. 그는 항상 남이 자신이 풀린 모습을 보지 못하도록 경계하며 살았다고 이야기했다. 사실 나도 그랬다. 나는 내 평생을 남을 경계하는데 온 에너지를 사용하며 살았다. 그리고 그건 정말 엄청난 시간과 에너지 낭비였다. 나를 이렇게 만든 두려움은 경계가 풀려지면 사람들 앞에 내 존재가 폭로 될지 모른다는 생각 때문이었다. 폭로가 되면 나는 사람들이 내가 사실 결함이 많고 불완전한 사람이라는 것을 알게 될 것이라 여겼다. 통제 안에는 이제 더 이상 남에게 수치를 당하지 않겠다는 의도가 숨어 있다. 이는 자신의 생각과 표현, 감정과 행동을 통제하면서 동시에 남의 감정과 생각, 행동 등도 통제하겠다는 욕구가 숨어 있다. 통제는 사람사이의 친밀함을 말살하는 악당과도 같다. 왜냐하면 인간은 서로 동등하지 않고는 자유롭게 나눌 수 없다.

그러나 한사람이 다른 사람을 통제할 때는 서로 동등하지 못할 때이다. 사람을 통제하려는 의도는 자신의 수치심이 행여 밖으로 드러날까봐 주위를 조종하려는 것이다.

우리가 주변을 통제하려 할 때 우리는 글자 그대로 우리 밖에서 살게 된다. 우리 내면을 들여다보니 열등한 자신이 보여서 도저히 그 안에서는 살수 없다. 그래서 밖으로 뛰쳐나와 집안이 아닌 집 밖 정원에서 살고 있으면서도 남이 자기 집안을 들여다보는 건 아주 핏대를 올리며 막으려 든다. 권력에 대한 갈망은 통제하려는 욕구에서 나온 것이다. 권력을 얻으려는 것은 자신의 어린 시절의 상처를 보상하려는 욕구이다. 남을 지배하게 될수록 자신이 남에게 수치를 당할 염려는 줄어든다. 이 권력을 추구하려는 건 그들의 삶 전체를 잡아먹기도 한다.

그리고 자신의 내면은 돌보지 않고 남에게 성취하는 것을 보이려는 태도는 신경과민 증세를 일으킨다. 그는 권력을 잡기 위해 온갖 협박과 계략, 지침서, 게임하기, 그것을 잡으려고 주위를 조정하려는 노력 등을 해서 그들은 성공이라는 사다리를 올라가려 한다. 권력을 얻는 것이 사회적 지위에 있다고 보기에 그러한 지위를 추구하려는 것은 그에게 있어 수치를 커버하기 위한 것이다. 이에 관한 실례로는 "제가 의사나 박사가 된다면 사람들이 다시는 날 우습게보지 못할 거예요"라고 내 내담자 중 한사람이 이야기한 것이 기억난다. 부모, 교사, 박사(의사포함), 변호사, 목사, 랍비, 정치가 등은 그 역할이 갖는 고유한 권력이 있고 사람들은 때때로 이런 권력을 갖기 위해 이 직업을 택하는 경우도 있다. 권력을 가지려는 게임을 하는 것은 항상 자신의 힘을 확대시키려는 것이다. 이것은 권력을 주는 직업을 갖든지 아니면 자기보다 못한 인물을 자기 주위에 배치시켜 상대적인 우월감을 가지려는데 있다. 이 사람들에게는 권력을 나눈다는 것은 상상도 못한다. 권력을 나눈다는 것은 평등하다는 것이다. 오직 이런 사람들은 다른 사람을 누를 경우에만 만족과 우월감을 가진다. 권력에 중독되면서 이들은 더 이상 수치를 당할 기회가 사라진다고 믿는다. 그리고 이렇게 남을 누르면서 그들은 학대받았던 어린 시절이 보상된다고 여긴다. 이 전략은 권력을 사용하여 적극적으로 주위에 복수하는데 있다. 수치심이 내재된 부모들은 아이에게 자신이 어린 시절 당했던 그대로 대우하려는 경향이 있다. 그러나 당했던 아이들이 성인이 되면 피해자가 아닌 가해자의 역할을 하게 된다. 그리고 이들의 행동을 살펴보면 과거에 부모에게 당했던 방법과 그렇게 유사할 수가 없다.

분노

분노는 자신의 수치심을 커버하기 위해 가장 자연스럽게 취해지는 방법이다. 이 분노는 가장 근본적인 자아방어이다. 하지만 모든 아이가 자기를 보호하기 위해 분노하지는 않는다. 어떤 아이는 수치심을 느낄 때 분노하기도 하지만 또 다른 아이들은 이를 참거나 자신에게 돌리기도 한다. 분노가 자아방어로 사용될 때 그 사람의 성격적인 특성으로 굳어지기가 쉽다. 분노는 두 가지 측면에서 사용되는데 하나는 다른 사람들과 거리를 두기 위해서고 또 다른 하나는 화를 내서 남을 수치스럽게 만들어 자신의 수치심을 남에게 전가시키려는 것이다.

분노를 잘 내는 사람은 냉소적이라 아무도 그 사람 주위에 가까이 오지 않으려 한다. 분노 외에도 적개심을 표현하고 거친 소리를 하는 행동들이 남으로부터 자신을 격리시켜 더 이상의 수치를 당하지 않으려는 목적으로 사용된다. 그리고 이런 것 역시 그 사람 안으로 내면화되어 성격으로 굳어질 수 있다. 그래서 분노하는 자는 후에는 그런 감정을 표현하는 행위에만 그치는 게 아니라 아예 그 인물 자체가 되어 버린다. 그리고 내면화된 분노는 자신도 거칠게 만든다. 그 근시안적인 성격과 부정적인 요소로 인해 자기도 파멸되어 가는 것이다. 또한, 무엇보다 안 좋은 것은 분노하는 행위로 남에게 힘을 행사하게 되면 그는 분노 뿐만 아니라 이를 확대하여 폭력과 복수, 악으로 갚는 것과 나중에는 범죄행위로까지 확대시켜 자신의 힘을 행사하려 든다.

교만

교만은 남에게 자신의 중요성을 적대적인 태도로 최대한 확장시킨 형태를 말한다. 교만은 과장된 것으로 그의 안 좋은 기분을 바꾸려는 것이다. 이 교만함의 피해자는 그 사람보다 힘이나 지식이나 경험에서 떨어지는 인물이다. 이때 희생자는 이 잘난 체 하고 남 앞에서 잘 보이려 하며 교만한 무리에 싸여 자신을 평가절하 하는 느낌을 갖는다. 그는 이런 사람들에 묻혀 자신이 지식이나 경험, 권력에 있어 남보다 뒤떨어진다고 여긴다. 하지만 이 교만하게 굴려는 사람은 자신을 수치스럽게 생각하는 마음을 조금이라도 줄여 보려고 그렇게 과시하고 있는 것이다. 그렇다! 사실 교만은 자신의 수치를 숨기려는 방법 중 하나인 것이다. 특이한 점은 사람들이 한 몇 년 동안 교만하면 그들이 워낙 그동안 자신과의 접촉 없이 밖으로만 잘 보이려고 노력한 탓에 나중에는 그들 자신이 누군지도 모르게 된다는 것이다. 그리고 바로 이런 것이 바로 수치를 커버하려는 행동이 매우 비극적인 이유이다. 왜냐하면 다른 사람만 속이는 게 아니라 자신도 속이게 되기 때문이다.

비판과 남 탓하기

남을 탓하고 비판하는 것은 아마도 가장 흔히 수치심을 남에게 전이시키는 수단으로 사용되는 방법일 것이다. 내가 밑바닥으로 떨어진 것 같은 기분이 들고 치욕스러울 때 이것을 남에게 전가시키면서 나는 나의 수치심이 감소되는 것을 느끼게 된다. 또 누군가가 실패한 이야기를 들으면 자신은 그런 사람처럼 망하지는 않았다는 안도감에 자신을 수치스럽게 느끼는 마음으로부터 빠져 나오게 된다. 특히 남을 비판하는 것과 책임을 남에게 전가시키려는 행위는 자신의 수치스런 마음을 대면하지 않으려는 시도이다. 이런 방법들은 꽤 효과적으로 기분을 바꿔주기 때문에 일정기간 계속하면 중독되기 쉽다. 부모가 아이들에게 수치스러움을 전가시키면 아이들은 수치심에 예속되게 만든다.

아이들은 부모에게 이에 대항할 힘이 없다. 아이가 어떻게 부모에게 대응

할 방법이 있겠는가? 엄마가 아이에게 "넌 어쩌면 너 밖에 모르니" 라고 소리칠 때 아이는 스스로를 나쁜 아이라고 규정한다. 아마 엄마는 그녀가 자란 가정과 삶 속에서 얼마나 수치를 당했는지 모른다. 그래서 "나는 슬프고 지금 내가 처한 상황이 너무 절망적이야" 라고 이야기하는 대신 "넌 너밖에 모르니" 라고 소리치는 것이다. 이렇게 엄마가 아이에게 퍼부으면 그녀는 본인을 수치스러워 하는 것으로부터 좀 자유로와지기는 하지만 아이는 깊게 상처받고 급기야는 자신의 존재조차 수치스럽게 여긴다.

남 심판하기와 도덕적으로 보이려 하기

심판과 도덕주의는 완벽주의의 산물이다. 도덕적으로 보이려 하고 남을 정죄 하고 판단함으로써 영적인 면에서 경쟁하려는 것이다. 남을 정죄 하며 자신을 의롭게 여기는 것을 통해 그의 기분을 좋게 한다. 그런 느낌은 너무나도 강렬하여 일단 그런 기분을 맛보게 되면 쉽게 헤어 나오지 못한다. 그들은 완벽하고 도덕적으로 여기기 때문에 그렇지 못한 남을 심판하여 그들의 수치를 남에게 전가시켜 놓고는 자신은 마치 수치스러울 게 하나도 없는 사람처럼 행동한다. 그리고 이렇게 행동하는 부모 밑에서 자라는 아이는 부모의 수치심까지 떠맡고 견뎌야 된다. 이런 일은 아이의 정서를 파괴할 뿐만 아니라 영혼을 죽이는 일이며 영적학대인 것이다. 하나님이 완전하신 분으로 오로지 하나님 한 분만이 수치심으로부터 자유로우신 분이다. 우리가 만약 수치심이 전혀 없는 것처럼 군다면 이것은 자신을 하나님으로 여기는 꼴이 된다. 이런 부모 밑에서 자라는 아이는 하나님을 잘못 알도록 (아이는 부모를 통해 세상과 하나님에 대한 관점이 생긴다) 교육받고 있는 것이다.

경멸

경멸은 남의 좋지 않은 행위를 특별한 관심을 가지고 의식하는 것이다. 남을 경멸할 때 그는 남의 인격을 송두리째 밀어내면서 자신은 괜찮은 사람이라고 여기는 것이다. 부모와 선생님, 그리고 도덕적으로 보이려 하는 설교자들이 그들의 아이들 혹은 학생들을 대할 때 본인들은 전혀 수치스러울 것이 없는 것처럼 남들을 업신여길 때가 있다.

특이한 면은 아이들 앞에서 그 아이에 관한 이야기가 아닌 남을 비판하거나 경멸할 때도 아이들은 자신이 거부당한다는 느낌과 이에 자신을 방어하려는 마음을 키우게 된다. 아이는 부모가 비판하는 소리를 자신 안에 내면화시키고 남을 비판해 대는 부모와 자신을 동일시한다. 그들이 이렇게 하는 이유는 아이는 스스로 보호할 방법과 능력이 없기에 동일시를 함으로써 자신을 보호할 수 있다고 여기는 것이다. 그래서 아이들은 흔히 비판받은 대로 남도 비판하는 것이다.

생색내기

생색내기란 요청하지도 않았는데 힘과 지식이 자기보다 못한 사람에게 가서 뭔가를 제안하고 보호해주려 하고 그 사람 앞에서 모든 것을 극복한 승리자나 보호자처럼 굴려는 것을 말한다. 이것은 다른 사람 위에 서서 자신의 기분을 고취시키려는 행위이다. 이들은 생색을 내면서 남에게 그들의 수치심을 전가시킨다는 것이다. 개인의 내면화된 수치심의 전이는 너무나 미묘하게 이루어진다.

표면으로는 격려와 지지를 보이는 듯해도 안을 들여다보면 전혀 도움이 안 된다. 그리고 도움 받은 사람은 자신을 수치스럽게 여기고 있는 것이다. 이 생색내기는 수치를 덮기 위한 방편으로 밖으로는 몹시 친절하고, 도와주려고 애써 보이는 것 같아도 속에는 도와주는 대상에 대한 숨겨진 경멸과 수동적인 공격을 하는 분노를 담고 있다.

남 돌봐주기와 도와주기

돕는 것 같이 보이는데 사실은 도움을 받는 사람이 수치를 느끼는 경우가 있다. 이 돌봐주는 역할은 가족시스템에서 흔하다. 그리고 사실 돌봐주는 사람은 남을 돌보는 게 아닌 항상 자신을 돌보고 있는 것이다. 만약 어떤 사람이 자신을 못나고 결점 많은 존재로 느낀다면 그녀는 남을 도우려는 것으로 기분전환을 하려든다. 남을 돌볼 때 그녀는 자신이 좋게 느껴지기 때문이다. 그렇게 함으로서 "돌봄"의 목표는 돌봄 그 자체지 그 도움을 받는 사람이 아니다. 이 돌봄은 자신이 무능하다는 느낌에서 벗어나려는 잘못된 방법이지만 그들은 이렇게 함으로써 자신을 안 좋게 생각하는 감정을 좋은 것으로 변화시키려는 것이다.

이렇듯 돌봄은 자신을 수치스럽게 여기는 마음에 대한 방어전략이다. 남을 도와주는 행위는 범위를 넓혀 남을 구원하려는 것으로 옮겨가게 된다. 알코올 중독자가 만약 이런 배우자와 있게 되면 그는 도움을 받음에도 불구하고 알코올중독에서 평생 동안 헤어 나오지 못하게 된다. 이런 부모가 종종 아이들을 돕거나 구원하려 들지만 이는 오직 부모 자신들만 위한 것이다. 아이들은 도움을 받으면서도 제구실을 하지 못하는 실패자의 느낌을 갖게 된다. 이런 남을 구원하겠다고 덤비는 것은 도둑질과 같다. 이런 일은 그들의 성취하는 힘과 그들 자신을 힘 있게 느끼려는 마음을 앗아가 결국에는 자신을 수치스럽게 여기도록 만든다.

남들의 비위를 맞추고 기쁘게 하려고만 하는 것

놀랍게도 남을 기쁘게 하고 친절한 사람이 되는 것 또한 자신의 수치심을 남에게 전가시키려는 방법 중 하나가 될 수 있다. 조지 바흐(George Bach)와 허브 골드리지(Herb Gollberg)박사의 '창조석 공격'이라는 저서에서 이에 관하여 남에게 신경과민일 정도로 기쁨조가 되려는 것으로 이 개념의 가닥을 잡았다. 사실 많은 경우에 이 '친절'하게 구는 행위 안에 자신의 수치심을 사회적인 배경으로 덮으려는 의도가 있다는 것을 아는가? 이 친절한 남자의 개념은 미국 문화의 엄마의 어린 시절 이야기와 할머니의 사과파이 만큼이나 다분히 미국적인 개념이다.

이 "친절한 남자"는 친근하고 친절한 행동으로 겉치레 껍질로 그를 방어하고 있는 것이다. 진실을 밝히면 친절한 행동을 하는 "친절한 남자"의 목표는 자신의 이미지를 위한 것이지 남을 위한 것이 아니다. 그는 친절로써 사람들과 상황을 조작하려 드는 것이다. 그렇게 함으로 그는 진실 된 감정의 교류와 남과 친밀해 지는 것을 막는 셈이다. 그의 겉치레가 친밀감을 막으면서 남이 그의 진실 된 모습을 보지 못하게 한다. 수치심이 내재되어 있고 흠이 있는 불완전한 그의 모습 말이다.

바흐와 골드베리는 이 친절함의 대가를 몇 가지로 축약해 놨다. 그것은 자기 파괴적이고 간접적으로 남에게 수치심을 심어 주는데 이는 그 행위가 가진 교묘한 적개심 때문이다.

1. 친절하게 굴려는 그는 아무도 정직해지지 않으려는 환경을 조성한다. 이 장벽은 그의 정서적 성장을 막는다.
2. 다른 사람에게 정직하지 못한 고로 사람들에게 질식할 것 같은 느낌을 준다. 이에 따르는 결과는 다른 사람들 속에 있는 참 자아가 이런 거짓에 대항한다는 것이다. 하지만 이 친절한 사람에게 화를 낸다는 것이 도무지 옳은 일로 여겨지지 않아 그들은 이 화살을 자신에게 돌리고 이 마음을 수치스러워 한다.
3. 이 친절하게 굴려는 행위 자체가 진실에서 벗어나는 것이기 때문에 앞으로 어떤 관계에서도 걸림돌이 될 수 있다.

질투

아마도 질투에 관해서는 리차드 쉐리던(Richard Sheridan)이 언급한 게 가장 타당할 것이다. 그는 질투를 "인간의 감정 중 내면에서부터 우러나오는 가장 강력한 감정"이라 명했다. 어떤 고전에서는 "질투란 성공한 사람이 주위 사람에게 불러일으키는 감정이다."라고 말했다.

질투에 관한 가장 공통적인 견해는 그들이 남이 뛰어난 것이나 운이 좋은 것을 불편해 한다는 것이다. 이런 불편한 느낌은 남의 업적을 과소평가하는 언행을 함께 하게 한다. 질투를 직접적으로 표현하는 건 화를 불러일으킬 수도 있어서 보다 미묘하게 비꼬는 방식이 잘 쓰이는데 사실 이 점이 질투가 복잡한 미스테리같이 느껴지는 이유다. 그리고 그 놀라운 위장으로 인해 질투는 남에게 거의 눈치 채이지 않는다. 이때 질투하는 사람은 다른 사람뿐 아니라 자신에게도 그 감정을 숨긴다는 것이다.

나는 예전에 나와 경쟁 관계에 있던 사람의 강연을 들은 적이 있다. 그때 나는 그가 자신의 의견을 전할 때 뿜어져 나오는 그의 힘과 정열에 완전히 압도당하고 말았다. 그리고 후에 이에 대해 다른 사람에게 평할 때 나는 그의 힘과 정열은 좋았지만 연설할 때 너무 노트를 자주보고 이야기하더라는 식으로 평가했다.

만약 그때 당신이 내게 질투하느냐고 물어 봤더라면 나는 맹세를 하면서 "아니다"라고 대답했을 것이다. 하지만 사실 나는 질투하고 있었고 모든 긍정적인 이야기 뒤에 살짝 꼬투리를 잡은 것이다. 후에 나는 그에 관해 정직한 내 감정을 사용하여 평하면서 그가 너무 극적이고 자기 단언적이라고 생각했다. 내가 특히 싫어한 것은 그의 단호함이었다. 상대가 자기의견에 단호한 것을 불쾌하게 느끼는 것은 질투심에 상대를 과소평가 하거나 얕잡아 보려고 할 때 흔히 생각하는 방식이다.

이러면서 우리는 우리의 단호한 면을 그에게 투사시켜 그가 너무 자기 단정적이라 여긴다. 나는 많은 사람들이 내 강의가 끝난 후에 내게 다가와 선생님의 강의가 훌륭하기는 한데 그 내용은 어디어디에 이미 있던 것 아닙니까? 라는 식으로 이야기하는 사람들을 접하곤 한다. 이것은 그 사람의 지식에 대한 상당히 독단적인 언행이다. 이런 독단적인 행동을 하면서 그들은 질투뿐만 아니라 질투 나게 만드는 대상까지 걸고넘어지려는 속셈이다. 하지만 그런 행동을 한다는 것 자체가 이미 그가 질투하고 있다는 것을 나에게 보여줄 뿐이다. 이런 자기 독단이외에도 질투는 위장된 존경심이나 탐욕으로도 변장한다.

어느 날 내 맞수에게 적당히 존경심을 드러내고 나서 나는 내가 질투하는 사람을 칭찬했다는 사실에 구역질이 났다. 이에 관해 생각해 보니 내가 느끼는 정반대로 이야기했다는 것을 알게 되었다. 그리고 이런 행동이 바로 질투가 모습을 위장하는 방법 중 하나이다. 레슬리 파버(Leslie Farber)가 이 행위를 아름답게 표현했는데,

> "존경한다는 것은 의식적으로 행해지기에 앞서 침묵할 수도 있는 것이다. 그러나 이 존경을 뒤집어쓴 질투의 한계는 언제나 대중 앞에서 시끄럽게 표현하며 그, 그녀를 존경한다고 광고하는 것이다. 질투가 심할수록 더 열렬히 자신이 그를 존경한다는 것을 드러낸다. 이때 그 사람 안에 있는 그의 수치심이 말없이 그 존재를 남에게 알려 주는 것이다."

아이들 수준에서 가장 잘 나타나는 질투의 형태가 바로 탐욕이다. 내가 다른 사람을 질투할 때면 나는 그녀가 가진 재산이나 지혜, 용기, 카리스마 등을 질투하는 것이다. 질투는 마법과 같이 만약 질투하는 사람이 그 대상이 소유한 것을 가지게 된다면 그는 자기도 괜찮아 질 것이라고 믿게 만든다. 질투의 종류 중 탐욕으로 나타난 현상은 사실 현대문화에서 보여지는 끊임없는 소비를 부추기며 그가 소유한 것으로 그 사람을 규정하려는 문화적 배경에서 더 확대된 면도 적지 않다.

어쨌든 자기 확언, 존경을 남에게 보이려는 행위, 탐욕 이 모두가 질투를 가장하여 그의 중심에 있는 수치스러움을 커버하려는 행동이다. 남이 얼마나 위대한지를 깨닫게 되는 것은 이 사람들에게는 자신이 부족하다는 느낌을 더욱 뼈저리게 느끼게 만드는 일이다.

남은 모르지만 자신을 수치스럽게 여기고 있는 사람의 경우는 지금 이 상황이 고문과도 같다. 다른 사람의 우수한 점은 자신의 내면의 불완전한 느낌을 더욱 악화시킨다. 이 고통을 피하기 위해서 질투가 자기 확신에 차서 남을 비난하거나 얕보며 그들의 가치를 깎아 내리는 일을 해주는 것이다. 어쩌면 그냥 비판하는 것보다 남 앞에서 경의를 표한다든지, 약간 차별적으로 경의를 보이는 것이 사실은 더 큰 수치심에서 유래했을지도 모른다. 파버의 말처럼,

"아마도 질투심에 남의 공로를 치하할 때는 그 사람 안에서 사실은 깎아 내리고 싶지만 그렇게 행동하지 않는 자신의 이중적인 모습을 보면서 오히려 자신이 남과 비교해서 부족한 면을 더욱 실감하고 있는지도 모른다."

질투심에 의해 남에게 존경을 표하거나 남의 확신에 찬 모습보다 더 큰 확신에 찬 목소리로 독단적이라고 평가절하 하는 것은 수치심을 남에게 전가시키는 것이다. 자신의 내면을 살피기보다는 회피하고 남에게 수치심을 전이시켜 버리는 것이다. 그 중에서도 탐욕은 외부에서 보여지는 것이 괜찮다면 나도 괜찮다는 식의 믿음으로 이루어진 것이다.

강박적 · 중독적인 행동들과 재연

강박적/중독적 행동들

내 저서인 '가족'이라는 책에서 나는 강박적 · 중독적인 행동에 관하여 나열했는데 현실적으로는 사람들이 생각하는 것보다 훨씬 더많은 중독들이 있다. 이는 우리가 중독을 술이나 약물남용에 국한시키기 때문이다. 피아 멜로디(Pia Mellody)는 중독을 "현실로부터 떠나거나 피하려고 하는 모든 과정"이라 규정했다. 중독은 우리의 고통을 없애주기에 그것이 삶에서 우선순위가 된다. 중독으로 인해 많은 시간과 에너지가 소비되는 고로 결국에는 삶까지 잡아먹히는 결과를 가져온다.

특히 수치심이 내재된 사람에게는 참을 수 없는 고통이 있다. 육체적 고통은 끔찍하기는 해도 고쳐질 수 있다는 희망이 있지만 울부짖는 내면의 고통은 만성적이며 고질적이어서 당신은 고칠 희망이 없다. 그저 이렇게 사는 게 당신 모습일 수밖에 없는 것이다. 자신 뿐 아니라 남들과도 진정한 교류가 없게 된다. 당신은 철저히 혼자다. 홀로 감금되어 만성적인 내면의 고통에 시달린다. 그리고 당신은 이 고통에서 위안을 받고 싶어 한다. 그렇게 함으로 뭔가 당신 외부에 있는 어떤 것이 당신자신에 대한 끔찍한 기분을 바꾸어 줄 것 같다. 당신은 누군가가 당신의 비인간적일 정도의 극한 외로움에서 구해줘 당신의 기분을 좋게 바꾸어 줄 것을 바란다.

기분을 바꾸는 일은 무수히 많다. 그리고 이 기분을 좋게 바꾸어 주며 감정의 변화를 가져오는 일들은 중독의 소지가 많다. 만약 그 일이 당신 안의 끊임없는 불편함을 제거시켜 준다면 이보다 더 중요한 일은 없다. 몸에 심한 상처가 나서 아플 때처럼 당신은 그것 이외에 것은 생각할 겨를이 없다. 치통을 앓은 적이 있는가? 그것 외에는 그 누구도 그 무엇도 생각할 여유가 없다. 당신은 온통 그쪽에만 신경이 집중된다. 만일 의사가 거기에 대한 처방을 내려 준다면 당신은 직장과 가족을 제쳐놓는 일이 있더라도 그 처방대로 할 것이다.

이와 마찬가지로 뭔가가 우리의 만성적인 내면의 고통을 없애 준다면 당신은 이 일을 그 무엇보다도 더 우선할 것이다. 비록 그것이 삶을 통째로 잡아먹는 병적인 방법이라 할지라도 당신은 기분을 바꾸려고 무슨 짓이든 하려고 한다. 그리고 주위에서 당신을 진정으로 염려해서 누군가가 당신을 이것으로부터 떼어 놓으려 하면 비록 그것이 삶에 막대한 악영향을 줌에도 불구하고 당신은 "나는 그것 없으면 못살아요!" 라는 식의 감정의 소용돌이를 일으키면서 그게 얼마나 필요한지 남에게 확신시키려고 든다. 비록 기만이라는 것을 알면서도 그런 일들을 사용해서라도 우리의 수치스런 고통에서 벗어나려 하고 그리고 아예 중독되어 버린다. 만일 당신이 수치심이 내재된 자라면 다른 사람보다 더 절실하고 당신에게는 이것 외에는 방법이 없는 것이다.

포슨과 메이슨이 이에 대해 중독되어 있는 사람들은 수치심에 잡힌 사람들이라고 평했는데 이는 사실 정말로 맞는 말이다. 중독은 자신이 수치스럽게 여기는 고통을 교묘하게 가려주지만 이렇게 숨겨진 수치가 오히려 더 중독을 부채질한다. 더구나 무엇보다도 중독은 가족전체를 병들게 한다는 것이다. 우리는 이를 맥스의 경우에서 미리 보았다. 이에 관해 다시 포슨과 메이슨(Fossum and Mason)의 말을 인용하면, "중독은 가족을 묶는 역할에 수치심만큼이나 핵심적인 역할을 한다.. 우리가 가족 안에 중독을 부르는 일은 수치심에게 문을 열어 주는 것과 같다"

섭취 중독

기분에 변화를 주는 중독적 물질 중 어떤 물질은 선천적으로 더 잘 중독되기 쉽다. 이것이 그동안 알코올과 음식이 강박적인 중독으로 집중을 받아 온 이유이다.

알코올과 그 밖의 약물들

중독이 더 잘되는 화학물질이 있다. 특히 알코올 같은 종류는 감정을 주관하는 대뇌 변연계에 막대한 영향을 주어 중독 되게 만들 여지가 크다. 또한 알코올 자체의 성격이 억압을 풀리게 해 강박적 사람들에게는 알코올만큼 좋은 게 없다. 알코올은 장기간 사용하게 되면 몸의 화학변화뿐 아니라 영양에도 영향을 준다. 알코올중독에는 두 가지 견해가 있다. 하나는 집안 배경에서 알코올 중독이 있으면 자손에게 유전된다는 설인데 이는 성장 과정에서 부모가 알코올로 스트레스를 푸는 것을 보면서 자라 학습된 경우라고 볼 수도 있다. 그리고 다른 하나는 만성적으로 술을 마셔서 중독이 되었다는 견해이다.

내 경우는 할머니와 아버지 둘 다 유전적인 알코올 중독자였다. 아버지는 처음 술을 시작할 때부터 늘 문제였고 내 추측에는 나 역시 유전적인 알코올 중독 기질이 있어서 처음 마셨을 때부터 나도 계속 문제를 일으켰던 것 같다. 내가 술에 너무나 취해 정신이 나간 첫 번째가 내가 겨우 15살이었을 때였다. 정신이 나갔다는 건 '기억 상실'의 한 형태이다. 고통이 계속 진행되어 어느 수준까지 이르면 그 경험들에 관한 기억이 지워지기를 간절히 원한다. 이 정신이 나갔다는 것이 당신의 음주가 유전적으로 알코올 중독이 될 가능성이 많다는 강력한 경고다. 중독에 관한 일반적인 통계를 살펴보면 우리는 곧 수치심이 중독의 핵심이 된다는 것을 알게 된다. 내가 말하고자 하는 바는 어디에도 순전히 술 자체에만 중독된 사람은 없다는 것이다. 정직하게 말해 지금까지 그런 사람은 한 사람도 보지 못했다. 나는 사람들을 회복시키는 공동체의 실질적인 일을 하는 역할을 무려 22년 동안이나 해왔고 500명의 알코올 중독자들을 상담했으며 L.A에 있는 파머 약물 남용 프로그램에서 4년 동안이나 단체를 이끌어 왔으며 그에 앞서서는 이미 그런 프로그램을 10년 동안이나 한 상태였다. 하지만 그곳에서 과거에 부모에게 버려진 경험이 있거나 수치심이 내재된 삶을 영위하고 있는 사람가운데 중독에 빠지지 않은 사람들은 단 한사람도 못 보았다. 내 추측엔 바로 이 내면 깊이 자신을 수치스럽게 여기는 마음이 항우울제, 진정제, 수면제, 흥분제, 환각제, 니코틴이나 카페인에 빠지고 중독되게 만드는 일에 직접적인 역할을 한다고 생각한다. 나는 포슨과 메이슨이 중독에 대해 중독은 단순한 병이외에 여러 가지를 함축하고 있다는 말을 믿는다.

섭식 장애

섭식 장애나 음식에 탐닉하는 것이 자기 내면에 있는 감정을 다른 곳으로 돌리게 하려는 방식이 복합적인 요소로 작용한 것이다. 음식에 중독되었다는 건 그 사람 안에 수치심의 증후군이 내재되어 있음을 보여주는 명백한 증거이다. 이 분야 치료사들은 이상식욕을 네 가지로 나누었는데 이는 비만과 식욕부진, 이상식욕항진, 살을 빼고 다시 살찌는 것을 반복하는 일이다.

음식 중독 : 비만

조사에 따르면 3천4백만의 인구인 여자의 60%와 남자의 50%가 과체중이다. 포슨과 메이슨은 과체중을 본인체중에서 7kg이 더 나가는 것으로 정의했다. 물론 일반적으로 이에 대해 "합리적인 변명"을 늘어놓는다. 선열병으로 몸의 조절이 안 된다든지 유전 혹은 나이가 먹어서, 아이를 기르느라, 삶의 방식 때문에, 사회생활 하다보니 어쩔 수 없이 먹게 되어서, 내가 전에 잘 핑계했던 "통뼈라서" 뚱뚱해 보인다는 말 등이 있다.

물론 비만에 유전적인 요소를 배제할 수는 없다. 하지만 아무도 어느 정도까지가 유전인지는 모른다. 나는 이 문제를 유전적 요소보다는 감정의 복합적 요인으로 생성되었다고 보고 싶다.

시애틀에 있는 주디 미댈톤 모즈(Jane Middolton Moz)라는 뛰어난 임상의학자는 내게 공항에서 음식에 중독되게 하는 광경을 목격한 경험을 이야기해준 적이 있다. 그녀의 말로는 공항에서 그녀의 옆에 있는 엄마와 아빠가 말로 다투고 있었다고 한다. 그 옆에는 18개월 정도 된 아기가 있었다. 그들은 아이에게 전혀 신경을 쓰지 않는 것처럼 보였다. 아이가 보채거나 무슨 소리라도 낼 때면 엄마는 쥬스병을 꺼내 오렌지 쥬스를 아이에게 억지로 먹여 댔다. 아이 옆자리에 앉은 사람이 아이가 계속 보채고 있음을 알려주자 그녀는 깜짝 놀란 듯이 소리를 지르고는 가방에서 우유를 꺼내 아이 입에 억지로 넣었다.

이들 부부는 둘 다 9kg는 체중이 더해 보였다. 이 아이는 앞으로 지금까지 했던 엄마의 행동을 자신의 모델로 삼을 것이다. 아이는 또 배를 가득 채우는 것으로 감정을 누르려는 것도 배우게 될른지도 모른다. 적어도 비만의 한 부분은 자신이 버릇을 잘못 들여 탐닉에 빠진 결과이고 대부분 그들이 역기능 가족 내에서 살아남기 위해 습득된 가학적 패턴이다. 비만한 사람은 화난 감정이나 슬픔이 수치심에 묶여있는 사람이다. 그들은 공허하고 외롭기 때문에 먹는 것으로 채우려 한다. 가끔 용기를 내어서 분노가 그의 외롭고 슬픈 마음을 고백하게 되면 잔뜩 먹어서 포만 해진 마음이 말하기를 그럴 필요가 있느냐? 배부르니 만족스럽지 않은가? 하고 자신을 기만해 버린다.

대부분의 다이어트가 이 고통 받는 사람들을 가장 골탕 먹이는 수법을 쓴다. 95%의 사람들이 그들이 감량한 체중을 5년 안에 회복한다. 다이어트는 그들이 자신을 수치스럽게 여기고 있는 마음을 가장 역설적인 방법으로 다시 겪게 만든다. 다이어트를 하면서 체중이 감소되면 그는 그가 자신의 문제를 통제할 수 있고 자신이 '고쳐진' 것 같은 느낌을 갖는다. 전에 본 바와 같이 통제는 수치심을 커버하려는 수단이다. 모든 커버하려는 속성에는 외부를 단속해서 안이 보이지 않게 하려는 속셈이 숨어있다. 나에게 최근 한 가지 획기적인 일이 생겼는데 포슨과 메이슨이 통제하고 다시 풀어지는 수치심이 작동되는 과정에 관해 공동 저술한 "수치심에 대면하여"란 책에서 내가 해로운 수치심이라 이름지었던 것을 악마로 이름 지었다는 것이다. 이 표현만큼 정확한 표현은 없을 것이다.

표 3.3이 그들이 적용시킨 이론을 보여주고 있다. 통제했다가 다시 풀어지는 것은 인간의 자연스런 양극단을 반복하는 모습이다. 당신은 잡았다가 놓는 방식을 어려서 춤을 배울 적에 몸의 근육에 균형을 주려 하면서 익혔을 지도 모르겠다. 춤을 배우는 후반에 당신은 좀더 어려운 균형 맞추기를 배우는 단계에 들어가게 되고 나중에는 이제 실전의 춤을 추면서 그냥 춤의 흐름대로 흘러가게 하는 방법을 알게 될 것이다.

처음에 한 걸음씩 배우게 되고 그대로 따라 하기가 어색하고 이상했지만 그래도 의식을 집중하며 그 방식대로 따라 했었다. 그리고 이제는 곧 동작을 의식하거나 어떻게 해보려 하지 않고 저절로 리듬에 몸을 맡기게 된다. 이제 스텝은 자연스럽게 맞춰진다. 의식적으로 통제하는 것과 그냥 흘러가게 풀어주는 것이 자연스럽게 융화되어 두 박자의 춤이나 왈츠를 추게 된다. 자신이 잘못한 일에 대해 정상적으로 수치심을 느끼는 것이 아니라 아예 자신의 존재 자체를 수치스럽게 여기는 행위는 당신의 모든 균형과 경계를 파괴시킨다. 당신은 이제 자신을 수치스럽게 여겨 자신이 아닌 다른 뭔가가 되고 싶어 어떤 사람인 척하게 되었다. 그러면 당신은 최고이거나 최악이다.

이를 설명하면 당신 자신을 수치스럽게 여긴다면 당신은 이를 커버하기 위해 인간 이상으로 되려 하고(과도한 성취) 또 그 수치심 덕에 인간 이하(목표 미달 시)로 떨어지기도 한다. 당신은 초인간도 될 수 있고 한낱 버려지도 될 수 있다. 한마디로 당신은 완전히 자신을 통제(강박적으로)하거나 아니면 전혀 통제가 안 된다.(중독)

도표 3-3 수치심에 묶인 사람의 자기통제 - 이완

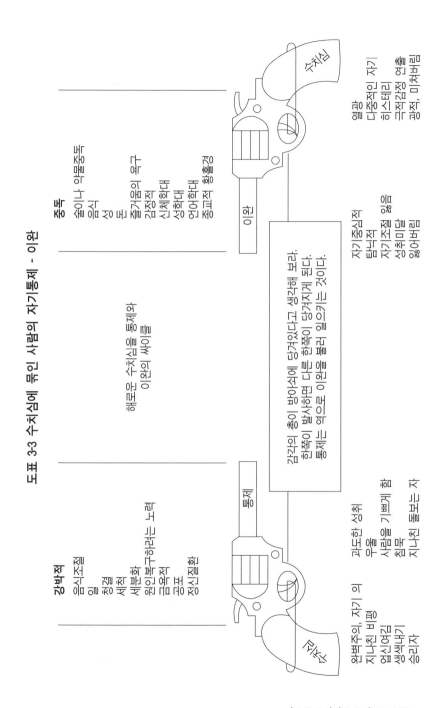

강박적

음식조절
일
청결
세척
세분화
원인복구하려는 노력
금욕적
공포
정신질환

완벽주의, 자기 의
지나친 비평
엄신여김
생색내기
순리자

과도한 성취
우울
사람을 기쁘게 함
침묵
지나친 돌보는 자

통제

해로운 수치심을 통제와
이완의 쌔이클

감각의 총이 방아쇠에 당겨있다고 생각해 보라.
한쪽이 발사하면 다른 한쪽이 당겨지게 된다.
통제는 역으로 이완을 불러 일으키는 것이다.

중독

술이나 약물중독
음식
성
돈
즐거움의 욕구
감정적
신체학대
성학대
언어학대
종교적 학흘경

이완

자기중심적
탐닉적
자기조절 없음
성취미답
놓아버림

열광
다중적인 자기
히스테리
극적감정 연출
광적, 미쳐버림

수치심

이 두 방식은 서로를 끌어당기려는 힘이 있어 일단 어떤 쪽 상태가 되면 그것은 곧 다른 쪽 상태를 부르게 된다. 포슨과 메이슨은 이에 대해,

> "수치심이 통제하려 하거나 풀어주려 할 때면 서로가 양측을 더 강화시켜주는 것을 볼 수 있다. 일단 수치심이 보다 엄격하고 조금도 용서 없이 통제하려 들면 다른 한쪽에서는 균형을 맞추기 위해 더 풀어지고 자기 파괴적인 상태가 되려 한다. 그러면 이를 모두 잡기 위해 더 강한 통제가 들고 일어나는 것이다."

다이어트 역시 통제했다가 다시 내려놓는 일의 방식을 따라 간다. 중독이란 단어의 라틴어를 보면 글자 그대로 '자기 자신을 포기했다' 라는 뜻이 된다. 중독이 되었다는 건 뭔가에 집착하는 상태에 굴복했다는 뜻이다. 이 중독을 해결할 수 있는 방법은 중독 자체를 제어하려 들지 않는 것이다. 이것은 자신이 중독 앞에서 힘이 없고 잡을 수 없는 존재라는 사실을 인식하는 것이다. 그리고 굴복해야 한다. 이 굴복의 의미는 당신이 이 일을 도저히 조절할 수도 어떻게 해볼 수도 없다는 사실을 인정하라는 말이다. 이 사실이 중독을 중독이라 부르는 이유이다.

뚱뚱해지거나 마르게 되는 것을 반복하는 일

음식물 중독이 쉽사리 눈에 띄는 것은 아니다. 비만하거나 마르게 되는 장애를 겪는 사람은 끊임없이 음식에 집착하게 된다. 여기에 정신이 집착하도록 만드는 것은 이렇게 함으로 당신의 기분이 전환되기 때문이다. 정말 이것은 당신의 관심을 다른 곳에 돌리게 하는 데 효과적이다. 당신 생각은 온통 먹는데 아니면 먹지 않는데 쏠려 있어서 당신은 자신에 대한 안 좋은 느낌으로부터 벗어나게 된다.

나 자신도 이 장애를 여러 해 동안 겪었다. 나는 자전거를 타면서 무설탕 다이어트를 했다. 그러다가, 한 몇 달 정도 지나면, 언제나 그랬듯이 도넛이나 당근 케이크를 먹곤 했다(나는 이런 일을 여행하면서 주로 겪곤 했다) 그

리고 일단 이런 것을 먹게 되면 곧 나의 외로움과 야한 마음이 밀려 올라와 밖으로 드러났다. 그러나 단 것을 먹는 것은 내가 그동안 힘들게 노력한 일에 대한 대가로 내가 내 자신에게 보상하는 방식이었다. 그러나 일단 먹으면 나는 나를 통제해왔던 것으로부터 확 풀어지기 시작한다. 내가 이루어 놓은 일에 도취되고 마는 것이다. 나는 해내고야 말았다. "아마 좀 더 먹어도 될 거야. 오늘 하루만 풀어지고 내일 다시 조이면 되겠지." 아! 그러나 내일은 결코 오지 않았다. 단 것을 먹으니 더욱 먹고 싶어 죽겠다. 내 정신세계는 온통 단 것에 관한 것이고 나는 이제 완전히 제멋대로가 되었다. 그리고 이렇게 내가 완전히 풀어 제치는 것은 내가 살이 있는 데로 쪄서 남자인 내가 가슴을 가지게 될 때까지(하도 먹어서) 계속된다. 그리고 나서 다시 다이어트를 하게 되고 힘든 운동을 하고 단것이란 일절 안 먹는 것이다. 이런 행위를 하는 강박적 중독에게 균형이란 없다. 전부 아니면 아무 것도 아니어야 되는 것이다.

거식증(Anorexia Nervosa)

수를 헤아릴 수 없을 정도의 많은 여성들이 굶거나 아예 먹지 않는다. 이 숫자는 매년 꾸준히 증가하고 있다. 거식증은 식욕장애 중 아마도 가장 역설적이며 삶을 위협하는 것 중 하나이다. 이는 부유한 가정의 딸 중에 13살에서 25살 사이에 가장 많다. 이제 이 장애는 부유한 학교에서 유행병처럼 번지고 있다. 거식증은 완벽주의가 지배하는 부유한 층에서 주로 나타난다. 부유한 가정의 사람들은 주로 자신이 어떻게 보여지는가에 상당한 신경을 쓴다. 존경받는 상위 계층일수록 그들만의 특별한 모습과 이미지를 지킨다. 그 가정은 이런 증상이 지배적인데 완벽주의, 감정 드러내지 않기, 통제, 엄격하며 폭군인 아버지, 자신의 슬픔과 분노의 감정과는 완전히 단절된 집착적인 어머니, 겉으로만 좋게 꾸미려는 사기 결혼, 가족을 통제 못할 것에 대한 두려움, 부모와 자식의 세대차이로 인한 엇갈린 관계 등 이런 요소가 다양하게 복합되어 나타난다.

거식증에 걸린 사람은 그녀의 굶주림과 체중감소로 집안을 조정할 수 있다. 그녀는 가족들이 잘못되어 있음을 은유적으로 보여준다. 그녀가 너무나도 엄격히 통제 받고 조종당하며 감정과 연결이 되지 못한 채 성취하는 것에 집착하며 자신을 벽에 가둔 채 스스로를 가장하고 있는 것이다. 이제 그녀는 가족의 참는 일을 담당하는 사람 내지는 희생양이 되어 엄마 아빠에게 그녀가 삶을 위협할 정도의 다이어트에 집착하는 모습을 보여주어 이에 두려움을 느낀 부모가 그녀에게 잘 해주도록 만든다. 이런 종류의 중독은 먹고 굶는 패턴이나 단 것을 갈망하는 단계에서 시작된다. 때때로 우울증이 동반되기도 한다. 굶는 것에 이어 병적으로 변비치료제를 사용하는 것이나 억지로 토하는 수준까지 이른다. 이 과정이 진행되는 동안 감정과 의식의 변화가 이루어진다. 수치심이 내재하여 생긴 거식증은 인간이기를 거부하는 면을 극적으로 보여주는 것이다. 그렇게 함으로 그들은 자신의 몸을 부인하고 거절하는 것이다. 그들의 자신의 몸을 거부하는 행동은 나아가 삶의 정서와 기준을 부정하는 것까지 확대된다. 거식증은 여성이 되는 몸의 발달과 성장을 글자 그대로 거부하는 것이다. 바로 이것이 음식에 대한 거부로 나타난 것이다.

거식증에 걸린 사람에게는 음식은 감정과 같이 여겨진다. 그들의 감정이 수치심에 묶인 고로 먹는 것을 피하는 것이 그들의 수치스런 마음을 피하는 방법인 것이다. 또 엄마와 딸의 경계를 넘어서 혼합된 관계인 탓도 있다. 딸은 종종 엄마의 아빠에 대한 슬픔과 억압된 분노를 나타내어 주기가 쉽다. 이 느낌은 너무나 압도적이라 딸의 감정은 위축되기 마련이다. 그러므로 굶주리면서까지 음식 먹기를 거부하는 것은 이 압도적인 감정으로부터 자신을 보호하기 위해서이다. 거식증은 너무나 복합적이어서 임상심리 상담으로 차도가 보여지리라고는 믿지 않는다. 나는 당신이 이런 중독적 행동들이 가족 안에 수치심에 대한 마음을 전환하고자 하여 생긴 일들이라는 것을 알아 볼 수 있기를 원한다. 음식 없이도 살 수 있다고 믿는 것은 인간이기를 거절하는 것이며 인간 이상으로 되려는 시도인 것이다.

폭식증(Bulimia)

거식증에 걸린 사람은 또한 폭식증이 되어 마구 먹다가 다시 먹지 않는 상태로 자신 안의 문제를 해결하려 든다. 폭식증은 거식증에 걸리는 과정을 거치지 않아도 걸릴 수 있다. 또한 이것은 여자에게만 국한된 것이 아니라 운동에 중독된 남자들에게도 잘 일어난다. 젊게 보이는 몸을 갖기 위해 남자들은 잔뜩 먹고는 토해 내기를 시작한다. 카우프만은 폭식증과 거식증, 신경성 식욕부진을 교대로 되풀이하는 정신장애들을 거식증 만큼이나 수치심에서 비롯된 증상이라 보았다. 톰킨스(Tomkins)는 음식물을 수치심에 묶인 사람이 자신의 갈망을 대신하는 매개체로 보았다.

> " 그가 내면에 공허감을 느꼈을 때 누군가에게 굶주렸지만 그는 절망적으로 닫혀져 있다. 그는 남에게 원해지고 존경을 받기를 원하지만 자신을 수치스럽게 여겨서 이런 감정 표현하는 것을 부끄러워하기에 대신 남을 의식하지 않는 대용물로 먹을 것을 찾는다. "

음식이 갈망을 채워줄 수는 없기에 이런 식으로 갈망을 채우려는 자신이 수치스럽게 여겨지고 또 이 수치스런 느낌을 마비시키려고 음식을 무진장 먹어댄다. 음식에 대한 수치심이 비밀스럽게 숨겨져 마구 먹어대는 것은 대체 효과로 자신에 대한 수치심을 음식에 대한 것으로 바꾼 것이다. 같은 일이 비만에서도 일어난다. 폭식증을 가져오는 수치심의 시스템은 마구 먹어대는 자신을 보고 이런 자신을 혐오하고 곧 이를 정화시키는 수단을 찾게 된다. 그리고 이 수단은 먹은 것을 토해 내는 것이다.

이 먹는 행위를 역겨워 하는 감정은 곧 음식을 혐오하는 감정으로 유도되어 "나는 먹으면 위가 아파", "나는 소화 못시켜", "삼킬 수가 없어" 라는 등의 말을 하게 된다. 토하는 것은 체중을 감소시키지만 곧 몸의 생리상 무의식적으로 폭식 하게 만들어 또다시 이 수치심을 주는 음식물을 제거하기 위해 토하게 된다. 이러면서 그는 수치심에 팍 잠기게 되는 것이다. 톰킨스는 이 토하는 것을 '확대 효과' 라고 묘사했는데 이 확대 효과는 최고점에 이르게 되면 곧 무너지게 되어있다. 토하는 것은 자신을 역겨워하는 마음과 경멸하는 마음을 극대화시킨다. 이 상황은 그가 토하면서 본인을 정화시키고 깨끗하게 만든다고 여기는 동시에 그의 수치심 또한 극에 달하게 된다.

카우프만은 이에 대해 자기가 자신을 치욕스럽게 여기는 가운데 견디어 나가는 것은 그 사람을 종국에는 완전히 소진시켜 버린다고 말했다. 수치심이 내재된 사람들이 이런 확대된 감정을 표현하면서 자신의 수치심을 표현하는 것처럼 보인다. 그러나 셀 마크가 지적했듯이 감정을 격정적으로 표출하는 것은 사실은 그 내면에 존재하는 자신의 마음을 대면하지 않고 그냥 넘겨 버리려는 시도이다.

이것은 홉킨스가 언급한 확대효과와 정확히 일치한다. 확대된 감정을 통한 자학적인 방법으로 문제를 감소시키려는 것이다. 이 확대효과는 정반대의 방법으로도 나타날 수 있는데 감정을 최고조로 폭발시키거나 아니면 아예 마비될 정도로 무감각해 지는 것이다.

감정에 중독됨

음식이나 화학적 물질 말고도 기분전환 시키는 것은 많이 있다. 나는 이미 감정을 테니스 라켓에 비유하여 설명한 적이 있는데 자신이 용납하지 못하는 감정을 가족이 용납하는 지배적인 감정으로 되돌려 치는 것이다. 모든 감정이 중독될 수 있지만 그중 가장 중독이 되기 쉬운 것은 우리가 격노라고 부르는 강력한 분노의 감정이다.

격노는 우리가 수치심으로도 통제하지 못하는 유일한 감정이다. 하지만 이 격노도 사실은 우리의 분노가 수치스럽게 여겨져서 생긴 결과이다. 분노는 성욕과 마찬가지로 감정의 에너지 구실을 한다. 분노는 자신을 보호하는 마음이다. 분노는 자신을 보호하는 에너지이고 힘이다. 그러나 우리가 화내는 것을 수치스럽게 여겨 표현하는 것을 보류하면 이는 마치 굶주린 개가 지하실에 갇혀 나올 기회만 노리고 있는 상황이 된다. 하지만 일단 자신을 수치스럽게 여기기 때문에 분노하는 것도 수치스럽다. 그렇게 참고 참다가 격노의 지경까지 이르면 이제는 뛰쳐나와 먹으러 드는 개처럼 화를 터뜨리는 것이다. 이런 격노는 주위에 있는 사람을 위협한다.

격노 중독

우리가 화를 낼 때면 자신은 더 이상 균열 없이 일치가 된 느낌이 들고 스스로가 힘 있게 느껴진다. 화를 낼 때 우리는 자신이 더 이상 부적격자 같고 결점 많은 사람으로 느껴지지 않는다. 우리가 화를 내며 자신에 대한 마음을 바꿀 수 있게 되는 한 화는 기분을 바꾸는 방법이 되어 이에 중독 될 수 있다. 즉 격노 중독자가 되는 것이다.

결혼생활 초기에 나는 격노 중독자였다. 수치심이 내재된 사람이었던 나는 내 경계선을 지키지 못했다. 내 자신에 대해 좋은 느낌을 가지는 방법은 좋은 아빠가 되는 것으로 아이들이 내 경계를 무시해도 내버려두었다. 나는 아이들에게 자신을 희생하여 다 내주었고 내 필요를 부정하는 것이 좋은 아빠라고 여겼다. 그러다가 막판에 무슨 일이 생기면 나는 격노하여 아이들과 아내에게 고함을 질렀다. 내가 이것을 쓰면서 전율하는 것은 그때 내가 소리 지르면서 아이들에게 어떠한 악영향을 끼치는가에 대해서는 전혀 생각지 않았다는 점이다. 나는 정말 나의 행동이 학대이며 역기능 가족을 만든다는 것을 전혀 알지 못했다. 그때 내 마음에 있었던 것은 오직 한 가지 나를 보호한다는 것이었다. 그러나 격노하는 버릇은 아이들과 아내가 내게 대항하면서 끝이 났다.

가해자가 폭력적일 경우에는 이것이 위험할 수 있는 경우도 있지만 그들의 대항이 나를 멈추게 했다. 나는 이 분노에 대해 지금까지 10년 동안 다루어 왔다. 나는 당신도 바뀔 수 있으리라 확신한다. 나는 분노에 의해 파괴되는 가정을 보아왔다. 내가 상담했던 가정은 엄마가 격노중독자였는데 그녀는 격노하는 것으로 가정을 통제하고 조정했다. 그녀의 남편은 희생자 역할을 하면서 딸과 깊이 관련되어 있었고 딸은 아빠와의 정신적인 근친상간 관계 때문에 정상적인 성적관계를 가질 수 없었는데 그 때 딸의 나이가 29세였다. 이 가정의 구조는 알코올중독자 가정과 구조가 비슷했으며 역기능 가족 시스템의 증상을 보여주고 있었다.

슬픔과 두려움, 흥분, 종교적 의로움, 그리고 기쁨의 중독

모든 감정이 다 중독될 수 있다. 우리는 우울증, 불안, 두려움에 중독된 사람을 생각할 수 있다. 그 외에도 나는 최근에 기쁨중독이라는 새로운 것을 만났는데 이 사람들의 특징은 입가에 차가운 미소를 띠고 절대 화를 내지 않는다. 웃을 때가 아닌 때도 웃어 대고 항상 즐겁고 행복한 일에 대해서만 이야기한다.

종교중독에서 특징적인 것은 자신을 의롭다고 느끼게 만들어 기분이 한결 나아지게 하는 것이 이 중독을 일으키게 하는 핵심적 요소라는 것이다. 종교중독은 우리 사회에 크나큰 문제이다. 아마도 모든 중독 가운데서 가장 해로운 것은 남이 뭐라고 하던 간에 자기가 잘못 되었다는 것을 부정하고 기만 속에 안주하기 때문이다. 그들은 하나님을 사랑하고 인류에 봉사하고 선한 일에 자신의 삶을 투자하는 게 대체 뭐가 잘못이냐고 말한다. 내가 전에 언급했듯이 나는 한 사역자의 딸을 상담한 적이 있다.

그녀는 중심에 사무치도록 그녀 자신을 수치스러워 했다. 그리고는 자신을 바빌론의 창녀와 같은 음란한 여자라고 여기고 있었다. 그녀는 자신을 스스로 아주 의로운 사람이라 여기는 종교지도자 아버지에게 사실상 제대로 돌봄을 받지 못하고 버려진 거나 다름없이 자랐다. 이 아버지는 영혼을 구제하고 남에게 좋은 사람으로 보여지게 하느라고 너무나 바빠서 딸을 전혀 돌봐줄 틈이 없었다.

나는 몇 년 전 회의에서 그와 그의 뚱뚱한 아내를 본적이 있는데 이 남자는 여전히 거드름을 피우고 있었고 수동적으로 남을 공격하고 있었다. 이런 종류의 남자는 상당히 위험한 사람이다. 그들은 자신의 수치심을 교묘하게 의롭게 포장해 보이고는 자신이 수치스럽게 여기는 부분을 그의 자녀와 교인들에게 전가시켜 버린다.

또 다른 경우 당신이 만약 화내는 것을 두려워해서 화를 내려다가 화를 내려는 생각을 품은 것을 슬프게 생각되면 나중에는 이 슬픔이 화를 대신하게 된다. 무슨 뜻인가 하면 화를 내야할 자리에 도리어 슬픔을 느끼게 된다는 말이다. 그리고 당신이 만약 역기능가족에서 자라서 세상을 도저히 예측할 수 없는 곳으로 여긴다면 당신은 앞으로도 예측할 수 없는 모험과 일을 단행하면서(세상은 원래 예측할 수 없는 곳이라 여겨서)순간적인 흥분과 만족을 느끼며 살아가게 될 가능성이 있다.

수치심에 중독됨

수치심이 내재된 사람들은 그들의 수치심에 중독되어 있는 것과 같다. 자신을 수치스럽게 여기는 마음은 모든 사고와 행동에 근원이 되는 우물과도 같다. 그들은 모든 게 수치스럽게 여겨져 모든 것을 다 가리려 한다. 당신은 쓰고 있는 가면과 자신의 노출을 막기 위한 행동을 도저히 그만둘 수가 없다. 이 치명적인 독인 수치심은 지하실에 감금된 개보다 훨씬 더 심각하다. 마치 삼킬 기회만 엿보는 상어떼와 같다. 언제 튀어나올지 모르기 때문에 항상 경계를 풀 수 없는 것이다.

죄책감에 중독됨

당신은 죄책감에도 중독될 수 있다. 죄책감은 스스로 자신은 올바른 사람이 아니고 유일무이한 존재가 될 수 없다고 한다. 죄책감에 머물러 있으면서 자신을 끊임없이 탐구해 나가는 것이다.

이들에게 삶이란 그 자체로 신비스런 것보다는 하나의 풀어 나가야할 숙제와 같은 것이다. 이 해로운 죄책감은 당신과 주위에 일어난 모든 일들과 상황에 대해 끊임없이 분석하게 만든다. 당신은 당신이 필요한 것 이상으로 할 일이 너무 많아서 쉴 틈도 없다. 이 해로운 죄책감은 머리를 많이 쓰게 한다. 죄책감은 자신의 가치에 대한 확신이 없을 때 이를 만회하려는 방법이 되기도 한다. "내가 우리 엄마를 화나게 했어", "나는 엄마가 아픈 것에 책임이 있어"(나는 이들을 아프게 할 만큼 영향 있는 사람이야) 등이 이들이 잘하는 이야기다.

생각에 중독됨

잠정적으로 복잡한 생각과 정신적 활동도 감정변이를 위한 수단으로 쓰여져서 중독의 여지가 있다. 생각은 중독적 행위의 일부다. 추상적인 일에 사로잡혀 계속 생각에 생각의 꼬리를 물면서 중독이 반복되는 것이다. 그리고 이미 그 자체로도 중독이다. 나는 전에 자기방어의 한 가지로 고립효과에 대해 언급한 바 있는데 뭔가에 집중을 하면서 고통스런 감정으로부터 탈출할 수 있다. 머릿속에 뭔가를 심사숙고하면서 반복에 반복을 거듭하는 것 또한 그렇다. 난해한 추상적 사고에 중독된 것이다. 예를 들면 내 학위 중 하나가 철학이다. 나는 위대한 철학을 연구하는데 수년을 소비했다. 그 자체가 나쁘다는 것이 아니라 나에게 철학을 읽고 가르치는 것이 사실 내게는 내 마음에서 벗어나게 하는 도구였던 것이다. 내가 토마스 아퀴나스의 종합 논리전집이라든지 엠마뉴엘 칸트(Emmanuel Kant)의 순수 이성 비평이라든지 위겐스테인(Wittgenstein)의 논리적 실증주의를 읽고 있을 때면 내가 지적으로 느껴지고 그 논리를 분석하느라 바빠서 나는 나를 수치스럽게 여기는 느낌으로부터 완전히 벗어날 수 있었다.

지적화가 되는 것은 종종 내면에 자신을 묶고 있는 수치심을 부인하는 방법이 된다. 이런 지적 놀음도 중독이 된다. 복잡한 사고를 귀납화하고 일반화의 범주에 넣는 일은 너무나 광대하고 난해해서 이 땅을 밟고 있는 자신의 실질적인 면은 접촉할 여유가 없다. 자신에 대한 수치스러운 느낌을 난해하게 일반화하면서 스스로를 지적인 느낌으로 전환시켜 자신을 기만하고 있는 것이다.

일일이 열거하기

일일이 열거한다는 것도 자신에 대한 기분을 전환시키는 또 다른 생각의 과정 중 하나이다. 많은 중독적·강박적 타입들이 이런 정신적 활동을 사용한다. 예를 들면 나의 내담자에게서 나온 기록인데 그녀는 사람들이 자기를 지루하게 여긴다는 문제를 가지고 내게 상담하기 위해 찾아왔다. 나는 그 문제에 대해 이야기해 보라고 했고 다음은 그녀가 말한 것을 정리한 것이다.

"글쎄요, 내가 여기에 오려고 생각했을 때는 나는 내 파란 실크 드레스를 입을 생각을 했어요. 그러나 나는 그 옷을 세탁소에 보냈었죠. 나는 그 세탁소 맘에 안 들어요. 뭐 대개는 잘하더군요. 하지만 그 세탁소에서 아기인 내 아들의 좋은 재킷을 둘이나 버려 놨지 뭐예요. 물론 아기에게는 옷을 간수한다는 게 어려운 일이기는 하지만 걔네 들은 편안한 것을 좋아하고 둘 다 얼렁뚱땅 넘어가기를 좋아해요 뭐 전 그 애들이 부엌에서 소란만 안 피운다면 좋죠. 내겐 도깨비 같은 면이 있어요. 바로 항상 부엌을 청결하게 해 놓는 것인데 왜냐하면 내가 거기서 시간을 많이 보내니까, 오늘 아침에는 내 남편이 옥수수 윗부분의 노란 부분을 그대로 남겼지 뭐예요. 그는 돌로 갈은 석쇠 옥수수 요리를 좋아하지만 우리 아기가 서부식 옥수수 요리를 좋아해서 … 알지요 왜 당신도 자주 먹는 …"

당신은 이 사람의 이야기를 따라 잡고 있는지 모르겠지만 한 15분쯤 지나자 나는 꾸벅꾸벅 졸기 시작했다. 그것은 정말 지루했다!!! 나는 그녀의 말을 잠시 멈추고 나서 그녀의 일일이 열거하는 버릇에 대해 부드럽게 이야기해 주었다. 그녀는 일일이 열거하는데 중독되었다.

그녀와 상담을 통해 보니 그녀의 아버지는 완전히 미친 사람이었다는 것을 알게 되었다. 그는 딸에게 총부리를 들이대며 그녀가 32살이 될 때까지 집 밖에 나가는 것조차 못하게 위협했다. 그런 그는 그 지역 텍사스 작은 마을의 보안관으로 자기가 하고 싶은 것은 다 가져가 버리는 사람이었다. 그는 몹시 심한 폭력을 사용했고 언어로도 사람을 학대했다. 그가 딸에게 한 말 중 전형적인 것이 '여자는 입은 닥치고 다리를 벌려야 한다' 이었다. 이를 통해 알 수 있는 것은 내 환자는 신체적으로나 정서적으로 뿐만 아니라 성적으로도 학대를 받았다는 것이다. 아빠에게 벗어난 후에 그녀는 말을 결코 멈추지 않는 버릇이 생겼다. 그녀의 이런 수다스러움과 일일이 열거하는 버릇은 그녀의 견딜 수없이 치욕스런 과거와 그간의 외로움을 피하기 위한 방법이었다.

정신적 망상에 사로잡힌 것은 상호의존적인 관계에서 흔하다. 알코올 중독자인 배우자나 연인, 아이들 옆에 붙어 있어 그들에 대해 염려하고 생각하기 바빠서 자신의 느낌을 돌아볼 여유가 없게 만드는 것이다. 이런 관계에 집착하는 것은 어마어마하게 중독성이 크다. 사람들은 비참한 관계에서 탈출하고는 또 이런 관계를 찾아다니고 매달려 그들의 인생을 좀 먹고 파괴시킨다. 또한 사랑의 감정에 빠져 기분을 전환시키는 것도 중독의 여지가 있다.

활동에 중독됨

그 외에 다른 기분전환의 방법들로는 활동이나 행동을 통한 것이 있다. 나는 이미 어떤 의식적인 활동을 통하여 기분을 전환시키는 것에 대해서는 이미 언급하였다. 어떤 특정한 강박적·중독적인 행동들로 무언가를 함으로 그가 수치스러워 하는 욕망이나 느낌, 충동의 두려움으로부터 떠나는 것이다. 이에 관해 우리가 흔히 접하는 것은 일, 쇼핑, 저축, 성행위, 독서, 도박, 운동, 스포츠 중계 관람, T.V 시청, 애완동물 돌보기 등이다. 이런 행동들이 삶 전체를 잡아먹고 위험에 빠뜨리게 하지 않는 한 중독이라 부를 수는 없다. 그러나 이런 모든 행위가 시간을 허비하고 더 나아가서는 삶을 위협할 수 있는 중독의 여지가 있는 것이다. 그들은 이런 일들에 완전히 몰두하면서 자신에 관한 것은 돌보지 않는다. 일중독은 심각하다. 나는 회사 간부 10명을 실험한 결과에 대해 알고 있다. 이들은 나흘 간 기분 전환 시킬 수 있는 독서, 술, 담배, T.V, 일에 관한 이야기, 전화사용, 운동 등을 일체 하지 말 것을 요구받았다. 사흘 째 되던 날 오후 역동적이고 어마어마하게 성취적이었던 이들 모두 극심한 우울증에 빠지고 말았다. 이유는 그들이 돌보지 않았던 자신 안에 있는 공허감과 외로움을 만났기 때문이다. 많은 경우 이런 사람들의 자녀는 심각한 문제아로 마약을 복용하거나 심지어는 범법자들도 있다. 이 아이들은 그들의 외로움과 고통을 대신해 보여주고 있는 것이다. 이와 같은 일이 다른 활동들에게도 나타난다. 그리고 그런 일 모두가 내면에 새둥지 안의 알처럼 수치심과 존재적인 고독과 고통을 커버하기 위한 것이다. 이 해로운 수치심은 정말 악당이며 블랙홀과 같이 그들의 삶을 흡수하며 더욱 더 많은 성취를 하게 만든다.

의지 중독

정서가 수치심에 묶이게 되면 인간의 의지는 이성적으로 결정을 내리지 못한다. 지각을 이용한 이성적인 분별력이 판단을 하여 의지를 결정하는데 중요한 요소이기 때문이다. 지각과 판단 그리고 이성은 의지로 하여금 가능성 있는 결정과 대처를 하게 해준다. 그러나 정서적인 부분이 수치스럽게 여겨지면 그들의 정서는 딱딱하게 얼어붙어 그들의 지성은 한쪽으로 치우치거나 공정치 못하게 된다. 의지는 여러 가지 선택할 수 있는 힘을 잃어버리고 눈을 잃은 이상 의지는 아무 것도 보지 못하게 된다. 그래서 그는 더 이상 선택을 내릴 수 있는 자료가 없게 된다. 이 자료 없는 의지는 의지를 구성하는 현명한 선택을 내릴 수 있게 해주는 내용물이 없어진 상태다. 그 상태에서 의지는 의지 자체일 뿐이다. 이쯤 되면 이미 의지는 병적인 수준이 되었다. 이제 이런 의지가 발동되었을 때 충동적으로 행동하면서 그는 더 이상 자신이 분열되거나 약하다고 생각 안한다. 적어도 이 순간만큼은 자신의 욕구가 제대로 충족되는 것 같고 힘 있고 강하다고 느낀다. 래슬리 파버가 이에 대해 지적했듯이 이런 의지는 의지 그 자체일 뿐이다. 이런 의지를 유지하려는 것은 삶을 위험에 빠뜨린다. 자신을 의지적으로 되려는 생각으로 가득찬 상태가 의지로 가득 찬 상태다. 이런 의지는 자기중심적이 되게 하고 광기에 빠지게 하며 극단적이 되게 하여 더 이상 의지를 의지로 조종할 수 없는 상태에 이르게 한다. 이런 의지는 현실적으로 불가능한 경계선이 없다. 이런 의지야말로 모든 중독의 핵심적인 역할을 한다. 사실 중독 자체가 궁극적으로는 중독의 의지에 중독된 것이다. 마찬가지이다. 이런 것을 가르쳐 "나는 내가 하고 싶을 때 해야만 해" 라고 말하는 것과 같다 즉 "자기의지 탐닉"에 빠진 것이다. 의지 중독은 그 사람 안에 있는 해로운 수치심이 그의 영혼을 파괴시키는 방법이다. 이런 이유로 수치심을 치유하는 데 영혼의 치료를 다루는 것이다. 혹시 모든 사람이 중독자가 아닌지에 대해 궁금할 것이다. 스탠톤 필레도는 "중독은 인간의 공통된 일"이라고 이야기하지 않았던가! 하지만 모두가 다 강박적이거나 중독은 아니다. 만일 모든 사람이 중독이라면 중독이란 말도 없겠지만 내가 대답하고자 하는 것은 자신을 수치스럽게 여기는 마음이 모든 중독과 강박적 행동들의 연료와 같다는 것을 이해해야 된다는 것이다. 모든 사람이 다 대체물을 사용하고 중독되지 않은 것은 모두가 수치심에 사로 잡힌 것은 아니기 때문이다. 그러나 놀라운 사실은 우리의 문화와 사회와 학교, 종교, 가족을 바라볼 때 상당수가 수치심에 묶여 있다는 것이다. 누가 여기에 대해 정확한 수를 파악할 수 있을까? 어쩌면 그런 세부 사항을 일일이 따지지 않는 것은 수치심을 피하기 위해서인지 모르지만 내 저서 "가족"에서 인용된 글 중 사티어와 엑스체이더의 통계에 따르면 무려 96%가 역기능가족이라고 말했다.

그런 수치가 정확한 것은 아니지만 통계 수치의 의도는 사람들에게 경각심을 주기 위한 것이다. 아마도 내가 전에 언급한 통계가 맞을 것이다. 수치심으로 인한 파괴적인 현상은 소아마비나 천연두 같은 유행병처럼 급속한 현상이다. 월트 디즈니 만화에서 아주 위급한 일이 생기면 미키마우스가 흔들어 대던 검은 깃발의 신호는 이런 경우에 해당되는 것일 것이다.

재연

자신의 수치심을 커버하기 위한 행동 중 하나가 역설적이지만 이를 재연하거나 표출시키는 것이다. 예를 들면 이 재연은 종전의 파괴적인 관계를 계속하거나 아니면 자신을 학대하여 끔찍한 상처를 주었던 수치스런 관계를 되풀이하거나 범죄 행위 번복, 그리고 과거에 자신이 당한 그대로 아이에게 반복한다든지 아니면 갑자기 공포가 엄습해 오는 증상에서 보여진다. 이것을 좀 더 이해하기 위해서 인간의 감정이란 것이 무엇인지 알아보는 게 중요하다. 인간의 감정이란 정서적 에너지로 인간을 움직이게 하는 기본적인 힘이다. 우리의 감정은 자동차의 계기판과 같이 우리의 필요와 상실, 만족 등을 알려 준다. 우리의 분노는 우리의 힘이고 두려움은 우리의 통찰이며 슬픔은 우리를 치료하기 위한 것이고 죄책감은 우리가 전에 한 것을 의식하려는 행위다.

수치심은 우리의 근본적인 한계와 우리의 영혼을 돌아보게 하는 역할을 한다. 그러나 우리의 감정이 수치심을 입게 되면 감정은 억압되고 만다. 억압은 근육을 긴장시키거나 숨을 고르게 쉬지 못하는 것도 포함한다. 감정의 에너지를 차단시켜 놓으면 우리는 우리의 감정을 느끼는 것을 수치스럽게 여긴다. 이렇게 되고 나면 슬픔은 종종 거짓된 웃음으로 나타난다. 나는 예전에 슬프면 웃곤 했다. 일단 에너지가 차단되면 우리는 그것을 느낄 여력이 없다. 이것은 여전히 에너지의 상태로 속에 남아 있게 되는데 이 위력은 가공할만 하다. 나는 이미 억압된 분노는 더 강화된다는 것을 이야기했다. 이 억압된 분노는 더 이상 억압될 수 없을 때 폭발하고 만다. 이 억압된 분노는 재연을 통해 표출되는 것이다. 이런 행위는 자신의 수치심을 건드리는 대용물에게 재연된다.

희생당한 일 재연하기

근친상간의 피해자들은 종전의 그런 관계에서 또 비슷한 관계로 넘어감으로써 종전의 학대를 재연한다. 이들은 성적학대를 받으면서 학대받고 버려진 셈인데 그들은 자신의 성적인 부분만이 남들에게 가치가 있다고 여기게 되어 성적으로 매력적이지 않으면 자신은 아무 것도 아니게 된다는 삐뚤어진 사고를 갖게 된다.

린다는 30세의 여성으로 이미 자신의 일을 확고하게 다지고 자신만의 광고 회사도 가지고 있는 사람이었다. 그러나 그녀의 남편은 그녀가 직장을 그만두고 아이를 갖기를 바란다며 언어로 그녀를 학대하며 그녀의 일을 위협하려 들었다. 그녀는 남편이 자신에게 오랄 섹스를 일주일에 4회나 요구하는 것을 몹시 싫어했다. 그녀는 곧 남편을 떠나 외도를 했다. 내가 그녀의 남편과 이야기하면서 느꼈던 점은 그는 전형적인 가학형의 사람이었다. 그는 린다가 어떤 생각을 갖는지는 상관없으며 오로지 일주일에 오랄 섹스를 4회 해주고 아기를 낳아 주어야 한다고 했다. 그는 린다를 물건처럼 취급했다. 린다가 바람을 피우는 상대는 문란한 생활을 하던 바람둥이였다. 상담 치료를 받는 동안 그녀는 임신을 했고 직장을 그만 두고 여러 번 더 바람을 피웠다. 그녀는 마침내 남편과 이혼하고 계속해서 애정행각을 했다. 매번 그녀의 상대는 난봉꾼에 사람을 능란하게 조정하는 부자이었다. 그녀는 선물을 홍수처럼 받고 관계를 맺고는 버림받았다. 그녀가 지금까지 해오던 행위는 그녀가 어릴 적 아빠에게 당한 일을 재연하는 것이었다. 5살 반에서 10살이 되던 해까지 그녀는 아빠에게 오랄섹스를 강요당했다. 그녀는 아빠의 총애하는 딸로써 선물을 듬뿍 받곤 했으며 아빠는 그녀에게 사랑을 베풀던 유일한 존재였다.

린다는 매우 유혹적으로 옷을 입어서 항상 남자가 즉시 성적인 대상으로 자신을 바라보게 만들었다. 그녀의 이런 유혹은 그녀의 수치심을 표출하고 있는 것이다. 그녀가 힘이 없을 때 갈취 당했던 성적인 면을 이제 그녀는 사람을 조정하는 수단으로 삼은 것이다. 이런 방식으로 린다는 그녀의 해결되지 못한 설움을 표현하고 있는 것이다. 매번 버림받을 때마다 그녀는 과거를 돌이킬 수 없다는 것을 느끼며 버려질까봐 두려워하고는 울며 화를 내며 그 남자에게 격노했다. 그녀는 그동안 이런 느낌과 직접 대면할 기회를 가지며 치유할 기회가 없었다. 그녀가 그간 해왔던 이런 모든 행동들은 그녀가 전에 대면하지 못했던 느낌을 대면하고 표출하려는 삐뚤어진 방법이었다. 그녀는 종종 자신이 미칠 것 같이 느껴졌는데 이런 식으로라도 표출시키면 자신이 좀 덜 미친 것처럼 여겨지는 것이다. 이 반복된 충동과 재연에 대해 엘리스 밀러는 '불합리의 논리'라고 표현했다. 그리고 이런 방식보다 정도는 약하지만 대부분의 사람들의 삶에서 비슷한 행동들이 나타난다. 나는 감정이 불안한 엄마에게 자란 남자를 아는데 이 남자는 모두 이런 여자와 네 번이나 결혼했다. 너무 사랑하는 여자라는 로빈놀우드의 베스트셀러에서는 그런 행동들이 수십 가지의 다양한 방식으로 나타난다.

범죄 행위에서의 재연

엘리스 밀러의 범죄에 관한 저서에서 그녀는 줄전발취의 경우를 들었는데 그는 아이를 살해했던 자였다. 그는 62년과 66년 사이에 네 명이나 살해했는데 살해 방식은 동일했다. 먼저 아이를 유혹하여 집 앞에서 멀지 않은 공습 은신처로 사용되던 장소에 데리고 가서 때려 눕힌 다음 정육점에서 사용되는 끈으로 묶고 그가 자위행위하며 아이의 성기를 가지고 농락한 다음 아이를 교살 또는 폭파하거나 토막 내어 위를 꺼낸 다음 나머지는 태워 버렸다. 발취는 그가 시체를 토막내면서 오르가즘을 느꼈다고 진술했다. 이 글을 읽으면서 당신은 구역질이 나고 어떤 사람은 공포와 두려움을 느낄지도 모른다. 그런 사람은 범죄를 일으키는 유전자를 가졌거나 이상 성욕이라든지 곡해된 자일 것이라 여길 것이다. 하지만 엘리스 밀러의 자료에서 줄전의 어린 시절에 대해 묘사하는 부분을 접하게 되면 당신은 그의 범죄와 어린 시절이 연관되어 있다는 것을 간과하기 힘들 것이다. 엘리스 밀러는 이에 대해 "모든 범죄가 그의 어린 시절에 당했던 일들과 연관이 있는 것으로 판독이 났다"라고 평했다.

여기에 관해 내가 설명하고자 하는 것은 다음과 같다. 발취는 고아로 자랐다. 그의 양부모는 양자를 고르기 위해 여러 가지를 신중하게 살폈었다. 줄전 역시 희생자를 고르기 전 여러 시간을 들였다. 줄전은 그가 아주 어려서 매를 맞기 시작했다. 그가 멍들고 상처 입은 모습이 이웃에게 여러 번 목격되었다. 그는 항상 자신의 양아버지가 죽은 소나 양들을 토막 내던 곳에서 맞곤 했는데 매가 계속되면서 나중에는 지하 창고에 감금되기도 했다. 이런 상태는 6년 동안이나 계속되었다. 그는 다른 아이와 노는 것도 금지 당했고 양어머니에게는 성적으로 학대당했다. 그녀는 12살이 되던 해까지 목욕시키며 그의 성기를 가지고 농락했었다. 그는 8살 때에 13살의 사촌에게 당했고 그가 13살이 되던 때는 그의 선생님에게 당했다. 그의 범죄는 그가 당한 일들을 세세하게 인쇄한 것과 같았다. 그는 자신의 속에 억압된 증오를 어린 소년들에게 표출했는데 이들 모두 무릎까지 오는 가죽바지를 입고 있었다(줄전이 어린 시절 그랬던 것처럼) 그는 정육점 칼로 아이들을 도살했는데 이는 그가 양어머니에게 채찍질 당하며 맞고 학대받으면서 본 그의 양아버지가 가축을 도살하던 방식과 같았다. 그는 가축을 도살하던 곳에서 맞으면서 동시에 양아버지가 가축을 죽이는 방식을 눈여겨본 것이다. 양어머니는 그를 때린 후에 종종 젖은 키스를 하곤 했는데 그도 그의 희생자에게 키스를 하곤 했다. 줄전은 희생자에서 가해자로 변한 것을 보여주는 사례였다. 그는 우리에게 공포와 엄청난 분노를 일으키게 한다. 그러나 엘리스 밀러는 이 범죄 행각이 처음 저질러졌을 때 교정되지 못하고 은밀히 진행되어 처벌을 받지 않고 넘어 갔다는 것을 지적했다. 아이가 폭력을 당할 때는 그의 첫 반응은 화를 내며 우는 것이다. 하지만 이렇게 하는 것에 더 많은 처벌이 돌아온다면 아이는 이것조차 억압해 버린다. 아이는 자신의 감정을 억압하면서 학대자와 자신을 동일시하거나 이 상처에 관한 기억을 억압한다. 나중에 이 단절되고 눌린 분노와 무력감, 혼란과 고통은 다른 사람에 대한 가공할 만한 범죄 행위로 또는 그 자신이 약물이나 매춘, 정신적 이상이나 자살을 함으로써 오히려 자신에게 화를 돌리기도 한다.

엘리스 밀러는 이에 대해 "누구도 자신이 당하고 있는 일에 자각할 수 있는 기회가 주어지지 않으면 그 행위를 되풀이하는 것 밖에 달리 표현할 방법이 없다"라고 단정 지었다. 우리 대부분의 부모가 정도는 심하지 않지만 이런 종류의 일들을 자녀에게 되풀이하고 있다. 가족치료 센터의 슬로건은 다음과 같다. "돌아가지 못하면 다시 되풀이된다."

갑작스런 공포

우리는 지금까지 강박적으로 반복되는 행동들이 삶을 위협하던, 비인간적이든, 기괴하건 간에 나름대로 의미심장함을 보여 주고 있다는 것을 살펴보았다. 모든 행동들이 차마 슬퍼하지 못했던 마음과 풀어 내지 못하던 일들을 밖으로 표출하는 것이다. 이는 갑작스런 공포가 엄습해 오는 증상도 마찬가지다. 제인 미들톤 모즈는 이 공포가 엄습해 오는 것을 겁에 질린 어린아이의 시절을 볼 수 있는 창문이라는 묘사를 했다. 그녀는 이에 대한 것으로 두 가지의 예를 들어 이 갑작스런 공포감이 어린 시절 상처에서 비롯된 것이라는 사실을 제시했다. 어떤 여자가 조깅을 하던 중 일정한 속도에 다다르면 공포가 엄습해 오곤 했다. 그녀는 이를 다스리려고 몹시 노력했다. 미들톤 모즈는 이 여인을 도와 갑작스런 공포 뒤에 숨은 밑바닥에 잠자고 있었던 그녀의 상처를 끄집어냈다. 어린 시절 그녀는 남동생과 거리에서 놀곤 했는데 그 지역은 갱들에 의해 점령당한 곳이었기 때문에 이것은 매우 위험했던 것이다. 결국 일이 터져 그녀와 남동생은 갱들 중 한 명에게 쫓기게 되었는데 그녀는 빨리 달려서 겨우 살아남았지만 남동생은 붙잡혀 죽임을 당하고 말았다. 이 과거의 끔직한 일과 치유되지 못한 슬픔으로 그녀가 과거에 갱에게 쫓기던 속도에 이르면 그녀를 자극하여 공포를 느끼게 만드는 것이다. 미들턴 모즈는 이에 관해 또 다른 한 명의 예를 들었는데 그녀는 정도가 너무 지나친 질투심으로 세 번이나 이혼했다. 그녀는 사실 질투 따위를 할 사람은 아니었다. 그러나 남편과 떨어져 있게 되면 그녀는 겁에 질려 어쩔 줄 모르게 된다는 것이다. 만약 남편이 일이나 직장 관계로 밤에 나가거나 여행을 떠나면 그녀는 공포에 질려 식은 땀을 흘리거나 몸을 떨었다. 그러다가 남편만 돌아오면 신랄하게 몰아댔다. 물론 다음날 굉장히 후회를 하며 자신의 행동이 얼마나 정상에서 벗어나는 것인가를 깨닫곤 했다. 미들톤 모즈는 그녀의 고통스런 느낌을 끄집어내며 과거를 알아보자 그녀의 이런 공포가 과거의 상처가 재연된 것임을 발견했다. 그녀는 미드웨스트의 마을에서 자랐다. 그녀의 아빠는 거기서 한 마을 더 떨어진 강 건너에서 일을 하곤 했는데 어느 날 그가 일하러 갔던 날에 폭풍우가 나고 말았다. 그녀의 어머니는 알코올 중독자였는데 그녀에게 술을 대주던 사람이 바로 남편인 그였다! 그때 여섯 살이던 그녀는 4살 된 남동생과 정신착란을 일으킬 것 같은 불안한 마음으로 엄마와 일주일동안 같이 보냈다. 매번 그녀의 남편이 일하러 집을 떠날 때마다 그녀의 치유 받지 못한 상처가 재발되는 것이다.

이 장을 통해 당신은 내면화된 수치심으로 인해 삶이 얼마나 파괴되는지에 대해 알았을 것이다. 그 가공할만한 위력은 그 상처로 비롯된 수치심이 어둡고 비밀스럽게 숨겨져 있음에 기인한다. 우리는 이 악마를 드러내고 적절한 상담치료와 교육을 통하여 우리는 이 수치심이 가정까지 파고들어 가는 것을 막을 수 있다. 우리는 사회와 학교, 종교 단체에서 이 무서운 수치심에 묶인 개인을 도울 수 있는 창조적인 방법을 발견할 수 있다. 그러한 노력 자체도 대단히 중요하다. 이러므로 우리는 실질적인 방법을 찾아갈 수 있고 종국에는 중독으로부터 해방될 수 있는 것이다.

제 2 부

치유 과정

도입 :
구체화 과정

  우리의 해로운 수치심으로부터 건강하게 되기 위해서는 먼저 이를 숨기는 것부터 그만 두어야 한다. 이 해로운 수치심이 숨겨져 있는 한 어떻게 해볼 도리가 없는 것이다. 우리 안의 수치심을 치유하기 위해서는 우리는 우리의 수치심을 감싸 안아야 한다. 오래된 치료격언으로 "오직 통과해야만 한다." 수치심을 감싼다는 말은 거기에 따르는 고통도 감수한다는 말이다. 고통은 우리가 피하고 싶은 것들 중에 하나이다. 사실 우리가 겪고 있는 신경증 대부분이 마땅히 겪어야할 고통을 피하려다 생긴 것이다. 우리는 쉬운 길을 찾고 싶어 한다. 물론 이러는 것이 편하고 합리적으로 보여지기는 하지만 스캇 팩이 말했듯이 "감정의 고통을 피하려는 경향은 인간에게 정신적 질환을 가져다주는 근본적 이유가 된다." 수치심의 경우에는 우리가 피하면 피할수록 더 나빠진다. 또한 우리는 내면화된 수치심을 밖으로 구체화 시키지 않는 한 고칠 수 없다. 이 수치심을 변화시키는 작업은 단순하지만 어렵다. 주로 쓰이는 방법은 구체적으로 다음과 같다.

1. 더 이상 인간관계에서 숨기지 말고 신뢰할 만한 사람들과 자신의 느낌을
   솔직하게 나누어라.

2. 가입된 그룹 중 수치심이 내면화되지 않은 사람들에게 당신을 비추어 주고 응답해 줄 사람을 찾아 그 사람과 나누어라. 이때 이 사람의 역할은 당신과 외부 사이에 새로운 교량 역할을 하게 되는 것이다.

3. 12단계 프로그램을 진행하라.

4. 수치심을 감소시키기 위해 당신의 유기된 상처를 인정하라. 우리는 여기에 대해 글로 쓸 수도 있고 대화를 할 수도 있다. 글쓰는 것은 확실히 과거의 수치스런 경험을 구체화시켜 드러나게 할 수 있다. 글쓰는 것은 유기된 어린 시절에 관한 느낌을 구체화시킬 수 있다. 그것을 표현하고 정확히 이해하며 그 상처들과 교류해야 한다.

5. 우리 속의 버려진 내면의 아이를 구체화 시켜라. 우리는 우리 내면의 어린아이 부분을 의식하면서 이 작업을 해낼 수 있다.

6. 우리 안에 있는 우리의 다양한 면(좋은 것과 나쁜 것들 모두)을 인지하려고 노력해라. 우리는 이 부분들을 의식하면서 동시에 그것을 감싸 안고 통합시켜야 한다.

7. 새로 발견되는 우리 안에 있는 모든 부분들을 조건 없이 긍정적으로 감싸라. 우리는 이 부분을 접할 때마다 "내 자신의 이런 점이 사랑스러워" 라고 말하는 법을 배워야 한다. 또한 우리가 원하는 것과 필요를 구체화시키는 것은 우리에게 자신을 확신시키게 된다.

8. 우리 안에 있는 온갖 잡다한 우리를 수치스럽게 여기게 만든 무의식적인 기억들을 죄다 끄집어내어 구체화시켜 이들을 어떻게 치료해야 될 지를 배우라.

9. 우리가 생각하고 있는 부정적인 자아개념을 구체화 시켜서 긍정적으로 계속해서 바꾸어 넣어라.

10. 우리 머릿 속에서 끊임없이 속삭이며 우리를 수치스럽게 여기게 만든 음성이 무엇인지 확실히 밝혀 내어 수치스런 음성을 멈추게 하고 그 대신 긍정적이며 도움이 되는 목소리로 바꾸는 것을 계속 실행하라.

11. 당신의 인간관계에서 수치심을 불러 일으켰던 것이 무엇인지 자각해라.

12. 비판적이며 수치심에 묶인 사람들과 그런 말들을 어떻게 다루어야 될지를 배워라. 이는 당신에게 속삭이며 수치를 불러 일으켰던 음성도 포함된다.
13. 우리가 실수하는 것을 어떻게 처리할 지를 배우며 당신은 불완전하다는 것에 용기를 가지고 인정하라.
14. 마지막으로 기도와 묵상은 우리 내면에 안식을 주며 바로 그 내면의 안식의 장소가 우리에게 힘을 주고 밝게 하며 일어설 장소를 제공한다는 것을 알라.

   이 모든 구체화 방법들은 치료를 가르치는 학교에서 주로 쓰는 방법들로 채택된 것이다. 대부분의 임상심리학자들이 이 방법을 통해 우리 안에 숨겨진 무의식적인 면과 가려진 것을 의식적이고 명백하게 밝혀 놓는다. 이런 기법들은 오직 실행을 통해서만 치료가 가능하다. 당신은 반드시 이를 행해야만 하고 반복해야 한다. 모든 치료가 당신이 시도해야만 일어날 것이다.

우화 :
동굴 속에 갇힌 죄수

　옛날에 사형선고를 받은 남자가 있었다. 그는 두 눈이 가려진 채 빛 하나 들어오지 않는 완전히 어두운 굴속에 갇히게 되었다. 그 굴은 각 각 위아래로 90미터쯤 되었다. 그는 동굴 안에서 나갈 수 있는 통로가 있는데 만약 그가 발견하면 자유롭게 풀어주겠다는 말도 들었다. 굴 안을 돌로 굳게 막은 후 죄수는 안대를 풀고 굴 주위를 돌아다녔다. 그는 오직 한 달치 물과 빵만을 공급받게 되어 있었다. 빵과 물은 굴 남쪽에 있는 구멍에서 내려 받았는데 천장까지 높이가 6미터 정도였다. 그 구멍의 지름은 한 28센티 정도 되었다. 죄수는 밖에 있는 빛을 희미하게 볼 수는 있으나 빛이 굴 안을 밝힐 정도는 아니었다. 죄수는 굴속을 돌아다니면서 돌에 부딪쳤다 어떤 건 좀 큰 것도 있었다. 그는 생각하길 흙을 쌓아 올려서 그 구멍까지 도달하기만 하면 그 구멍으로 기어서 나갈 수 있으리라 여겼다. 그는 키가 1미터 60센티 정도 되고 60센티 정도는 다다를 수 있으므로 흙무더기를 3미터 정도 쌓아 올리면 될 거라 생각했다. 죄수는 그가 깨어있는 시간에 흙과 돌덩이를 모아 쌓는데 주력했다. 이주쯤 지나자 그는 2미터 정도 되는 무더기를 쌓아 올렸다. 그는 그가 더 열심히 하여 남은 2주 동안 노력하면 음식이 다 떨어지기 전에 다다를 수 있으리라 여겼다. 하지만 주위에 있는 흙과 돌덩이가 다

바닥이 낮기에 그는 흙을 파야했다. 그는 맨손으로 흙을 파내며 무더기를 쌓아갔다. 마침내 한 달이 지나 덩어리는 3미터 정도 되어 그가 뛰어 오르면 도달할 수 있을 것 같았지만 이제 그는 너무나 지치고 약해져 있었다. 결국 그가 구멍에 손을 닿게될 무렵 그는 그만 구덩이에서 떨어지고 말았다. 하지만 너무나 녹초가 된 상태여서 그는 일어날 수조차 없었다. 그리고 이틀이 지나 죽고 말았다. 나중에 그를 가두어 놓은 자가 굴을 막고 있었던 큰 돌을 굴려 밀어내자 둘레가 1미터 정도의 구멍이 보였다. 그 구멍은 작은 터널로 다른 산으로 갈 수 있는 통로였다. 이것이 바로 죄수에게 말해준 그를 여기서 빠져나갈 수 있게 해줄 수 있는 통로이었던 것이다. 그 통로는 천장에 나는 구멍의 정확히 남쪽에 위치하고 있었다. 그가 해야 되는 일은 단지 60미터 정도 기어가서 자유롭게 되는 것뿐이었다. 그러나 그는 초점이 온통 천장에 나는 빛을 볼 수 있는 구멍에 집중한 나머지 어둠 속에 있는 그에게 자유를 줄 수 있는 곳은 생각해 보지도 못한 것이다. 자유는 그가 쌓은 무더기 바로 옆에 있었지만 그곳은 어둠 속에 있었다.

4 숨김과 고립에서 빠져 나오기

"홀로된 인간은 인간이 아니다" — 고대속담
"우리는 숨긴 만큼 병든다." — 치료 프로그램의 격언

해로운 수치심으로 인해 고립되고 외로워하는 것은 참으로 비인간적이다. 사람은 고립될수록 다른 사람과의 교류에서 얻는 유익을 누릴 수가 없다. 그는 다른 사람의 관점에 의해 반영될 수 있는 기회를 잃어버리는 것이다. 에릭슨은 "인간의 자아 형성은 사회적인 과정을 통하여 이루어진다."고 했다. 그는 정체성을 적어도 그에게 소중한 사람의 눈을 통해 자신의 내면에서 일치되는 마음이 연속되는 것이라고 정의했다. 우리 안의 해로운 수치심도 다른 사람과의 관계에서 조장되었다는 사실을 기억하라. 해로운 수치심을 치료받기 위해서는 반드시 고립과 숨김으로부터 빠져 나와야 한다. 이 말의 의미는 우리가 신뢰할 만한 그룹을 찾아야 된다는 말인데 이것은 수치심이 내재된 사람에게는 대단히 힘든 일이다. 나는 내가 12단계 프로그램을 받아야 된다는 충고를 들었을 때 겁에 질려서 이를 무마시켜줄 최면사를 찾아갔던 것이 기억난다.

나는 다른 사람 앞에서 노출시켜야 된다는 생각으로 두려웠다. 사실 수치심이 해롭게 된 것은 아직 미성숙한 사람이 미처 준비가 안 되었을때 갑작

스럽게 노출이 되어서 생긴 것이다. 이때 우리는 무력감과 어떻게 대처할수 없는 느낌이 든다. 다른 사람 앞에서 노출이 된다는 것은 당연히 겁나는 일이다. 그러나 당신을 병들게 한 해로운 수치심을 없애기 위해서는 감싸 안고 숨는 것을 그만 두어야 한다.

사회적인 네트워크 찾기

숨김에서 빠져 나오는 최상의 길은 수치심을 주지 않는 사회단체에 가입하는 것이다. 여기서 요구되는 것은 친밀감이다. 인간은 본질적으로 다루어져야 하는데 이는 우리의 수치심이 본질적인 부분이기 때문이다. 해로운 수치심은 자신의 깊은 비밀스러운 부분들에 대해 가면을 쓰고 숨기게 하고는 본질적으로 자신이 결점 투성이라는 믿음을 구축하게 만든다. 자신이 너무나 끔찍하기에 감히 자기 내면을 들여다볼 생각도 못하고 남에게 말할 생각조차 못하는 것이다. 그러나 자신에 대한 잘못된 생각을 고치는 길은 남에게 이를 노출시키고 평가를 받는 것뿐이다. 우리가 누군가에게 사랑을 받고 신뢰하며 받아들여지는 것을 알 때 우리는 자신에 관한 잘못된 믿음을 고칠 수 있다. 이를 통해 자신이 그 정도로 나쁘지 않으며 어느 정도 사랑스럽고 받아 들여질만 하다는 것을 알게 된다. 진실한 사랑은 치유하며 성장을 가져다 준다. 만약 우리가 사랑을 받는데도 성장하지 않는다면 그것은 진실한 사랑이 아니기 때문이다. 진실한 사랑은 무조건적이며 긍정적이다. 이런 사랑이 우리를 온전하게 해주며 우리로 하여금 자신을 받아들이게 한다. 온전해지기 위해 우리는 우리 안의 수치스런 구석과 분열된 부분을 재통합해야한다.

버지니아 사티어는 우리가 무조건적인 사랑을 받을 때 일어나게 되는 5가지 자유에 대해 언급했는데 이것은 인간의 기본적인 힘의 자유에 대해 말한 것이다. 이는 '인지할 수 있는 힘, 사랑할 수 있는 힘, 자신 있게 말할 수 있는 힘, 생각하고 표현할 수 있는 힘, 상상할 수 있는 힘' 등이다. 우리가 자신을 온전하게 받아들일 수 있을 때 우리는 보고 듣지 말아야 된다는 생각, 듣기는 하지만 생각하거나 표현하지 말자는 마음, 생각하고 표현하기는 하지만 느끼지 말아야만 된다는 생각, 자유롭게 우리가 느끼기는 하지만 우리가 누구를 사랑해야 하며 저런 사람은 사랑하지 말아야 된다는 명제, 우리가 사랑하고픈 사람을 자유롭게 사랑하지만 이런 생각은 상상하지 말아야 된다는 결심에서 벗어나 자유롭게 되는 것이다. 우리가 조건 없이 사랑 받고 있는 그대로 받아들여질 때 우리 자신을 있는 그대로 받아들이게 된다. 이렇게 자신을 받아들일 때 해로운 수치심은 극복될 수 있는 것이다. 자신을 받아들이는 것이 바로 그 사람의 힘이다. 자신을 받아들이므로 우리는 통일되고 우리의 힘이 중심에서 외부로 뻗어 나갈 수 있다. 자신을 받아들이지 않는 것은 자신의 내면을 혼란에 빠뜨리며 무너지게 한다. 이것은 우리가 내면에 있지 못하고 외부에서 우리를 가리는데 급급하다는 말이며 결국에는 이런 일에 온 힘을 다 써서 정작 세상을 대처해 나아갈 힘은 없는 것이다. 자기를 수용해야 온전한 기능을 하게 한다. 해로운 수치심이 인간관계에서 발생된 것이므로 수치심을 치유할 수 있는 건강한 인간관계가 필요하다. 이 점이 중요하다. 수치심을 치유 받으려면 우리는 반드시 위험을 무릅쓰고 수치심을 주지 않는 관계를 찾아야 한다. 그 외에는 방도가 없다. 일단은 그룹에 들어가 대화나 교류를 통해 세부적인 작업에 들어가야 하지만 그 전에 사람들과의 우호적인 관계를 정립하는 것 또한 중요하다.

12단계 프로그램은 수치심이 내재된 사람들을 치료하는데 놀라운 성과를 거두었다. 수치심이 모든 중독의 밑바탕이 된다는 사실을 기억하라. 12단계 프로그램은 기꺼이 위험을 감수하면서도 숨기는데서 탈피하기 위한 용기 있는 두 사람에 의해 탄생되었다. 알코올 중독자인 Bill. W 그리고 역시 다른 알코올 중독자 Dr. Bob 에게 얼마나 그들이 자신들에 대해 나쁘게 생각하는지를 나누는 것이다.

나는 스캇 팩과 함께 이들이 자신을 숨김에서 빠져 나와 서로 나누고 있는 광경을 같이 목격하였다. 12단계 프로그램은 항상 그룹으로 모여서 진행

된다. 그룹이 먼저인 것이다. 왜냐하면 우리 인간은 본질적으로 사회적이기 때문에 사회적관계 없이는 행복하고 충만하게 살 수 없다. 다른 말로 하면 인간은 사랑 받고 사랑해야 한다. 그것이 기초가 되어야 하며 이런 조건이 맞지 않으면 우리는 인간이라 할 수 없다. 우리의 수치심을 치유 받기 위해서는 우리는 그룹에 참가하는 위험을 무릅써야 한다. 우리는 기꺼이 우리의 본질을 남에게 보여야 되는 것이다. AA그룹에서는 처음부터 자신을 밝히게 한다. "나는 아무개이며 알코올 중독자입니다"란 식으로 말이다. 이렇게 자신이 겪고 있는 본질적인 문제를 정의하는 것이 치유의 핵심적 요소이다. 이는 말 그대로 자신의 무력함과 도저히 어떻게 해볼 수 없음을 인정한다는 말이다. 이것은 또한 자신의 그런 문제에 항복함으로 수치심을 감싸 안을 수 있다는 뜻도 포함된다. 이 항복은 포기하면 얻는다는 영혼의 역설적인 논리를 보여준다. 이 의미가 오늘날 현대인에게는 힘들런지 몰라도 대부분의 영적 원리는 역설적이다. 삶을 찾기 위해선 우리는 먼저 우리의 삶을 포기해야 한다. 이것은 수치심에 묶인 사람들에게는 절대적으로 해당되는 말이다. 우리는 우리를 가장하고 있는 거짓된 자기모습과 자기방어를 포기해야만 우리의 진실 된 자아와 만날 수 있다. 우리의 노이로제같은 수치심이 우리의 약한 모습과 민감한 자신의 모습에 대해 거짓으로 꾸미게 만드는 것이다.

하지만 빛을 찾기 위해서는 어둠을 감싸 안아야 한다. 어둠 속에 감추어져 있는 수치심이 우리의 자아 안에 살며 영향을 끼치고 있기 때문이다. 죽음 없이는 삶도 없고 고요함 없이 소리도 없으며 보내지 않고는 잡을 수 없으며 어둠 없이는 빛도 없다. 파도가 하얀 모래 위에 내리치는 것과 저 멀리에 있는 수평선이 얼마나 아름다운가! 하지만 마냥 그런 상태로만 있다면 굳이 장엄하고 매혹적이라고 여길 것도 없는 것이다. 그리고 어두움이 없다면 깜깜한 하늘에 반짝이는 별들을 보고 아름답다고 여기지도 않을 것이다. 어둠이 없다면 우리는 빛을 볼 수 없는 것이다. 이 장이 시작되기 전에 나온 이야기는 지금부터 우리가 하려는 치료의 원리를 예로 든 것이다. 이 이야기는 인간에게 전형적인 것이다. 우리는 항상 분명한데서 답을 구하려 하지만 안 보이는 어두운 곳에 답이 있으리라는 생각은 차마 못한다. 어둠 속에 답이 있다. 해로운 수치심을 치료하는 길은 어두운 곳에 있다

도움이 되는 치료그룹을 찾는 지침

12단계 그룹이나 도움이 되는 친밀한 그룹은 얼마든지 찾을 수 있다. 아마도 교회나 유대교 회당에서 찾을 수 있을지도 모르겠다. 많은 사람들이 심리치료 그룹이나 개인상담사에게서 도움을 찾을 수 있다. 그때 중요한 점 몇 가지 지침이 있다.

· 모임은 반드시 판단하거나 수치를 주는 그룹이 아니어야 한다. 일단 그룹에 들어가는 것을 감수했더라도 불편하게 느껴지거나 수치심이 자극되면 나와야 한다는 점을 고려해라.

· 그 모임은 민주적이며 통제 받지 않는 곳이어야 한다. 모든 사람이 진실된 모습을 보일 수 있어야 하며 서로 차이점이 받아들여져야 한다. 곧 이 부분이 수치심에 묶인 사람들이 겪어보지 못한 일인 것이다.

· 모임의 리더는 건강한 수치심의 소유자로 그/그녀가 수치심이 전혀 없는 사람처럼 군다는 이야기가 아니라(통제, 완벽주의, 엄격함) 있는 그대로 행동하는 사람이어야 한다는 말이다. 리더는 그 모임의 등대 같은 역할을 하면서 앞으로 자신이 어떤 모양으로 변하게 될지를 보여주는 사람인 것이다.

· 모든 수치심에 내재한 구성원들은 서로 접촉하거나 포옹하는데 있어서 신중해야 한다. 아무나 다가와 포옹하지 말고 사람의 경계선이 존중되어야 한다. 만약 신체적인 접촉이 당신에게 감당하기 힘든 것이라면 특별한 이유 없이 그저 가만히 있는 자유가 보장되어야 한다. 당신을 포옹하기 전에 당신의 동의를 얻고 당신도 누구를 포옹하기 전에 물어보는 것이 지켜져야 한다.

· 우리 중 상당수가 어린 시절 말을 배우기 전에 충분한 신체적 접촉이 없어서 수치심을 느끼고 있다. 말을 할 수 있는 시기 이전에 교감하는 일은 말이 아닌 접촉과 감싸 안음으로 교류하는 방법이 추천된다. 아기가 충분한 신체적 접촉이 없어 죽게 되는 현상을 가르쳐 "MIRASMUS" 라 부른다. 마셀 게바(Marcel Geber)가 유엔 연구원으로 우간다에 있는 단백질 결핍으로 고생하는 아이들을 조사하러 갔을 때 그 아기들이 상황에 맞지 않게 놀랍도록 성장된 수준을 보고 매우 놀라워했다. 그 아기들은 엄마에게 끊임없이 안기고 포옹을 받았던 것 같다. 아기들의 몸은 계속 접촉되고 움직이게 되어 있었던 것이다.

· 최종적으로 모임은 모든 감정을 표현하는 것을 허용해야 한다. 이것이 바로 그룹 내에서 가장 역동적으로 진행되어야 하는 중요한 부분이다. 사람들은 감정을 각자 자유롭고 공개적으로 드러내야 한다. 수치심은 분노를 제외한 모든 감정을 묶고 있으므로 일단 나타나면 격노하게 되고 감정이 이에 압도되는 것이다. 하지만 모든 감정을 자유롭게 표현하는 것은 이를 누그러뜨린다. 수치심이 모든 느낌을 묶고 있기에 정신적인 마비가 와서 느낌과 접촉하는 것이 처음에는 대단히 힘들다. 아마 당신은 두려움에 매번 압도당할지 모르겠다. 혼란스러울 것이고 어떤 때는 느낌을 드러내는 것이 안 좋게 여겨질 지도 모른다. 하지만 중요한 것은 우리가 느끼고 있다는 것이다. 감정이 마비되면 자신과 교류를 할 수 없기 때문이다.

나는 감정을 드러내고 자신의 정체성을 세우는데 서두르지 말라고 충고하고 싶다. 이것은 역기능 가족에서 자라서 감정을 드러내지 못하고 부모로부터 말하지 말라는 규칙을 배운 우리는 익숙하지 못한 일이기 때문이다. 감정을 표현하는 것은 처음에는 좀 어색하고 두렵다. 아마 우리는 우리가 표현하는 감정들에 압도될지도 모른다. 어떤 사람은 감정적인 일에 더 주의를 기울어야 할 지 모른다. 하지만 감정을 느끼는 것만으로 수치심을 감소시킨다는 것을 알라. 다른 사람과 감정을 나눈다는 것은 상처받기 쉬운 일이지만 그런 구체화 작업을 통해서 자신을 숨기는 일로부터 빠져 나오게 된다. 로버트 피어스톤은 그의 저서인 "환상에 묶여서"에서 인간은 진실 된 우정과 공동체 안에서 있어야 비로써 제 기능을 감당한다고 역설한 바 있다. 아마도 이 반대는 거짓으로 연결된 가공된 환상에서 사는 것이다. 중독과 잘못된 관계는 자신의 내면 깊숙이 후퇴하여 생리적인 만족에 탐닉하게 만든다. 그런 삶은 인간의 삶이라 볼 수 없다. 오로지 공동체 안에서의 교류와 대화를 통해서만 진실 된 삶이 성장하고 자라날 수 있는 것이다.

5 해로운 수치심을 건강한 수치심으로 전환시키기 위한 12단계

"아마 세상에서 12단계 프로그램만큼 영혼을
빠르게 회복시키는 것은 없을 것이다."

키이츠 밀러(Keith Miller)

나는 12단계 프로그램에서 많은 도움을 받은 사람이다. 그래서 수치심을 치유하는데 12단계 프로그램을 소개하지 않을 수 없다. 12단계 프로그램이 중독자를 치유한다는 데는 모두가 동의한다. 해로운 수치심이 모든 중독의 근본이 되기 때문에 12단계 프로그램이 해로운 수치심을 치료하는데 중요한 역할을 감당하기 때문이다.

1단계에서는 "우리는 더 이상 어떻게 해볼 도리가 없는 무력함을 인정한다." 이 단계에는 수치심의 증후군이 얼마나 우리 삶에 막대한 영향을 미쳤는지를 인정하는 것이다. 이에 관해 잘 알려진 알코올중독에 관한 격언은 다음과 같다.

"인간이 술을 마신다.
술이 술을 마신다.
술이 인간을 마신다."

　알코올이 중독을 일으키는 화학적인 물질을 가진 것처럼 해로운 수치심도 이런 화학물질 만큼 내면화가 되도록 하는 기능을 한다. 1단계에서 2단계로 넘어가는 단계는 이 강박적 중독 장애가 자동적으로 기능하여 당신의 인생에 얼마나 막대한 영향을 주었는지를 강조하며 이야기하는 것이다. 내가 참여한 그룹에서는 해로운 수치심의 실체와 그 영향에 대해 나누었다. 이렇게 직접 대면하고 나면 나는 무력감을 느낀다. 모든 회복하려는 사람들이 이 단계에 들어가서는 중독의 고통으로 인해 곤두박질치는 자신의 인생을 대면하게 된다. 이때 고통은 나에게 무기력감을 주고 이제 더 이상 어떻게 해 볼 도리가 없음을 깨닫게 해주었다. 이 고통에서 나오는 길은 더 이상 감추는 일을 그만두는 것이다. 이러기 위해서 나는 포기해야 한다. 즉 수치심과 고통을 인정하고 감싸 안아야 된다. 내 경우는 고통이 너무 심해서 어떤 고통이라도 감수할 용의가 있었다. 고통을 감싸는 것은 내게 나의 고통과 슬픔, 외로움과 수치를 드러내놓게 했다. 이런 행동들은 내가 오랫동안 두려워했던 것이다. 하지만 일단 내가 내 자신에 대해 얼마나 나쁘게 생각하는지를 고백하고 그럼에도 불구하고 나를 받아주며 사랑해주는 주위사람들의 반응을 알게 되었다. 그들이 나를 받아들인 것을 알게 되자 나도 나를 소중하게 여길 수 있었다. 내가 내 자신을 받아들이게 된 것이다. 나의 인간관계는 이렇게 회복되었다.
　2 단계에서는 자신보다 더 큰 존재에게 나아갈 것을 우리에게 요구한다. 이것은 우리보다 월등한 힘이 우리를 회복시킬 것을 믿는 것이다. 나는 창세기에서 아담의 수치심으로 인해 단절된 네 가지 관계에 대해 언급했다. 아담은 범죄로 인해 하나님과 관계 단절, 그 자신과 단절, 이웃과 단절, 세상과 관계가 단절되었다. 12단계 프로그램은 이 단절된 관계들을 회복시킨다.

2단계에서는 자신보다 큰 존재를 받아들이고 3단계에서는 우리의 의지와 삶을 뒤엎어 하나님의 보호에 맡기며 하나님을 알아 가는 것이다. 비록 하나님을 큰 힘에 비유했지만 어떻게 이해하느냐는 각자에게 달렸다. 나는 한 가지 사건을 기억한다. 어떤 청년이 큰 나무를 그의 큰 힘이라 여긴 모양이다. 하루는 그가 우리 모임에 뛰어 와서는 "방금 사람들이 내 큰 힘을 베어 버렸어요"라고 소리쳤던 것이 생각난다. 큰 힘과 회복은 수치심을 치유하는데 아주 중요한 것이다. 해로운 수치심은 자신을 보호하려는 의지가 잘못 조정된 것으로 실체가 아닌 무언가를 가장함으로써 수치심에 묶인 사람은 그 사람 주위에 참호를 파고는 전혀 수치심이 없는 사람처럼 가장하는 것이다. 이때 이들이 쓰는 수법이란 완벽주의, 조정, 남 탓하기, 비판, 경멸 등이다. 수치심 없이 행동하겠다는 것은 스스로 하나님이 되겠다는 뜻이다. 자신을 하나님처럼 여기며 행동하는 것은 영혼에 재앙을 가져온다. 2단계와 3단계에서는 잃어버린 하나님에게 의지했던 관계를 다시 회복하는 단계다.

수치심의 사람들은 그들이 남에게 기댈 권리가 있다는 것을 믿으려 하지 않는다. 이것은 과거에 상처입고 버려진 일 때문에 의지하려는 욕구가 위협받고 손상되었기 때문이다. 하나님께 의지하려는 일은 의존하려는 욕구를 치료하기 위해서 이고 사람 사이에서 위험을 무릅쓰고 다시 의지하고 신뢰하려는 시도도 역시 그렇다. 건강한 수치심은 우리가 인간이기를 받아들이는 것이다. 인간이란 본질적으로 유한한 존재이다. 유한하기에 실수도 저지르고 필요한 것도 있는 것이다. 건강한 수치심은 우리가 유한한 존재라는 것과 도움이 필요한 존재라는 것을 인정하게 해준다. 처음부터 3단계까지는 우리에게 자신과 세상과의 적절한 관계를 회복시켜준다. 무력함과 어찌해볼 도리 없음을 받아들이며 우리보다 큰 존재가 우리를 안전하게 해 준다는데 믿음을 갖고 더 이상 우리 자신을 통제하려 들지 않기로 결심하면서 하나님이 돌봐주신다는 것을 받아들이고 우리가 하나님을 알아갈수록 그분이 우리를 회복시켜 건강한 수치심을 주고 우리의 기본적 인성에 뿌리를 내리게 해 준다는 것을 알아 가는 것이다. 이제 전혀 수치심이 없는 것처럼 행동하거나 조정하려 하거나 하나님 흉내를 내려는 것은 끝났다.

1단계부터 3단계를 통과하면서 우리는 우리의 인간됨과 공동체의 필요를 인정하고 본질적인 유한성을 받아들인다. 스캇 팩(Scott Peck)은 "정서적인 질병이란 어떤 대가를 지불하더라도 현실을 외면하려는 것이고 건강한 정서란 어떤 대가를 지불하더라도 현실을 대면하려는 것이다."라고 정의한 바 있다. 1단계부터 3단계까지 과정을 거쳐 우리는 현실과 대면하게 된다.

4단계에서 우리가 할 일은 자신의 도덕적인 명세서에 대해 두려움 없이 조목조목 따지는 것이다. 이런 과정을 통하여 자신과 이웃과의 관계도 회복하는 것을 시작한다.(아담의 죄로 인해 2, 3단계의 인간관계가 깨어졌다고 여겨진다) 우리의 수치심은 남에게 우리 자신을 보여주지 않으려 할 뿐만 아니라 자신에게도 보여주지 않으려 한다. 내가 전에 말했던 것처럼 수치심이 내재된 사람은 그 사람 자신이 될 수 없는 것이다. 그것은 그로 하여금 자신과 동떨어진 무언가가 되게 한다. 그러나 하나님을 알아가면서 그 분과의 관계를 회복하고 그룹에 있는 사람과 정직하게 자신의 연약한 부분을 나눔으로써 우리는 자신과 관계를 맺게 된다. 주위의 사랑과 정직한 반응에 자신을 비추어 보며 자신을 받아들이기 시작하는 것이다. 이 과정은 느리고 점진적이다. 하지만 나는 그룹에 들어가고 나서 4년 동안 4단계 작업 밖에 들어가지 않았다. 그것은 결코 잘한 일은 아니지만 개인마다 들어가는 단계가 다르다. 12단계 프로그램에서 강력히 충고하는 바는 자신을 도와줄 사람을 가지라는 것이다. 도와주는 사람은 정서가 건강하고 프로그램을 잘 따르는 사람이면 된다. 도움을 주는 자는 도움을 받는 사람의 앞으로 나아갈 모델이 되어주며 그 자신만의 프로그램을 진행하는 것을 확고하게 다져줄 사람이어야 한다. 내 경우는 위에 나온 3단계까지 나가는데 진도가 오래 걸렸다. 이는 내가 지성적으로 무장한 면이 너무나 컷기 때문이었다.

나는 교수로써 심리학, 철학, 신학에 학위가 있었고 대학 수준으로 강의를 해오고 있었기 때문에 12단계의 간단한 원리를 도무지 받아들일 수가 없었다. 아마도 위장된 나의 지성이 인간의 수많은 고통과 괴로움에 압도당하고 있었나 보다. 나는 술을 마셔 댔는데 이는 인간의 수많은 괴로움을 자색해 내는데 지쳤기 때문이었다. 내가 전에 어디서 말했는지는 모르지만 그 동안 내가 "인류의 고통을 혼자 감당하기에 너무 고통스럽다" 따위로 술을 축내던 일은 돼지먹이감도 안 되는 시시한 것이다. 나는 너무 많이 깨닫고 있다는 허위로 내 기만과 부정된 행동을 대면하지 않고 미묘하게 빠져나갔던 것이다.

내 생애 가장 값진 교훈은 치유센터의 창립자인 아브라함에게 얻은 것으로 그는 "우리의 문제를 아는 것은 복잡해 보이지만 실은 간단하고, 이를 해결하는 일이 간단하지만 힘든 일이다." 란 것을 이야기해 주었다. 하지만 수치심에 묶인 "지성인들"은 직접 들어가 부딪쳐 보지는 않고 밖에서 그 복잡함에 대해 논하기를 좋아한다. 내가 4단계 작업에 들어갔을 때 나는 술과 두려움으로 인해 내가 얼마나 잘못된 일을 했는가를 깨달았다. 나는 이 문제의 중심에 내가 나를 열등하고 자격 없는 사람이라고 여기는 마음이 자리잡고 있음을 보았다. 그때 나는 수치심이 있는 지도 몰랐지만 내가 했던 잘못된 행동들은 모두 이 수치심에서 기인된 것이었다. 내가 또 나를 조목조목 따져가면서 알게 된 것은 내 문제점이 도덕적이지 않은 것보다는 오히려 도덕적이어서 생긴 일이 더 많음을 알게 해 주었다. 사실 내가 처음 나에 관한 리스트를 작성하려고 했을 때 나는 도덕적이지 못한 일들을 적어 보려고 시도했지만 나를 도와주는 사람이 내가 지극히 도덕적이려다 실패한 사실에 대해 지적해 주었다. 나는 항상 인간 이상이 되려다가 인간 이하로 떨어졌다. 결코 인간은 아니었다. 나는 인간 이상인 전혀 수치심이 없는 자처럼 굴려다 수치심으로 가득 차서 인간 이하로 떨어졌다. 도덕적으로 되려는 전투장에서는 의지 즉 선택이 완벽하게 제기능을 다해야 한다. 이때 도덕적인 행동을 하려면 판단과 이성, 그리고 선택할 수 있는 능력이 필요하다. 수치심이 내재된 사람은 의지가 잘못 사용되어 필요 이상으로 도덕적으로 굴려고 하는 것이 주로 문제가 되지 않을까 싶다. 거짓 자기를 갖고 있는 사람에게 온전한 힘을 기대하기란 어렵다. 나는 여기서 수치심이 내재된 사람들이 다른 사람에게 옳지 못한 짓을 안 했다고 말하려는 게 아니다. 내 경우에는 정말 그랬고 이 단계를 통해 나는 내가 잘못한 일에 책임을 지고 핵심적인 문제에 대면하기 시작했다. 몇 년이 지나서 단계별 프로그램을 다시 하게 되면서 나는 내 안에 있는 해로운 수치심에 대해 이해하게 되었다. 내가 여기서 확실히 알게 된 것은 내 문제의 95%에 해당하는 부분이 과거 부모로부터 유기 당한 일에서 기인되었다는 점이었다. 일단 이것을 알게 되면서 나는 여기에 대해 조치를 취하려 들게 되었다. 대부분의 수치심이 내재된 사람에게 수치심이 글자 그대로 나가버릴 수 있다고 하는 말 자체가 큰 위안이 된다. 그들이 자신에 관해 희망 없고 치료될 수 없다고 여긴다는 사실을 기억하라. 일단 우리가 우리 본질 자체가 실수투성이에 결점 많고 불완전한 자라 여기게 되면 우리는 아무 것도 안하려 든다. 4 단계에서 우리가 뭘 잘못했는지 깨달으면서 앞으로 치료받게 될 가능성을 열어 놓는 것이다.

4 단계에서는 해로운 수치심을 건강한 수치심으로 바꾸게 되는데 이는 우리 안에 건강한 죄책감을 갖게 되는 기초가 된다. 5, 6단계 그리고 7단계에서 우리가 정의 내릴 것은 다음과 같다.

"우리는 하나님을 받아들이며 우리자신과 남에 대하여 있는 모습 그대로를 받아들인다.' (5단계)

"우리는 하나님으로 하여금 우리의 모든 결함을 치유하도록 맡길 준비가 되어 있다.(6단계) "하나님께 겸손히 우리의 부족을 담당하여 주실 것을 간구 한다"(7단계)

내가 이것을 묶어서 소개한 이유는 이 모든 과정이 우리로 하여금 자신을 더 이상 통제하거나 잘못된 의지로 부풀리지 않고 그런 행위를 포기하도록 만드는 과정이기 때문이다. 각 단계가 우리 삶에 책임을 지고 더 이상 조정하려는 것을 포기하는 단계다. 이 모든 것은 희망을 가지고 행해야 한다.

5단계에서 우리는 숨는 것으로부터 빠져 나온다. 우리는 수치심에 관해 이야기한다. 우리는 하나님과 다른 사람들에게 우리의 수치심에 대해 이야기하는 것이다. 내 견해로는 이 과정이 우리가 잘못한 것에 초점을 맞추는 것 뿐 아니라 이런 결과를 초래하게 된 것이 우리가 우리의 수치심을 커버하기 위해 만든 거짓된 면에서 유래되었다는 것을 깨닫는 것이다. 다른 사람에게 이야기하면서 우리는 우리의 치욕스런 일로 인한 고통을 감싸 안게 되며 우리자신을 다른 사람의 눈에 노출시키는 것이다. 이러므로 우리가 자신에 대해 얼마나 나쁘게 생각하는지를 다른 사람들이 알게 만드는 것이다. 여기에는 위장이나 변명이 없다.

6단계는 믿음과 희망을 가지고 행동하는 단계다 우리는 이제 하나님께서 우리의 결점을 가져가 주시며 우리를 보살펴 주신다는 믿음으로 우리를 좋게 여기기 시작했다. 적어도 우리보다 큰 존재에 기댈 권리가 있다는 것이 우리를 편하게 해준다. 적어도 우리는 기꺼이 도움을 구할 수 있는 것이다. 무슨 척하고 하나님같이 굴려는 짓은 이제 끝이다. 우리는 하나님의 도움이 필요하다. 우리는 우리가 도움이 필요한 존재라는 것을 알고 기꺼이 도움을 요청할 것이다. 우리가 이렇게 구할 수 있는 것은 적어도 그 정도의 가치가 있는 존재라는 사실을 믿기 때문이다.

7단계에서는 우리는 하나님께 겸손히 우리의 부족한 점을 제거해 달라고 간구한다. 겸손히 묻는 것은 우리의 건강한 수치심이 회복되었기 때문이다. 우리는 우리가 실패했다는 것을 안다. 우리는 인간이고 실수해 왔다. 하지만 우리는 우리가 도움을 얻게 되리라는 사실 또한 믿는다. 우리는 변화되고 성장할 것이다. 우리는 고통 뿐 아니라 불행에서도 교훈을 얻을 것이다. 나는 이 단계에서 건강한 수치심을 되찾았다. 건강한 수치심을 통해 나는 죄책감 또한 느끼기 시작했다. 죄책감이란 의식을 구성하는 감정이다. 수치를 모른다는 것은 지각이 없다는 것이다. 우리의 지각은 우리가 실패한 것을 알려주고 우리가 우리의 가치에 위배되는 일을 했다는 것을 알려준다. 죄책감은 우리가 변화해야 한다는 것을 알려 준다. 죄책감을 가진 사람은 처벌을 두려워하고 변화하려 하지만 수치심의 사람은 처벌받기를 원한다.

내가 죄책감과 교류하게 되자 내 안에 변화하고 싶다는 욕구가 생겼다. 5,

6단계와 7단계를 통하여 우리는 회복된다. 우리는 우리가 잘못한 일을 이야기할 수 있을 정도로 우리를 받아들이게 되었다. 우리는 우리에게 희망을 가지고 보다 높은 힘에게도 기꺼이 도움을 요청할 수 있는 정도까지 되었다. 우리는 이제 책임을 질 준비, 잘못을 고칠 준비, 계속 나아가며 성장할 준비도 되었다. 8단계와 9단계는 이제 고치는 단계다.

이를 정의하면 "우리가 상처를 입힌 사람의 리스트를 갖고 있고 이를 수정할 용의가 있다"이다. 9 단계는 "우리가 상처를 입힌 사람들과의 관계를 오히려 이것이 더 상처를 주는 경우를 제외하고는 가능한 모두 개선 할 것이다." 자 이제 우리는 아담이 세 번째로 실족했던 이웃과의 관계에 대해 돌아보자. 아마도 수치심이 내재된 사람이 상처를 받아 생긴 가장 큰 일은 다른 사람과 친밀한 관계를 갖지 못하는 것이다. 이는 수치심으로 인해 정직하게 자신을 드러낼 수 없어서 생긴 일이다. 거짓된 자기모습으로 숨거나 비밀을 감싸는데 바빠서 정직한 관계를 가질 여력이 없는 것이다. 그리고 내가 전에 말한 대로 수치심의 사람들은 항상 수치심이 내재된 다른 인생들과 관계를 맺으려 하는 경향이 있다.

하키선수가 브리짓 게임 선수와 경기를 가지지 않듯이 서로 규칙이 다르면 관계할 수 없는 것이다. 우리는 우리와 같은 방식을 가진 사람을 찾으려는 경향이 있다. 비밀스러움, 부정직, 게임하기 등은 우리가 사람과의 관계 가운데 써먹던 방법이었다. 나 같은 경우는 나는 여성을 마치 내가 거짓말하고 사랑하고 떠날 어떤 대상처럼 여김으로써 그들에게 상처를 주었다. 내가 12단계 프로그램에서 여성에게 얼마나 잔인하게 대했는지 이야기 들었던 게 생각난다. 그들은 내게 12단계 프로그램에서 적어도 데이트를 하지 말라는 충고를 했고 이를 들었던 것도 생각난다. 이것은 12단계 프로그램에서 모두가 다 준수해야 되는 것이었다. 좋은 관계라면 별 문제가 없어 보였지만 수치심이 내재된 사람에게는 위험이 따르는 것이었다. 대개 한 몇 년 동안 치유과정을 거치고 나서야 커플을 맺을 수 있는 게 허용되곤 하였다. 그러나 나는 즉시 그 모임에 있었던 여성과 데이트를 시작했다. 내가 완전한 알코올 중독에 성인아이였던 고로 항상 나처럼 심하게 병들은 여성을 택하곤 했다. 그들에게 동정을 느껴 옆에 있어 주면서 나 스스로를 힘 있고 강한 존재로 부각시켜 그들이 곧장 빨려 들게끔 만들어 놓고는 그들의 의지하는 정도가 심해져서 내가 감당할 수 없을 만큼 되면 내버려두고 도망가는 것이다. 이것은 매우 부정직하고 잔혹한 처사였다. 이런 행위는 인간에게 지독한 상처를 입힌다. 내가 여자에 대한 수동적인 공격성과 잔혹함을 마주했을 때 나는 너무나도 화가 났다. 이런 행위가 사실은 내 어머니에 대한 상처의 재연이었다는 것을 알기까지 수년이 걸렸다. 내가 나를 영웅으로 여기는 것과 선한 남자라는 생각에다가 나는 전에 신학교 학생이기까지 했다는 사실이 나의 참 모습을 깨닫는데 방해가 되었다. 이런 역할을 수년동안 해온 터라 거짓말 탐지기까지 통과할 수준이었다. 여성들 말고도 피해자가 더 있었다. 내 생색내는 일과 나를 합리화시키는 일을 통해 희생된 사람들 말이다. 내가 완벽주의와 거룩한 척, 고결한 척을 하며 내 어두운 부분을 덮어씌웠던 내 학생들 말이다. 내 형제들은 내가 거룩한 척을 하는 것을 아주 지겨워했다. 나는 엄격한 신학생이었으며 신부가 되려는 공부를 했다. 나는 6시간이나 조금도 움직이지 않고 무릎을 꿇는 연습을 했다. 나는 남을 비판하며 묵사발을 만드는 사람이었고 비판과 정죄를 통해 내 수치심을 이웃과 남들에게 전가 시켰다. 게다가 나는 술만 마시면 분노를 터뜨리며 폭력을 휘둘렀다. 물건을 부수고 사람들의 개인적인 인격에 해를 가했으며 그들의 권리를 무시했다.

죄책감은 회복을 위해 움직이게 한다. 죄책감은 우리의 손상된 부분을 돌아보게 하며 고치고 성장하게 한다. 10, 11, 12단계에서는 우리가 회복한 관계를 지속시키게 도와준다.

10단계의 표어는 "우리는 우리의 개인에 대한 탐구를 계속할 것이며 잘못을 기꺼이 고치겠다" 이다. 11단계의 표어는 "우리는 기도와 명상을 통해 하나님과의 관계를 계속할 것이며 기도는 하나님의 뜻을 이해하는 것을 넘어서서 하나님이 힘을 주신다는 것을 알기 때문에 이를 행한다." 12단계의 표어는 "이 단계들로 인해 영혼이 깨어 있어 이 메시지를 다른 사람들에게 전하도록 노력하며 이런 일들이 우리 삶에 일어난 것에 감사한다."

11단계에서 하나님과의 교통하는 것을 더 깊게 지속한다. 이렇게 되려면 좀 더 의식적인 노력에 의한 교류가 필요하다. 이때가 우리가 정말로 관계를 맺는 때이고 우리가 회복되어 가는 단계이다. 먼저 우리를 수치심에 묶이게 만든 과거의 상처와 유기로부터 시작하여 관계를 회복해서 이제는 하나님이 어떤 분인지 알아 가며 그분에게 우리의 삶을 위탁하며 교제를 하는 것으로 끝맺는 것이다. 10단계에서는 우리 자신과의 관계를 유지시켜 나가는 것이다. 우리가 건강한 수치심과 접촉하면서 감정으로부터 당신이 실수도 저지를 수 있다는 사실을 듣게 된다. 우리의 본질이 되는 인간적인 면과 인간의 한계와 접촉해 나가면서 자신을 받아들일 수 있게 된다. 우리가 실수할 수 있다는 사실을 받아들이는 것은 우리의 약한 부분과 유한함을 받아들이고 표현할 수 있게 해준다. 그런 자각이야말로 우리가 인간이 아닌 무엇처럼 굴려는 것과 수치심 없이 행동하려는 것에 제재를 가하는 딱지와 같은 구실을 한다.

12단계에는 12단계 프로그램으로 얻은 영혼의 자각을 널리 알리는 것이다. 이는 또한 자신을 수치스럽게 여기는 것과 이를 만회하기 위한 행동이 영혼의 붕괴를 가져온다는 것도 포함된다. 자신의 존재 자체를 수치스럽게 여기는 건 그 사람의 영혼을 죽이는 일이다. 이렇게 생각하기 때문에 우리 아닌 뭔가가 되어서 자신의 내면과 안식조차 누릴 수 없게 되는 것이다. 이것이 바로 수치심의 삶들이 내면의 안식과 홀로 됨을 바라는 이유이다. 고요와 고독은 영혼이 성숙을 알아보는 척도다. 고요와 고독은 우리를 평화와 낙원으로 이끈다. 영혼의 삶은 내면의 삶을 말한다. 밖에서는 이룰 수 없는 것이다. 영혼의 삶은 그것 자체가 보상이며 그럼으로써 자신을 찾는 것이다. 우리가 일단 영혼의 안식을 얻고 우리의 의식이 우리보다 높은 존재에 연결되면 우리는 충만해 질 수 있다. 우리는 차고도 넘쳐 흘러갈 수 있는 것이다. 그리고 이것이 우리가 진실과 참된 삶을 향하여 나아가며 초월하였음을 보여주는 증표다. 고대 철학자의 격언에서도 선과 진실, 미, 사랑이 인간으로 하여금 자신을 초월할 수 있게 해주는 자산이라 했다.

12단계 프로그램은 수치심에 마스크를 쓰고 숨어서 괴로워하고 있는 형제와 자매에게 이런 메시지를 전해주라고 말한다. 이 단계는 정직한 것과 남을 향해서 봉사하는 것을 실천하게 해준다. 이는 우리가 말한 대로 행동하고 우리가 주장한대로 실천하며 우리가 원하는 방향대로 그대로 나아갈 것을 요구한다. 이는 또한 우리가 다른 사람에게 진정한 사랑과 존경에 대해 참된 모델이 되어 줄 것도 요구한다. 우리가 하나님과 자신, 이웃과의 관계가 회복한 것을 보여주는 모델이 될 때 다른 사람들이 이를 보고 빠져 나갈 구멍이 있다는 것을 보여주는 것이다. 바로 수치심의 사람들도 희망이 있음을 말이다.

6 내면의 아이 자유롭게 하기

"어쩌면 나도 마찬가지였나 보다. 부모가 나를 강박적으로 보호하던 습관이 내 안에 남아 있어서 어린 시절 학대받고 버림받은 내 안에 있는 어린아이와는 그 동안 접촉하지 못한 것 말이다. 이 아이는 내 삶 속에서 계속 나타나면서 나와 그만이 알고 있는 사실에 대해 이야기하고 싶어 했다. 이제 내면 안에 있는 나는 문 앞에 서서 앞으로 만나게 될 어두움에 두려워 떨고 있다. 하지만 이제는 더 이상 이 어린아이를 홀로 버려두지 않으리라. 나는 내 생애를 마칠 때까지 수십 년간의 외로움 속에서도 살아남은 이 아이를 신뢰하며 그의 이야기에 귀 기울일 것이다."

엘리스 밀러 '어린아이 시절" 중에서

내 저서인 "가족"에서도 나는 내 수치심을 감소시키는 세 가지 측면을 제시했다. 표 6.1 은 당신에게 이에 대한 것을 그림으로 보여주고 있다. 첫 번째 단계는 복구하는 단계다.

내가 참가한 그룹의 도움과 사랑으로 인해 나는 내 자신의 가치를 받아들였다. 나는 그룹에서 위험을 무릅쓰고 수치심에 묶인 내 자신을 보여 주었다. 내가 나 자신을 수치심을 주지 않는 사람들의 따뜻한 눈으로 비추어

보니 나 자신도 내게 좋은 느낌이 들었다. 그리고 내 자신과 만나기 시작했다. 나는 더 이상 혼자 남겨져서 밖에서 서성이는 자가 아니었다. 의지하는 그룹과 사람들로 인해 나는 내 자신과의 교류를 되찾았다.

회복의 과정은 우선시 되는 것부터 시작되었다. 무슨 뜻인가 하면 일단 하나씩 고쳐간다는 뜻이다. 나는 술을 끊고 고립 가운데 빠져 있는 일을 그만두고 사람들과 내 경험을 나누며 힘을 갖고 희망을 품게 되었다. 나는 내 느낌을 나누기 시작했다. 그러므로 내 느낌을 느끼기 시작했으며 가족으로부터 채울 수 없었던 의존성을 새 가족과도 같은 공동체로 옮기었다. 하지만 내게 새로운 가족이 생겼음에도 부모로부터 나를 보호하려던 수치심에 묶인 아이가 내 안에 여전히 있었다.

수치심은 감소했지만 여전히 내 안에 있어 활동하고 있었다. 나는 여전히 강박적 충동을 보이고 친밀해지는데 어려움을 느끼고 있었으며 사랑과 동정을 혼동하여 나를 필요로 해 보이는 여자와만 사귀려 들었다. 나는 나를 구원자처럼 여기는 관계를 만들고는 그 안에서 내가 전능한 사람처럼 대우받으려고 했던 것이다. 나는 토요일이든 관계없이 하루에 12시간씩 일했다. 담배는 더 피워 댔고 설탕은 더 먹어댔다. 하지만 이 모든 것에도 불구하고 내 삶 전체를 위협했던 술은 중단했다. 이로 인해 내 자신에 대해 덜 수치스럽게 여기고 있었지만 여전히 강박적이었고 쉽게 이끌려 갔다. 나는 아직 자유롭지 못했던 것이다. 자유롭게 되기 위해 나는 내 가족과의 관계로부터 시작해야 했다. 나는 진정으로 자라야 할 필요가 있었고 참으로 집(가족)을 떠나야만 했던 것이다.

프리즈 펄스(Fritz Perls)는 "인생의 목표는 도움을 받던 환경으로부터 떠나 자신이 스스로를 도와야 된다." 라고 말했다. 인생의 목표는 자립하는 것이다. 자립은 건강한 수치심에 기반을 두어야 하며 우리는 우리 삶에 책임이 있다. 그러나 우리의 인생에 바탕이 되는 관계가 부모에게 제대로 배워보지 못한 과거와 유기 당한 어린 시절로 얼룩져 있어서 우리의 자아에 수치심이 바탕이 되게 한 것이다.

도표 6-1 아무것도 집착하지 않는 상태

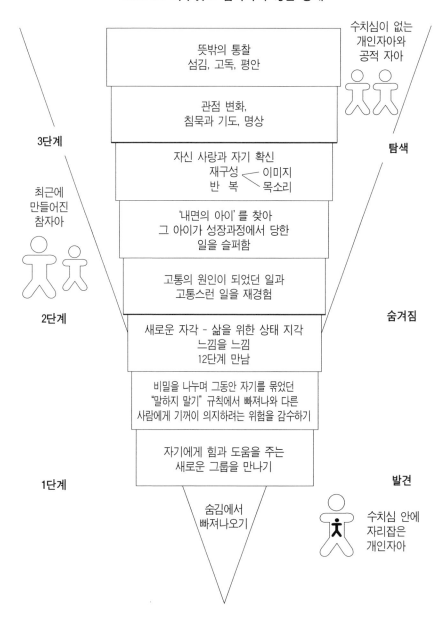

수치심이 없는
개인자아와
공적 자아

뜻밖의 통찰
섬김, 고독, 평안

관점 변화,
침묵과 기도, 명상

3단계   탐색

자신 사랑과 자기 확신
재구성 ── 이미지
반 복 ── 목소리

최근에
만들어진
참자아

'내면의 아이' 를 찾아
그 아이가 성장과정에서 당한
일을 슬퍼함

고통의 원인이 되었던 일과
고통스런 일을 재경험

2단계   숨겨짐

새로운 자각 - 삶을 위한 상태 지각
느낌을 느낌
12단계 만남

비밀을 나누며 그동안 자기를 묶었던
"말하지 말기" 규칙에서 빠져나와 다른
사람에게 기꺼이 의지하려는 위험을 감수하기

자기에게 힘과 도움을 주는
새로운 그룹을 만나기

1단계   발견

숨김에서
빠져나오기

수치심 안에
자리잡은
개인자아

우리의 참 자아를 키우지 못했기에 부모에게 묶여 있거나 우리 주위에 담을 쳐서 남이 더 이상 들어와서 상처를 주지 못하도록 막는 것이다. 어린 시절에 당한 관계가 우리가 그 뒤로 겪는 관계까지 영향을 미치는 것이다.

나는 웨어널 엘하드(Wemer Erhard) 라는 감수성 훈련의 하나인 심신 통일 훈련의 창시자에게 우리가 바탕이 되는 관계를 제대로 풀어 나가지 못하면 그 뒤의 관계도 잘 할 수 없다는 이야기를 들었다. 우리가 가족간의 관계로 수치심에 묶이게 되었기 때문에 집을 떠난다는 그 자체로도 수치심을 감소시키는데 막대한 영향을 주는 것이다.

집을 떠나기

집을 떠난다는 것은 무엇이고 우리는 어떻게 해야하나?

집을 떠나는 것은 우리가 온전해 지기 위한 두 번째 단계다. 나는 이것을 폭로의 단계라 부르겠다. 이 단계는 자신 안의 오래 전에 버려지고 상처받은 아이와 만나는 단계이다. 그 아이는 우리의 감정이 차단 된 곳에 집을 짓고 사는 아이다. 이 감정들은 우리가 학대를 당하면서 차단되었던 감정이다. 상처받은 아이가 접촉하기 위해 우리는 우리가 차단시킨 감정들과 다시 만나 경험해야 한다. 우리가 감정의 에너지를 닫을 때 그것은 우리가 생각하고 사고하는 능력에 영향을 준다.

우리의 생각의 폭은 좁아지고 판단과 인지, 우리에게 일어난 일을 합리적으로 생각하는 능력에 영향을 미친다.(하지만 추상적인 사고를 하는데는 그리 악영향을 미치지 않는 것 같다) 일단 실제적으로 판단하는 능력이 닫혀진 아래로 우리의 의지가 우리 일을 결정하는 집행자가 되어 다양한 가능성을 보지 못하고 현실과 동떨어지게 된다. 감정이 닫힌 사람은 문자 그대로 의지가 가득한 의지 덩어리가 되어야 하며 하고 싶은 것은 절제하지 못하고 무조건 다하려 드는 상태가 되어 결국에는 그를 수치스럽게 여기는 결과까지 이끈다. 이 하고자 하는 대로 다 하려 드는 즉 신처럼 굴려는 의지중독이

12단계 프로그램을 만났을 때는 큰 소동이 일어난다. 여기서 나오는 때는 오직 예전의 그 감정들로 돌아가 다시 경험하는 수 밖에 없다. 닫혀진 감정은 바로 그 상황으로 다시 돌아가 경험되어야 한다. 채워지지 못하고 회복되지 못한 의존하고자 했던 마음은 새롭게 교육받고 제대로 된 관계로 채워져야 한다. 우리 안의 버려진 아이는 틀림없이 슬프게 울고 있었을 것이다. 우리의 강박적 행동도 사실은 우리가 닫혀진 감정에서 비롯된 것이다. 이 내면에 갇혀진 슬픔들이 돌아봐 달라고 계속 표출되고 있는 것이다. 우리는 이 감정을 다시 경험하든지 아니면 이를 강박적 행동으로 표출시키는 방법 밖에 없다.

강박적 행동이외에 우울이나 자살 아니면 남에게 우리의 부모로부터 전이된 수치심을 다시 전가시키는 방법들도 있다. 우리가 이런 강박적 행동을 고치려면 집에서 떠나 우리 자신 본연의 모습이 되는 수밖에 없다. 비록 나는 회복기에 있었다고 하지만 여전히 집을 떠나지 못하고 있었다. 나는 내게 수치심을 주었던 일들을 밝혀 내지 못하고 있었던 것이다. 나는 내 안의 "진짜" 고통에 대하여 작업을 들어가지 못하고 있었고 내 가족과의 관계를 조명해 보지도 못하고 있었다.

고통의 기원이 되는 마음들과 대면하라

자신을 수치스럽게 여기는 사람은 대부분 발단이 집에서 시작된 경우가 많다. 어린 시절 감당하기 어려울 적에 너무 많은 자극이 있었기 때문이다. 학대로 인한 모든 종류의 상처가 아이에게 설움으로 남아 아이의 마음을 차단시키는 것이다.

나는 어떤 아빠와 어린 딸을 공항에서 본 적이 있는데 나는 그때 공항에 있는 이발소에서 머리를 깎고 있는 중이었고 그는 내 옆자리 두 번째 밑에 앉아 있었다. 그는 아이에게 너는 네 엄마를 꼭 닮은 문제 덩어리라며 아이에게 고함을 지르고 있었는데 내 생각에 이 남자는 아마 이혼했거나 별거 중인 것같이 보였다. 그 아이 아빠는 나가면서 아이 뺨을 갈기고 있었는데 그것은 정말이지 보기가 너무 고통스러웠다. 그는 아이가 울자 또다시 때렸다. 그리고는 아이를 아이스크림 있는데 끌고 가서 아이에게 아이스크림을 사주며 울지 못하게 했다. 아마도 이 아이는 매우 어린 나이부터 자신이 원하지 않는 아이고 잘못은 자신에게 있으며 자신은 중요하지도 않은 사람이고 아빠가 저런 것은 자기 책임이라는 것을 배우고 있는 것이다. 나는 누가 저 아이의 아픈 마음을 감싸주고 그 슬픈 마음을 달래주며 슬퍼하는 것을 인정해 줄지 의심스러웠다.

건강한 가족은 아이의 감정을 매우 중요하게 여긴다. 아이들에게 상처가 될 만한 일은 어디서든지 벌어지지만 엘리스 밀러(Alice Miller)가 말했듯이 우리를 고통스럽게 하는 것은 괴롭게 한 사건이 아니라 이를 표현할 수 없는 것 때문인 것이다. 아이가 학대를 당하며 무시당하고 곤경에 빠질 때 그 상처와 고통 위에 분노가 있다. 아이는 그들의 고통이 확인 받는 것이 필요하다. 그들은 이 마음의 짐을 벗어버리는 게 필요하고 이 작업을 하며 도움을 받는 것이 중요하다. 학대를 당한다 해도 그 옆에 누군가가 있어서 아이의 상한 마음을 확인하고 인정해 주고 감정을 풀어 나가게 도와주면 그 아이는 수치심에 묶이지 않게 된다.

어느 건강한 가정을 예를 들면 아빠가 보일러실이 폭발하여 큰 부상을 당하게 됐다. 여섯 살의 어린 아들은 아빠가 피를 흘리며 무능력하게 누워 있는 것을 보고 큰 충격을 받았다. 아빠는 침착하게 앰뷸런스를 부르게 했고 엄마가 올 동안 아이는 이웃집에 맡겨져 있었다. 아이는 큰 충격을 당한 듯했고 엄마가 아이를 놀이로 치료하는 전문적인 아동심리 치료사에게 데리고 갔다. 아이는 아빠가 사고를 당한 지하실로 가기를 두려워했고 엄마가 그때 집에 있지 않은 것과 아빠가 병원에 가서 집에 없다는 사실에 화가나 있었다.

한 달이 넘는 기간 동안 아이는 놀이 치료를 통해 자신의 감정을 표현하였다. 엄마와 아빠는 아이가 자신 안에 있는 분노를 표출해 낸 것이 기뻤다(수치심이 내재된 부모는 아이가 화를 표현하는 것을 못 참아 하고 아이에게 죄책감을 느끼게 만든다). 그들의 집에는 새로 보일러가 설치 됐지만 아 직도 아이가 그 곳에 가는 것에 두려운 마음이 드는 것을 잘 견뎌 낼 수 있도 록 격려하였다. 그들은 자신의 마음을 아이와 나누었던 것이다.

마음을 인정해 주는 것

슬픔이 치료받기 위해서는 여러 가지 면이 반드시 밖으로 나와야 한다. 어린 시절의 상처가 있는 것으로 인정되어야지 그렇지 않으면 풀어낼 도리 가 없는 것이다. 아마도 결과적으로 가장 피해가 많은 것은 얼마나 억압되 고 화가 나는지를 모르는 것이다. 치료되지 못한 슬픔을 느끼지도 못하면서 거짓 자아의 자기방어로 그것을 느낄 기회조차 주지 않는 것이다. 참으로 역설적인 것이 어린 시절에 보호해 주었던 자기방어가 이젠 우리를 성장시 키지 못하게 하는 장벽이 되어버리고 말았다. 프리즈 펄즈가 말했듯 그게 뭔지 모르고는 바꿀 수 없는 것이다. 우리는 얼어붙은 슬픔의 뚜껑을 벗겨 야 한다.

나는 날 부모처럼 돌봐주시던 내 할머니가 나를 비웃던 것을 잊을 수 없 다. 엄마 아빠가 심하게 싸우고 나서 아빠는 나가서 술을 마시느라 정신이 없는 동안 나는 더 이상 참지 못하고 울음을 터뜨렸다. 그런데 이 모습을 보 고 할머니가 말하기를 "그렇게 큰 아이가 계집아이처럼 질질 짜지 말라"고 나를 비웃었다. 나는 그 수치심을 잊을 수 없었고 수년이 지났지만 여전 히 기억에서 떠나지 않았다.

격려

아마 슬픔의 가장 비극적인 면은 슬픔이 남의 도움을 받아야만 치유될 수 있다는 면일 것이다. 제인 미들톤 모즈는 이에 대해 슬픔은 남의 도움을 받 아야만 치유될 수 있는 유일한 것 중 하나라고 했다. 사람들이 슬픔을 오래 끄는 이유는 그 자리에 누군가 그 느낌을 인정해주고 풀어 나갈 수 있게 도와줄 사람이 없기 때문이다. 당신은 혼자 슬퍼할 수 없다. 수백만의 사람들이 혼자 삭히려고 침실 문을 잠가 놓고는 베개를 눈물로 적시는 것이다. 이렇게 제때 해결되지 못한 슬픔이 우리가 부르는 "충격 후에 나타난 슬픔의 현상"이라고 부르는 것이다. 전쟁 후 군인들이 집에 돌아 와서 현실에 적응하지 못하며 두려워하고 정신적 마비현상을 일으키며 깜짝 깜짝 놀라고 통제가 필요하며 악몽과 잠을 제대로 이루지 못하는 일이 일어났다. 이런 원리가 역기능 가족의 아이에게도 일어난다. 그 아이들 역시 풀리지 못한 설움에 괴로워한다.

슬픔을 느끼기

그 전에는 허락되지 못한 감정을 풀어내는 작업을 하는데 있어서 수치심을 불러일으키지 않는 안전한 사람들과 함께 하는 것이 중요하다. 이 작업에서 풀어내는 감정은 분노, 연민, 후회, 자책, 상한 마음, 절망, 슬픔, 그리고 외로움이다. 이 일은 정신적 치료와 같은 것인데 그 정도에 따라 종류와 시간은 차이가 있지만 그 사람이 충분한 만큼 긴 시간이 필요하며 역기능 가족의 경우에는 결코 충분한 기간이란 없다.

휴스턴에 있는 가족치료 센터에서 우리는 나흘 반 동안 우리는 "근본적 고통"에 접근하는 시간을 가졌는데 가족 시스템을 그대로 재연하여 그들이 얼마나 가족과의 관계 가운데서 자기를 잃어버리고 위장된 모습으로 살았는지를 대면하게 했다. 그때 한 남자가 자신의 영혼에 큰 상처를 당한 그 순간과 마주하자 그의 슬픔이 터지고 말았다. 이를 임상치료사가 도와주며 그의 감정을 인정하게 해 주었는데 이는 그동안 그런 감정이 수치심으로 묶여서 드러나 있지 않던 감정이었기 때문이다. 그가 그 안에 있던 자신의 진짜 감정과 마주하자 그의 수치심은 감소되었다. 이 일은 워크숍 내내 계속 했는데 아마도 그 이후로 몇 년 동안은 계속 그 일만 했을 것이다. 이 외에도 근본적 슬픔을 치료하는 방법은 다양하다. 당신이 만약 강박적인 행동과 재연, 치유 받지 못한 슬픔을 더 이상 그만 겪고 싶다면 당신은 이런 치료를 받는 게 필요하다.

다시 경험하기

당신 안의 해결되지 못한 일을 풀어내는 방법은 지난 날의 일들을 다시 경험하거나 묶인 것을 풀어주고 당신 안에 있는 버림받은 아이와 만나는 것이다. 우리가 자랄 적에 남에게 의지하려는 욕구가 무시 받아서 수치심을 만든 주요한 일이기 때문에 다시 이 부분에 접근해서 새로운 경험을 하는 게 필요하다. 각 발달 단계에서 이루어져야 하는 일들은 몹시 중요한 일들이고 그때마다 꼭 가져야 되는 독특한 경험이다. 영아기 때에는 더욱 절대적인 사랑이 필요하다. 말로 하건 행동으로 하건 "네가 우리와 같이 있어서 좋다. 이 세상에 나오게 된 것을 환영한다. 네가 우리 가정에 태어나서 기뻐. 나는 네가 남자/여자라서 기쁘단다. 나는 네 말을 들어주고 싶고 널 안아주고 사랑해 줄꺼야. 네가 원하는 것은 다 나한테 좋은 일이야. 네가 날 필요할 때 내가 그 자리에 언제나 있어주마!"라는 확언을 아이에게 해줘야 한다. 이 내용은 팜 레빈스의 책 '힘의 순환'에서 나온 내용인데 곧 출판될 예정이다. 나는 6명에서 8명 사이의 작은 그룹을 지어서 가운데 한 사람을 앉아 있게 하기 좋아한다. 가운데 앉은 사람은 주위에 있는 사람에게 자기에게 어떻게 해주어야 될 것을 지시한다.

어떤 사람은 요람을 만들어 그 안에 안기기를 원하기도 한다. 어떤 사람은 그냥 가벼운 접촉을 원하기도 하고 어려서 많은 신체적 접촉이 없었던 사람은 이런 종류의 접촉에 거부를 느끼기도 한다. 그렇기에 각자는 원하는 것만큼 자신의 경계를 지킬 수 있다. 일단 그룹이 만들어지면 우리는 그 사람 주위에서 자장가를 불러 주면서 주위 사람들이 그를 어루만지거나 보듬어 주면서 말로 앞에 나온 메시지를 전해주곤 한다.

사람들은 오랫동안 듣고 싶어 했으나 듣지 못한 그 말을 듣게 되면 곧 흐느끼기 시작한다. 그 사람이 만약 어린 시절 유기 당한 사람이라면 강도는 훨씬 깊다. 그 사람이 듣고 있는 그 말이 그의 영혼에 구멍 나는 곳을 건드렸기 때문이다. 이 듣는 과정이 지나면 그룹은 그들의 경험에 대해 나누기 시작하는 데 나는 될 수 있는 대로 남자와 여자를 섞어 놓으려 한다.

옛날에 그들을 학대한 사람과 성이 같으면 종종 그 사람은 그 대상의 말에 거부감을 느끼기 때문이다. 그래서 나는 그들이 남자와 여자의 말을 번갈아 가며 듣게끔 배려한다. 그룹 내에서 서로 나누면서 예전에 가지지 못한 접촉과 사랑 격려, 서로에 대한 확인을 통해 그들은 과거에 있었던 안 좋은 경험들을 그들이 필요했던 경험과 받고 싶었던 일들로 채워 놓는다. 나는 유아기 시절 채워지지 못한 단계를 위해 친구들에게 그 일을 부탁하는 방법도 권하는데 친구들이 그 사람을 충분하게 안거나 터치해 주든지 아니면 밖에 데리고 나가서 먹을 것을 사준다든지 충분한 피부 접촉을 해주며 따뜻한 물에 목욕시켜 주기도 하고 담요에 싸주기도 한다. 아니면 아기들이 받는 마사지를 해줄 수도 있다. 그리고 나서 이젠 유아기를 지나 아장아장 걷는 시기로 넘어온다.

이때부터는 떨어지기 시작하는 시기이므로 일부러 구성원들도 좀 거리를 두고 앉게 된다. 치유를 받을 사람을 중앙에 아장아장 걸어 나오게 하고 나는 다음과 같은 메시지를 들려준다. "돌아다니면서 네가 알아보고 싶은 것을 알아봐도 괜찮아. 날 떠나 있어도 괜찮아 나는 널 떠나지 않을 거야. 짜증을 내도 괜찮아. 화를 내도 돼. 안된다고 말해도 괜찮아. 네가 이러는 건 괜찮아. 네가 하고 싶은 대로 해도 괜찮아. 내가 여기 널 위해 있어 줄게. 서두를 필요 없어. 네가 필요한 만큼 시간을 줄테니 네가 뭘 가지려 하고 또 그냥 내버려두는 것도 좋아. 나는 널 떠나지 않을게!"라는 말을 해준다. 다시 끝나고 나서 사람들은 서로 나누기 시작하고, 이런 확언을 서로에게 듣게 된다. 사람들은 자주 서로 나누면서 깊게 감정을 표현한다. 이런 와중에 예전에는 기억하지 못했던 일이 생각나기도 하고 전에는 몰랐던 상처가 드러나기도 한다. 어떤 사람들은 더 깊은 슬픔을 경험하기도 한다. 우리는 이런 발달 단계를 통과하며 사춘기까지 이끌어 간다. 사춘기는 중요한 시기인데 앞에 나왔던 아놀드의 예처럼 이 시기에 수치스런 경험을 할 확률이 더 높기 때문이다. 사춘기 아이들을 다룰 때 나는 부모에게 그들이 받고 싶었지만 받지 못한 일들에 관해 편지를 쓰라 권유한다. 웨인 크리스 버그는 편지를 쓸 때 자유롭게 쓰고 싶은 대로 쓸 것을 권하고 있고 나도 이 방법을 따른다. 물 흐르는 대로 억제하지 않고 쓰는 것은 어린 아이 시절의 마음을 되살려 주는데 도움이 된다.

그룹 안에서 그가 편지를 읽을 때는 주위에 있는 사람이 부모 대신 그의 말에 응답해 주며 그가 필요했던 말을 해준다. 그리고 효과적인 치료를 위해 나는 참가한 사람 모두가 그들 안에 있는 상처받고 버림받은 아이와 만나는 워크숍을 한다. 나는 강력한 경험에 대해 뭐라 말로 설명할 수가 없다. 그 중에 몇몇은 녹음을 해 두기도 했는데 이 워크숍이 하는 그 역동적인 효과를 도저히 글로는 표현할 수 없다. 나는 이것을 다음에 나오는 내용인 명상 편에서 윤곽을 잡아 놓았다. 아마 당신 자신이 이것을 녹음해서 직접 명상에 들어 갈 수 있겠다. 나는 다니엘 코비알카의 "고향으로 돌아가며"를 뒷 배경음악으로 쓸 것을 제안한다.

명상 : 내면의 잃어버린 아이 감싸기

똑바로 앉아라. 긴장을 풀고 숨을 고르게 한 다음, 의식적으로 더 숨을 고요하게 하려고 노력하라. 숨을 들이쉬고 내쉬는 것을 자각해라. 숨에 초점을 맞추며 1분간을 보낸다. 이제 당신이 긴 계단을 걸어가고 있다고 상상하라. 10을 셀 동안 천천히 내려가라. 십, 십초 쉬고, 구, 다시 십초 쉬고, 팔, 다시 십초 쉬고. 당신이 계단 끝을 다다르게 되자 왼쪽으로 가서 긴 복도를 지나 당신 오른쪽과 왼쪽에 문이 있는 곳에 서라. 각 문의 색깔은 나름대로 상징하는 게 있다. 1분 정도가 지나서, 복도 끝을 보니 강한 빛이 있다. 그 빛을 따라 거슬러서 시간을 거슬러 오라. 당신이 7살 이전으로 돌아간다. 거리를 지나 당신이 살던 집에 간다. 집을 보라. 지붕과 집 색깔 그리고 창문과 문을 보라. 현관 앞에 있는 아이를 보라. 아이가 옷을 어떻게 입고 있나? 아이가 입은 옷의 색깔은 무엇인가? 아이에게 다가가라. 그 아이에게 당신이 미래에서 왔으며 네가 겪고 있는 일에 대해 이 세상 누구보다도 잘 안다고 이야기해 주라. 네 고통, 버려짐, 수치스러움 모두 알고 있다고. 그리고 그 아이에게 네가 알고 있는 모든 사람 중에 당신만이 앞으로 절대로 잃어버리지 않을 사람이라고 이야기해 주어라. 이제 아이에게 너와 같이 고향에 가도 좋으냐고 물어라. 아이가 싫다면 내일 오겠다고 이야기해 주어라. 만약 간다면 아이 손을 붙잡고 가라. 엄마와 아빠가 현관에 나와 있는 것이 보인다. 그들에게 손을 흔들어 주어라. 어깨 너머로 보니 이제는 멀리 가서 그들이 보이지 않게 되었다.

이제 코너를 돌아 지극히 높은 존재와 당신을 기다려 오고 있던 너무나도 소중한 사람들을 만나라. 그들과 포옹하고 그 높은 존재가 당신 마음으로 오는 것을 허용해라. 이제 걸어나가서 그 아이에게 매일 5분씩 너와 만나겠다고 약속한다. 시간을 정해라. 아이를 손으로 감싸고 아이가 당신 손의 크기를 손으로 감싸려 그 크기를 가늠하려 드는 것을 내버려 두라. 아이를 가슴에 담고 밖에 있는 아름다운 문으로 가라. 그곳에서 서서 당신에게 일어난 일을 생각해 보라. 당신 안에 있는 아이와 교류 한 일. 높은 존재와 만나는 일 등을. 자 이제 하늘을 보라. 하늘의 거의 보라 빛에 가까운 창공과 하얀 구름을 보면서 숫자를 센다. 다섯, 넷, 이제 당신의 몸을 느낀다. 셋, 위장을 지나 당신의 팔을 느끼고, 둘, 당신의 손과 얼굴, 전체를 느낀다. 이제 정신이 깨어난다. 하나, 당신은 이제 완전히 의식이 돌아와서 당신이 가졌던 경험을 기억하려 한다. 당신에게 권하고 싶은 것은 일곱 살 이전의 당신 사진을 구해서 책상이나 지갑에 두어 당신 안에 있는 이 아이를 기억하라는 것이다. 많은 종류의 방법이 우리 안의 이 아이를 온전히 자라게 하는 것을 도와주고 있다. 이 아이는 당신 안에서 자장 핵심적이고 자발적인 부분으로 당신은 이 아이와 마땅히 이 아이와 통합되어야 한다.

성인이 되어 아이의 필요를 채워주기

우리는 지금까지 살아오는 동안에 우리 내면의 아이가 필요로 했던 일을 이제라도 채워 줄 수 있다. 우리는 매번 그때 그 아기가 필요로 했던 것이

새롭게 생각날 수 있을 것이다. 그 과정을 거치면서 그 당시 필요로 했던 욕구가 채워지면 이제는 막 걸음마를 시작하던 때의 아이가 자신의 욕구를 들어 달라고 소리를 친다. 각 시기의 필요가 채워지면 그 다음 시기의 아이가 자신의 욕구를 표현하는 것이다. 성인으로써 우리는 각 단계별 필요를 채워 줄 수 있는 기회가 있다. 이제 성인으로써 과거에 무력했던 어린 시절과는 달리 이제는 우리가 어린 시절 결여된 것을 채울 수 있는 것이다. 내 경우는 제대로 된 아버지 밑에서 자라지 못했다. 아버지로써의 보살핌과 훈육이 결여되어 있었던 것이다. 그래서 나는 남성으로 구성이 된 그룹을 조직하여 나와 교류할 그룹을 만들었다. 나는 그들로 하여금 내가 필요한 것을 채워주게 했는데 이미 성인이 된 나는 내 자신을 만족시킬 수 있지만 내 안의 아이는 만족시킬 수가 없었기 때문이다. 그래서 나는 그 그룹에게 내 아버지 노릇을 하며 나와 나누게 했는데 그 중에서 특별히 날 잘 돌봐준 사람에게 내 아버지가 되게 했다. 나는 또 다른 사람에게 내 아버지 뿐 아니라 어머니 역할도 하게 했는데 나는 이것을 통해 내가 필요한 것을 얻을 수 있었다. 성인으로써 나는 내 안의 아이에게 잘 대해 줄 수 있는 방법을 찾아내었고 또 이 아이가 존중과 친절로 대우받는 경험을 가질 수 있었다.

내면의 아이와 만남, 그 보편적 필요성

인간이 온전해 지는데 있어 내면의 아이와 만나는 것이 무엇보다 필요하다. 왜냐하면 그 누구도 완전하게 건강한 아동기를 보낸 사람이 없기 때문이다. 모두 무의식적으로 가족의 아직 해결되지 못한 일들을 가지고 있기 때문이다. 이 내면의 아이를 만나는 것은 신화에 나오는 영웅 이야기와 같다. 온전한 사람이 되기 위해서 우리는 영웅이 여행했던 과정을 겪게 된다. 그러나 그곳에는 고난과 시련이 있기 나름이다. 그리이스 신화에서는 오디푸스가 아버지를 죽이고, 오레스테스는 어머니를 죽인다. 부모를 떠나 험한 장애물을 통과하는 것이 영웅 신화의 줄거리다. 부모를 죽이는 것은 집을 떠나 성장했다는 상징이다. 어린아이를 찾아가는 것은 당신을 위협하는 내면의 깊은 심연 속에 있는 고통으로 향하는 첫 도약이다. 그러나 이 아이를 만나 가는 것이 단지 시작에 불과하다는 것을 알라. 왜냐하면 당신 안에 있는 그 아이가 그동안 고립되고 무시 받고 필요가 채워지지 않았기에 이 아이는 자기중심적이고 약하고 겁에 질려 있기 때문이다. 이 아이가 훈육되어 성숙하였을 때 비로소 당신 안의 엄청난 영혼의 힘을 풀어 나갈 수 있는 것이다.

7 부정한 내면과 통합하기

"우리의 인생이란 우리 안의 여러 자아들이 배열된 차례로 정해진다. 이 자아의 모습들은 꿈과 환상을 통해 끊임없이 나타나고 우리의 기분과 질병을 통해서도 나타나며 우리가 세상에 대해 도무지 설명할 방법이 없는 태도로 반응하며 예측할 수 없는 일을 행하는 데서도 볼 수 있다."

할 스톤과 시드라 윈클만

"변화는 결코 대가 없이 이루어지지 않는다. 내가 잘 몰랐던 내 안의 모호한 부분을 사용하여 살아가는 방법을 배워야 하고 또는 그 반대의 상황이 될 지도 모르겠다. 역설적으로 들리겠지만 나는 내 안의 천사들이 악마를 따라 도망가는 일에 대면하고 나서야 내 안의 악마들을 쫓아 낼 수 있었다."

셀던 코프

수치심이 내재된 사람이었던 나는 내 자신을 온전히 받아들이는데 굉장한 노력을 해야만 되었다. 내 자신을 받아들이는 것은 나의 수치스러운 감정과 욕구를 수용하는 것도 포함하고 있다. 대부분의 수치심이 내재된 사람들은 도움이 필요한 상황이거나 화나거나 슬프거나 두렵거나 즐겁거나 성적 욕구를 느끼거나 공격적이 되는 것을 수치스럽게 여긴다. 한마디로 우리의 본질적인 부분이 통합되지 못하고 갈기갈기 찢겨진 상태인 것이다. 이런 우리들은 아무 것도 아쉬울 것이 없는 척을 한다. 자신의 느낌을 느끼지 않는 것처럼 행동하는 것이다. 나는 상처를 받거나 정말 슬펐음에도 사람들에게 항상 괜찮다고 말해 왔다. 우리는 성욕에 대해 마비가 되어 굉장히 순수한 것처럼 연기하거나 아니면 성욕으로 다른 욕구와 감정들을 다 해결하려는 수도 있다. 이 모든 경우는 살아가는 데 꼭 필요한 부분을 잘라내려 해서 생긴 일이다. 그리고 우리가 부정한 부분들은 꿈을 통하거나 투사를 통해서 흔히 나타나곤 하는데 특히 성욕과 원초적 욕망들은 정말 그렇다.

· 어떤 남자가 교실에 있는 꿈을 꾸었는데 여자들이 나타나서 그의 옷을 벗긴다. 그 중 하나가 그를 성적으로 만져서 그는 그만 발기하고 만다.
· 내가 사나운 짐승에게 쫓기고 있는 꿈을 꾼다.
· 어떤 여자가 꿈에 흑인 모슬렘 교도 남자가 운전하는 자신을 곁눈질하며 추파를 던지는 것을 본다.

이 모든 꿈들이 우리 안의 억압된 것을 보여주는 것이다. 꿈은 우리가 부정한 부분을 알려주는 최상의 방법이다. 이러므로 우리의 주의를 끌려는 것이다. 이 부정된 부분들은 삶의 에너지로 튀어나오려 할 때마다 내 자신이 수치스럽게 여긴 부분들이다. 이 에너지는 억압은 되었지만 사라지지는 않는다. 즉 우리의 무의식 속에서 살아 있는 것이다. 융은 이 부정된 부분을 그림자라고 불렀다. 그리고 이 그림자를 통합하려 하지 않는 한 우리는 온전해 질 수 없다.

할스톤과 시드라윈클만의 음성과의 대화

그들의 책인 '자신 안의 자아 감싸기'에서 할 스톤과 시드라 윈클만은 수치심으로 인해 분리된 자아를 극복하는데 아주 효과가 높고 힘 있는 방법으로 접근하였다. 그들은 우리 안에 여러 자아가 배열되어 있다는 가정 하에 이를 시작했다. 자아는 자라면서 자연스럽게 생긴 일들에 의해 손상되어 분리되었다. 우리를 돌봐주었던 부모는 완전한 사람이 못되므로 어느 누구도 무조건적인 사랑을 받았다고는 볼 수 없다. 각기 제 기준에 맞추어 아이들을 조건적으로 대하기 십상이다. 그래서 우리는 우리를 돌봐주는 사람이 중요하게 여기지 않거나 가치 없다고 여기는 부분은 스스로 거절되어 분리시켜 버리려 한다. 자아가 분리되어 가는 과정은 성장기 내내 일어나고 후에는 자율적으로 그렇게 된다.

이렇게 분리된 부분은 각각 작은 자아들이 된다. 그리고 이런 자아들은 우리의 관심을 끌려고 꿈이나 환상을 통해, 아니면 우리의 기분과 몸에 나타난 질병을 통해, 아니면 예측할 수 없는 다양한 방법과 삶에 대한 설명할 수 없는 일들을 통해 끊임없이 나타난다. 이 내면에 있는 자아들은 내면의 음성으로써도 작용한다. 이 음성들에 대해 우리가 알면 알수록 우리의 자유도 확장되어 진다. 모든 사람들이 이런 내면의 음성을 가지고 있으나 자신을 수치스럽게 여기는 사람들은 이런 면을 파묻어 놓았기에 자아를 통합하는데 보통 사람보다 힘이 갑절이 든다.

우리가 부인한 우리 안의 모습들은 에너지의 형태로써 우리에게 큰 영향을 미친다. 그리고 수치심이 내재된 사람은 여러 경우에 있어 많이 지쳐 버린다. 그들은 거짓자아를 유지시키고 자신의 참모습들을 부정하느라 너무나 힘들게 노력하고 있기 때문이다. 나는 이것을 공기가 꽉 찬 고무공을 물밑에 집어넣고 있으려는 노력에 비유했고 버지니아 새티어(Virginia Satir)은 지하에 갇힌 굶주린 개들에 비유했다. 억압된 부분과는 정반대의 행동을 하려 함으로써 부단히도 억누르려 한다.

우리가 이렇게 싫어하는 부분을 부인해 나갈 때 우리는 우리에 대한 매력을 느끼기도 한다. 하지만 스톤과 윈클맨이 강조하는 점은 우리의 모든 부분이 괜찮다는 것이다. 아무 것도 더 확신할 것이 없고 어떤 면이 수치스럽다고 여겨서도 안된다. 우리 안의 모든 부분은 우리가 온전해 지는 데 꼭 필요한 부분이기 때문이다. 거기에는 결코 어떤 면이 다른 무엇보다 낫다는 것이 있을 수 없다. 우리의 의식이 이들을 살피며 민주적으로 운영해 나가면 된다. 내면의 음성과 대화하는 일은 노력과 연습을 필요로 한다. 나는 이 거대한 작업에 대해 기본적인 골격 밖에는 그려줄 수 없다. 내면의 음성과 대화하는 것은 어떤 실체를 붙잡는 것보다는 의식해 나가는 과정에 가깝다. 의식해 나가는 과정은 우리가 성취해야될 무엇이 아니라 살아 나가면서 풀어내야 할 과정이다. 이것은 끊임없는 전진의 과정이며 순간순간마다 계속 변화하는 과정인 것이다.

이 의식화 과정에는 세 가지 측면이 있는 데 첫째가 자각이며 둘째가 내면의 음성들을 직접 경험하는 것이며 셋째가 자아로 움직여지는 것이다. 자각의 단계는 자신에 대해 판단을 내리지 않고 지켜보는 단계다. 내면으로 억압한 자아들은 일종의 어떤 힘의 형태로써 우리에게 신체적으로나 감정적으로 또는 정신세계나 영적으로 눌러 놓았지만 그래도 여전히 내면에 존재한다는 사실을 우리에게 고백한다. 격노를 터뜨리는 남자의 경우를 보면 그는 자신의 화내는 것을 남에게 표현하는 것을 수치스러워서 몇 년 동안이나 화를 눌러왔을지 모른다. 그러나 막상 화를 터뜨릴 때는 그는 분노에 완전히 압도되어 화내는 일에 사로잡혀 있는데 이런 경우 자신의 상황에 대한 자각이란 없다. 그러나 자신이 화내고 있다는 사실을 자각한다면 그는 화가 났다는 것을 글자 그대로 "경험"할 수 있다. 그렇게 되면 자아를 통해 이 "경험"을 더 자각할 수 있다. 이때 자아는 선택하여 결정을 내리는 "선택자"의 역할을 한다.

자아는 자각을 통해서 결정을 하거나 또는 벌어지고 있는 일을 "경험"함으로 이 경험에서 정보를 받아 결정하고 집행하는 존재다.(내가 경험이란 단어를 사용했음에 주의하라. 경험한다는 것은 감정에 휩쓸려 자각 없이 사로잡혀 버리는 게 아닌 자신이 지금 무엇을 하고 있는 지에 대해 분명히 자각하고 있는 상태다.) 스톤과 윈클만이 언급했듯이 의식을 해나가면 해 나갈수록 우리의 자아는 점차적으로 자각하게 된다. 그리고 자아가 더 잘 자각할수록 그만큼 선택할 수 있는 힘도 커진다. 그리고 이것이 우리를 묶고 있는 수치심을 풀고 치유하는 데 있어서 나아가야 할 방향이다. 내가 전에도 언급했듯이 부풀려지고 제멋대로인 의지들은 사실 우리가 우리자신을 수치스럽게 여기고 자신 본연의 모습을 부인하는데서 기인된 것이기 때문이다. 우리가 거짓된 완벽주의와 조종으로 사람들의 비유 맞추기에 급급할 때 우리의 자아는 선택할 수 있는 힘을 잃어버리게 되며 방어자나 통제자의 모습을 띠게 된다.

방어자나 통제자는 종종 완벽주의의 모습으로 나타나면서 내면에서 자신을 비판하거나 아니면 자신이 부인하고 싶어하는 억압된 자아들을 만족시키기에 급급한 모습으로 나타나기도 한다. 그리고 일단 그가 결정하게 하고 의식적이게 하던 자아가 그동안 억압된 자아들에 압도되면 그 자아는 더 이상 선택할 수 있는 능력을 잃게 된다. 그리고 선택할 힘을 잃어버린 자아가 내가 전에 언급한 거짓된 자아이다. 중요한 점은 이 억압되어 밑으로 들어갔으나 여전히 자아에 영향을 미치는 인격들을 참 자아에서 분리해 낼수록 참 자아의 선택할 수 있는 힘이 커진다.

우리의 목표는 마땅히 우리 안에 통합되어야 할 부분들의 힘들을 인식하고 의식적으로 이 부분들을 통합시켜 우리가 하는 행동이 분열되지 못하게 하여 종국에는 전체로 모아져 하나로 통합시키는 일이 되어야 한다. 의식 밑에 가라앉아 있는 성격들을 자신의 한 부분으로 인정하고 받아들여져야 한다. 우리의 모든 면이 다 괜찮다. 어느 것도 더 낫거나 열등하지 않다. 다만 우리에게 들려오는 부정적인 내면의 소리를 하나의 소리로 여기는 일이 필요할 뿐이다. 그리고 부정적이든 긍정적이든 자기 안에 있는 모든 생각들을 자각하여 의식적인 과정으로 이끌어 내고 이를 확장시키는 것이 우리의 목표이다. 스톤과 윈클만은 이에 대해 다음과 같이 요약했는데,

1. 억압된 인격들과 그 인격들이 주는 에너지가 무엇인지 탐험해 들어가라.
   내면에 억압된 인격은 내면의 음성으로 들려온다. 그런데 이 내면의 소리

를 듣고 대화하는 데 앞서 이 모든 소리들을 비판 없이 받아들이며 창피해 하거나 방어하거나 통제하지 말아야 한다. 각각의 다른 인격들 모두 한 인간을 이루는 소중한 부분으로 인격을 구성하는 중요한 부분이다. 그리고 이 인격들은 우리가 생각하는 방식과는 다르게 표현된다. 예를 들면 내면의 아이가 속에서 두려움에 떨게 되면 겉에서 보여지는 성인은 역겨운 느낌을 가지게 된다. 이 의식 밑에 가라앉은 인격들은 밖에서도 볼 수 있다. 이 인격들은 일종의 에너지의 형태로 존재하면서 실제 신체적인 면에 영향을 주기 때문이다.

그 예로 나는 내면의 아이를 경험하고 만나는 어떤 워크숍에 참석한 적이 있는데 내가 내면의 아이와 만나게 되었을 때 그 자리에서 내 긴장된 뺨과 턱, 얇은 입술과 깊게 주름 잡힌 이마가 큰 눈과 싱긋 웃고 있는 평화로운 어린아이의 모습으로 변하는 것을 보여준 적이 있었다.

2. 자아를 정화하라.

우리는 자신의 내면과 대화하면서 자아는 끊임없이 에너지의 형태를 가지고 활동해 왔다. 그리고 우리 안의 방어하는 의지와 통제하려 들었던 의지에 의해 억압받았던 자아를 의식과 분리시키게 된다. 이를 살피는데 있어 주목할 점은 통제가 수치심이 내재된 사람들이 살아가는 주방법이라는 것을 기억하라는 것이다. 이런 정화의 과정은 우리 모두가 필요하다. 이 과정은 종전에 나온 내면의 어린아이를 보살피는 단계에서 한 단계 발전된 단계다. 수치심이 내재된 사람들은 방어자와 통제자의 모습으로 자아를 엄격히 구분 짓고 규정해 버린다. 그래서 통제하고 방어하는 모습에 의해 참자아가 지배받는다. 그래서 이런 상태가 되어 나타난 사람의 모습이 밀어붙이는 자, 비판가, 완벽주의자, 권력에 연결되려 하는 사람, 비위맞추기에 급급한 사람의 모습이다.

이것은 개별적 또는 방어자와 통제자의 인격 중 한 부분이 되어 나온다. 그리고 사람마다 다르게 표현되어 진다. 워크숍에서 주로 쓰이는 방법은 자신의 자아의 모습들에 대해 알고 싶은 사람에게 다른 사람에 의해 억압된 모습을 발산하도록 지시한다. 그래서 일단 밑에 억눌려 있던 인격들이 표출되면 옆에서 도와주던 사람이 이를 알려준다. 그리고 그 사람이 다른 장소에 가서 지금 나타난 그 인격과 직면하거나 그 인격의 모습과 대화하는 것을 도와준다. 이런 방식으로 참자아는 다른 억압된 자아의 모습들과 구분이 되어 참 자아는 다른 억압된 자아에 의해 무의식적으로 결정을 내리는 게 아닌 좀 더 자각된 의식으로 결정을 내리게 한다.

이 방법은 우리 안에 수치심으로 인해 숨겨왔던 모습을 자각하기 시작하도록 하는 것을 의미한다. 방어자나 통제자로써의 비평가나 완벽주의자의 모습은 자신의 수치를 커버하기 위한 거짓된 모습일 뿐이다. 그리고 그동안 이 거짓된 자아에 속아 자신의 성장이 막혀 있었다. 이런 모습으로 수치심에 얼어붙어 있었던 자신을 바라보게 되는 것은 자신이 경멸했던 부분들이 진정한 자기모습은 아니라는 것을 깨닫게 해준다. 우리는 안 좋은 면이라 간주했던 면들을 비판 없이 바라보아야 한다. 그러나 그런 모습은 내면의 어떤 부분일 뿐이지 우리 전체의 모습은 아니기 때문이다.

3. 내면의 대화를 할 때는 반드시 자각하고 있어야 한다.

자신의 내면과 대화는 많은 영향을 끼치게 된다. 우리가 인식하지 않고 억압한 인격들이 존재할 수 있는 실질적인 공간을 마련해 주고 이 공간 안에서 의식이 이들의 욕구에 대해 자각을 하게 만들어 주어야 한다. 여기서 중요한 점은 그 과정을 겪는 사람이 자신이 그곳에서 목격하고 관찰하는 자신의 모습을 판단하려 하지 말고 지켜보기만 해야 한다는 점이다. 아무 것도 바꾸려할 필요가 없다.

자각은 결단하려하거나 행동을 취하려는 성격의 일이 아니다. 자각은 우리에게 우리의 모든 모습이 받아들여지고 괜찮다는 것을 자신에게 알리기 위해서 하는 일이기 때문이다. 우리는 또한 이 자각의 과정을 사이코 드라마 같은 워크숍을 통해 경험할 수 있다. 이를 통해 자아와 연결되어 있었으나 우리가 전에는 알지 못했던 우리 안의 성격들을 잘 알 수 있는 것이다. 그러나 한 사람이 혼자 이 작업을 할 수 없다.

작업을 시작하는 초기에는 실험자는 자신을 고무시켜줄 사람이 필요하기 때문이다. 그러나 둘 사이의 상호관계와 다른 사람과 함께 해야 하는 모험이 뒤따른다. 실험자와 도와주는 사람은 자신은 알지 못해 왔던 인격들이 그동안 어떤 영향을 미쳤는가를 알아본다. 그 실험자가 자신이 다른 사람에 의해 지지 받는 것을 잘 적응해 나갈수록 그 사람의 감각은 예민해져서 더 잘 표현할 수 있게 되며 이렇게 함으로 그의 자각이 계속해서 확장되어 나아간다.

자! 그럼 뒤에 나오는 방법으로 자아와의 여행을 떠나보자! 나는 윈클만과 할스톤의 방법을 채택했는데 나는 이 방법에 "당신의 계곡 안에 사는 사람들과 평화를 이루기"라는 제목을 달고 싶다. 이 제목은 마이크 폴스라는 택사스 나코스타크라는곳에 있는 스테판 F.오스틴 대학의 목회자가 제안하였다.

당신 내면의 계곡 안에 사는 사람들과 사이좋게 지내기

1. 당신이 싫어하는 사람들의 리스트를 만들어라. 당신이 느끼는 감정의 정도가 강한 순서로 가장 꽤씸한 사람들로부터 가장 경멸하는 사람까지 적어 보라. 그리고 왜 그 사람을 싫어하는지 그 사람을 싫어하고 꽤씸하게 여기게 된 이유를 써라.
2. 당신이 쓴 그 사람들의 이름을 읽어 보라. 잠시 멈추어서 그 사람에 관해 곰곰이 숙고해 보라. 그러면서 당신이 느끼는 감정을 자각하라. 당신과 비교할 때 이 사람의 어떤 면이 당신을 보다 정의롭고 선하게 만드는가.
3. 자 이제 그 사람의 가장 특징적인 면을 요약하여 써보라.
   나의 예를 들면
   a. 조 슬런크 - 자아가 잔뜩 부풀려진 사람
   b. 그웬넬라 팔보더스틸 - 사람이 너무 공격적이고 무례해

   c. 맥시밀리언 콰리즈 - 위선자. 돈 때문에 그러는 주제에 다른 사람을 돕는 척 해.

   d. 파콰 이반하우져 - 사이비 면서 진실한 크리스천인 척 속이고 있어.

   e. 로가타 페이오피아 - 겁쟁이. 자기주관이라고는 눈꼽 만큼도 없어.

4. 여기나온 사람들의 대표적인 인격의 모습들은 당신이 그동안 부정해 왔던 당신 속에 존재하는 인격들이다. 당신은 당신 안에 이런 면들이 있음에도 불구하고 그 어떤 상황 속에서도 이를 드러내지 않으려고 했을 뿐이다. 자 이제 그동안 당신이 당신 것이 아니라고 부정해 왔던 인격들을 바로 드러내 구체화시켜라.

5. 이 부정된 면들은 당신이 그동안 방어자 내지는 통제자의 인격을 당신 것으로 여기는 동안 이를 방해했던 힘들이다. 당신은 그동안 당신 안에 있는 그런 면을 부정하고 억압하느라 강한 노력을 해왔고 당신이 그 사람에게 강한 반발심을 느끼게 해주었던 요인이 된 것이다.

   할 스톤은 우리가 그동안 우리가 부인해 왔던 모습들이 드러나지 않게 막아왔던 힘을 댐에 비유했는데 그 댐 뒤에는 온갖 더러운 감정의 파편들이 가득 괴어 있다고 한다. 그리고 이 막아왔던 힘을 풀어서 통합시키는 것이 우리의 과제이다.

   당신 자신에게 이 사람에 대해 물어 보라. 좀 우습지만 이 사람이 당신의 선생이 되는 것은 어떨까? 당신은 이 리스트에 있는 사람에게 뭘 배울 수 있을까? 당신은 이 리스트를 살펴나가면서 지금까지 당신이 당신의 모습이 아니라고 부인하고 저항해 왔던 것이 무엇인지 알 수 있다. 그리고 그동안 당신이 자신을 과대평가 해왔다는 사실도 알 수 있다.

   내 경우는 적어도 그랬다. 맨 처음 나온 조 슬런크는 내게 그동안 내 자신을 아주 겸손한 사람으로 과대 평가해 왔음을 보여주었다. 어쩌면 내게는 겸손함 그 자체보다는 겸손해 보이는 게 더 중요한 일이었는지 모른다. 그웬넬라는 내가 다른 사람들을 기쁘게 해주는데 급급해 왔음을 보여주고, 맥시밀이언은 내가 내 자신은 돌보지 않고 완전히 남만 도와주는 사람으로 보이도록 노력해 왔음을 보여주었는데 사실 인간은 이렇게 완전히 이타적이 될 수 없는데도 말이다. 그리고 내가 이렇게 인간 이상으로 보이려 했던 것은 인정하기 힘들었지만 내 안에 있는 수치심 때문이었다. 파콰는 내가 내 자신도 완전히 부정해 버리는 완벽한 크리스천의 이미지로 살려 했음을 보여주었고 로가타는 내가 지금까지 강하게 살아오려 했음을 알게 해 주었다. 강하게 살아가야 된다는 것도 본질적으로 연약한 인간이 그 이상으로 살아가려는 것을 알려주는 것인데 이역시 내가 나 자신을 수치스럽게 여겼기 때문에 이를 커버하려고 그동안 과대행동을 해왔다는 것을 보여주는 것이다. 그리고 이것이 내가 그동안 건강한 수치심-인간의 유한성마저 부인하려 들었던 이유이다.

6. 리스트를 통과하라. 그러면서 당신이 부정해 왔던 면들과 직접 교류하라. 묻고 생각하며 만약 당신이 이런 면을 당신 안에 통합시키면 어떻게 될까를 당신이 부정한 부분에게 묻고 그 대답해 주는 것을 들어라. 그리고 세상을 이런 관점을 통해서 보라. 부인해 왔던 모습을 통합시키며 이것이 당신에게 가져다주는 새로운 힘을 느껴 보라. 이는 당신에게 새로운 생각을 주고 오래 전부터 골머리를 싸게 만들어 왔던 고질적인 문제들을 해결해 줄 것이다. "결국" 시드라 윈클만이 저서에 쓴 것처럼 "이는 전에는 당신에게 도저히 불가능했던 일을 가능케 해준다."

당신은 이 작업을 통해 당신이 얻는 새로운 힘에 놀랄 것이다. 왜냐하면 이 힘들이 그 전에는 가려져 있어 몰랐기 때문이다. 하지만 그렇다고 해서 당신이 부정해 왔던 사람, 그 자체의 인격이 되라는 소리는 아니다. 그저 당신 안에 이런 면이 있다는 것만 구체화시켜서 알면 된다. 이 일을 통해 부정해 왔던 면과 대화할 수 있으며 그렇게 함으로써 지금까지 당신이 수치스럽게 여기고 있던 부분을 가리느라 온갖 힘을 다 쓰던 에너지를 풀어서 이젠 당신을 위해 쓸 수 있게 된다.

당신 안의 모습들 통합하기

버지니아 사티어의 방법

아마도 수치심의 치유 분야에서 버지니아 사티어(Virginia Satir)만큼이나 선구자적인 역할을 한 사람도 없을 것이다. 나는 그녀가 어느 한 가족에게 이 방식을 적용했던 워크숍에 참석했던 일을 잊을 수 없다. 치료받는 사람에 대한 그녀의 보살핌은 참으로 뛰어났다. 그녀가 사람들에게 자신을 비추어 볼 수 있는 세상의 거울역할을 해줄 때 그들이 자신을 좀 더 용납하고 받아 들였다. 그녀의 거울의 역할을 통해 그 가족들은 더 가까워지는 것 같았고 그 과정들이 너무도 아름다워 나는 이를 지켜보면서 한없이 울었다. 그녀는 자신의 저서인 "당신 안의 여러 얼굴"에서 전 세계 임상심리학자들이 사용하는 핵심적인 원리를 보여 주었다. 흔히 이는 당신이 부정했던 부분들을 한데 모으는 것으로 알려져 있는데 나는 이 워크숍을 내가 가르치는 학교에서 적용해 보며 몇 가지를 추가했다. 그러면서 알게 된 것은 그룹치료에서 이 워크숍보다 효과적인 것은 없다는 것이다. 이 방식은 다른 것보다 훨씬 더 효과적이었다.

당신 안의 모습들을 통합시키는 명상

일단 내가 지시하는 대로 테이프에 녹음해라. 눈을 감고 숨소리에 집중해라. 2, 3분 동안 숨을 내쉬는 데만 집중하라. 숨을 내쉬면서 숫자 일곱을 센다. 숫자를 상상하면서 한바탕에 검정 글씨이든 검정바탕에 흰 글씨로 쓰여져 있든 상관은 없지만 숫자를 세면서 집중해 나가야 한다. 집중하기 힘들면 손가락으로 숫자를 센다고 여겨라. 아니면 숫자를 세는 소리가 들려온다든지 아무튼 뭐든지 당신에게 맞는 것이면 된다. 육, 오, 사, 삼, 이 그리고 일까지 천천히 세어나가라. 그리고 일을 세는 순간에는 당신이 한 아름다운 극장으로 가는 통로로 걸어가고 있음을 상상해라. 안으로 들어가니 안에는 작고 예쁜 무대가 보인다. 벽과 무대를 보고 잠깐 멈추었다가 무대에 닫힌 커튼을 보고 잠깐 간격을 두고 극장 맨 앞줄에 앉아서 앉은 의자의 감촉을 느껴라. 그 의자 감촉은 당신이 가장 좋아하는 천으로 되어 있다. 주위를 둘러보고 무대를 당신이 가장 편한 쪽에서 바라보라. 좀 앉아 있으니 막이 오른다. 막이 오르자 무대에는 "당신의 모습들을 보여 줍니다"라는 큰 현수막이 걸려 있다. 이때 당신이 할 일은 자신의 가장 좋아하는 점을 생각해 보는 것이다. 그리고 그런 면을 가진 인물 중에서 유명한 사람이거나 아니면 당신이 알고 있는 사람으로 구체화시켜서 당신의 좋은 점을 대표하는 사람으로써 무대에 등장시켜라. 내 경우에는 유머 감각을 좋아해서 이를 대표하는 '쟈니 카슨'을 무대에 등장시켰다. 환호하며 손뼉 치는 소리가 들린다. 그리고 내가 좋아하는 부분을 또 생각해 보니 나는 나의 카리스마적인 연설 스타일과 정직함이 맘에 들기에 '존 F.케네디'가 이를 대표하는 인물로 무대에 올린다.

이 과정을 무대에 한 5명 정도는 오를 때까지 계속해라. 그런 다음에 이제 당신이 싫어하는 부분을 떠올려 앞에서와 마찬가지로 그런 모습의 인물들로 구체화시켜라. 나는 너절함과 흐트러진 부분이 싫기에 내 친구 중에서 늘 세련되지 못한 내 친구를 골라 무대에 세운다. 그러자 이 친구가 무대 위로 오르는 모습을 보고 야유하는 소리가 들려온다. 나의 비겁하고 겁 많은 면은 '유다 이카리옷'이란 인물로 등장시킨다. 이 역시 전과 마찬가지로 5-6명이 나와 무대 위에 오를 때까지 계속해라.

당신 안의 좋아하는 모습들과 싫어하는 모습들이 모두 무대에 서있으니 어떤 아름답고 현명한 사람이 그들 쪽에서 걸어나와 당신 곁으로 다가온다. 이 사람의 모습은 턱수염이 나는 나이 지긋한 남자일 수 있고 아니면 당신을 따뜻하게 보살펴 주시던 어머니의 모습으로 나타날 수 있고 하여간 당신이 가장 마음이 가는 모습대로 생각해라. 그녀가 다가올 때 당신은 그녀에게서 광채가 나고 있음을 본다. 그녀는 당신에게 오더니 무대로 데리고 가서 당신의 모습들을 대표하는 사람들과 만나게 한다. 무대에 오른 사람들을 살펴보라. 그들 모두는 당신 안에 있는 모습들을 대표하여 보여주고 있다.

당신이 싫어하는 부분, 당신이 선호하는 부분 등 차례로 살펴보면서 이들에 관해 생각해보라. 당신 안에서 그들은 그동안 어떤 역할을 했나? 당신이 싫어하는 부분을 보여주는 인물에게서 배울 점은 무엇인가? 최근에 골치를 썩고 있는 문제를 떠올리며 이게 무대에 오른 인물들이 보여주는 면과 어떤 상관이 있는지 살펴봐라. 어떤 연관성에 대해 감이 잡히는가? 그럼 이제는 그 등장인물들과 한 테이블에 모여 당신이 겪고 있는 문제에 대해 같이 토론해 보라. 그리고 그들이 하는 이야기에 귀 기울이라. 해결점의 실마리가 보이는가? 이들은 모두 당신이 완전한 인간이 되는데 없어서는 안 될 부분들을 보여주고 있다.

자 그러면 이 등장 인물들이 대표하는 모습이 당신이 살아가는 데 원만하게 약간의 수정을 가하면서 등장인물들의 돌출된 모습을 조금씩 변형시킨다. 이는 당신 안에 그런 점은 여전히 가지고 있으되 그런 면이 당신이 살아가기에 알맞고 편안한 모습으로 작용하게 고친다는 말과 같다. 그리고 마지막에는 그 인물들이 모두 녹아 흘러 당신에게 흡수되는 모습을 본다. 좀 있다가 정신을 차리니 등장인물들이 모두 당신에게 녹아 들어가서 무대에 서 있는 것은 당신뿐이다. 그때 현자가 나타나 당신에게 모든 등장인물들은 그동안 서로 상호작용을 하면서 상황에 따라 당신에게 이익을 주면서 또는 당신을 위험으로부터 지켜냈고 현명한 결정을 내리며 때로는 방어와 물러섬도 행하게 했다고 말한다. 그녀는 이들이 대표했던 모습들이 당신이 좋건 싫건 당신이 경멸하는 부분일지라도 당신이 살아가는데 없어서는 안될 부분이었던 것을 가르쳐 주고 있는 것이다. 그녀가 주는 분명한 메시지는 당신 안에 있는 모든 부분이 다 괜찮다는 것이다. 당신이 혐오하는 사람 모습도 사실은 당신이 모두 가지고 있는 부분이며 살아가는데 필요했던 부분이다. 그러므로 부인하지 말고 모두 받아들이라. 그러면 앞으로 살아가는데 훨씬 당신을 수월하게 해줄 것이다.

당신 안에 있는 여러 면을 어떤 틀에 맞추어 가려내려 하지 마라. 그대로 받아들여라. 이제 당신은 그녀의 가르침을 통해 그동안 당신이 인간관계에서 힘들었던 점, 그리고 최근에 일어난 그 골치 아픈 문제의 근원이 무엇인지 깨달아 간다. 그리고 극장을 걸어 나온다. 숫자에 맞추어 서서히 의식이 깨어 나오고 눈을 뜬 당신은 당신이 일생에서 살아가는데 정말 중요한 자아와의 통합을 이루었다는 것을 알게 된다.

꿈의 작업

당신의 부인한 모습들을 찾는 좋은 방법 중 또 다른 하나는 바로 꿈을 해석하는 일이다. 그 복잡함과 다양성을 모두 논할 수는 없지만 나는 여기서 꿈이 인간이 부인한 면들을 밤마다 통합시키느라 바쁜 역할을 한다는 것을 밝히고 싶다. 그리고 꿈만큼 많은 역할을 감당하는 것도 없다. 당신은 매일 밤 꿈을 꾼다.

최근 연구 결과에 따르면 우리는 1시간에서 1시간 반 정도 꿈을 꾼다고 한다. 밤마다 우리가 거부한 부분이 난리를 치면서 꿈을 통하여 정리되는 것이다. 하지만 그냥 정리되는 게 아니라 자신이 존재한다는 것을 알려주기 위해 꿈속의 영상을 통하여 자신의 존재를 부인한 인간에게 자신이 있다는 것을 알려 주려고 밤마다 난리를 치며 영상을 통해 보이려 하는 것이다. 이렇게 주의를 끌면서 우리가 그 존재를 알아 우리 것으로 통합하기를 바라기 때문에 매일 밤마다 우리에게 나타난다. 때로는 꿈속에서 죽는 것은 우리가 뭔가를 포기할 때 일어난 현상이기도 하고 때로는 새로운 시작을 알리는 일이나 창조적인 일이 생기려 하는 것도 꿈이 예견해 주기도 한다.

그리고 우리는 꿈을 기억할 수 있다. 이것이 힘들게 느껴지는 일이라는 것을 안다. 하지만 실제로 우리는 꿈을 모두 기억할 수 있다. 카드에 나는 꿈을 기억할 수 있다고 써 붙이고 주입해 봐라. 일어나서 즉시 꿈을 기록하라. 녹음기를 사용해서 즉시 녹음하기를 권하고 싶다. 일어나 시간이 지나면 기억이 손실되기 때문이다. 꿈에서 사용되는 언어는 논리적이지는 않지만 나름대로의 상징을 가지고 있다.

탈무드의 기록에 의하면 꿈은 당신에게 배달된 봉투 안에 들은 편지라고 한다. 꿈은 의미가 담긴 상징의 언어이다. 꿈을 해석하는 것도 대단한 일이다. 힘이 드는 작업이다. 그러므로 성급하게 꿈을 이해하려 해서도 안 되고 꿈에 관한 상징으로 섣불리 접근을 해서도 안 된다. 꿈은 개개인의 독특한 상징체계로 인해 형성된 것이므로 '꿈에 나타난 총이 남자의 성기를 나타낸다' 식의 해석을 해서는 안 된다. 하지만 꿈에 나타난 대부분이 본인이 기억하지 못하는 면이 드러나는 것이란 해석은 믿을 만 하다. 내가 꿈의 해석에 관한 책으로 즐겨 이용하는 것은 로버트 A. 존슨의 '내면의 작업'이라는 책이다. 그리고 이 책의 부제는 '꿈을 통한 개인의 성장'이다.

1단계 : 연관성 찾기

만약 당신이 내 충고를 듣고 지금까지 꿈을 상세하게 기록해 놓고 있었다면 1단계는 성공한 셈이다. 꿈에서 가장 먼저 떠오른 이미지를 기록하라. 이때 유념할 것은 꿈의 언어는 일상적이고 논리적인 언어와는 다르다는 것이다. 나는 몇 년 전 비행을 하는 꿈을 꾸었는데 나는 이렇게 기록해 두었다.

"나는 하비공항에서 엔진이 하나밖에 없는 비행기로 이륙을 하려 했다. 그러나 땅위에서는 위아래든 양옆이든 자유자재로 움직일 수 있었지만 도저히 이륙은 할 수 없었다."

나는 이것을 모두 기록해 놓았다. 꿈에 나타난 형상들은 모두들 다 상징하는 바가 있다. 때로는 꿈이 주는 의미를 캐는 일이 암호 해독하는 것같이 느껴질 때가 있다. 그리고 연관성을 찾는 해석 또한 머리에서 자유롭게 떠오르는 생각으로 해석해야 한다. 예를 들면 "내가 이 꿈에 나타난 이미지에 대해 생각이 나는 것이 무엇인가?", "그것을 보니 머릿속에 어떤 단어가 떠오르나?" 등으로 자발적으로 떠오르는 해석을 글자 그대로 써보아라. 표7.1은 내가 꾼 꿈의 이미지를 그린 것이다.

도표 7-1 꿈의 일

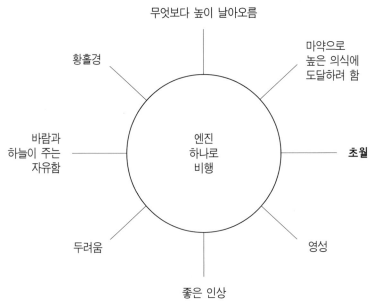

무엇보다 높이 날아오름

마약으로
높은 의식에
도달하려 함

황홀경

초월

바람과
하늘이 주는
자유함

엔진
하나로
비행

두려움

영성

좋은 인상

  꿈을 해석하는 작업을 지칠 정도로 했다면 다음 이미지로 넘어가라. 나의 경우 다음 이미지는 하비공항이었다. 이에 관해 떠오르는 이미지를 사람, 물체, 상황, 색깔, 소리와 말 등으로 구체화시켜라. 나는 표 7.2의 중앙에 이미지를 기록했다. 이미지를 찾으려 하면서 웬만큼 다 찾았다고 여겨지면 다음으로 넘어간다. 표7.3에서는 나는 십자 모양으로 달렸던 활주로를 기억했다.

  나는 내 꿈에서 도저히 이륙할 수도 없이 바닥에 붙어 있었다. 나는 내가 원하는 대로 할 수가 없었고 글자 그대로 바닥에 달라붙은 것 같았다. 각 이미지에 따른 관계를 짚어보기 위해 우리는 그 이미지를 잡은 후 다음 이미지가 떠오를 때까지 계속 검토하면서 기다려야 한다. 이 떠오르는 과정은 마치 어떤 에너지나 힘이 툭 불거져 나오기를 기다리는 것과 같다.

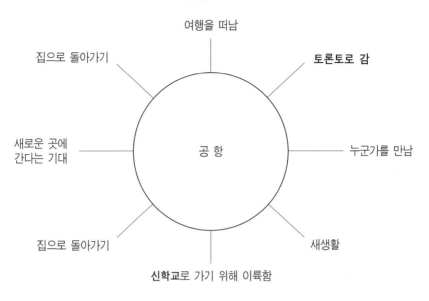

도표 7-2

여행을 떠남

토론토로 감

집으로 돌아가기

새로운 곳에
간다는 기대

공 항

누군가를 만남

집으로 돌아가기

새생활

신학교로 가기 위해 이륙함

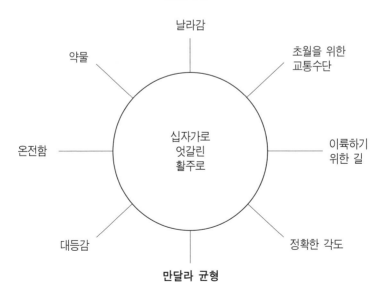

도표 7-3

날라감

약물

초월을 위한
교통수단

온전함

십자가로
엇갈린
활주로

이륙하기
위한 길

대등감

정확한 각도

만달라 균형

로버트 존슨의 말을 빌자면 꿈을 찾아가는 일은 에너지가 흐르는 방향으로 나아가는 것과 같아 에너지가 크게 흘러나오는 방향으로 움직이는 것과 같다. 무의식 세계의 꿈은 일종의 에너지의 형태를 띠고 있다. 어떤 때는 가장 힘이 집중된 곳이 분명하게 드러나지 않을 때도 있다. 그런 때는 잠시 멈추었다가 다시 들어가면 된다. 꿈이 가졌던 에너지는 당신이 돌아갈 때까지도 그 자리에 남아 있기 때문이다. 내가 꾼 꿈의 이미지는 초월, 신학교, 토론토, 만달라, 땅에 붙음으로 귀착되었다.

2 단계 : 이미지를 연결해보라

2단계에서는 1단계에서 알게 된 이미지를 연결시켜 꿈이 주려는 메시지를 파악해 보는 것이다. 이 시점에서도 우리는 꿈으로 다시 돌아가 자신에게 이렇게 물어야 한다."이건 나의 어떤 부분이지?", "내 안의 어떤 부분이 이렇게 느끼고 행동할까?", "이게 도대체 나의 어떤 성질에 해당하는 것일까?" 그런 다음 생각한 것을 써라. 하지만 모든 꿈이 당신 내면을 조명해 주는 것은 아니다. 그러므로 당신에게 벌어진 일 가운데 꿈에 맞는 일을 찾아 적어 가야 한다. 내 경우에는 내가 꿈에서 마치 땅바닥에 달라붙은 것 같은 느낌에 집중했다.

내가 이 꿈은 꾼 것은 내가 45세 가량 되었을 때로 나는 내 인생이 바닥에 붙은 것같이 느끼고 있었다. 나는 내 일에 균형을 잡는 게 필요했다. 만달라는 균형과 완전함의 상징이다. 꿈속에서 나는 달라붙어서 어디로 가야할 줄 몰랐는데 그때 내 생활은 경제적으로 대단히 풍요했고 커리어의 최상에 다가가 있었으나 뭔가 빠진 것처럼 느끼고 있을 때이었다. 꿈은 바로 내 속을 보여준 것이었으며 당시에 내 상황을 적절하게 상징하고 있었다. 하지만 토론토가 내게 뭘 뜻하는지는 헷갈렸다. 토론토는 내가 신부가 되려고 공부한 곳이다. 토론토는 내게 영적인 의미를 가지고 있었고 당시 나는 영적으로 땅바닥에 붙어 있다고 느끼고 있었다.

3단계 : 해석

내가 내린 결론은 그 꿈이 내가 느끼고 있던 영적인 성장이 채워지지 못한 것을 상징하고 있다고 여겼다. 비록 내가 신학을 강의하고 있었지만 내 안에 있는 뭔가가 늘 불만족스럽게 느껴졌다. 나는 그 꿈을 그 당시 나의 영적인 상태를 상징하는 꿈이라고 이해했다.

4단계: 꿈을 의식적으로 구체화시켜라

나는 이 꿈을 내 친한 친구에게 이야기하면서 내게 영적인 깨달음을 갖게 한 꿈으로 추켜세웠다. 꿈을 살피면서 나는 '토론토'라는 단어에 집중했다. 나는 단어의 의미를 짚으려 들면서 내가 신부가 되기 위해 공부했던 그곳으로 돌아갔다. 하지만 처음에는 정확하게 떠오르는 게 없었다.

그러던 어느 날 나는 다시 엔진이 하나 뿐인 비행기를 타고 있는 꿈을 다시 꾸게 되었다. 그러나 이번에는 쉽게 날 수 있었다. 나는 곧 토론토로 날아갔다. 내가 비행기에서 나오자마자 생각이 났던 것은 20년 전에 뉴욕에서 만났던 임상치료사이면서도 수도자였던 대수도원장이었다.

나는 이 꿈을 해석하면서 무의식이 뭘 말하는지를 알 수 있었다. 그리고 이를 가능케 했던 것은 명상이었다. 나는 전에 이 수도사에 의해 굉장히 감명 받은 적이 있었다. 그때 나는 하루에도 여러 시간씩 명상을 하면서 신부가 되기로 공부하고 있었다. 하지만 소용이 없었다. 나중에야 로버트 존슨의 책 '그는'을 읽으면서 내가 명상하기에는 너무 어리고 서투르다는 것을 알게 되었다. 그의 책 '그는'에서 로버트는 기사 '펄시벌의 전설'을 다루었다. 그는 성배를 찾아가는 과정을 남자가 되기 위해 성장하는 과정으로 풀이했다. 그는 모든 남자들이 십대에 펄시벌이 그레일 성에서 원대한 꿈을 품은 것처럼 큰 비전을 갖지만 그것을 이루기에 너무 어리다고 보았다.

토론토에서 나는 신부가 되기 위해 공부했다. 나는 뉴욕 로체스터에 있는 수도원에서 한 해를 보냈는데 그곳은 내가 수도원장을 만나는 곳이기도 했다. 수도원장은 내가 만나는 사람 중에서 영적인 면으로 가장 큰 영향을 끼친 사람이었다. 수년이 지난 후 나는 곧 그를 잊었는데 이제 45세의 중년에 이르러 그 옛날 수도하던 곳과 그가 다시 생각나는 것이었다. 나는 그 후에 내가 꾼 꿈 외에 꿈을 해석하는데 도움이 되는 꿈을 더 꾸었다. 몇 달이 지나서야 나는 비로소 내가 꾼 꿈의 의미를 완전히 받아들일 수 있었다.

그 꿈이 뜻하는 바는 내가 돈과 명성만 좇으며 살아가는 죽은 인생을 살고 있음을 보여주고 있었던 것이다. 내가 창조성과 의식을 확장시키기 위해 예전처럼 다시 명상을 해야 한다는 사실이 자명해졌다. 그 당시 나는 석유 회사의 이사로 지내면서 이일을 즐기고 있었다. 하지만 그 일을 좋다고 여기는 것은 내 안의 수치심이었고 다른 부분들은 모두 이일이 내게는 맞지 않다고 여기고 있었다.

이 꿈은 내가 명상을 시작하도록 해주었다. 그리고 그 이후에 나는 아주 우연히 데니스 위버를 로스엔젤레스에서 만났다. 나는 그때 킵 블록과 마약 중독자를 상담하는 법을 배우고 있었다. 그때 데니스는 명상 전문가로 이름을 날리고 있었다. 그는 명상을 1957년부터 해오고 있던 사람으로 어떤 때는 하루에 몇 시간이고 명상에 들어갔다. 그는 로스엔젤레스에 있는 자기 각성 운동의 리더자였다. 나는 그의 깊이와 내면으로부터 뿜어져 나오는 평안에 깊이 감명 받았다. 그리고 잠시 동안이지만 명상하기 시작했다. 그것은 내 인생에 큰 전환점을 가져왔다. 나는 꿈이 다시 날 토론토로 데려가 주어서 고맙게 여겼다. 나는 내가 있었던 곳으로 다시 돌아간 셈이었다. 나는 기도하고 명상하고 전에 보던 성경구절들을 다시 묵상하고 기도했다. 그것으로 나는 굉장한 변화를 겪었다. 내 꿈은 내 인생의 새로운 곳으로 날 인도했고 이는 내 안에 있는 수치심을 치유하고도 남을 정도였다.

8 자신을 사랑하기

> "당신은 남의 사랑을 꼭 받아야 될 필요도 없고 또 그것을 위해
> 자신을 희생시켜서도 안 된다. 정말로 삶의 중심이 되며 가장 중
> 요한 사랑의 형태는 자신을 사랑하는 것이다. 당신의 생애에 알
> 고 지내는 모든 사람들 가운데 오로지 당신 자신만이 당신이 살아
> 있는 동안 절대로 잃어버리지 않을 사람이기 때문이다."
>
> 조 콜댓, 실패자의 충고에서

자기 자신을 사랑하는데 가장 큰 장애물은 자신을 수치스럽게 여기는 것
이다. 나는 자신을 사랑하는 일이 당신을 묶고 있는 수치심을 없애는데 가
장 강력한 무기가 된다는 것을 이야기하고 싶다. 그리고 자신을 진심으로
사랑하는 일은 당신의 삶을 변화시킨다.

자신을 사랑하기로 선택하기

스캇 팩의 저서에서 그는 사랑을 자신과 남의 정신적인 면을 보살피고 영
적인 성장을 확장시키는 의지의 일이라고 정의한 바 있다. 이 정의는 사랑
을 하나의 의지로 보았다는 점이 주목할 만한 면이다. 그리고 이 말은 사랑

도 의지로 결정할 수 있다는 것이다. 한마디로 우리는 과거에 우리가 어떠했는지 지금 우리가 얼마나 형편없는지 우리자신을 어떻게 여기고 있는지 간에 우리자신을 사랑하기로 결정할 수 있다.

실행하기 : 자기 자신을 느끼기

우선 여기서 지시하는 대로 의자에 가서 앉아라. 마음을 편안하게 한 다음 당신이 가장 좋아하고 소중히 여기는 사람이 당신의 맞은편에 앉아 있다고 생각해라. 그 사람은 배우자나 자녀, 친구, 부모, 당신의 영웅 등이 될 수 있겠다.

눈을 감고 그 사람을 보고 있다고 생각하라. 자 이제 그 사람으로부터 오는 느낌을 살펴보라. 나는 내가 가장 소중히 여기는 친구를 보았을 때 따뜻하고 생기가 느껴지며 그에 대해 애정이 느껴졌다. 그리고 이 느낌은 당신이 그 사람과의 관계에서 느끼는 감정이다.

자 그럼 이제는 다시 눈을 감고 이번에는 당신자신이 당신 앞에 앉아 있다고 생각해라. 처음 내가 이것을 겪었을 때는 나는 나 자신을 비난하는 마음부터 들었다. 그냥 내 자신이 맘에 안 들었다. 사실 지금도 이 대면을 시도하면 가끔씩은 여전히 내 자신을 비난부터 하고 싶은 마음이 든다. 그 상태로 당신 자신이 앞에 앉아 있다고 여기고 여기서 드는 느낌을 주시하라. 나의 내담자 중 한 사람은 이 대면을 통하여 본 그녀의 뺨과 몸매가 맘에 들지 않는다고 했다. 사실 우리 대부분이 자신에 대해 부정적인 감정을 가지고 있다. 만약 당신이 당신 자신을 수치스럽게 여기는 사람이고 거기에 대해 그동안 자신에 대한 마음을 개선시키려는 노력하지 않았다면 자신을 마주보는 순간 강한 거부감이 들것이다. 그리고 이 거부감이야말로 당신이 자신을 수치스럽게 여기는 데 핵심적인 구실을 해왔던 것이다.

자신을 무조건적으로 받아들여라

당신은 자신에 대한 부정적인 감정을 없애기 위해 자신을 무조건적으로 받아들일 것을 선택해야 한다. 불가능해 보이는가? 아니다. 딩신은 그렇게 결단할 수 있다.

"나는 나 자신을 사랑하며 날 무조건 받아줄 것이다!"

이 말을 큰 소리로 자주 외쳐라. 이럴 때 중요한 점은 무조건적으로 하라는 것이다. 이는 당신 자신이 역겹게 느껴지고 혐오가 되고 참담하게 느껴지는 날이 있건 간에 무조건 하라는 것이다. 나는 내가 나 자신을 아무런 조건 없이 받아들였을 때를 지금도 생생이 기억하고 있다. 그건 정말 놀라왔다.! 나는 '가니 핸드릭' 의 책 '당신 자신을 사랑하는 것을 배우기' 라는 책에서 그가 다른 사람에게 자신을 사랑하는 일을 직면시키기 위해 "당신은 그런 당신을 사랑하겠습니까" 라고 묻던 것이 기억난다. 내가 처음 그의 이런 집단 상담에 참여했을 때 나는 옛날로 되돌려진 느낌이었다. 물론 우리 안에는 사랑할 가치도 없는 점들도 있다. 하지만 그가 워크숍에서 사람들에게 그들이 뭘 어쨌는지 간에 그들을 사랑할 수 있냐고 물었을 때 나는 자신을 사랑한다는 것이 무엇을 하느냐가 아닌 그저 존재 자체에 있다라는 것을 깨달았다.

우리는 사랑스럽다. 이것은 정말 사실이다. 수치심이 당신 존재를 위협하여 당신이 그 수치심을 커버하기 위해 온갖 노력을 다 해왔던 것을 기억하라. 그러나 무엇을 하던지 간에 당신이 당신 존재를 수치로 여긴다면 도무지 해결책이 없다. 나에게는 행위와 존재의 차이를 이해하는 게 내 인생의 큰 전환점이 되었다. 나는 성취하기 위해 힘들게 노력하며 항상 더 잘하려고 애를 써왔다. 하지만 아무리 그래도 나는 못나고 결점투성이라는 내면의 소리는 잠재우지 못했다. 하지만 자신에게 "나는 내 자신을 사랑해" 라는 말을 하는 것이 이 수치를 주는 내면의 소리를 긍정의 소리로 바꾸어 놓는 최상의 방법이라는 것을 나는 나중에야 알았다. 한번 "나는 내 자신을 무조건 받아 줄꺼야!" 라고 말해 보라. 그리고 이 외침이 당신의 삶을 변화시킬 것이다.

최근 들어 내가 이와 관련하여 가장 크게 성공한 것은 어떤 숙녀를 상담한 경우였는데 그녀는 자신이 남보다 25파운드는 더 나간다고 느끼고 있었다. 그녀는 자신을 남과 비교하여 계속 깎아 내리며 끊임없이 경멸했다. 나는 그녀와 상담을 하면서 몇 달 동안 계속 그녀의 자신을 경멸하는 습관을 지적하면서 "당신이 그렇게 하면서 어떻게 자신을 사랑할 수 있어요?" 라고 끊임없이 그녀에게 주지시켰다. 나는 그녀가 다이어트나 살빼기에 대해 이야기하는 것을 거부했고 그녀가 어떻게 여기든지 계속 이 명제를 주지시켰다. 점차적으로 그녀는 자신을 받아들이기 시작했다. 나는 그녀가 자신을 있는 그대로 받아들이기 전까지 살이 안빠질 것을 알고 있었다. 다시 말하지만 자기 자신을 끊임없이 수치스럽게 여기는 것은 정말 도움이 안 된다. 어떻게 자신을 수치스럽게 여기는 것이 더 큰 수치로 치유될 수 있겠는가? 그녀가 자신의 모습을 비난하는 동안 자신을 수치스럽게 여기는 마음도 증가된다.

　그러면 아주 좋지 않은 기분이 들게 되고 마음을 전환시키기 위해 그녀가 이제까지 기분전환을 위해 해온 방법 그대로 먹는 것이다. 그래서 더욱 비만해지게 되고 그녀가 그간 뚱뚱하게 된 이유였다. 자신의 몸을 경멸하고 비난하는 것은 살찐 것을 유지시켜 주며 결코 살을 빼게 만들지는 않는다. 당신을 묶고 있는 수치심을 치유하기 위해서는 먼저 당신을 있는 그대로 받아들이고 사랑하는 것부터 이루어져야 한다. 자신을 사랑하는 것은 자신과의 연합을 가져온다. 우리가 무조건 우리를 사랑하려면 먼저 무조건적으로 받아 들여야 한다. 자신을 완전히 받아들이는 일은 자기 자신이 된다는 것이다. 우리가 가진 막강한 힘은 우리가 자신을 수치스럽게 여겨 자신을 노출시키지 않으려고 온갖 힘을 소비하며 경계를 하는데 힘을 낭비하지 않을 때야 비로소 제대로 발휘될 수 있다.

　우리는 자신을 사랑하기로 선택할 수 있다. 아무리 자신에 대해 부정적일지라도 말이다. 예를 들면 내 아이들이 가끔 내가 싫어하는 일을 한다고 해서 그 아이들을 사랑하지 않는 것은 아니라는 사실을 들 수 있다. 그리고 우리가 자신에 대해 무조건 사랑하기로 결심하면 우리는 우리에게 대한 느낌이 달라지는 것을 느낄 수 있다. 자신을 사랑하기로 선택하면 자신의 가치도 높게 느껴질 것이다.

몇 년 전 시드니 사이몬과 킬스첸바움이 쓴 저서인, '가치의 명시'라는 책에서 그들은 가치의 정의와 이를 실행하는 방법을 제시했는데 살펴보면

가치 있다 함은,
자유롭게 선택 되어야 하고,
다른 가능성도 고려한 다음 행해져야 하며,
결과에 대해 명확히 알고 있어야 하고
소중하게 여기고 귀중히 취급 되어야 하며
공적으로 선포 되어야 하고
실천 되야 하며
반복해서 실행해야 한다.

당신을 사랑하라는 것은 자유로운 선택이고 간단한 일이다. 당신 자신을 사랑하지 않는다면 즉 자신을 수치스럽게 여기는 것은 당신에게 엄청난 삶의 재앙을 가져다준다. 나는 당신이 "나는 나를 사랑해"라는 말을 크게 공공연하게 드러내서 큰소리로 선포하며 무조건 이를 받아들일 것을 권유한다. 그리고 이것을 계속 반복하라. 그럴 때야 비로소 당신은 당신을 사랑하는 마음과 귀중하게 여기는 마음이 더 깊게 자라는 것은 알 수 있을 것이다.

자신에게 시간과 애정을 주어라

당신이 자신을 사랑하기로 마음먹었다면 당신에게 시간과 애정을 투자해야 한다. 스캇 팩의 저서에서 그는 사랑은 힘든 일이라고 표명한 바 있다. 사랑은 확대되어 성장하는 일이며 이는 우리 자신을 확장시키는 일이다. 그리고 자신을 확장시키기 위해서는 노력이 필요하다. 사랑하는 것은 당신에

게 시간을 주는 것을 말한다. 얼마나 많은 시간을 당신에게 주는가? 충분한 휴식과 안정할 시간을 주는가? 아니면 혹사시키고 있는가? 만약 당신이 "업적을 추구하는 행동파 사람"이라면 당신은 지금 자신을 혹사시키고 있을 것이다. 그리고 활동파인 당신은 지금도 당신에 관한 좋은 느낌이 들기 위해 더욱더 성취하려 들고 있는 중일 것이다. 만일 당신이 당신을 사랑하려 한다면 그냥 있는 시간을 주어야 한다. 아무 것도 안하고 한가하게 있는 시간 말이다. 시간을 따로 내서 아무 곳도 가지 않고 아무 것도 하지 않는 시간을 만들어라. 혼자 있으면서 충전하는 시간을 가져라. 그리고 자신을 청결하게 할 시간도, 운동할 시간도 가져라. 즐거움과 놀 시간도 가져라. 휴가를 내던지 성생활에 노력할 시간도 가져라. 당신은 당신의 안락과 즐거움을 위해 기꺼이 시간을 내야 한다. 당신을 사랑하려면 당신에게 주의를 기울여라. 당신이 뭘 원하는지 내면에서 울려오는 소리에 귀를 기울이라. 어쩌면 이는 당신이 진짜 뭘 원하는지 제대로 듣는 훈련부터 필요할 지도 모르겠다. 피드백을 해줄 그룹을 찾아 참여할 수도 있다. 자신에게 주의를 기울이는 일은 훈련이 필요한 일이다. 하지만 스캇 팩이 지적하듯이 훈련은 우리의 즐거움을 증가시켜준다. 당신이 정말 당신을 사랑한다면 순간적인 만족을 잠시 보류해 놓고 먼저 당신에게 가치 있고 생산적인 일을 하려 들 것이다. 내가 수치심에 가득한 알코올 중독자였을 때는 나는 순간적인 쾌락을 연기한다는 것을 좀처럼 받아들일 수 없었다. 이와 같은 경우는 어린 시절 상처받은 사람들이나 역기능가족에서 자란 대부분의 사람들도 마찬가지이다. 빼앗기고 상처받아 수치스러운 내 자신은 다음에 좋은 것이 또 나타나리라는 사실을 결코 믿지 못하였고 일단 눈에 보이는 것부터 붙잡으려고 했다. 자기를 훈련하는 일은 진실을 말하고 행동에 책임을 지는 것을 요구한다.

내가 만약 내 자신을 사랑하려면 나는 현실을 바로 알고 살아야 하고 진실 되고 책임져야 한다. 그리고 바로 이런 행동이 당신의 가치를 높여 준다. 당신은 이런 행동을 하는 사람을 사랑하는데 어떻게 자신을 사랑하기 위해서는 이렇게 행동하지 않는가? 최근 치유회복센터에서 "진짜라고 느껴질 때까지 계속하라" 슬로건이 붙었다. 당신은 때때로 당신이 하고 싶은 마음이 들기를 기다리는 것보다는 자신에 대한 마음이 좋게 바뀌어야 한다. 좋은 일을 하려는 마음이 생기기 전에 먼저 그런 마음이 들기 위해서 그 마음을 가져다 줄 수 있는 행동부터 해야 한다. 이것이야 말로 당신을 사랑하는 길이다. 결정하라. 크게 말하라. 당신을 사랑하고 가치 있게 여기고 무조건적으로 받아들이는 것처럼 행동하라. 그러면 자신이 훨씬 더 사랑스럽게 여기고 받아들일 수 있게 된다.

자기주장하기

자신을 사랑하고 수치심을 치유하는 다른 방법은 자기주장의 강화다. 자신을 주장할 수 있는 것은 자기 확신과 사랑을 기반으로 이루어진다. 그러나 자기주장은 공격적이 되는 것과는 다르다. 공격적이 되는 것은 종종 남을 수치스럽게 만드는데 이런 행동은 자부심을 키우는데 도움이 안 되기 때문이다. 나는 자기를 확고하게 하고 자기 주장을 갖는 일이 수치심을 해결하는데 중요한 열쇠라고 본다. 역기능 가족에서 태어나 좌절되고 상처받은 당신은 그런 자신의 모습을 수치스럽게 여기고 얼마 후에는 자신이 진정으로 무엇을 했는지를 잃어버리고 만다. 역기능가족에서 눈치를 보며 당신의 소리를 정직하게 표현할 수 없었던 당신은 자신이 하나밖에 없는 존재이며 소중한 존재라는 사실을 받아들이기 어렵다. 자기 주장을 하는 일은 우리가 우리자신의 요구를 들어주기 위해서다. 자기주장을 하는 방법을 배우면서 'No' 라고 대답하는 것과 원하는 것을 얻는 방법을 배우게 된다. 그렇게 함으로써 당신은 새로 당신의 신체적, 감정적, 의지적, 지성적 테두리를 세우게 될 것이다. "나는 No 라고 말하면 죄책감을 느껴요" 라는 마뉴엘 스미스의 책이라든지 "No 라고 말하고 싶은데 Yes 라고 말합니까?" 라는 팬스털하임의 책, 알버티 에몬의 "당신의 온전한 권리"의 책에서는 당신이 당신의 경계를 어떻게 세워야 하며 또 어떻게 당신이 원하는 것을 요구하는지 방법들을 자세히 제시하였다. 그리고 이 책 모두에서 나오는 주장이 그렇게 되기 위해서 연습이 필요하다는 것이다. 우리는 자신을 주장할 권리가 있으며 우리가 그 권리를 주장하는 것을 허락해 주어야 한다. 매뉴얼 스미스는 권리에 대해 정의했는데 이는 다음과 같다.

- 당신은 당신의 감정과 생각 행동을 분별한 권리가 있고 일의 시작과 끝에 책임을 질 권리가 있다.
- 당신의 행동의 정당함을 남에게 일일이 설명할 필요가 없다.
- 당신은 남의 문제를 판단할 책임이 있을 때 이를 판단할 권리가 있다.
- 당신마음을 바꾸지 않을 권리가 있다.
- 당신은 실패할 권리도 이에 책임질 권리도 있다.
- 당신은 "나는 그거 몰라요" 라고 말할 권리가 있다.
- 당신이 어떤 일을 고려하여 결정하는데 있어 다른 사람의 뜻이 더 선해 보이고 좋아 보인다고 해서 꼭 남 하는 그대로 하라는 법은 없다.
- 당신은 비논리적인 결정도 내릴 권리가 있다.
- 당신은 "나는 이해 못하겠는 데요" 라고 말할 권리가 있다.
- 당신은" 나는 상관하지 않아요" 라고 말할 권리가 있다.

'나는 No 라고 말하면 죄책감이 든다' 중에서

당신을 사랑하는데 있어 당신이 다른 사람을 어떻게 사랑했는지를 떠올려 보라. 누군가가 당신이 사랑하는 사람을 괴롭힌다면 당신은 어떻게 하겠는가? 아니면 당신이 사랑하는 사람이 자신을 괴롭히거나 수치스럽게 여긴다면 당신은 이들에게 어떻게 대해 주겠는가? 당신 자녀를 보살필 때의 노력을 생각해 봐라. 얼마나 당신은 자식을 위해 노력했던가? 그런데 왜 당신 자신에게는 이렇게 못하는가? 당신도 그만큼 사랑을 받아야 되는 존재가 아닌가? 당신은 정말 그럴만한 가치가 있다. 아무도 당신을 대신할 수 없는, 당신은 둘도 없는 독특한 존재이며 너무나 소중한 사람이다.

실수 재구성하기

수치심이 내재된 사람들은 필사적으로 세상을 향하여 "나는 보통사람이 아닙니다. 나 대단한 사람이에요"라고 자신을 입증하기 바쁘거나 아니면 "나는 사람도 아니에요"라며 이를 입증하기 위해 세상을 엉망진창으로 살아간다. 인간 이상인 대단한 사람이 되기 위해선 실수를 결코 하지 말아야 하고 인간보다 못하다는 것은 당신은 실수 그 자체라는 뜻이다.

내가 제목에서 재구성이라는 말을 사용한 것은 당신의 실수에 관한 해석과 관점을 바꾸어 주기 위하여 사용한 말이다. 당신이 실수를 보는 관점을 바꾸기 위해서 새로운 가치관을 가져야 한다. 실수를 바라보는 관점 자체를 바꾸어 실수에 관해 당신이 가졌던 파괴적인 생각을 바꾸어야 한다. 실수를 당신을 파괴하는 대상으로 보는 대신에 당신의 삶을 교육하고 가치 있게 구성시키는 요소로 보아야 한다. 이것이 바로 건강한 수치심이 주는 생각이다. 건강한 수치심은 우리가 유한하며 실수를 저지르는 인간이라는 사실을 일깨워 주고 실수를 통해 배울 수 있도록 한 발자국 물러서서 이를 관망 할 수 있게 하는 작용을 한다.

경고로써의 실수

실수란 자동차를 탈 때 안전벨트를 매지 않았을 때 경보알람이 이를 알리는 것과 같다. 속도위반을 해서 혹은 운전을 제대로 하지 못해서 경고장을 받는 것도 마찬가지이다. 그러나 결국에는 이런 실수를 통하여 더 조심하게 되어 궁극적으로 당신의 목숨을 구하는 역할도 한다.

해로운 수치심을 커버하기 위한 완벽주의는 이런 실수들을 그 사람이 도덕적으로 문제가 있는 사람으로 말하듯이 마치 내면에 어딘가 잘못되어서 그런 것처럼 매도해 버린다. 내면에서 자신을 비난하는 소리를 잠재우려고 겉으로 완벽한 것처럼 보이려고 갖은 애를 다 쓰는 당신은 너무나 완벽주의에 집착해서 실수가 주는 교훈과 또는 오히려 실수로 인한 치료를 잘 받아들이지 못한다. 실수를 받아들이는 가장 좋은 방법은 실수를 새로운 습관으로 재구성하게 만드는 도구로 여기는 것이다. 한 마디로 실수하는 사람은 이를 경고의 수준으로 받아들여야지 자신에 대한 과실치사로 받아들여서는 안 된다는 것이다.

실수 있는 그대로 받아들이기

당신이 실수할 수 있다는 것을 받아들이는 것은 삶을 생기 있고 자발적인 것으로 만들어 준다. 이와 같이 우리가 실수할 수 있는 유한한 존재라는 건전하고도 건강한 수치심은 우리를 삶에 대하여 창조적으로 임하게 만들어 준다. 우리가 실수하는 유한한 존재란 것을 안 이상 우리는 실수를 통해 새로운 정보나 해결책을 위해 계속 노력할 것이고 자만하지 않게 만든다. 그러나 실수하는 것을 두려워하는 것은 창조성과 자발성을 죽이는 일이다. 그렇게 사는 것은 마치 살얼음판을 걷는 것과 같고 얇은 계란 껍질 위를 조심조심 걸으며 항상 자신이 생각하고 느끼는 것에 불안해하는 것과 같다. 맥케이와 팬닝은 이에 대해 "당신이 틀릴 것을 용납하지 않는다면 정말로 옳다고 느끼는 일을 할 수도 없거니와 사랑할 수도 없고 상처 입었을 때 안정을 찾을 수도 없다."고 표현했다.

실수를 거울삼아 배워라

실수하지 않고 배울 수 있는 것은 아무 것도 없다. 성공의 과정이란 성공에 접근한다는 것과 같다. 성공하기 전까지는 모두 실패하면서 나가는 수밖에 없는 것이다. 아기들이 걸음마를 배우는 것을 보라. 계속 쓰러지면서 일어나고 있지 않은가? 모든 실패가 성공하는데 필요한 도약인 것이다. 실수란 주고받는 대화와 같아서 각각의 실수는 우리가 성공하기 위해 뭐가 필요한지 이야기해 주고 있다. 그리고 그것을 통해 바로잡으면서 우리는 성공에 조금씩 다가간다. 교사로써 나는 학생들이 실수를 두려워하다가 배우지 못하는 것을 보아 왔다. 그런 학생들은 대개 처음의 직장으로 평생을 가려한다. 새로운 기술과 부딪침이 너무도 그들에게는 두려운 것이다. 그들에게는 자신이 실수하는 것을 보고 확인하는 게 너무나 고통스러워 아예 시도조차 안하려 든다. 맥캔지와 팬닝의 말에 따르자면,

> "실수를 바로잡아 고쳐나가면서 우리는 안정되며 그 새로운 일을 점차적으로 정복해 나간다. 실수란 무엇이 되었고 무엇이 아직 안되었는가를 알려 주는 것뿐이다. 이것은 우리의 지성과 우리의 가치와는 아무런 상관이 없다. 실수란 그저 성공으로 가는 계단인 것이다.

흔히 저지르는 실수의 종류

1. 자료에 관한 것 : 전화번호를 쓰다가 529-6185를 5229-6188로 잘못 기록한 경우
2. 판단의 실수 : 돈을 아끼려고 싸구려 신발을 사서 6개월도 못되어 모양이 변한 경우
3. 악의 없는 거짓말 : 상사에게는 아파서 못 간다고 해놓고 집에서 쉬다가 장을 보려고 시장에 갔다가 상사와 슈퍼마켓에서 마주친 경우
4. 지체 : 치과에 가야되는데 시간을 질질 끄다가 주말이라 오늘부터 내일까지 치과도 못 가는데 지금 통증으로 아파서 죽기 직전인 경우
5. 잊어버림 : 물건을 사러 갔다가 돈을 잊음
6. 기회를 놓침 : 48달러짜리 금을 사려다가 사지 않았는데 지금 그 금이 432달러로 뛰었다.
7. 방종, 지나침 : 너무나 많이 먹어서 밤새 배가 아픔
8. 힘을 낭비함 : 원고제목 가지고 아주 고민을 많이 하고 노력해서 겨우 "내 마음의 방"이라는 제목을 내 놓았는데 꼭 그런 제목을 가진 영화가 나온다.
9. 목표달성 못함 : 여름휴가에 해변에 가기로 했는데 아직까지 살을 빼지 못했음

10. 부족한 인내 : 배에서 낚시 하다가 움직임이 있어서 확 잡아챘는데 갈고
    리만 빠져 나온 경우

  이 외에도 참 많을 것이다. 그리고 이것은 지극히 인간적인 일이며 호모
사피언스인 우리들에게는 당연한 것이다. 그리고 실수를 하는데 있어 두려
운 것은 이 모든 것이 그 일이 지나고 나서야 비로써 실수란 것을 안다는 것
이다. 한마디로 실수는 나중에 깨닫는 것이다. 맥케이와 팬닝은 이에 관해,

> "실수란 당신이 뒤에 이를 회고하며 그때 다르게 행동했으면 좋았을 것
> 을 하고 생각하는 일이다. 이것은 뒤에는 그렇게 할 것이지만 그때에도
> 그렇게 행동했으면 하고 바라는 일이다."

  나중에 안다 라는 것은 당신이 그때 몰랐던 것을 나중에야 제대로 정확하
게 알았다는 뜻이다. 이 "나중에" 라는 말이 중요하다. 나중에야 그 일을 생
각해 보고 그때 그 행동을 실수였다고 해석하는 것이므로 실수란 회고하는
것이다. 당시에는 그것이 최상으로 보이고 이익이라 생각한 것이 나중에는
불이익이 된 것이다. 그리고 우리가 어떤 행동을 취했는가는 그 당시의 우
리의 자각의 수준에 달려있다. 맥케이와 팬닝은 이에 대해,

> " 자각이란 당신이 받아들이고 이해한 정도가 얼마나 정확한가를 보여
> 주는 것이며 무의식이든 의식적이든 간에 모든 요소가 가까운 장래에 영
> 향을 주게 된다."

  실수란 나중에 알게 된 일 그 자체일 뿐이다. 그것은 우리의 자존감과는
아무런 상관이 없다. 만약 당신이 나중에야 알게 된 어떤 일에 "나쁜" 이란
딱지를 부쳤다면 당신은 이를 통해 다시 배울 수 있는 기회를 차단하는 것
이다. "나쁜" 이라는 단어는 "현명치 못함"이나 "실용적이지 못했음" 이라든
지 아니면 "비효과적이었음"의 딱지로 교체됨이 마땅하다. 그리고 이렇게
하는 것이 당신이 나중에 훨씬 더 정확한 판단을 내리는데 많은 도움을 준

다. 실수를 해결하고 싶으면 자각을 넓이는 길 밖에는 없다. 만약 당신이 실수투성이라면 결정을 하거나 행동을 하려고 할 때 자각하는 것을 확장시켜야 한다. 실수를 절대 하지 않겠다고 맹세하는 것은 사실 아무런 소용이 없다. 그 일에 대해 제대로 그리고 충분히 자각하지 않는 한 같은 실수를 되풀이할 경우가 많기 때문이다. 그리고 실수를 하고서는 항상 본인이 그 당시에는 그래도 그게 최선의 결정이었다고 자위한다고 해서 그 결과까지 도피할 수는 없다. 책임을 진다는 것은 우리가 실수의 결과까지 책임진다는 말이다. 모든 일에는 다 결과가 따르고 그리고 결과를 충분히 인식하는 자각을 확장시키는 일 만이 우리가 "책임" 진다고 할 수 있는 것이다. 그렇다면 자각을 확장시킬 수 있는 일은 무엇인가? 당신이 당신 안의 수치심을 밖으로 드러낼수록 당신의 자각하는 능력은 증가한다. 수치심이 내재된 사람의 경우는 매우 낮은 수준의 지각력이 있는데 이는 그의 상처받은 감정이 너무 강해서 그의 생각하고 판단하는 인지능력이 이에 묶여 있기 때문이다. 내면화된 수치심은 세상을 보는 시야를 매우 좁게 하여 아주 좁은 소견으로 보게 하기 때문에 생각은 잘못 인도 받기가 쉽다. 그러나 자신의 수치심을 밖으로 드러내어 자신이 이를 인식하면 인식할수록 그의 자각은 증가된다. 그럼으로 그는 그의 감정의 "사로잡힘" 에서 풀려나게 된다.

자각하는 버릇

맥케이와 팬닝은 자각에 대해 간단하게 개요를 잡아 "자각하는 버릇" 이라는 과정을 만들었다. 그들은 우리가 결정하기 전에 단기 혹은 장기적으로 몇 가지를 따져볼 것을 권했다. 다음은 그 질문이다.
* 내가 전에 이런 일을 겪은 일이 있던가?
* 내가 이 결정으로 인해 받게 될 부정적인 결과는 무엇이며 내가 내린 결정으로 기대할 수 있는 것은 무엇인가?
* 이 일에 따른 결과는 가치 있는 것이며 내가 기대하는 것과 맞는가?

* 이것보다 훨씬 더 부정적인 영향이 적은 것은 없는가?

자각하는데 가장 큰 비중을 차지하는 것은 당신이 당신 자신에 대해 책임을 진다는 것이다. 이는 당신이 하는 모든 행동에 따른 결과를 살피는 것과 같다. 그리고 이는 당신을 사랑해서 하는 결정이어야 한다. 시간을 내서 앞으로 올 결과를 따져보고 그 가치와 비중을 재보는 결심을 한다. 결국 그 결정이 당신의 인생을 구성하는 중요한 역할을 하게 된다.

9 기억의 치유와 이미지 변화

*"어느 날 나는 위대한 사람이 다른 사람들과 구분되는 순간은
그 사람이 남들과 다름없이 겪는 일을 어떻게 자기의 성격에 따라
서 남과 다르게 받아들이는 것에서 나온다는 것을 깨달았다."*

안드래 말록스

*"우리가 어떻든 간에 우리자신에 대한 느낌은 우리가 과거에
경험한 기억 속에서 나온다."*

S.코프 '비춰어주기, 가면과 그림자' 중에서

"자 이제 여러분의 과거를 어떻게 바꾸는지 설명해 드리겠습니다." 라고
간사인 데이비드 골든이 말했다. 나는 이 사람이 말한 대로 받아들이려다가
문득 이런 생각이 났다. 미래는 내가 선택으로 바꿀 수 있지만 이미 저지른
과거는 어떻게 바꾸지? 여보쇼, 저 남자 지금 무슨 이야기하는 거야?'

당신의 과거 바꾸기

데이비드 골든은 '신경 언어 프로그램' 이란 새로운 프로그램으로 사람들
을 고무시키며 나를 개인적으로 지도하고 있다. 그리고 그의 '개인의 과거

를 바꾸는 프로그램'은 내가 채택하여 지금까지 6년째 사용하고 있는 프로그램이다. 여기서 기술한 방법들은 당신을 묶고 있는 수치심을 치료하고 긍정적으로 바꾸어 놓는데 매우 큰 효과가 있는 방법이다. 이 뒤에 나오는 것은 내가 그의 신경 언어프로그램 중 채택한 방법이다. 나는 이 방법의 과정을 "과거의 참기 힘든 일로 되돌아가기"라고 부른다. 이 과정은 당신이 수치심을 내면화시키게 된 동기가 당신에게 너무나 중요했던 사람들인 부모나 선생님, 사역자에 의해 돌이킬 수 없는 상처를 입었을 경우에도 아주 효과적으로 치료될 수 있다.

감정과 기억의 고정됨

신경언어치료 프로그램을 사용하는 임상심리학자들은 인간의 감정과 기억은 고정되어 있다고 말한다. 그들은 이런 생각을 기본적으로 갖고 있다. 이는 버튼으로 누르면 작동되는 스트레오 녹음기와 같아서 소리, 이미지, 느낌, 냄새, 맛에 의해서 고정된 감정이 유발된다. 단어 또한 과거의 느낌을 불러일으킨다.

사실 표9.1을 보면 당신은 우리가 경험하는 것을 자신의 말로 다시 재연해 낸다는 것을 알 수 있을 것이다. 우리는 100% 상황을 그대로 전달할 수 없다는 것이다. 우리가 일에 대해 이야기할 때는 오직 그 일에 대해 자신이 인식한 것을 이야기하는데 이 인식의 체제는 두 가지로 나뉘어 있다. 지각 기능과 지성적 기능이다. 우리가 어떤 지식과 사실을 받아들이는데 있어 제일 먼저 작동하는 것은 바로 우리의 지각이다. 우리의 지성은 항상 두 가지의 지각에 의해 받아들이기에 우리가 알고 있는 사실은 진짜로 벌어지는 일들과는 어느 정도 거리가 있다.

철학자인 프리드 반 래비니즈는 우리의 지성은 항상 우리의 지각에 기초를 두고 있다는 것을 가르쳐 주었다. 이는 우리가 보고 듣고 만지고 맛보고 냄새 맡는 것 이전에 먼저 지각이 이를 감지한다는 것이다. 해로운 수치심은 사람의 본질 자체를 수치스럽게 여기게 만든다.

도표 9-1 연출된 실제

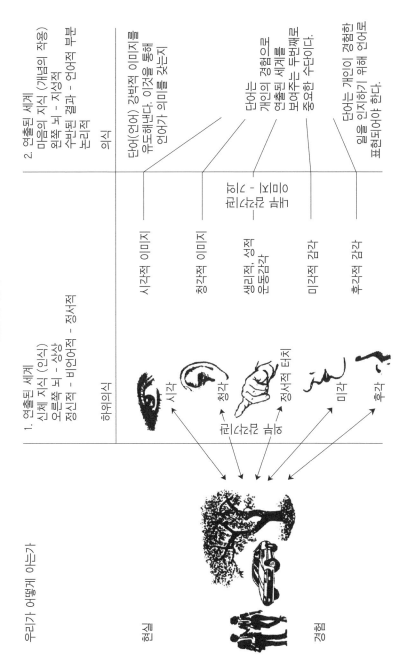

일단 이런 상태가 되면 많은 기억들이 수치심에 엉켜있는 상태라고 볼 수 있다. 수치스럽게 만드는 기억들은 마치 잡동사니와 같은 이미지로 모여 있어서 수치심을 주었던 이미지와 비슷한 이미지를 만나면 수치심이 발동하는 것이다. 이 악순환은 마치 살아 움직이는 것같이 내면에서 독립적으로 작용하기에 통제가 불가능해 보인다. 수치심의 악순환은 안에서 들려오는 음성으로도 유발될 수 있다. 내면에서 들려오는 음성들은 수치심이 내재된 부모가 자신의 수치심을 투사했던 것이다. 그리고 이제는 그 부모가 없음에도 그 비난하던 음성들이 내면화되어 안에서 돌고 돌며 계속 수치스럽게 만드는 것이다.

교류분석학자들은 대략 25,000시간 정도 분량의 해로운 음성들이 개개인에게 저장되어 있다고 추정한다.

"과거에 참기 힘들었던 순간으로 돌아가기"는 이런 부정적인 이미지를 긍정적인 이미지로 뒤바꾸는 일이다. 이것은 과거를 교정하여 재경험하는 것이며 피아 멜로디(Pia Mellody)가 말한 것처럼 수치심을 꺼내 밖으로 배출하여 감소시키는 것과 같다. 수치심이 내재된 부모가 우리에게 격노, 비난, 판단, 규정해 버리고 자신은 수치스러울 것이 하나도 없는 사람처럼 행동하며 수치심을 투사하는 동안 그들의 수치심은 우리 안에 내재된다. 우리는 부모의 비난을 감수하며 받아들이지만 실제 문제가 있는 사람은 그들 자신이다. 이 치료에 들어가기 앞서 이를 이해하기 위해서 신경언어치료의 선구자인 레이즐 밴들러의 말을 인용하면,

> "내가 하는 이 작업은 사람들이 그들의 과거를 바꿀 수 있는 원천을 가지고 있다는 것으로부터 출발한다. 내가 이야기하는 원천은 우리가 과거에 가졌던 자신에 대한 긍정적인 일들이다. 우리가 가진 모든 경험은 우리의 자산이다. 우리는 자신이 용감하고 자신이 있었던 순간과 만족한 순간들을 가지고 있다. 임상치료사의 목적은 이런 순간들을 끄집어내서 그들이 필요한 부분에 활용하는 것이다. 밴들러, 그린들러, 델로지어와 나는 이 방법을 개발했고 이 것을 앵커링(편집해 방송하기) 이라고 부르기로 했다."

레이즐은 여기서 이것을 옛 노래에 비유했는데 옛 노래를 듣는 것은 우리에게 옛 기억을 되살려 준다. 그는 우리가 기억하는 일은 특정 사건과 맞물려 저장된다는 사실을 지적했다. 우리는 과거에 가진 경험들을 마치 녹음기의 스위치를 켜는 것처럼 엄지와 다른 손가락들을 닿게 하여 접근해 볼 수 있다. 일단 관계있는 것과 연결되면 엄지와 다른 손가락을 닿는 일은 옛경험을 상기시킨다.

언어도 이와 마찬가지의 역할을 한다. 한 십여년 전에 내친구 한사람이 울고 있는 것을 보았는데 그에게 그 이유를 묻자 그는 대답하기를 "블러피가 죽었어" 라고 말했다. 블러피는 그의 개 이름이다. 나는 그 당시 개에 관한 어떤 연관도 없었기에 "어른이 멍청한 개 한 마리 죽었다고 울어대는 꼬락서니하고는" 하고 치부해 버렸다. 하지만 그 후 몇 년 뒤 나는 내 아들에게 쉬트랜드 양치기개 종류의 작은 개 한 마리를 선물했는데 우리는 그 개를 '콜리' 라 불렀다. 콜리는 내가 집에서 출입할 때마다 나를 보기만 하면 좋아서 꼬리를 흔들어 댔다. 나는 그 개와 깊이 가까워 졌다. 이제는 내 안에 "개" 라는 단어에 관한 이미지가 생겨서 다른 사람이 개가 죽은 것을 슬퍼하면 이 개라는 단어가 내 안에 기록되어 있는 콜리에 대한 기억을 자극시켜 나도 그의 마음에 공감할 수 있게 되었다. 래이즐 밴더는 이에 관해,

> "내가 만약 당신에게 당신이 정말로 만족했던 순간을 떠올려 보라면 내 말에 당신은 옛 기억을 더듬고 있을 것이다. 나는 당신이 옛날에 경험한 겁에 질렸던 기억이나 위협을 당했던 기억을 상기한다면 다시 그와 똑같은 느낌이 드는 것을 알고 있다. 따라서 기억을 다시 상기시키는 일은 그 당신에 있었던 감정과 당신에게 그런 느낌을 주었던 일을 또다시 경험하게 해준다."

나는 당신에게 과거에 부모나 아니면 당신을 돌보아 주었던 사람에게서 수치를 당했던 일을 한번 눈을 감고 그 순간으로 다시 돌아갈 것을 권한다. 나의 내담자 중 한 남자는 초등학교 2학년 때 큰 수치를 당한 일이 있었다.

그는 가톨릭 계통의 학교에 다녔는데 그 학교에서는 성적이 F점이나 D점이면 선생님이 성적표를 바닥에 집어던지는 전통이 있었다. 그는 그때 심한 난독증으로 글을 이해하는데 장애를 가지고 있어서 성적이 좋지 않았다. 그리고 성적이 F점이 나오자 그를 담당했던 신부이면서 동시에 선생님이었던 남자가 그의 성적표를 교실 바닥에 집어 던졌는데 그는 그때 손이 심하게 다쳐서 그것을 주울 수조차 없었다.

성적표는 땅에 떨어져 있지만 줍지도 못하고 쩔쩔매면서 아이들과 선생님 모두가 그의 이런 모습을 보고 웃는 가운데 그는 끔찍한 수치를 겪었다. 나는 그가 가지고 있는 이 참혹한 경험을 그를 위해 바꾸자고 했고 그는 잠시 생각해 보더니 하겠다고 확고하게 말했다. 그러자 나는 그에게 눈을 감고 감정이 가장 뚜렷하게 느껴지는 지점으로 가서 당신이 그 당시하고 싶었던 말을 하라고 했다. 나는 그에게 그의 오른손의 엄지와 손가락을 마주친다는 것을 지시했고 그가 과거를 재경험하는 30분 동안 그러고 있을 것을 지시했다.

그런 다음 그에게 크게 숨을 들여 내쉬고 안정을 취하라고 했다. 나는 그에게 언어로 경험을 다시 재구성하는 순서를 가지기 위해 그가 과거에 이루었던 일이나 즐거운 순간을 찾아내 생각해 보라고 했다. 한 1분쯤 지난 후 그에게 이제 가장 수치스런 감정이 뚜렷하게 생각되는 지점으로 가라고 했다. 그리고 그에게 거기에 관한 충분한 자료와 당시 상황을 정리할 시간을 주었다. 그리고 물었다. "지금 누가 있어요?", "그들과 뭘 하고 있지요?", "그들은 어떻게 당신을 절망시킵니까?" 그가 그 순간으로 접근하자 나는 그에게 그가 전에 그 경험을 느낀 상황에 대해 그대로 서술하던 당시처럼 오른손에 있는 엄지와 손가락을 대게 하였다. 그리고 그에게 한 30초동안 숨을 고르게 하고 그가 전에 했던 즐거운 경험으로 돌아가게 했다. 정리하면

1. X축 : 왼손에 있는 엄지와 손가락을 마주해서 그가 전에 겪었던 성적표에 관한 느낌을 끄집어내어

2. Y축 : 오른쪽 손에 있는 엄지와 손가락을 마주 대면시 그가 그 당시 2학
   년 때 갖지 못했으나 그가 원했던 힘을 그가 지금 가지고 있는 확고함과
   하고 싶었던 말로써 채워 놓았다.

아직은 이 설명으로 이해가 될지 모르겠지만 뒤에 나오는 예시로 이해하
게 될 것이라고 믿는다. 자 이제 우리는 기억을 다시 재구성할 준비가 되었
다. 아마도 이 일에 관해서 인공두뇌학을 떠올려 보는 것도 이해하는데 도
움이 될 것이다. 왜냐하면 우리의 두뇌와 신경계는 우리가 상상한 이미지를
실제와 같도록 생생히 느낄 수만 있다면 가상현실과 실제를 거의 구분하지
못하기 때문이다. 성적인 관계를 상상할 때 옆에 사람이 없는 경우라도 실
제로 그 사람과 일을 벌이는 것처럼 흥분한 경험이 있을 것이다. 그와 같은
논리이다. 편집증 환자가 그들이 만든 가상의 공간에서 실제로는 아무 위협
이 없는데 두려워하고 떨며 환상 속에 살아가는 것처럼 일반인들도 미래에
닥쳐올 일들 -실제로 거의 일어나지 않지만- 그 일을 걱정하느라 무한정의
에너지를 낭비한다. 이 모든 일들이 우리의 이미지 작용만으로 실제처럼 반
응이 일어나 생기는 일인 것이다.

이제 세 번째 단계에 들어서 나는 그에게 그가 겪었던 수치스럽던 상황으
로 다시 가서 예전에는 그렇게 하지 못했지만 지금은 과거의 성공했던 경험
을 바탕으로 힘이 나면서 이제 성인이 되어 확고함으로 그 당시에는 어리고
약하여 선생님께 감히 하지 못했던 말을 하라고 지시했다. 이것은 아까 X축
과 Y축에 있는 일이 동시에 일어난 것이다. 이 X축과 Y축의 원리는 X축의
실제 상황에 Y축의 새로운 힘과 자신감이 동시에 합쳐져 새로운 상황을 만
들어 내는 것이다. 나는 그 상황으로 돌아가서 그가 하고 싶은 일을 하라고
지시했다. 그리고 그는 그 순간에 선생님이었던 신부가 그의 성적표를 집어
던진 일에 집중하고 있었다. 나는 "신부에게 느끼는 감정이 어떠하냐"고 물
었다. 그리고 그에게 다음과 같이 하고 싶은 말" 어떻게 나 같은 어린이에게
그렇게 못되게 굴 수 있어?", "나는 그게 내 최선을 다한 일이었어. 당신과

같은 사람이 어떻게 사랑의 하나님의 모습을 대표하는 사람이라고 할 수 있는 거야!' 등의 말을 신부에게 말하게 했다. 그가 그동안 서러웠던 감정을 폭발시키면서 신부이자 그의 선생이었던 사람에게 하고 싶은 말을 하는 동안 그의 수치심이 빠져 나오는 것을 지켜보았다. 나는 그에게 말할 것을 지시하기는 했지만 사실은 자발적으로 이런 말을 하는 게 가장 최선이다. 크게 말하거나 소리치는 것도 좋다.

여기서 주안점은 수치심의 감정을 준 사람에게 화로 맞대응 한다는 점이다. 마침내 그가 화를 다 터트리자 나는 그에게 몇 년 동안이나 그를 괴롭히던 수치심을 그 신부에게 다시 돌려주겠냐고 물었다. 나는 이 수치의 꾸러미를 힘 빠지고 눅눅한 봉지에 비교하기를 좋아한다. 그리고 그동안 당신이 끼고 살아왔던 이 봉지를 자신은 전혀 수치가 없는 것처럼 행동하며 당신에게 수치를 투사한 그 사람에게 다시 돌려주는 것은 정말로 중요하다. 그가 수치심의 감정을 다시 신부에게 돌려주자 그는 훨씬 자신감에 차보이며 안정되어 보였다. 나는 그에게 숨을 크게 들이쉬고 안정한 다음 눈을 뜨게 했다.

이 작업을 통해 그는 자신의 과거를 재구성하여 과거에 있었던 수치스런 기억을 그가 용감히 대항한 기억으로 바꾼 것이며 이는 더 이상 그가 같은 문제로 괴로움을 당하지 않을 것이란 말과 같다. 왜? 뇌는 실제같이 경험한 상황과 실제로 벌어진 상황을 구분 못하기 때문에 그의 수치스런 경험으로 인해 존재했던 감정이 없어지고 대신 용감한 맞대응으로 인한 감정이 그 자리를 대신했기 때문이다. 그리고 이런 감정이야말로 우리가 앞으로 삶에 벌어지는 일을 대응하는데 꼭 필요한 것이다.

과거의 일에 접근하기

이 작업은 다른 사람 없이도 할 수 있다. 한 사건을 가지고 여러 번 해도 무방하다. 나는 개인적으로 수치심을 주었던 기억을 한 100번은 넘게 했을 것이다. 어떤 일은 10번도 넘게 했다. 이 작업의 열쇠는 옛 기억을 제대로

찾아가는데 있다. 수치심을 가져다주었던 기억은 다른 기억보다 찾기가 쉬
운데 이는 그 고통스런 감정이 강하기 때문이다. 기억의 파편들과 잘 연결
되어 이를 다시 잘 구성하려면 따로 시간을 내서 공을 들이고 계속 실행해
야 한다. 과거로 다시 돌아가 이를 제대로 한마디로 좋은 경험으로 구성하
는 것은 이와 같은 조건이 선행 되어야 한다.

1. 곧바로 접근하는 것- 가장 빠르고 정확하게는 아마 가장 감정이 격하게
   모인 기억에 접근하는 일이다.
2. 시간을 들임 - 옛 기억의 장면이나 상황들이 정확히 기억이 나려면 생각
   보다 많은 시간이 필요하기도 하고 또 시간을 들여야 한다.
3. 중복하기 - 우리가 이 기억의 치료가 잘 이루어 졌나 알아보는 방법은 직
   접 다시 이를 실행해 보는 것이다. 우리가 엄지와 손가락을 닿았을 때 과
   거의 경험이 되살아나게 되는데, 만약 우리가 옛 일에 정확하게 접근했
   다면 그 기억에 동반한 강한 감정이 느껴진다. 치료가 잘되어 좋은 감정
   으로 정말 바꾸었다면 다시 그 일에 접근해도 여전히 좋은 감정이 들 것
   이다. 하지만 아직 제대로 과거의 경험이 바뀌어 지지 않았다면 아직 과
   거의 안 좋은 감정이 밀려 올라올 수 있다.

이 과정에 관해서 두 가지 일이 날 흥미롭게 만들었는데 그 첫 번째는 이
치료를 받는 사람들이 어디서 힘을 끌어온 게 아닌 바로 그들이 가지고 있
는 힘으로 과거를 재구성했고 또 해결해 나갔다는 점이다. 수치심이 내재된
사람에게는 특히 더 중요한데 왜냐하면 이들은 자신을 너무 비하한 나머지
도움을 자신 안에서 찾기 못하고 밖에서만 구하려 하고 있기 때문이다. 그
러나 자신을 치유하는데 있어 그 사람 자신이 가지고 있는 힘과 능력을 사
용하게 만든다는 게 모든 임상치료사들이 사람을 치료하면서 갖는 궁극적
인 목표이다. 그들이 가지고 있는 힘을 사용할 때야 비로소 치료사들은 그
들을 도울 수 있다. 사실 그리고 정말로 우리는 우리 안에 자신을 변화시킬

수 있는 힘을 가지고 있다. 하지만 해로운 수치심은 우리가 자신의 능력을 볼 수 있는 눈을 차단한다. 두 번째로 내가 이 작업에 흥미를 느꼈던 점은 이일이 테스트될 수 있다는 것이다. 먼저 앞서서 나왔던 내담자에게 안정을 시킨 다음 다시 그 2학년 때의 교실로 돌아가 성적표를 받던 순간으로 돌아가게 했다. 그리고 나서 전에 느꼈던 수치스런 경험과는 달리 변한 것이 있냐고 물어 보았다. 나는 그의 얼굴을 관찰하면서 먼저 치료받지 못했던 때와 비교해 보았다. 그는 전에 있던 수치스런 경험이 크게 바뀌어 있다고 말해 주었고 나는 이점을 유념해 두었다.

여기서 말하고자 하는 바는 처음에 그가 겪었던 상황으로 돌아갔던 순간에는 그의 얼굴은 붉어졌고 미간이 심하게 떨렸으며 숨결도 감정에 격해 몹시 가쁜 상태였지만 치료를 통하여 과거의 내용을 바꾼 후에는 그가 그 상황으로 돌아갔어도 감정의 요동함이 없고 평온한 태도를 취했다는 점이다. 이는 그의 치유가 성공적으로 이루어 졌다는 것을 보여주는 증거이다. 이 기술을 요약해 보면,

과거의 참기 힘든 일로 다시 돌아가기

1. 3, 5분 동안 당신은 숨 쉬는 데만 신경 써라. 숨을 들여 마시고 내쉬는 차이를 느끼면서 완전히 긴장이 풀린 상태가 되어라.
2. 당신을 수치스럽게 만들거나 고통스럽게 한 일이나 인물을 떠올려라. 화가 나거나 그때의 절망스런 마음이 떠오르면 왼쪽 엄지를 손가락에다 갖다 대라. 이 상태로 20초 정도 있고.. 그러다가 숨을 크게 들이마신 다음 왼손의 긴장을 풀어라.
3. 그런 다음 그 기분 나쁜 상황에서 당신이 어떻게 대응할 수 있는지 생각해 봐라.(예를 들면 당신은 그때 그들에게 당했을 때보다 지금 훨씬 확고해져 있을 수 있다. 그때는 없었지만 지금 가지고 있는 자신감을 이용하라).

4. 이제 당신의 감정을 사용했던 때를 떠올려 그 강한 힘으로 채워지면 당신의 오른쪽 엄지와 손가락을 갖다 대라. 한 30초 정도.. 숨을 깊게 들이쉬고 오른손을 쉬게 하라. 이 방법을 사용하여 당신이 옛 경험에서 건질만한 자원이 있으면 필요한 만큼 계속 건져내라.

5. 이제 의식을 움직여 당신에게 익숙한, 그 괴로운 곳으로 돌아가라.

6. 자 이제 당신은 그 힘든 순간으로 다시 와 있다고 상상하라. 하지만 당신은 과거에 무력했던 모습과는 달리 지금 당신이 습득한 강점들을 가지고 있다. 이번에는 그 힘을 가지고 다시 그 일을 경험한다고 생각해라.

7. 이젠 오른손과 왼손 다 엄지를 닿은 상태로(옛 원래의 경험과 지금의 감정이 추가되어 돌아온 상태가 동시에 만나는 상태) 그 기억에 접근하라. 그때 그 수치스런 순간으로 돌아가서 당신을 괴롭게 한 사람에게 당신이 얼마나 화났으며 마음이 아팠는가를 이야기하든지 아니면 그 당시 하고 싶었던 말과 행동을 다해 주어라.(여기서 중요한 점은 자신의 행동을 바꾸는 것이지 상대방이나 상황 자체를 바꾸는 것이 아니라는 점이다. 다만 자신이 그 일에 대응했던 점만 바꾸는 것이다.) 그리고 기분이 나아질 때까지 계속해라. 만약 이렇게 하는 게 두렵거나 여전히 힘이 든다면 다시 당신이 이루었고 자신 있었던 순간으로 돌아가 힘을 모아 가지고 다시 시도해라. 여기서 중요한 점은 당신에게 수치심을 당신에게 투사 시켰던 자에게 그가 주었던 수치심을 다시 돌려주는데 있다는 사실을 기억하라.

9. 이 과정을 다 마치고 이제 감정이 많이 완화되었다 하더라도 한 1, 2분 지나서 다시 그 기억으로 돌아가 더 처리해야 될 것이 없나 살펴서 옛날의 당혹하고 수치스런 감정이 완전히 느껴지지 않을 때까지 계속하라.

10. 이제 과거가 완전히 청산되었다고 느껴지면 앞으로 미래에 있는 일을 준비하라. 앞으로 닥칠지도 모르는 일에 과거에 한 경험으로 어떻게 대응해야 될지를 상상하라. 미래를 상상하면서 당신 안에 이를 대응할 힘과 자원이 있다는 것을 깨닫고 이 힘을 사용하는 모습을 상상하라.

나는 위의 방법을 테이프에 녹음하여 실행해 볼 것을 추천하고 싶다.

당신의 이미지 바꾸기

또 다른 효과적인 방법으로 내가 몇 년 동안 사용하고 있는 테크닉은 "자기이미지 바꾸기"라고 불리는 방법이다. 나는 이 작업이 만들어지는데 핵심적인 역할을 한 스태판과 캐롤 랙톤에게 큰 빛을 진 셈이다. 그들은 밀턴 에릭슨과 에릭슨의 뛰어나는 제자들로써 그들의 기술 위에 큰 영감을 불어넣어 준 제자들이다. 그들의 저서인 '내면의 대답 : 에릭슨의 최면요법 치료 입문'에서 랜톤은 그 과정을 자신의 이미지를 바꾸는 방법으로 사용했다. 뒤에 나오는 것은 내가 이들의 방법을 채택한 것이다. 우리가 가지고 있는 자신의 이미지는 우리가 세상을 바라보는 카메라 렌즈와 같아서 이미지는 우리가 세상을 어떻게 보느냐를 보여주고 우리가 하는 선택과 경험을 걸러주는 필터와 같은 역할도 한다.

수치심이 내재된 사람들은 자신에 관해 부정적인 이미지를 가지고 있다. 그들은 자신이 모자라는 인간이라고 여긴다. 그리고 종종 이 곡해가 너무 심해 그들은 자신의 모습을 더 이상 객관적으로 바라보지 못한다. 자신을 위장하려고 높은 도덕과 이상을 너무 열심히 좇은 나머지 자기가 정말 진정으로 뭘 원하는지도 모른다. 우리의 이미지를 바꾸는 일은 정말 힘든 일이다. 먼저 자신을 사랑하는 일을 했던 것을 떠올려 보라. 위에 나온 자신을 사랑하는 과정은 많은 노력과 실행이 필요했지 않은가. 하지만 자기이미지 바꾸기에서 요구하는 노력은 일종의 형상화와도 같은 것이다. 나는 이미 형상화하는 작업이 어떤 영향을 끼치는지에 대해 이야기했다. 우리의 두뇌와 신경계는 상상한 상황이 자세하고 생생하면 실제와 구분을 못한다. 형상화는 당신이 믿든 안 믿든 간에 효과가 확실하다. 당신 안에 있는 냉소적인 부분이 아마 의심할지도 모르지만 일단 한번 시도해 보면 그 효과와 영향력에 놀라 당신은 다시 안하고는 못 배길 것이다.

들어가기 앞서 미리 밝혀두면 모든 사람이 다 상황을 인식할 수는 있지만 모두가 다 형상화를 할 수 있는 것은 아니다. 만약 당신의 부모가 상상력이 풍부한 언어를 사용했다면 당신의 감각은 풍성하고 형상화하는데 아무런 문제가 없겠지만 평소에 해볼 기회가 없던 사람들은 어려움을 겪을 수 있다. 그래서 첫째로 우리가 할 일은 어떻게 형상화하여 자신의 이미지를 바꿀 수 있는지 배우는 것부터 시작해야 한다. 다음에 나오는 것이 그 예인데,

형상화 워밍업

제일 먼저 해야 될 일이 긴장을 푸는 일인데 이는 형상화를 주관하는 뇌의 알파파가 오직 우리가 긴장을 완전히 푼 상태에서 나올 수 있기 때문이다. 충분히 긴장을 푼 상태에서 알파파가 온전히 돌게 되면 두뇌의 형상화를 할 수 있는 힘이 극에 달할 수 있다.

편안한 곳에 앉는다. 머리를 편안하게 두고 온도도 너무 높거나 차지 않아야 한다. 숨 쉬는 것에 집중한다. 숨을 들이마시고 내쉬는 과정에 집중한다. 이제는 숨을 하얀 수증기 같다고 상상하라. 숨을 내쉴 때마다 하얀 숨결이 몸에 들어가서 당신을 정화시키고 있다고 생각하라. 조금이라도 긴장된 부분이 있으면 숨을 통해 토해내라. 긴장된 부분이나 안정을 취하는데 방해된다고 여기는 것을 검은 부분이라 여기고 숨을 내실 때마다 검은 부분이 나가고 하얀 숨결로 채워지고 있다고 여기라. 머리부터 시작하여 이마의 긴장이 숨을 통해 배출된다. 얼굴의 긴장이 토해지고 목을 타고 내려와 어깨와 등의 긴장이 토해지고 팔과 손으로 내려와 긴장이 토해진다. 엉덩이에서 긴장을 풀고 다리로 내려와 발목까지 긴장을 풀고 발에 와서는 긴장을 모조리 다 배출해 버린다.

자, 이제 당신의 몸 전체가 완전히 이완되었다고 생각하라. 몸이 속이 빈 대나무와 같아서 황금색 에너지가 머리를 통과하여 발가락까지 이어진다. 그리고 숨을 내쉬면서 번호를 센다. 숨을 크게 내쉬면서 숫자 일곱부터 시

작한다. 육, 오, 사, 삼, 이, 일 … 숫자 일을 셀 때에는 촛불을 상상하라. 그 노란색, 빨간색, 파란색의 색깔에 집중하면서 가운데를 들여다보라. 그리고 따뜻한 열기와 촛불이 타는 소리를 듣는다. 이제는 그 불꽃이 장작을 태우는 난로라 여겨라. 그 열기와 타는 소리를 듣고 그곳에서 머쉬멜로우를 구워먹는다고 여기라. 그 맛과 향기를 음미하라. 그리고 다음에는 장소가 바뀌어 여름날의 어떤 장소와 있다고 여기라. 그리고 그곳에 있는 길을 따라간다. (10초 정도 멈춤) 길을 따라가다 오렌지 나무를 만나 오렌지를 따서 문질러 그 향을 맡는다. (10초 정도 멈춤) 길을 따라 올라가니 노란 꽃들이 보이는데 미나리, 아재비, 인동 덩굴이 눈에 띈다. 계속 따라 올라가서 하얀 모래사장에 닿는다. 신을 벗고 하얀 모래의 감촉을 느낀다. 손에 모래가 빠져나가는 것을 느끼고 왼쪽을 보니 길이 나 있다. 그 쪽으로 발걸음을 옮긴다. 길에 나무도 있고 새도 노래한다. 그렇게 가다보니 작은 호수가 나왔다. 물이 움직이는 것을 보고 물고기가 물위에 뛰는 게 보인다.(10초) 호수를 돌아가니 젖소들이 있는데 이 호수 쪽으로 오고 있다. 젖소가 우는 소리를 듣는다.(10초) 호숫가에 앉아서 당신 자신이 당신에게 걸어오는 것을 상상해라. 당신을 보라. 머리하며. 눈과 귀 코 등을. 당신 몸 전체를 보라. 그 당신의 모습이 당신 앞에서 한 바퀴를 돌아선다고 여기라. 그 모습을 쭉 훑어본다. 뒷모습부터 옆모습까지. 이제 그 모습이 걸어 가버리고 당신은 호수에 남아서 당신 모습을 호숫가에 비추어 본다고 여기라. 숫자를 천천히 세며 7부터 1까지 세어나가며 숫자 일에서는 완전히 의식이 든다.

당신의 이미지를 물에 비추어 보거나 아니면 당신 자신이 당신에게 걸어 들어오는 장면이 쉽지 않았는지도 모른다. 자신을 수치스럽게 여기는 사람들 대부분이 그렇다. 그래서 만약 이렇게 하는데 어려움을 느꼈다면 여기 이것보다 훨씬 쉽고 정확한 방법이 있다.

신체 이미지 경험

이것은 눈을 뜨고 또 언제든지 할 수 있는 방법이다. 전신이 다 비출 수 있는 서울로 가서 낭신 얼굴을 보며 눈, 코, 입, 점, 사마귀 등 모든 것을 자세히 보라. 웃음도 지어보고 심각한 표정도 지으면서 당신 얼굴을 속속들이 파악해라.

　이제 몸도 똑같이 해보는 것이다. 위부터 쭉 아래로 컴퓨터 스캔을 하듯이 살펴보면서 머리, 목, 가슴, 엉덩이, 다리, 발목 발가락까지 쫙 다 자세히 살펴본다. 뒤돌아서 뒷모습도 보고 옆모습도 살펴보며 그 자리에서 행진도 하며 팔을 휘휘 내두르기도 하라. 하지만 기억해라. 이렇게 하는 것은 몸을 어디 뜯어고칠 때가 없나 살피고 어디가 흉한가 검사하는 것도 아닌 그저 당신 모습을 새겨 두는 것뿐이라고. 이제 당신이 어떻게 생겼는지 자세히 알아두면 한 단계는 지나는 셈이다. 아침에 일어나기 전에 이 작업을 하라. 머릿속에서 당신이 일어났다고 생각하고 알람시계를 그려라. 침대로 나와 찬 기운이 발에 닿는다고 느껴 보라. 주위에 가구를 둘러보면서 따뜻한 옷을 입고 옷감의 감촉을 느낀다. 옷 색깔을 살펴보면서 평소에 하던 몸단장을 하는 당신을 그려 보라. 이를 닦는 모습과 세수하면서 느끼는 감촉까지.. 이 모든 것이 당신이 침대 안에서 상상으로 그려낸 것이다. 이제 당신이 상상한 것과 실제를 비교하며 그 다른 점을 주지해 봐라.

　이 형상화 작업을 매일 연습해 보며 한 일주일 정도는 계속해라. 1-2주 연습을 통해 당신의 형상화 능력은 놀랍도록 향상된다. 이제 어느 정도 숙달되었다고 느끼면 눈을 감고 자신의 이미지를 아까 나온 방법으로 상상하라. 당신을 이것을 낮에도 버스 안에서도 점심 식사 때도 할 수 있다.(단 운전 중에는 안전을 위해 하지 말아라.)

이미지 만들기

　1단계 : 새로운 힘이 당신의 이미지에 들어오는 것을 상상해라
　이미지 바꾸기의 첫 단계는 당신 안에서 당신의 모습을 상상하여 그려내는 것이다. 평소 당신의 모습을 유념한 다음에도 자세히 모습을 살펴서 당

신의 이미지를 그린다. 만약 평소에 당신이 어떤 사람의 웃는 모습이 맘에 들었다면 그 이미지를 생각해서 당신에게 도입시켜 보라. 당신의 얼굴을 바라보면서 그 웃고 싶은 모양대로 웃어 보라. 점차적으로 당신은 당신이 원하는 모습대로 웃고 있는 당신을 발견하게 될 것이다. 이것은 자세나 눈 맞추는 모습, 걷는 모습 등으로 확대될 수 있다. 당신이 원하는 모습 그대로 그려보는 것이다. 꼭 사실이 아니더라도 상관없다. 상상 속의 당신은 몸무게가 한 10 파운드 정도는 덜 나가게 상상해도 된다. 무엇보다도 원하는 모습을 그려나갈 때 자신이 원하는 것에 비난하거나 판단하려는 마음을 가지지 않고 하고 싶은 대로 해야 한다. 급격한 변화를 원하는가? 그러면 먼저 그런 모습을 그려보고 또 마음속에서 실제인 것처럼 뚜렷이 볼 수 있어야 한다.

2단계 : 다른 중요한 사람 추가하기

2단계는 다른 사람을 상상 안에 추가시키는 것인데 수치심이 내재된 사람 같은 경우에는 자신의 내면과 접촉을 잘 못하고 있기에 다른 사람과도 진실한 관계를 맺는 것이 힘들다. 자신에 대해 좋은 자아와 정체성을 가지려면 무엇보다도 주위에서 이를 확증해 주어야 하는데 특히 가깝고 중요한 사람인 경우는 더욱 그렇다. 그러기에 당신의 상상 안에서 당신이 소중히 여기는 사람이 당신을 위해 있어 주고 의견을 말해주는 작업이 필요하다. 눈을 감고 당신의 모습을 생생할 정도로 그려나가라.

이제 당신은 당신의 모습을 온전하게 볼 수 있다. 눈을 들어보니 당신이 소중히 여기는 진실하고 사랑하는 친구가 오고 있다. 친구의 따뜻한 눈길을 바라보며 "나는 지금 나의 새로운 웃는 모습과 자신감이 맘에 들어. 나는 내가 사랑하는 친구와 함께 있어서 좋아. 너도 나랑 있어서 좋을 거야 "라고 말한다. 이렇게 다른 사람을 통해 자신에 대해 긍정적인 확증을 하는 것은 다음 단계를 나가는데 도움이 된다.

3단계 : 상황을 설정하여 실행해 보기

3단계에서는 이제 당신이 평소에 맘에 안 들거나 바꾸고 싶은 행동들을 바꾸는 단계이다. 나는 이 방법으로 내 주관 없이 다른 사람들의 비위에 맞추기만 급급한 내 행동을 바꾸려고 정말 열심히 노력했다. 그 일은 다음과 같은데 당신이 친한 친구와 대화하고 있다고 상상하라. 친구는 당신에게 새로 생긴 태국 음식점에 가자고 하며 태국 음식을 자기가 얼마나 좋아하는지 또 얼마나 맛이 있는지 입에 침이 마르게 칭찬해 댄다. 당신은 이때 평소대로 친구의 마음을 맞추어 주려고 같이 가겠다고 말하고 싶은 충동이 드는 것을 느낀다. 그대로 이를 주시하라. 하지만 당신은 전에 태국 음식을 먹었을 때 정말로 못 먹을 정도로 맛이 없어한 기억이 있다. 사실 억지로 먹다 토하려 한 적도 있다! 그때 당신은 이렇게 친구에게 말하는 모습을 상상한다.

" 아니, 미안하지만 안 갈래. 전에 나도 태국 음식 먹어 봤지만 정말 맛이 없더라. 내일 만나자면 만날 수는 있지만 같이 태국 음식 먹는 것은 좀 그래. 네가 정 먹고 싶다면 다른 친구와 같이 갈래?" 그리고 친구가 실망해 하는 소리를 듣는다. 그리고 친구에게 다른 음식이라면 얼마든지 먹고 싶다고 말해 준다. 친구의 눈을 들여다보면서 "친한 친구인 너에게 거짓말하고 싶지 않았다. 그렇지 않은데 그런 척 하기 싫었다."고 이야기한다. 친구가 돌아가는 것을 보며 문을 닫는다. 그리고 이렇게 자신 있게 말하라. "나는 인간관계에서 진실하게 행동할 수 있다. 나는 내가 느끼고 생각하는 바를 말할 수 있다. 나는 내가 싫어하는 것 좋아하는 것이 있다고 할 권리가 있고 나는 진실하게 말하는 나를 사랑한다." 이것을 수십 번은 더 연습하라. 다른 경우에도 마찬가지다. 사랑하는 사람에게 사랑한다고 고백하든지 아니면 거절할 때라든지 봉급을 올려 달라고 이야기하던지 상점에서 맘에 안 들었던 물건을 반품하는 경우, 데이트 신청, 성공적으로 연설하는 모습 등 특히 어렵거나 수치스러운 경우를 골라 계속 상상 속에서 연습한다. 랙톤은 스트레스를 주는 상황이 도래할 때마다 긍정적인 이미지의 시나리오를 그려보는 것을 추천한다. 이번 주 월요일에 은행에 가서 돈을 대출 받아야 된다고 가정해 보자. 이것을 생각하니 근육이 좀 긴장되는 게 느껴지면서 뱃속에 마치 나비가 날아다니는 것과 같다. 처음에는 약간의 스트레스를 좀 느끼지만 곧 자신의 긍정적이며 확고한 이미지를 창출해 성공적으로 대출을 받아내는 모습을 그려 나가기 시작한다. "처음에는" 랙톤은 말하기를 긴장이 될 지도 모르지만 점차 반복하면서 이 의식적인 상상의 행위가 무의식적으로 입력이 되고 "그럼 자동적으로 자신감을 가지고 실제 상황에 임하게 된다"고 한다. 여기서 말해두고 싶은 것은 수치심이 내재된 사람들은 다른 사람보다 부정적인 상황과 말에 얽혀 있기에 이런 긍정적인 상황을 그려보고 실제로 벌어지는 일들에 도입하는 것이 이들에게 정말로 큰 도움이 된다는 것이다. 이들을 움츠리게 만든 것은 예전의 수치스런 상황이기에 그들은 제 2의 동일한 일을 당할까봐 전전긍긍하고 있는 것이다. 그러나 그 수치스런 기억을 지우고 그 안에 긍정적이며 확고한 이미지를 채우면 그들도 다시 그 똑같은 상황에 성공적으로 임할 수 있다. 왜냐하면 그들의 수치는 그들을 수치스럽게 만든 상황에서 도래한 것이지 그들 안에서 스스로 만든 게 아니기 때문이다. 자신 안에서 긍정적인 이미지를 그리는 것은 종전에 나온 일들 뿐 만이 아니라 당신이 세상을 바라보는 관점과 사고방식도 포함될 수 있다. 당신 안의 부정적인 시나리오를 계속 찾아내어 긍정적인 시나리오로 바꾸어 놓아라.

4단계: 새로운 이미지를 만들어라

4단계에서 우리가 할 일은 당신이 만든 긍정적인 이미지가 이루려 한 궁극적인 목표를 상상하는 것이다. 랙톤은 이를 가르쳐 "연출된 이미지"라고 표현했다. 긍정적인 시나리오로 당신이 하기를 원했던 행동을 한 다음에 거기에 알맞은 결과를 상상하는 것이다. 내 경우에는 아까 나온 식사의 경우가 그랬는데 내가 거절한 후에 친구가 저녁때 전화해서 내가 정직하게 말한 것에 대해 괜찮고 오히려 솔직히 말해줘서 고맙다고 말하는 장면을 상상했다. 나는 그의 목소리에서 내 행동을 존중하는 톤의 목소리를 듣는 것을 상상했고 기분이 몹시 좋아졌다.

5단계 : 앞으로의 일 연습하기

5단계는 이제 앞으로 닥쳐올 일들에 관한 단계다. 이 일은 앞으로 성취할 일에 대해 미리 이루어 졌음을 상상하는 일이다. 이미 그 일이 이루어졌다고 믿고 그 기분과 감정을 느끼며 자신의 모습을 상상하는 것이다. 랙톤의 표현에 의하면, "미래에 벌어질 일을 미리 상상하고 즐기면서 성취한 기쁨과 긍지, 자신감 등을 그려보는 것이다. 미래의 일을 현재에서 경험하며 밤낮으로 이미 이루어진 모습을 상상하며 백일몽을 꾸고 한 단계 한 단계씩 가다 보면 어느새 이루어져 있는 것을 볼 수 있다." 이 방법은 매우 강력하며 당신이 믿는 그대로 나타날 것이다. 그저 당신이 할 일은 이 상상 속의 그리기를 계속하는 것이다. 당신 안의 수치심을 숨기려 드는 노력과 힘은 정말 어마어마하다. 하지만 수치심을 커버하기 위해 드는 힘과 시간 중 조금이라도 힘과 시간을 떼어 내어 상상을 계속하면 당신의 인생은 변화될 것이다.

10 내면의 소리 대면과 변화

"우리는 모두 어린 시절에 걸린 최면에 빠져있다."

로날드 라잉

"우리를 참혹하게 만드는 거나 강하게 만드는 거나 다 똑같은 노력이 필요하다."

돈 주안, 즉탈린의로의 여행에서

나는 그녀의 얼굴을 들여다보았다. 그녀의 얼굴은 빛나고 있었다. 그녀는 너무도 아름다웠고 내가 상담한 여성가운데 가장 아름다운 여성이었다. 그녀는 매우 우아했고 여성스러웠으며 품위가 있었다. 그녀는 프라 앤젤리코가 말한 소위 "갈망해서는 안 되는 여인"이었다. 하지만 말을 시작하자마자 그녀는 자신에 대해 아주 부정적으로 이야기하여 다른 사람들로 하여금 동정이나 억지로라도 칭찬하게 만드는 사람들처럼 자신에 대한 험담을 계속했다.

"전 너무나 엄마로써 부족한 사람이에요. 우리 애들이 태어나지 않았다면 이 고생은 않할텐데...나는 직장을 잃게 될 것 같아요. 나는 도저히 컴퓨터는 잘 몰라서 말이죠. 나는 항상 보면 어디가 좀 모자란 거 같아요. 멍청해요. 내 남편이 나랑 이혼한 것도 사실은 잘된 일이었어요. 나는 시드니와 결혼했어야 하는데 그는 장님 이예요. 그와 결혼했어야 하는데… 만일 그랬다면 그가 내 끔찍한 몸매를 볼 수 없을 것 아니겠어요?" 그녀는 말을 멈출 기회가 도무지 없어 보였다. 말하는 억양이 몹시 독특했는데 그 중에서 두드러졌던 것 한 가지는 저속한 말투와 귀에 거슬리는 듯한 소리였다. 다른 것은 화난 듯 하면서 빈약한 소리였다. 내가 가장 놀랐던 것은 그녀가 말을 도저히 멈출 수 없어서 내가 이를 기록조차 하지 못한 점이었다.

나는 그녀와 그 후로 1년간 상담을 했는데 그녀의 이름은 오팰리아로 유년기에 학대받으며 버려진 아이의 전형적인 유형이었다. 그녀의 아버지는 알코올 중독자로 오팰리아가 3살 때 버리고 도망갔다. 그녀의 계부는 그녀를 성냥불로 지지며 이게 바로 지옥불의 모형이라고 떠들었다. 그 계부의 형제는 그녀를 차에 태우고 나가서 "이상한" 짓을 하곤 했다. 하지만 오팰리아는 그래도 그가 그녀에게 관심을 가져다준 유일한 사람이라고 말했다. 그러면서 그가 강아지도 주었다고 말했다. 그녀의 강아지는 유년기에 선물을 받았다고 희미하게 기억하는 유일한 것이었다. 그녀의 어머니는 식당 종업원이었는데 오팰리아에게 짜증나는 목소리로 소리를 질러대곤 했다. 오팰리아의 엄마는 고등학교에서 가장 섹시한 여인으로 뽑힌 적이 있었는데 늘 오팰리아와 자신을 성적으로 비교해 댔다. 그녀는 오팰리아가 13살 정도밖에 되지 않을 때 자신의 딸에게 "넌 엉덩이랑 가슴 좀 키워야겠다. 남자애들이 널 데리고 나가주기를 바란다면 말이야. 나는 너만 할 때 가슴이 36C나 되었었다. 근데 넌 뭐냐, 쪼그매 가지고"란 식으로 이야기하곤 했다. 오팰리아 엄마의 남자 친구는 오팰리아를 데려다 잠자리를 같이 한 적이 있었는데 그녀는 이를 고통으로 느꼈지만 오히려 엄마에 대한 승리로 여겼다. 그리고 그 뒤로도 이런 일이 더 있었다. 그녀는 자신을 역겨워하며 수치스러워 하는 사람으로써 아주 부정적이고 정떨어지는 대화 표현으로 자신에게 느끼고 있는 수치심을 배출하고 있었다.

내면의 음성

로버트 피얼스톤이 언급한 내면의 목소리란 자신 안에서 들려오는 부정적인 소리들을 말한다. 내면의 목소리는 여러 가지 다른 종류로도 묘사될 수 있다. 에릭번은 이를 가르쳐 부모 노릇을 하려는 소리들이 녹음된 카세트 테이프와 같다고 표현했다. 연구결과에 따른 추정으로는 25,000시간 분량의 목소리가 우리 안에 입력되어 있다고 한다. 프릿즈 펄과 게슈탈트학파의 경우는 이 목소리를 '삽입된 부모의 목소리'라 부른다. 뭐라 부르든 간에 우리 안에 이런 부정적인 목소리가 들어있는 것만은 확실하다. 수치심이 내재된 사람은 다른 사람보다 훨씬 더 많은 어마어마한 양의 부정적인 소리를 듣는다. 자신을 절망시키며 움츠러 들게 하는 소리들 말이다. 로버트 피얼스톤은 이에 관해,

> "이 목소리는 자신을 파멸시키는 교활한 소리로 묘사될 수 있다. 우리 안에 존재하면서 계속 진행되며 다양한 방법으로 활동하며 모든 사람 안에 다 존재한다. 이 목소리란 그가 아이였을 때 부모가 적대적으로 투사한 말들이 내면으로 들어와 자리를 잡은 경우이다."

그리고 이런 말 대부분이 부정적이고 자신을 깎아 먹는 말인 경우가 대부분이다. 이 음성들에 관해 구체적으로 예를 들면 혹시 당신이 뭘 잘못했다고 하자 그러면 즉시 안에서 이런 소리가 들려온다. "그럼 그렇지 또 실수할 줄 알았다니까", "혹시 뭐가 잘되나 해서 보았는데 역시나 꽝이네 그려", "흐이구, 이 멍청아 또 잘못했냐" 등으로 이미 실수를 해서 부끄러워하고 있는 당신에게 이런 목소리들은 더욱더 수치스럽게 만들고 절망적이게 한다. 더구나 이런 목소리들은 이미 벌어진 일 뿐만 아니라 앞으로의 일까지 영향을 준다.

예를 들면 면접시험을 본다고 하자. 앞으로의 일을 기다리며 마음을 가다듬고 있는 당신에게 이런 목소리들이 들리기 시작한다. "이 사람들이 뭘 믿

고 나 같은 것을 뽑아 주겠어?", "내가 이 사람들이 필요한 자질을 갖고 있을까" 하는 소리로 자신 있게 면접에 임하지 못하게 하여 떨어지게 만든다. 또한 설령 붙는다 해도 그리고 당신이 인정받아 좋은 대우를 받는다 해도 "사람들이 내가 이 일에 적합하지 않다는 것을 곧 알게 될꺼야" 라는 부정적인 소리에 귀 기울이며 전전긍긍하다가 정말 일을 망쳐 버리곤 한다. 또한 "일인데 간단히 사과 정도로 무마가 될 것 같아? 넌 지울 수 없는 상처를 준 거야! 역시 넌 인간관계에서 구제불능이야" 등의 소리에 잡혀 오금을 못 편다. 그런데 잠깐 살펴보자. 이 소리들도 인간관계에서 당신이 뭘 좀 실수하여 사과를 한다 해도 속에서 "어디서 많이 듣던 소리가 아닌가?" 하고 이런 익숙한 소리들의 출처를 따져 나가다 보면 당신은 이 소리들 대부분이 어릴 적 부모에게 듣던 소리라는 것을 알 수 있을 것이다. 그리고 아이에게 이런 소리를 하며 아이들의 기를 꺾어놓는 부모는 대부분이 자신의 수치심을 아이들에게 투사하여 그들을 수치스럽게 만드는 것이다.

그러나 아이의 입장에서는 자신에게 말로써나 여러 가지로 학대를 가하고 있는 부모가 잘못되었다는 생각은 하지 못하고 도리어 부모가 하던 비난으로 자신을 깎아 내리며 학대한다. 그리고 부모에 의해 생긴 부정적인 감정과 판단이 쌓여져서 속에서 자신을 미워하며 경멸하는 마음이 생기게 한다. 결과적으로 부모의 부정적인 언행이 내면화되어 종국에는 자식의 영혼을 죽게 하는 것이다.

마음속에서 자동적으로 드는 생각들

당신 안에서 들려오는 내면의 목소리에 귀를 기울이는 것은 매우 중요한 일이다. 당신을 파멸시킬 정도로 부정적인 말 대부분이 무의식 안에서 작동되기 때문이다. 다음의 경우를 생각해 보자. 야구장에서 여자가 날카로운 소리로 옆에 있던 남자에게 뭐라고 하더니 뺨을 한대 갈기고는 서둘러 야구장을 빠져나갔다. 주위에서 사람들이 이를 지켜보고 있었는데 이들 모두의 반응이 모두 제각기 달랐다.

어떤 남자는 그 모습을 보고 겁에 질려 버렸고 한 10대 소년은 화가 났으며 이를 본 임상심리학자는 매우 흥미로워 했다. 그리고 가운데 있던 중년 남자는 절망스러워 했으며 옆에서 이를 지켜본 성직자는 부끄러워했다. 어찌 한 장면을 보고 모두 반응이 다른가? 이유는 이들에게 자동으로 떠올랐던 생각이 각각 달랐기 때문이다. 여자가 뺨을 때리는 것을 보고 겁에 질린 남자는 어린 시절 엄마가 날카롭게 소리 지르며 "머리는 두었다 무엇에 쓰는 거야"라며 그의 뺨을 갈겨댄 기억이 있어 이 모습이 그의 기억을 불러 일으켜 그가 겁에 질린 이유이고 10대 소년이 화가 난 경우는 어렸을 때 누나에게 자주 맞은 적이 있지만 누나가 여자라서 그를 때린 것에 대해 벌을 받는 것을 보지 못했기에 억울하게 생각하고 있던 참에 이 모습을 보고 "사람을 저렇게 때리고도 여자라고 무사히 넘어가다니 이런 법이 어디 있어!"라고 생각하며 화를 내고 있는 것이다. 이제 막 이혼 수속을 마친 중년남자는 사람들과 어울려 살 수 없다는 생각에 절망을 갖게 되었다. 이를 지켜본 심리학자의 경우 도대체 남자가 어떻게 말을 했기에 여자가 저런 반응을 보이냐에 흥미를 가지게 되었고 또 이를 지켜본 성직자는 그 여자가 자기 교구 신자라는 사실 때문에 이를 창피하게 여겨 부끄러워하고 있었다.

사람들은 자기의 생각으로 나름대로 느낀다. 감정은 생각에 따라 반응하며 일어난 일들을 자신의 생각으로 해석하게 만든다. 우리의 정신세계는 생각으로 가득차 있는데 놀랄만한 것은 이 생각들 대부분이 자동적이며 무의식적이라는 사실이다. 내면화된 수치심은 당신의 내면에 있는 몇 가지 한정된 생각으로만 초점을 맞추게 하고 터널과 같은 좁은 시야를 갖게 만든다. 당신 안에서 이미 짜여져 있는 생각의 구조는 주위 환경에 대해 한정된 시야를 갖게 만든다. 아론 벡은 이를 "선택된 그림"이라는 표현을 했는데 이는 우리 안에 미리 짜여진 구조가 있어서 우리를 둘러싼 환경을 터널과 같이 좁은 소견으로 보게 만드는데 이 역시 해로운 수치심이 가져다 준 결과라고 볼 수 있다.

내면의 음성 대면하기

나는 내면에 있는 부정적이고 파괴적인 음성이 당신에게 계속 수치심을 가져다주고 있는 역할을 한다는 것을 알리고 싶다. 그리고 이는 당신 안에서 계속 악순환을 불러일으킨다. 이 목소리의 영향력은 실로 막강하다. 일단 이 목소리가 내면에 정착되면 자동적으로 계속 수치심을 조장하는 구실을 한다. 심리치료 과정과 기법들은 내면과 머릿속에 울리고 있는 속삭임과 직접 대면하거나 이를 바꾸는 방법을 제시하고 있다.

피얼스톤의 내면의 소리 접근법

로버트 피얼스톤이야 말로 내면의 목소리의 파괴적인 면을 공략하고 그 부정적인 영향을 감소시키는데 선구자 역할을 한 사람이다. 그는 그가 개발한 방법으로 사람들이 그들의 부정적인 소리를 깨닫게 해주고 있다. 그는 "내면의 소리를 공식화하고 말로 직접 표현하여 그 목소리가 사람들에게 주는 부정적인 영향을 줄이는 방법"에 관해 썼다. 그의 치료에서는 사람들이 자신이 생각하는 것을 밖으로 드러내도록 만든다. 이렇게 함으로 그 부정적인 소리에 대해 실체를 파악하여 그들의 부정적인 태도를 바꾸고 긍정적이며 덜 비판적인 관점으로 자신을 대하도록 한다. 목소리가 밖으로 말해질 때 그와 동반된 감정도 강하게 나오게 된다. 사실 그의 방법은 처음부터 일반인을 위했던 것은 아니다. 그는 임상심리학자들과 같이 이 워크숍을 하곤 했는데 그 과정 중에서 평소에 중립적이고 지극히 정상적인 사람들이 자신의 어떤 면에 관한 이야기를 들으면 평소와 다르게 감정적으로 반응하는 것을 보고 놀랐다.

"그들의 방어" 반응에 대해 피얼스톤이 말하고 있는데 사실 그것은 질문에 어울릴 만한 "일반적인 반응"이 아니었다. 다른 말로 표현하면 그들 중 대부분이 이미 자신을 비판하거나 깎아 내리며 고문하고 있었기에 남이 조금만 그 부분을 건드려도 자신을 스스로 고문하던 것과 같은 수준으로 자신을 해치려는 줄 알고 평범하게 볼 수 없는 과민 반응으로 자신을 보호했던 것이다.

목소리 밖으로 드러내기

피얼스톤의 방법은 개인과 그룹치료에 다 사용되는 방법이고 나는 그의 방법 중 몇몇을 채택하여서 당신이 얼마나 그 목소리에 의해 그동안 영향을 받았으며 그 파괴적인 결과에도 불구하고 왜 그 목소리를 지우려 하지 않는지 설명할 것이다. 만약 당신이 앞으로 나오는 방법으로 혼자 하려다가 감정이 너무 격앙되면 당장 그만 두라. 이는 당신이 이 일에 훈련받은 사람의 도움이 필요하다는 증거이기 때문이다.

과민반응 일기

첫 번째 방법으로 피얼스톤이 추천하는 것은 과민반응 일기를 써보는 일이다. 당신이 잠자리에 들기 전에 그 날의 일을 생각하면서 당신이 그 정도까지는 필요 없는데 이상할 정도로 마음이 격해졌거나 흥분한 일들을 생각해 내서 기록하는 것이다. 그 때의 상황과 사건이 어떻게 진행되었는지 자세히 밝혀야 되는데 이 일기에 대한 예는 다음과 같다. 여기에 나오는 일기는 내가 아내와 집을 다시 고치는 것에 대해 대화한 것인데 나는 그때 필요 이상으로 감정을 느끼고 행동했던 것이 기억난다. 그리고 내가 아내와 이야기하면서 내 안에 어떤 마음이 들었는지 말이다. 이는 다음과 같다.

날짜 : 12월 16일 수요일 저녁 8시 45분 경

대상 : 아내

대화내용 : 집안을 고치는 일

내가 보인 과민반응 : 아내가 단지 집안을 수리해야겠다고 말했을 뿐인데 나는 소리를 높여 가며 "내가 왜 집안 고치는 일을 해야 해! 나한테 기대하지 말라!" 라 며 크게 소리침

내 안에 들린 소리 : 당신은 남편이 되어서 오죽 못났으면 집도 수리 못해! 참 당신 불쌍 한 인간이다. 집 좀 봐. 집이 당신이 못난 탓에 허물어지고 있다고. 제대로 된 남자라면 집은 수리해야 되는 거 아냐? 좋은 아버지라면 집수리 정도는 잘해야지!

여기서 중요한 사실은 내 아내는 단지 집수리가 필요하다는 사실을 말했을 뿐이다. 하지만 그 당시 내가 느끼는 감정은 그랬다. 내면에서 들었던 감정을 시간을 가지고 살펴보면 당신 안에 어떤 생각이 있는가를 알 수 있다. 당신 내면에 드는 어떤 생각이 있다. 그 생각을 써야 한다. 그리고 그 소리를 크게 말하는 것이다. 일단 그 소리를 크게 말하게 되면 격한 감정이 올라오는 사실에 놀라게 될 것이다. 피얼스톤의 그룹에서는 자신의 과민반응을 크게 소리내어 말하게 되어 있다. 그것을 말할 때마다 그는 사람들에게 " 더 크게 해보세요", "진짜로 해 보라니까요"라며 그들을 고무시킨다. 일단 과민반응을 보이게 되면 그와 동반된 감정이 있을 것이다. 생각과 감정을 옆사람에게 큰 소리로 말하라. 그러면서 당신이 그 뜨거운 감정에 직접 대면하게 된다.

목소리에 대답하기

일단 당신이 그 목소리를 밖으로 꺼내고 나면 이제 그 목소리에 대답해줘라. 그 목소리의 불합리한 면에 직접 대응하는 것이다. 내 경우는 그 음성에 이렇게 대응하기 시작했다. "웃기지마! 나는 좋은 아빠고 남편이야 나는 돈도 많이 벌고 또 집도 돌볼 수 있어. 꼭 직접 수리를 한다고 해서 '남자답다' 라고 하는 법은 없어. 그렇다면 직업이 왜 각각 다르며 목수나 수리공이 왜 있어? 누군가 글을 쓴다면 누군가는 수리하는 거 아냐? 나는 그들을 고용해 집을 고칠 거고 나는 그 시간에 놀거야. 이게 더 나은 방식이고 내 스타일이야. 훨씬 더 좋은 방법이라고! "

피얼스톤이 지시하는 바는 우리가 목소리를 듣게 되면 그 목소리에 절대 따라가지 말고 정면으로 대응하라는 것이다. 나는 실제로 그 뒤 사람을 고용해 집을 수리했고 나는 그 시간에 골프를 쳤다.

비판하는 소리의 근원지를 추적하라

두 번째 방법은 게슈탈트 학파의 방법에서 나온 것인데 나는 이를 축약하여 "내면 비판의 근원 추적"이라 명명하겠다.

이른바 "자기고문" 게임이라는 것인데 자신을 앞에 놔두고 하고 싶은 비판이란 비판은 다하는 것이다. 자신에게 평소에 들었었던 생각, 자신을 파괴하고 싶었던 마음, 왠지 마음에 안 들었던 점, 이유는 모르지만 왠지 그렇게 행동하면 안 될 것 같았던 생각들로 자신에게 여지없이 비판을 가하라. 그리고 나서 그 비판대로 바뀐 자신의 모습을 살펴보라. 어떤 느낌이 드는지를 살펴 보라. 그 모습대로 바뀌니까 기분이 어떠한가? 다시 입장을 바꾸어 자신을 비판대에 올려놓고 계속 비판해 대라. 그리고 비판을 할 때는 "넌 이렇게 저렇게 행동하지 말아야해", "넌 이렇게 해야 해" 등으로 큰소리로 말하며 이렇게 비판해대는 모습을 관찰하라. 그리고 역할을 바꾸어 그 비판에 그 자신의 입장이 되어서 대답해 보라.

다시 역할을 바꾸고 … 계속 거듭하다 보면 뭔가 알 수 있는 것이 있을 것이다. 당신 안에 우두머리 개처럼 명령하며 이것저것 비판해 대는 모습이 있을 것이고 또 이에 반하여 졸병 개처럼 우두머리개의 협박에 양해를 구하며 뒤로 물러서려는 모습이 있을 것이다. 잘 살펴보라. 이 모습에 어디서 친숙하게 느껴지는 부분이 없는가? 당신을 비판하는 목소리들은 당신의 것인가? 아니면 다른 사람의 것인가? 잘 생각해 보라. 혹 어떤 사람은 그런 비판하는 목소리에 귀 기울이는 것이 자신의 성장에 좋다고 말할지 모르지만 정말 그게 당신의 소리인가 반문해 보라. 시간이 거듭하면 할수록 뭔가 느껴지는 게 있지 않은가? 그 소리가 혹시는 어린 시절 당신에게 꾸지람을 하던 부모의 소리는 아닌가? 아니면 배우자나 당신에게 비판적이었던 친구는 아닌가? 수를 거듭하여 당신을 비판해 가는 목소리를 구체화 시킬수록 당신 안에서 당신을 가차 없이 비판하던 소리는 당신에게서 출발한 것이 아니란 것이 확실해 질 것이다. 그러고 나면 이제 이 목소리의 실체가 분명히 밝혀진 것이다.

일단 이것을 알게 되면 이제 이 목소리에 대응하기 시작하자. "넌 이기적이야"란 소리에 "나는 단지 설거지를 하고 싶지 않을 뿐이야"로 대응하고 "넌 멍청해"라는 소리에 "나는 단지 대수학을 잘 모를 뿐이야"로 맞대응하라. 이 맞대응 작업이 끝나면 더 적극적으로 목소리를 공략하기 시작하라. 이제는 자신에 대해 선언하는 것처럼 "나는 이기적이야" 대신 "나는 이타적이야"로 하나하나 바로 잡는다. 나는 여러분이 그룹 참여를 통해 혹은 주위에 있는 가까운 사람에게 가서 이런 확신을 들려 달라고 권유하고 싶다. (단 그 사람은 절대로 당신에게 수치를 주는 사람이 아니어야 한다)

수치를 주는 생각에 더 이상 사로잡히지 마라

이 치료 과정은 베인과 울프 그리고 밋첸바움의 방식에서 채택한 것이다. 이 방법은 수치심을 주며 움츠리게 만드는 생각이 일어나는 것을 첫 번부터 대응해 들어가는 것으로 내면의 소리로 인한 악순환을 깨뜨리는데 큰 효과가 있으며 뒤에 나오는 4단계 방식은 내가 요셉 울프의 것을 채택한 것이다. 이 방법은 부정적인 내면의 소리가 들려 올 때 그 소리를 구체화시켜 재빨리 긍정적인 소리로 바꾸어 놓거나 아니면 그 부정적인 말을 중간에 방해하여 흐지부지 하게 만들고는 그 자리에 보다 강한 자기 확신으로 채워 놓는 방식이다.

부정적인 목소리가 하는 주된 일들을 세 가지로 나눠보면 자신감을 떨어뜨리고, 미래에 대해 부정적이며 일이 잘 안될 때 파멸만을 생각하고, 자신을 깎아 내리는 생각과 후회로 자신을 계속 수치스럽게 여기게 만드는 일들이다. 자신을 수치스럽게 여기고 미래에 대해 부정적으로 생각하는 것은 끊임없는 불안을 가져다준다. 혹시 "이런 일이 생기면 어쩌지" 내지는 "저렇게 되면 어쩌지" 라든지 "만약에" 라는 등의 생각으로 꼬리에 꼬리를 물고 이런 생각에 집착하게 되어 더욱 나락으로 빠져든다. 이 치료의 목적은 바로 이 부정적인 소리의 반복을 중단시켜서 악순환을 끊는 것이다.

부정적인 생각이 들 때 멈추어 가장 당신을 수치스럽게 만드는 생각 순으로 한번 적어 보라. 그리고 그 정도에 지나침을 적어 보라. 여기에 나오는 것은 내가 몇 년 전 나에 대해 느끼는 것을 적은 것이다,

1. 나는 바지가 너무 꽉껴 보기가 역겹다.(체중에 너무 집착함)
2. 나는 아버지로써 실패작이야.(부모의 의무에 너무 집착함)
3. 나는 어디가 항상 아픈 것 같아(건강에 너무 집착)
4. 무슨 소용이야, 곧 죽을텐데(죽음에 너무 집착함)
5. 나는 정말 이기적인가봐 (도덕에 너무 집착)

당신 안에 계속 드는 생각을 가려내 낱낱이 다 기록하는 것이 중요하다. 가장 잘 드는 생각과 수치스러운 생각으로 순서를 매겨 보라. 그리고 그것을 긍정적인 소원으로 바꾸어 보라. 그런 다음 다시 그 생각으로 돌아가 아직도 그런지 확인한다. 이 부정적인 생각을 멈추는 일은 부정적인 소리에 대해 무의식적으로 따라가는 것이 아닌 의식을 가지고 깨어서 대응하는 것이 중요하다. 이는 주의가 필요하며 끊임없는 각성을 요구한다. 부정적인 생각이 들어오는 그 자체는 어찌지는 못한다. 다만 이를 다른 생각으로 돌릴 뿐이다. 수치를 주는 생각 유형에 항상 집중하고 있다가 그런 생각이 들면 즉시 중단시키고 비워 버려라. 여기에 4 단계가 있다.

1 단계 : 이미지 떠올리기

눈을 감았을 때 '만일 그 일이 일어나면 어쩌나?' 하는 전전긍긍했던 일을 떠올려 구체적으로 상상해 보라. 평상시 생각나는 대로 당신이 하던 일이 불거져 나오거나 염려해 왔던 최악의 상황을 그려보는 것이다. 2단계로 들어가기 전에 아주 그 최악의 상상들을 생생히 그려보는 것이다. 그 장면을

상상해 보니 당신의 수치심이 증가되는 것이 느껴지는가? 하지만 걱정하지 말라. 당신이 기꺼이 수치심을 증가시킨 것처럼 또 기꺼이 그 부정적인 마음 또한 감소시킬 수 있을 테니 말이다.

2 단계 : 생각을 중단시켜라.

알람시계이든지 녹음기이든지 상관없다. 나는 개인적으로 녹음기를 사용하는 것을 더 권한다. 녹음기에다 일정한 시간을 맞추어 놓고 "그만!" 이라는 소리가 나오게 하는 것이다. 그것도 아주 큰소리로 나오게 하라. 시간은 1분 정도가 넘지 않게 해야 되며 일정한 간격을 두고 녹음이 되어 있어야 한다. 녹음기에 일정한 간격으로 그만! 이라는 소리가 거의 고함에 가까울 정도로 녹음이 되면 이제 의자에 편하게 앉아 그 최악의 시나리오를 그려 보라. 한참 최악의 상황으로 빠져들려는 찰나에 '그만!' 이라는 소리가 들려오면 생각을 멈추고 아무 생각도 안하는 상태로 30초 정도 버티고 있어야 한다. 멈춤 동안에는 정말 머릿속이 완전히 비어 있기를 연습하라. 다시 돌아가서 생각을 하다가 또 그만! 이라는 소리를 듣고 생각을 완전히 종결하고 30초 동안 진공상태, 이 과정을 계속 반복하여 30초 동안 다른 생각, 특히 그 부정적인 생각이 전혀 돌아오지 못하는 상태가 될 때까지 하라.

3단계 : 이 과정을 자기 것으로 만들어라

사람들이 없는 곳에 가라. 남에게 노출되지 않을 장소 말이다. 왜냐하면 그곳에서 당신은 혼자 크게 '그만!' 이라고 소리를 질러야 될테니. 이제는 녹음기가 아니고 알람시계를 들고 간다. 편하게 있으면서 또 부정적인 생각을 불러 일으켜라. 그러나 알람에 맞춘 부저가 울리면 그만! 이라고 소리지르며 벌떡 일어나거나 잣대로 책상을 찰싹 때리거나 손을 교통순경이 신호하듯이 번쩍 올리는 행동을 추가해서 하라. 좀 우습지만 당신 혼자이니 누가 볼 사람도 없는 효과 만점의 방법이다. 여기서 중요한 것은 이제 혼자 주의를 환기시키기 시작한 일이다. 계속 반복하라. 충분히 자신에게 각인되었

다고 느껴지면 이제는 소리를 좀 낮추어 평상시의 목소리로 그만! 이라고
한다. 그리고 과정을 반복하라. 계속 진행시키다가 이제 어느 정도까지 왔
다 싶으면 작은 목소리로 더 나아가서는 이제 소리를 내지 않고 생각으로만
그만! 이라고 마음에 명령한다. 여기서도 잣대로 치거나 고무 밴드로 주의
를 환기시킬 필요가 있다면 그렇게 하라.

4 단계 : 다른 것으로 대체시켜라

이제 당신이 이 생각을 잠시 멈추는 일에 완전히 숙달이 된다면 30초나
더 나아가서는 60초까지도 부정적인 생각을 멈출 수 있다는 말이 된다. 하
지만 생각을 안 하고 있는 상태에서 그대로 비워 둔다면 "자연스럽게" 옛
부정적인 생각은 돌아오게 되어 있다.

그래서 이 4단계에서는 그 비워둔 장소에 새로운 생각으로 채워두는 것을
실행하는 단계이다. 절망적인 생각이 드는 것을 방해하여 없앤 다음 채워둘
좋은 말들은 "이건 좀 힘이 든다 뿐이지 그렇게 까지 절망적인 수준은 아니
야", "하루에 한 가지만 노력해 보자", "이런다고 세상 끝난 것은 아니야 또
기회가 있어", "언젠가는 끝날 일이야 흘러가게 내버려두자고", "왜 그리 나
쁜 점만 집착해 네 좋은 점은 왜 생각하지 않지?", "불완전한 게 정상이야
넌 인간이잖아" "불완전하게 사는 것은 지극히 정상이라고" 등의 말을 해준
다. 물론 여기에 나온 것만이 전부가 아니다.

당신에게만 해당되는 말이 있는 것이다. 그럼 그 말을 해주면 된다. 그리
고 기억하라. "나는" 이라는 서두보다는 "너는" 이라고 자신에게 말하는 방
법이 훨씬 더 영향이 크다는 것을 말이다. 그리고 현실적이며 사실에 초점
을 맞추는 것도 도움이 된다. 내 경우에는 답답한 경우 "이것은 하나님이 내
가 죄를 지어서 벌을 주시는 게 아니라 많이 먹어서 가스가 가득 차서 그런
거야 정신차려!" 라는 말로 하나님이 날 벌하시는 것 같은 마음이 들어 서러
울 때마다 이 말을 해주었다.

무엇보다도 이런 부정적인 생각은 당신 마음속에서 몇 년 동안이나 돌고

돌며 굳어진 경우가 많다. 그러니 이것을 맞대응 하여 다른 생각으로 돌리는 것은 정말로 힘과 주의가 많이 필요한 일이다. 이는 마치 자전거 타기나 스키를 처음 배우는 것 같아서 배우는 처음에는 힘이 들고 어렵고 노력이 많이 필요하지만 일단 익숙해지면 자연스럽게 진행해 갈 수 있는 일이다. 단지 그렇게 되기까지 인내와 노력이 필요하다. 여기에다 더 추가하고 싶다면 고무 밴드를 손에 감고 있다가 그런 생각이 들면 잡아 다녀서 찰싹 소리가 나 주의를 환기시킬 수 있게 하는 방법도 있다.

알버트 엘리스와 아론벡의 방식

이제 이 뒤에 나오게 되는 것은 알버트 엘리스와 아론 벡의 방식이다. 그들은 내면의 부정적인 생각과 대화를 바꾸는데 큰 공헌을 한 사람들이다. 나는 그가 말한 "모든 사람의 느낌은 모두 그들의 생각과 내면의 대화와 연관되어 있다" 라는 말에 동의하지는 않지만 사람들을 계속 수치스럽게 만드는 생각에 관한 개념 정리와 그런 믿음을 조장하는 오도된 생각을 집약한 그의 기술은 정말 대단하다고 생각한다.

수치심이 내재된 사람이 하는 오도된 생각들

파멸

두통이 밀려온다. 책상에 붙인 직장 상사의 만나자는 메모가 당신을 불안하게 한다. 혹시 날 해고하려고 만나자는 게 아닐까? 걱정이 심해 머리에 아무 것도 들어오지 않고 나는 이제 아무런 가치가 없다라는 생각과 이 절망적인 생각이 다른 곳까지 파급된다.

다른 사람의 생각을 읽는다고 여김

나는 다른 사람의 마음을 읽을 수 있다 - 아마도 당신은 이렇게 생각할지 모른다. 당신은 다른 사람의 생각을 읽을 수 있다고. "저 여자 좀 봐 저 여자 표정만 봐도 나는 저 사람이 나에 대해서 어떻게 생각하는지 다 알 수 있어", "내가 그렇게 어수룩해 보이나? 그러니까 이런 것을 내게 묻지" 하지만 이런 생각 대부분은 당신이 전에 가진 경험에서 오도된 것이지 진실은 아니다. 그러나 당신이 자신을 경멸하는 것만큼 다른 사람도 당신을 경멸하고 있다고 미리 생각하고 또 그렇게 느끼고 있다. 수치심이 내재된 사람은 그들에게 비판적이고 냉소적이라 다른 사람도 본인 마냥 그들에 대해 느끼고 있다고 믿고 있다.

개인화

수치심이 내재된 사람들은 자기중심적이다. 이는 이기적이라는 것이 아니라 뭐든지 다 자신의 탓으로 돌린다는 것이다. 나의 내담자중 한 여성은 자기 남편이 지쳤다고 할 때마다 자신에 대해 지쳤다고 말하는 의미로 받아들인다.

한 남성은 아내가 물가가 올라서 돈이 많이 들어간다고 이야기했을 뿐인데도 돈 벌어오는 자신의 능력을 의심한다고 기분 나쁘게 생각한다.

개인화란 자신을 끊임없이 남과 비교하는 것도 해당된다. 이는 남과 자신이 다른 점을 생각하지 못하고 수치심에 의해 조장된 완벽주의에 기인한 것이다. 완벽주의는 남과 비교하기를 조장한다. "저 남자가 나보다 더 잘하는 것처럼 보이는데 그러면 안 되는데", "저 여자가 나보다 더 잘 아는 것 같아 어쩌지" 등 말이다. 이런 비교는 끝이 없고 당신이 비교를 하는 동안 당신은 자신의 능력에 관해 끊임없이 의심하게 된다.

과대 일반화

오도된 생각의 전형적인 유형 중 하나가 과대 일반화인데 이는 한 두 번의 일로 전체를 다 매도해 버리는 일을 말한다. 바느질하다 나는 처음으로 바늘을 부러뜨리고는 "나는 바느질 감각이 없어" 또는 데이트 신청에서 거절당했다고 "이제 내 인생은 끝났어, 아무도 날 원하지 않아"라고 하면서 거절당한 마음에 사로잡혀 있는 경우이다. 과대 일반화는 세상에 대해 그릇된 생각을 갖게 한다. 이들은 "한 두 번"과 "두 서너 명"을 "모든 경우"와 "모두들"로 확대 해석해 버린다. 과대 일반화는 그런 사고방식을 가진 사람들의 삶을 제한시키고 행복해 질 수 있는 기회를 빼앗아 버린다. 그리고 이 잘못된 생각의 방식이 그들 안에 있는 수치심을 더욱더 강화시킨다.

이분법

이 사고방식은 중간지대가 없는 사고방식이다. 극단적인 사고방식이다. 이런 사고방식은 당신이 좋거나 아니면 나쁘거나 둘 중 하나만 가능하고 중간지대인 좋지도 나쁘지도 않은 그저 그런 상태가 없게 만든다. 만약 실수라도 하면 완벽한 사람 아니면 실패자 밖에 없어서 당신은 실패자로 자신을 매도하며 스스로를 괴롭힌다.

나의 내담자중 한 부인은 완벽주의 부모로부터 양육 받아 양분법의 사고방식으로 굳어진 사람이어서 아이에 대해 조금만 실수하게 되면 그렇게 자신을 나쁜 부모라고 매도했다. 당시 내게 찾아올 때만 해도 그녀는 아이가 잘못한 일에 꾸중을 하고는 그녀가 한 일에 너무나도 깊이 자책을 하며 스스로를 견디지 못해 찾아 왔었다.

옳다고 여기는 것

수치심이 내재된 사람들은 계속 자신이 옳다는 것을 증명하려 든다. 이런 사람들은 완전히 방어적인 입장에서 인생을 사는 것이다. 당신이 옳다고 생각하기에 다른 사람의 의견은 돌아보려 하지 않는다. 이런 행동은 인생의 다양함과 새로운 사실을 배울 수 있는 기회를 차단하고 자신의 수치심이라는 새장에 갇혀서 방어하기에 급급하며 살아간다.

'해야 한다' 생각

카렌하니는 이를 두고 "강요의 폭군"이라 명했는데 아주 잘 들어맞는 단어이다. 이는 완벽주의에 기인된 사고방식으로 자신이나 남에게 어떤 행동을 해야 된다고 강요하는 것이다. 내 내담자중 한 여성은 자신의 남편을 두고 형편없다고 했는데 그녀는 좋은 남편이라면 주말에 아내를 데리고 나가서 분위기 좋은 레스토랑 같은 곳에 데리고 가야 하는데 남편이 못하고 있으니 그를 못되고 이기적이며 남편으로써 형편없는 사람이라고 생각하고 있었다. 이와 마찬가지로 언어 중에서 이들이 잘 쓰는 언어는 '반드시, 꼭, 절대로' 라는 단어인데 '무엇을 꼭 해야 한다' 는 전제와 밀어붙이기는 본인과 주위 사람을 괴롭게 만든다.

생각 조정하기

이 조종하려는 사고방식도 사실은 완벽주의에서 기인한 것인데 이는 자신을 완벽한 기준에 놓고 평가하려는 사람들에게서 나타난 증상이다. 완벽한 기준으로 자신을 바라보니 자신이 도저히 삶을 완벽하게 꾸려나가는 것 같지 않아 보인다. 그래서 남이라도 간섭하여 그 열등감을 보상하려는 것이다. 남을 조정하려는 사람들은 자신을 아주 형편없는 사람으로 보고 있거나 아니면 자신을 전지전능한 능력자로 보고 있는 경우가 많다. 그래서 그의 주위환경에 무슨 일이라도 있게 되면 여기에 책임을 느끼며 세상의 모든 짐을 다 지려한다.

자신을 열등하게 보는 사고로 모든 것을 판단함

자신을 모자라고 덜 떨어지는 인간으로 보려는 사고방식은 삶에서 생기는 모든 일을 다 부정적으로 해석하여 절망하는 경우를 말한다. 내 내담자 중 한 남자는 회사에서 대단히 유능하고 아주 높은 급여의 돈을 받는 사람임에도 불구하고 사장이 한 말 때문에 심하게 절망하며 자신을 갉아먹고 있었다.

사장은 단지 보고서를 조금 빨리 내주면 더 자신이 편하겠다고 말한 것뿐인데 그는 사장이 그의 능력이 덜 떨어져서 보고서를 빨리 작성해 주지 않았다고 비관하고 있는 것이었다. 이 비관적인 관점은 주위에서 벌어지는 일들을 모두 끔찍한 것으로 해석시킬 가능성이 높고 수치심을 증가시키는 악순환을 가져온다.

세상을 비난하기

이 형태의 사고유형은 전 세계적으로 공통인 것 같다. 당신 집 가깝게 있는 슈퍼마켓이 다른 곳에 비해 안 좋은 것 같고 당신의 이성 친구는 다른 사람의 이성 친구보다 좀 못나 보이는 것과 같다. 당신이 사는 나라는 다른 나라보다 훨씬 후진국 같이 느껴지고 도무지 정의란 이 세상에 없는 것 같이 느껴진다. 이 세상을 비관하는 사고는 당신이 가진 고통과 문제에서 빗겨나가게 하는 역할을 한다. 사실 당신이 세상을 비관하는 이유는 당신 안에 있는 문제로부터 도피하고 책임을 전가시키기 위해서다. 세상을 비관하는 사고는 당신으로 하여금 정직하게 당신의 문제점에 대응하지 못하게 한다.

오도된 생각 밖으로 드러내기

이 방법은 당신의 수치심이 내면화되어 오도된 생각들을 드러내어 구체화시켜 이를 대면하여 보다 긍정적이고 덜 비판적으로 바꾸는 작업이다. 당신에게 고통을 주는 생각이 엄습해 왔을 때 다음과 같은 단계를 따르라.

1. 구체적으로 수치심을 주는 상황과 일 그리고 생각들을 쭉 써 내려가라.
2. 이제 그 생각들이 어떻게 오도되어 있는지 밝혀라.
3. 마지막으로 그 오도된 생각들을 진실 되고 올바른 생각들로 바꾸어라.

이 세 번째의 경우가 가장 힘든데 이는 우리가 너무나 오랜 시간 동안 잘못된 생각을 하고 또 여기에 사로잡혀 있었기에 이 치유하는 시점에 와도 뭐가 옳고 그른 것인지 또 어떻게 생각하는 방향이 맞는 건지 파악하기 어렵기 때문이다. 이에 관해서는 아래에 나오는 지금까지 있었던 부정적인 상황을 다시 구성하는 지표가 도움이 될지도 모르겠다.

파멸

아까 나온 그 경우를 냉정히 생각해 보자. 도대체 어떤 사장이 아침부터 사람을 해고하려고 만나자고 하겠는가? 그리고 그것을 간단히 메모 정도로 할 상사가 어디 있는가. 그 "아침에 만나자는 메모가 있어 만났더니 해고 통지였다"의 가능성을 따져보자. 100분의 1? 천 분의 일? 만 분의 일?

다른 사람의 생각을 알고 있다고 여김

이런 생각은 환상에 기초한 자기만의 오류라는 것을 알아야 한다. 그래도 떠나지 않는다면 그 정확한 자료를 모아서 가능성을 탐구해 보자. 그리고 그런 생각이 들 때마다 "내 마음가운데 드는 생각은"이란 단어 대신에 "내 속에 드는 말도 안 되는 이상한 생각은" 혹은 "정체불명의 엉뚱한 생각이 드는데 말야"이란 식으로 고쳐야 한다. 가장 좋은 방법은 당신이 그런 결론을 내린 게 정상적이고 논리적인가를 따져보는 일이다.

개인화

당신이 정말로 그 일에 대해 연관이 있는가를 따져보라. 그리고 "왠지 그런 느낌이 들어" 내지는 '왠지 나 일 것 같아'라는 생각을 철저히 배제해야 한다. 도저히 자신이 아니고는 그런 일이 일어날 수 없다는 일도 남도 다 공인하는 사실이 드러날 때까지는 자신에 대해 함부로 판단하지 마라.

과대일반화

이 줄 밑에 나오는 기술들이 당신이 과대 일반화를 완화 시켜 준다.

결론을 내릴 수 있는 증거	내가 내린 결론에 반하는 증거	그 이외의 결론들

"절대적인 것은 없다"라는 문구를 각각 3×5 정도의 카드로 만들어 눈에

뜰만한 장소에 붙여라. 그리고 당신이 평소에 하는 말의 습관 중에서 절대로, 다시는, 완전히, 영원히 등의 말을 사용하는 것을 될 수 있으면 자제하도록 해라. 당신이 그런 말을 쓰고 싶을 때는 정말로 무슨 의미로 사용하려는 것인지 자문하고 그 단어 대신 아마도, 가끔씩은, 종종 이라는 단어를 되도록이면 쓰려고 노력해라. 그리고 함부로 결정난 듯이 말하는 것을 조심하라. 당신이 평소에 말하던 것이 그렇게 갑자기 수레에 갖다 버려도 되는 것인가?

당신의 결혼문제와 나라에 관한 일은 그리 쉽게 단정지으면 안 되는 문제이다. 이는 당신이 평소에 자주 말하던 "우리 결혼생활은 정말 엉망이야!" 내지는 "우리나라 이러다가 땅 끝 속으로 꺼지고 말꺼야!" 라는 말로 그렇게 함부로 취급되어서는 안 되는 문제라는 것을 알아야 한다. 완전히 한쪽으로 기울어진 판단보다는 사실만 말하라.

양극화된 생각

이 역시도 "절대적인 것은 없다" 라는 단어를 사용해야 될 일이다. 그리고 카드사용 뿐 아니라 이 양극화는 수치심에서 비롯되었다는 사실을 직시해야 한다. 수치심이 내재된 사람, 즉 행동이 아닌 자신을 수치스럽게 여기는 사람은 인간 이상이나 인간 이하가 되려 한다는 것을 기억하라. 양극화도 마찬가지 이유에서 발생한 것이다. 세상은 그 어디에도 흑백논리가 존재하지 않는다. 단적으로 말하면 세상은 회색이다. 그리고 당신이 한 5% 쯤 인색하다면 나머지는 관용하고 자비로운 부분이 존재한다는 것을 믿어라.

자기만 옳다고 여기는 것

건강한 수치심을 가지고 이야기해 보면 인간은 유한한 존재라는 게 눈에 들어올 것이다. 그리고 자기만 옳다고 여기는 것을 극복하는 좋은 방법은 바로 능동적으로 듣는 사람이 되는 것이다. 단순히 듣는 게 아니라 눈으로도 말하는 사람을 관찰하고 말할 때의 반응을 살피면서 한마디로 피드백[4]

을 하면서 들으면 된다.

여기에 그 예가 있는데 나는 전에 자신만만하던 내담자와 상담한 적이 있었다. 그의 말투에서 보면 그 어디에도 부모에 대한 원망은 없었다. 오로지 부모 자랑을 늘어놓으며 자신의 아버지가 얼마나 대단한 분인지를 장황하게 설명하였다. 거기까지는 좋았다. 그의 아버지가 가족을 위해 일하느라 너무도 바빠서 심지어 자신이 챔피언을 달성했을 때도 오지 못할 정도로 가족에 희생적이었다고 그는 아버지에 대해 큰소리로 강조하며 말했다. 하지만 나는 그가 이 부분에서 크게 강조를 하며 힘주어 말할 때 뭔가가 이상했다. 정확한 것이 아닌 느낌이었기는 했지만 그가 말하고 있는 것을 보니 그는 이 말을 할 때 자신에게는 강조였을지 몰라도 약간 좀 화난 것처럼 보였다. 나는 그에게 이를 지적해 주자 그는 오히려 "아니예요, 저는 다 이해해요"라며 오히려 나를 거북스러워 했다. 몇 년에 걸친 상담을 통해 그는 아버지의 부재에 대한 분노를 드러냈다. 사실 다른 사람이 강조를 하며 말할 때는 그들이 강조하는 것만큼 우리는 그 사실을 의심해 볼 수 있다.

그러나 이 모든 게 다 능동적으로 듣기에 가능한 일이다. 우리는 자신의 옳음에 다른 사람의 지혜를 듣는 것 이상으로 남에 대해 능동적으로 들어야 할 필요가 있고 이것이야 말로 자기만 옳다고 생각하는 경향에서 빠져 나올 수 있는 길이다.

반드시 해야 된다는 생각

'반드시, 절대로, 다시는' 이라는 말 자체는 경기장의 빨간 깃발만큼 위험스런 단어들이다. 세상에는 반드시 예외가 있기 마련이고 또 유연한 사고 자체가 정신이 건강하다는 표시이다. 엄격하고 획일적이고 절대적 사고는 단적으로 말하면 정신상태가 건강하지 못한 면을 보여주는 것이기 때문이

---

4) 일종의 교류형태로 일방적으로 한 사람이 대화하거나 듣는 게 아닌 서로 주고받으며 각자에게 반응하는 것을 말한다.

다. 절대적인 단어로 뭔가를 규정하려거든 최소한 3가지 이상 그 논리에 반하는 예외사항을 찾아 보라. 그리고 당신이 미처 상상치도 못한 예외가 항상 있다는 것을 유념하라.

남을 조정하려는 경향

하나님을 제외하고는 당신을 주관하고 경영할 수 있는 것은 당신자신 뿐이라는 것을 알아야 한다. 나는 이미 문제를 일으키는 신경증의 증상이 과도한 책임을 지려하거나 아예 회피하려는 시도라고 언급한 바가 있다. 당신 일에 책임을 지는 동시에 남의 일이나 그들의 특권을 인정하고 사는 게 현실적이란 사실을 유념하자. 그리고 항상 기억하라. 진정 남을 존중한다는 것은 그들이 한 일과 저지른 잘못에 대해 스스로 괴로워하게 하고 스스로 문제를 풀도록 내버려 두는 일임을 말이다.

자신이나 세상을 부정적으로 보려는 태도

"끔찍해, 못살겠어, 역겨워, 어머나 너무 소름끼친다, 재수 없어!" 라는 소리를 입에서 멈추어라. 그리고 "아무 것도 확대시킬 것은 없어. 그냥 인정하고 해결하면 돼" 말을 써 붙여라. 내가 가장 좋아하는 말은 아브라함이 한 말인 "그것은 참 힘든 일이지만 내가 해내지 못할 정도로 그렇게 위험천만한 일도 아니야" 라는 말이다. 부정적으로 보이는 상황이 벌어지면 일단 숨을 고르게 하고 그 문제의 어려움에 감정적으로 지배당하는 대신 당신이 할 수 있는 일이 무엇인지 전략을 짜라.

세상이나 주변 탓하기

당신이 하는 일에 대한 책임감을 받아들여라. 비평하기를 잠시 중단하고 말이다. 오직 당신이 가진 문제에 집중하라. 당신의 눈으로 세상을 보고 신문이나 옆에서 하는 소리대로 또는 세상의 벌어지는 일에 대해 생각의 방향을 잡지 말아라. 그리고 뭔가를 비난하려고 하면 "내가 정말로 뭘 피하고 싶이서 책임을 돌리려 하는가?" 라고 자신에게 물어야 한다. 그리고 그 문제에 관해서 특정한 경험으로 여기고 전 세계적으로 그 일이 그렇게 돌아간다고 여기고 싶은 마음이 드는 것을 참아라. 당신의 상사가 좀 이기적이며 공격적이기는 하지만 돼지같이 구는 작자가 아님을 시인해라. 이것이 더 정확한 관점이다.

내면의 소리를 긍정적인 소리로 바꾸어라.

이 방법을 굳이 표현하면 "당신을 보다 긍정적으로 만드는 세뇌 작업" 이라 이름 붙일 수 있겠다. 당신 안에 있는 부정적이며 힘 빠지게 만들었던 소리들을 긍정적이고 진취적이며 적극적으로 만들기 위한 작업이다. 그리고 당신 안에 들어 있는 소리 대부분은 남의 부정적인 성향으로 당신에게 투사해 들어온 것이므로 그리 좋을 리가 없다. 그래서 새로운 긍정의 말을 계속적으로 당신에게 주입하는 것 역시 같은 효과를 드러낸다. 아래에 나오는 대로 당신에 대해 15번~20번 정도를 쓰는데 이것을 하루에 2번 정도로 해라. 일단 긍정적인 말을 쓰고 나서 그 옆에 당신이 이에 관해 떠오르는 대로 써라.

처음에는 이 옆에 자유롭게 쓰는 말마저 부정적이기 일쑤다. 하지만 그 말이 튀어나오기 전에 1분 정도 공백을 가져라. 아까 나오려던 부정적인 말이 이제 정확하게 감이 잡히는가. 그러면 옆에 써라. 이렇게 함으로 당신의 무의식에 있는 부정적인 말의 실체를 알게 된다. 그 말의 실체와 유형을 파악하는 것은 부정적인 무의식에 의해 무방비 상태로 조종당하지 않게 해준다. 부정적인 소리는 당신이 스스로 창조한 게 아닌 남의 부정적인 관점이 반복적으로 주입되어 생긴 일이었음을 기억하라. 자 그럼 실제로 들어가 아래에 나오는 대로 써보자.

확정	이에 대한 반응
1. 나 ＿＿＿＿ 는 사랑스럽고 친절하지	자발적으로 떠오를 때까지 기다려라
2. 나 ＿＿＿＿ 는 사랑스럽고 친절하지	뭐든지 떠오르는 대로 기록하라
3. 나 ＿＿＿＿ 는 사랑스럽고 친절하지	뭐든지 떠오르는 대로 기록하라
4. 위의 것을 계속 반복하라 뭐든지	떠오르는 대로 기록하라

위에 나오는 것을 21일 동안 반복하라. 연구조사에 따르면 적어도 이 정도의 시간의 노력이 필요하다는 것을 보여준다.

당신에게 확신을 시켜라

1. 같은 긍정적인 말을 매일 자신에게 해줘라. 잠을 자기전이 최상이다. 특히 당신이 하찮게 느껴지거나 쓸모없다고 느껴져서 도저히 할 수 없다고 느껴지는 때는 가장 이 세뇌 작업이 필요할 때다.
2. 이 긍정의 말을 20번 이상 써라.
3. 이 말을 1인칭에서 2인칭, 그리고 3인칭으로 바꾸어서 해봐라.
   · 나 ＿＿＿＿는 날 더 사랑하고 다른 사람도 날 사랑한다.
   · 너는 ＿＿＿＿를 사랑하고 다른 사람도 널 사랑한다.
   · (각자의 이름을 집어넣음)은 ( )을 사랑하고 다른 사람도 ( )를 사랑한다.

   인칭을 바꾸는 이유는 부정적인 말이 남으로부터 주입되었기에 자신을 타인처럼 취급하며 말을 주입하는 게 1인칭 사용보다 더 효과적이기 때문이다.
4. 매일 이 일을 해서 당신의 무의식에 완전히 주입될 정도로 하라. 당신은 이 과정 중에 부정적인 소리 대신 긍정적인 소리가 당신 안에 들리는 것을 알 수 있을 것이다. 그리고 또한 긍정의 소리가 부정적인 소리를 이기는 것도 보게 될 것이다.
5. 이 긍정적인 말을 녹음해서 차를 타고 가거나 운전 중에 빠짐없이 들어

라. 이 막강한 효과를 누구보다도 잘 아는 나는 임상심리학자로 사람을 치료하는 입장과 중년이 지난 지금에도 불구하고 자주 이 녹음된 말을 차에 틀고 운전하곤 한다.

6. 거울을 보고 큰 소리로 긍정적인 말을 하라. 당신이 하는 긍정적인 말에 자신이 느껴질 때까지 그리고 당신의 찡그린 얼굴이 펴질 때까지 매일 하라.

7. 당신이 긍정하고 있는 말이 이루어진 것을 상상하라. 머릿속에다 한번 그려봐라.

어느 정도 일정한 시간이 지나도록 이 과정을 계속해야 비로소 부정적인 말이 당신과 분리가 일어난다는 것을 기억하라. 부정적인 말을 밝혀 내는 과정에서 아마 당신은 생각지도 못했던 생각이 튀어나오게 될 수도 있다. 그리고 이 모든 부정적인 말들이 결국에는 당신을 더 긍정적이고 확고하게 만들어줄 기회가 된다는 것도 기억하라.

자존감 확신
1. 나는 나 자신을 좋아하고 사랑한다.
2. 나는 나 자신을 기쁘게 만족시킬 수 있다.
3. 나는 다른 사람을 기쁘게 해 줄 수 있는 사람이고 그들도 날 기쁘게 해준다.
4. 나는 확고한 사람이고 남의 확고함도 받아들인다.
5. 나는 다른 사람에게 그들을 잃는 다는 두려움 없이 '안 돼' 라고 말할 수 있다.
6. 내가 나를 더 좋아할수록 남들도 같다는 것을 명심해라.
7. 나는 매력적이고 사랑스럽고 내가 이렇다는 것을 더 알수록 나 더욱 이런 방향대로 된다.
8. 나는 내 성공을 자신할 권리가 있고 상황이 아무리 힘들어 보이던 간에 성취하고 해낸다.

9. 나는 내가 … 간에 가치 있는 사람이다.

10. 나는 누구하고 같이 있든 간에 자족할 수 있다.

11. 나는 누구와 같이 있든 간에 사랑 받고 존중받는 사람이다.

12. 나는 이 세상에 소중하고 둘도 없는 존재이다. 아무도 나를 대신할 수없
   는 독특한 존재이기 때문에 나는 이미 가치가 있다.

11 인간관계와 수치심 처리

"세상에 문제가 있다면 단 한가지 밖에 없다. 바로 인간관계이다. 인간관계가 우리에게 없으면 우리는 제대로 살지 못하고 기쁨을 얻지 못하게 된다."

안토니오 데 세인트 액즈페리
바람과 불 그리고 별들 중에서

　치유를 위한 12단계 프로그램에서 쓰이는 농담 가운데 이런 것이 있다. "우리는 인간관계를 갖고 있는 것이 아니고 다만 볼모로 잡혀 있을 뿐이다." 아마도 이것은 인간관계를 하는데 수치심으로 고통 받고 있는 사람들의 한 단면을 보여주는 것이다. 정말로 친밀감은 수치심이 내재된 사람에게는 가장 어려운 일이라고 감히 말할 수 있다.

　친밀감은 약해질 수 있는 능력이다. 즉 남과 친밀해 진다는 것은 남에게 자신을 노출시키거나 아니면 상처받기 쉬운 상태로 둔다는 것이 포함되기 때문이다. 당신은 남 앞에서 당신 자신 그대로가 되야 하며 남도 당신 앞에서 그럴 수 있어야 한다. 이는 용기와 자신감을 필요로 하고 이런 용기는 그 사람과 나 사이에 교류할 자리를 주는데 이 자리는 나와 그 사람을 위한 게 아닌 '우리' 를 위한 것이다.

수치심에 내재된 사람으로써 나는 이게 거의 불가능에 가까웠다. 항상 뭔가를 입증하기 위해 뭔가를 하려 했던 나로서는 내 안을 살필 여유조차 없었기에 내가 누군지도 몰라 다른 사람 앞에서 내 자신이 되는 것도 어려워했다. 나는 내가 없었다. 내 자신과의 관계란 내가 날 경멸하고 거부하는 것 뿐이었다. 밖으로 나타난 모습이 그리고 내 행위가 얼마나 잘했던 간에 말이다. 내가 가장 두려워했던 것은 남에게 노출되는 것이었다. 나는 남에게 보여줄 만한 '내' 가 없었다.

성인아이의 병적인 의존성 다루기

나는 전에 병적인 의존성이 실생활에서 해로운 수치심과 비슷한 구실을 한다는 것을 밝힌바 있다. 이 병적인 관계를 자세히 살펴보면 문제점이 확실해 진다. 성인아이 문제를 먼저 살펴보는 것이 이를 이해하는데 도움이 될 것 같다.

집착과 관계 형성

어린 시절에 받은 충격으로 인한 상처로 수치심이 내면화된 사람들은 자라난 후에도 여전히 내면은 아이 상태로 있고 그들의 관계는 정상적인 관계가 아닌 거의 집착의 수준을 벗어나지 못하는 경우가 많다. 그리고 주위에서 일어난 상황을 결코 그냥 흘려버리는 경우가 없다. 나는 30년 전 대학 때 일어난 일에 여태껏 집착해 왔는데 그 일을 그냥 흘러가게 내버려 둔다는 것은 내게 불가능한 일이었다. 어린 시절에 유기된 경험이 내게 상실감을 가져다주었기에 그 뒤로는 뭐든지 다 붙잡고 싶었다. 나는 내가 가지고 있는 것을 최대한 붙잡고 즐겼는데 이는 뒤에 다시 이것을 얻을 수가 없을 것처럼 보였기 때문이다. 그런 나에게는 순간적인 즐거움조차도 잠시 유보하는 것이 불가능했다.

내가 만일 이번 기회를 잡지 못한다면 다음에 그 기회를 잡지 못할 것이라는 마음이 들어서였다. 그 외에도 나의 이런 태도는 여러 삶의 부분을 지배했다. 나는 관계 가운데서 유연함을 갖는 것이 참 힘들었다. 그러나 치료를 통하여 마침내 나는 한참 뒤에야 남을 통제하려는 시도를 버렸던 기념비적인 역사를 이루었다. 나는 그동안 아무런 가치가 없는 관계일지라도 그만두는 것을 힘들어했는데 나에게는 관계라면 무조건 다 붙잡고 늘어지고 싶었나 보다. 관계 가운데서도 나는 내가 그 관계에서 상당히 중요한 위치를 차지하는 사람이 되려 했고 이는 사실은 남이 먼저 날 버릴 수 없게 만들려는 계략이었다.

통제

통제란 사람과 사람사이를 멀어지게 하는 구실을 한다. 정의하면 친밀감은 다른 사람을 통제하려는 마음을 제외시키는 것이라 말할 수 있다. 통제는 그릇된 의지의 산물이다. 당신은 자신이외에는 그 누구도 바꿀 수 없다. 이는 이루어지지 못할 일을 이루려는 것이다. 그들을 바꿀 수 없는 동시에 구세주가 아닌 인간은 그들의 고통 또한 대신 져줄 수 없다는 것을 깨달아야 한다.

혼합된 관계

당신이 전에 가졌던 관계는 그 이후에 벌어질 인간관계에도 지대한 영향을 미친다. 당신이 정말로 어떤 사람이며 원하는 게 무엇인지 모른다면 더욱 그 전에 가졌던 관계의 악순환에 말려들 가능성이 크다. 나는 엄마의 희생양이었다. 아이로써 부모에게 돌봄을 받는 게 아닌 늘 뭔가를 하여 엄마를 돌보았던 아이였다.

나는 그 후에도 내가 돌보아 줄 수 있는 사람만 골랐고 또 이상하게 그런 사람과 연관이 잘 되었다. 내가 어머니와 맺었던 관계는 박해자 대 희생양의 관계였다. 하지만 당신이 박해자인 관계를 가졌다 하더라도 그 이후에 동일한 관계를 계속 만나는 것은 마찬가지다. 이 끔찍한 되풀이에서 탈출하는 길은 오직 당신이 과거에 겪었던 슬픔을 반추하여 철저히 다시 겪는 수밖에는 없다. 우리가 과거의 유형과 같은 삶을 만나게 되는 것은 어릴 적 고통에 피해 왔던 일을 다시 만나 해결하고 싶고자 하는 무의식 때문이라는 것을 알아야 한다. 과거에 있었던 유기와 상처로 성장한 이후에 그런 비슷한 사람을 만나 다시 예전의 상처를 회복하려 하지만 당신은 더 이상 아이가 아니고 그나 그녀도 당신 부모가 아니기에 일은 항상 끔찍하게 절망적으로 돌아간다. 이를 치료하는 유일한 길은 오직 과거의 슬픔과 서러운 순간으로 다시 돌아가 이를 느끼고 마주 대면하는 수 밖에 없다.

상대방에 대한 지나친 기대와 의존

성인아이가 다른 사람과 맺는 관계는 본질적으로 미숙한 관계일 수밖에 없다. 과거에 버려지고 상처받은 경험으로 인해 부모가 해주지 못했던 사랑과 보살핌을 기대하고 배우자를 찾으려 한다. 하지만 배우자가 과거에 부모가 해주지 못했던 것을 대신 해주리란 기대는 환상에 불과하다. 이 비현실적인 기대는 결국 서로 간에 실망과 분노를 낳는다.

자신이 부정한 부분을 상대에게 투사하는 행위

수치심이 내재된 사람들과 관계가운데서 아마도 가장 피해를 많이 받는 일 중 하나는 바로 상대에게 자신이 부정하고 싶은 부분을 투사하는 일이다. 영화 '애정의 관계' 에서는 서로 끌리고 거부하는 관계를 환상적으로 표현해 냈다. 잭 니콜슨은 거칠고 성적 충동을 어쩌지 못하는 한마디로 형이하학적으로 노는 남자로 연기하고 셀리 맥클레인은 아주 도덕적이고 자신의 성적 욕망을 꼭꼭 누르며 완벽주의자에 거룩한 행세를 하는 과부로 나온다. 서로는 혐오하며 동시에 상대방에게 끌리다가 마침내는 남자가 여자의 억제된 성욕망을 풀어주며 보다 인간에 가깝게 해주고 여자는 남자에게 자신을 제대로 돌볼 수 있고 사회적인 웬만한 규범을 지킬 수 있게 해주어 서로가 부정한 자신의 부분들과 통합시킬 수 있게 해 준다. 나는 망가져 가는 관계를 가지고 고통 받는 부부들을 상담할 적에 서로가 자신이 부정하는 부분을 투사하여 서로를 거부하며 관계가 파탄 나는 것을 주목하여 보는데 이때 흥미로운 점은 이들이 처음부터 자신이 부정하는 부분을 보여주는 배우자를 선택했다는 점이다. 관대한 남자는 자주 이기적인 여자와 만나 사랑에 빠지고 완벽한 여자는 덜떨어진 남자와 만나 결혼하고 남을 돌봐주는 감정이 풍부한 여자는 감정이 완벽하게 닫힌 사람과 관계를 맺는다. 하지만 서로에게 다른 부분을 배우려는 대신 서로의 다른 면을 경멸해 대기에 문제가 심각한 것이다. 자신 안에 있는 모든 부분을 통합하는 길은 자신을 있는 그대로 받아들이는 길 밖에는 없다. 온전함은 자신을 받아들인 결과이다. 온전함이란 정신이 건강하다는 표시이고 자신을 받아들이는 일은 우리 안에 있는 모든 부분이 다 괜찮다는 뜻이다. 그리고 이는 조건 없는 사랑과 일치한다.

당신이 좋아하는 것과 혐오하는 것들을 대면하다

마이크 폴이라는 택사스에 있는 나코스다스주의 스테탄 F. 오스틴 대학의 감독 성직자는 "당신 안에 있는 여러 모습과 화해하기" 란 프로그램으로 근 20년 동안 많은 사람을 도와주었다. 그는 정말 재능 있으며 사람을 대하는데 있어 놀라운 직관을 가진 사람이다. 그는 관계 가운데 어려움을 가진 사람들이 찾아오면 종종 뒤에 나오는 방법을 쓰곤 한다. 그는 일단 사람들에게 1년간의 잡지책을 준 다음 그들이 좋아하는 부분을 오려서 큰 포스터에다 모두 붙이게 한다.

이 부분이 당신 안에서 지나칠 정도로 확대된 부분이다. 그 과정이 끝나면 그는 이번에는 그들이 싫어하거나 아니면 그냥 넘겨 버리고 싶은 부분을 찾아서 모두 오려 붙이게 한다. 이 부분은 당신이 거부하는 부분이다. 그는 사람들이 그들이 거부한 부분과 대화를 하도록 유도하는데 나도 이와 유사한 방법을 이 책의 4장에서 기술하였다. 그리고 이 방법은 자신이 가진 인간

관계에서 겪는 문제가 무엇인지를 가르쳐 주며 그 치료효과는 놀라왔다. 개인이 자신 안에 있는 어떤 부분을 부정하는 문제는 성의 개념과 종종 연결되는데 이는 우리 문화에서 여성이 남성의 부분을 그리고 남성이 여성의 부분을 가진 것을 수치스럽게 여기게 만들기 때문이다. 사실 우리는 남성과 여성이 아닌 남성호르몬을 많이 가진 동시에 여성 호르몬을 적게 가진 존재이며 또 여성 호르몬을 많이 가진 동시에 남성 호르몬을 적게 가진 양성의 존재이기 때문이다.

융학파에서는 남성에 나타난 여성성을 아니마, 여성에 나타난 남성성을 아니무스라 명명했다. 내가 여기서 강조하고 싶은 것은 엄격하게 성을 구분 짓는게 얼마나 자신에게 악 영향을 미치며 자신의 모습이 아닌 사회적으로 위장하게 만드는가 하는 사실이다. 남자가 여성적인 면이 조금만 드러나도 금방 계집애 같다 아니면 여성이 조금만 공격적인 모습을 보여도 남자 같다 혹은 센 여자로 취급하려는 것이 얼마나 개인의 정신건강에 해로운 일인지 우리는 직시해야 한다.

예를 들어 '애정의 관계' 란 영화도 남성적인 모습과 여성적인 모습을 극대화시킨 영화이다. '아프리카의 여왕' 이라는 영화에서도 험프리 보가트는 전형적인 남성적인 강한 모습으로 케서린 햅번은 지나칠 정도로 여성적인 여자로 나오면서 서로의 다른 모습에 혐오와 애정을 동시에 느낀다. 마침내 그들은 서로의 모습에서 자신과의 이질적인 모습과 통합되고 서로의 다른 모습에 전향된다. 이 두 영화 둘 다 아카데미 수상작이며 나는 할리우드에서 극대화된 남성적 모습과 여성적 모습이 서로 고전 분투하며 마침내는 하나로 합쳐져 온전해지는 사실에 그리 많은 흥미를 가진다는 일이 흥미롭다.

위험한 관계

어떤 관계는 다른 관계보다 수치심을 더 유발시킨다. 비판과 거절은 우리 모두에게 고통스러운 일이다. 그리고 이는 수치심이 내재된 사람에게는 고문 받는 듯이 괴로운 일이다. 지금부터 수치심을 유발시킬 수 있는 관계들을 하나하나 짚어보자. 이들을 미리 알아본다는 것은 우리가 이런 관계를 만나는데 있어서 의식하는데 많은 도움이 될 수 있다. 그 관계들은 다음과 같다.

부모와 이야기하는 것

부모와 관계는 모든 인간관계의 기초가 되었던 관계로 예전에 겪었던 수치스러운 일을 끄집어 낼 가능성이 높다. 부모와 간단한 이야기라도 각별히 주의하라. 당신이 만약 예전의 일에 관해 제 2단계까지 극복해 나간 사람이라면 부모와의 대화에 대응하기가 수월하겠지만 그렇지 않다면 부모와의 대화 중 옛 감정에 말려들지 않게 조심하라. 부모와 전화하는 일도 옛 수치심과 상처를 다시 끄집어낸다는 것을 유의하라.

권위문제

알코올중독자였던 부모에게 자란 사람들의 대표적인 특징은 그들이 권위문제에 민감하고 이를 두려워한다는 것이다. 이는 그들의 기초가 되는 권위적인 관계(부모)에게서 주로 학대를 당했음에 기인한다. 이는 협박에 의해서도 생성되는데 내가 아는 한 정신과 교수는 경찰만 봐도 몹시 불안해하며 겁을 집어먹곤 했는데 이는 그의 어머니가 그를 늘 경찰이 그를 데리러와서 체포할 것이라고 협박했기 때문이다. 대체적으로 수치심이 내재된 사람들은 조금이라도 그들이 수치를 당할 수 있는 권위자 앞에서 불안해하며 과도한 반응을 보이곤 한다.

새로운 관계

수치심이 내재된 사람에게는 새로 사람을 만난다는 것이 쉽지 않은 일이며 종종 그들에게 수치심을 유발하곤 한다. 예를 들어 그들이 새로운 사람과 만나 이야기를 한 다음 그 새로운 사람이 가버리면 그들 속에서 이런 말이 속삭여 진다. "야 아까 너 진짜 바보같이 굴더라", "왜 그리 말을 제대로 못하고 웅얼거리나, 병신같이" 등으로 그들을 수치스럽게 만든다. 새로운 관계는 그들에게 위험하게 느껴지는데 그 이유는 그들이 전에 드러나지 못했던 모습을 드러나게 하기 때문이다.

당신이나 다른 사람이 분노할 때

대부분의 수치심이 내재된 사람들은 화를 표현하는데 어려움을 겪으며 분노에 사로잡히게 된다. 여기에 관해 내가 싫어하는 어떤 남자가 생각난다. 그는 나에게 도가 지나칠 정도로 화를 냈었다. 후에 사람들은 그가 날 질투하고 있었다고 말해 주었다. 내가 그에게 한 말은 사실 그를 칭찬하는 것이었지만 그는 내가 생각지도 못하는 말로 나에게 퍼부어 댔다. 나는 그 이후로 이를 바로잡고 싶어 그에게 전화하고 싶었으나 나 자신을 위로하고 자신감을 찾으며 가까스로 참았다. 그가 그렇게 화를 낸 것은 그의 문제이지 내 문제가 아니었다. 그의 과거에서 있었던 상처에서 비롯된 일이지 내가 아니다는 말이다.

대부분의 수치심이 내재된 사람들은 분노와 격노로 무기를 삼는데 이들이 내는 격노는 우리에게 두려움을 가져다준다. 이들이 내는 격노를 다루는 방법은 뒤에 나오는 '비난' 이라는 장에 자세히 그 기술을 다루어 놓았다.

당신이 상처를 입었거나 남에게 상처를 주었을 때

상처를 크게 받아본 사람이라면 그 아픔의 정도를 알기에 남에게 상처 주는 일 역시 매우 두려워한다. 그리고 종종 우리는 상처받을 때 어쩔 줄 몰라 한다. 만일 당신의 부모가 당신을 조종하여 당신이 상처받았다면 당신은 약해질 수밖에 없을 것이다. 수치심이 내재된 부모들은 아이들을 이런 식으로 조종한다. "너는 내가 너 때문에 얼마나 마음이 상했는지 모를거야", "너는 너무 내 마음을 아프게 했기 때문에 내가 너를 용서할 수 있을지 모르겠다." 등의 말로 그들의 상처를 이용하여 아이들을 조종한다. 이는 완벽한 조종이다. 건강한 관계는 조종하는 관계가 아닌 서로 책임지는 관계이다. 당신이 누군가를 상처 주었다면 그건 당신에게 책임이 있다. 하지만 명심해야 할 것은 그 이외의 것은 그와 그의 과거에서 비롯된 일이지 당신의 잘못이 아니라는 것이다.

성공

'자신에 대항하는 사람'이라는 저서에서 칼 맨닝거는 성공 뒤에 쓰러지고 마는 사람들을 다루었다. 어떤 사람은 자살까지 한다. 그들의 깊은 곳에 있는 수치심이 다른 사람이 힘들고 굶어 죽어 가는 상황에서 자신이 번 돈으로 잘 쓰며 즐기는 것은 옳지 않다고 말하고 있다.

성공에 대한 거부는 돈에만 국한되지 않는다. 당신은 칭찬과 명예로운 자리에서도 수치심을 느낄 수 있다. 이것은 가족 간의 문제에서 기인된 것인데 당신이 행복한 결혼생활을 누리고 있는데 다른 형제들은 서로 물고 뜯는 관계 가운데 있다면 당신은 틀림없이 죄책감을 느끼게 되어 있다. 그런 가족을 둔 사람들은 그들이 성공하거나 행복해지려는 순간에 죄책감을 갖는다. 그들이 이런 마음을 갖는 이유는 역기능 가족에서 그 누구도 이 역기능을 벗어날 수 없다는 암묵적인 규칙이 존재하고 또한 그 규칙에 의해 오랜 세월 지배받았기 때문이다.

애정이나 칭찬을 받는 것을 어려워함

수치심이 내재된 사람들은 남이 칭찬하거나 높여주는 것을 굉장히 어려워한다. 깊은 곳에서 "넌 그럴만한 가치가 없는 놈이야" 혹은 "넌 사람들의 애정을 받을 권리가 없어"라는 소리가 울려오기 때문이다. 만약 당신이 이런 문제 때문에 괴로워한다면 제5장으로 가라. 당신이 얼마나 사랑스런 존재인지 알 것이다. 그리고 당신 자신과의 절대적인 사랑이 다른 모든 사람과의 기초가 된다는 것을 기억하라.

비난

몇 년 전 나는 어떻게 비난을 하는 사람과 지낼 수 있는지 책을 쓴 적이 있었다. 어쨌거나 책은 완성되지 못했지만 비난이야말로 인간관계 가운데서 해충 같은 존재이고 비난에 직면한 사람들은 도움이 필요하다는 것은 자명한 사실이다. 물론 수치심이 내재된 사람들은 비난에 더 고통스러워하고 동시에 동일한 방법으로 그들의 고통을 남에게 전가한다.

나는 '건설적인 비난'이 있다는 것을 절대 믿지 않는다. 그룹 치료를 하면서 사람들에게 피드백을 시키는데 이는 상대의 말을 해석하려 들지 말고 그대로 반응하는 것이다. 해석하려 했을 때는 선입견과 편견이 섞이기 마련이다.

나는 수치심이 내재된 사람들을 다루면서 그들에게 비난을 피하기 위해 다음 방법을 쓸 것을 격려한다. 이때 중요한 점은 절대 자신을 방어하지 말라는 것이다. 당신이 방어하려 시작한 순간부터 당신 안의 수치심이 발동되는 것이다. 나는 당신을 돕는 방법을 아래에 모두 나열했다. 이는 구름처럼 통과하기, 명확히 하기, 직면하기, 형사 콜롬보처럼 굴기, 인정하기, 확실하게 하기, 위안하기와 혼돈을 주는 방법이다.

구름처럼 통과하기

이는 마뉴엘 스미스의 '안개'라고 부르는 요법과 동일한데 남이 비난을 가할 때 이를 인지하고 방어하지 않는 것이다. 그래서 상대의 비난이 구름처럼 자신을 통과하게 만든다. 예를 들면 당신 어머니와 전화통화에서 어머니가 "요즈음 너희 아이들이 통 말을 안 듣는 것 같아. 학교에서도 엉망일 것 같아"라고 이야기한다고 하자. 그러면 당신은 "그래요 애들이 학교에서도 문제를 일으키는 것 같네요"라고 그냥 엄마 말이 사실일 가능성을 고려하여 말한다. 그러다가 어머니가 한 술 더 떠서 "도대체 애들 교육은 언제 시킬거냐?"라고 다시 비난해 온다면 "필요할 때 시키죠, 뭐!"라고 대꾸해 버리면 된다. 이렇게 함으로 비난을 희미하게 만들며 거기서 사실일 가능성을 그냥 인정해 주면 된다.

명확히 하기

명확히 하기란 당신에게 비난을 가하는 사람의 근본이 되는 그의 수치를 드러내고 벌어지는 일을 명확하게 직시하기 위한 방법이다. 예를 들어 당신 배우자가 "당신, 그 갈색 바지 좀 입지마"라고 이야기한다고 하자. 그러면 당신은 "어디가 마음에 안 드는데?"라고 물을 수 있다. 비난하는 사람이 무엇을 이야기하건 간에 그 주제를 명확히 다루는 것이다. 만약 그가 "그거 너무 값싸 보여서"라고 하면 당신은 "값싼 것을 입는 것이 어디가 어때서"라며 이야기하는데 이런 질문은 비난자로 하여금 자신의 억눌린 감정과 아이같이 비난하는 마음에서 보다 성인의 관점으로 이 주제를 직시하게 해준다. 그리고 이 방법의 주된 결과는 비난자의 힘을 흐려놓는 일이다. 계속된 질문은 그 일이 벌어지게 만든 진짜 문제였던 '그저 비난하고자 했던 시도'를 흐리게 해준다. 이 일이 벌어진 진짜 이유는 비난자가 자신의 수치심을 커버하려는 시도에서 자신의 주관이나 비난으로 이를 당신에게 덮어씌우려고 한 것이다. 이 방법이 항상 효과적인 것은 아니지만 더 많은 방법을 알수록 더 많은 보호의 기회가 있게 될 것이다.

직면하기

직면하기란 말 그대로 비난에 직면하는 것이다. 이에 대해 권고하는 건,

1. 그냥 피부로 느끼며 당신이 이를 어떻게 받아 들였는지를 이야기하라.
2. '나'란 단어를 사용하여 의사표현을 하라.
3. 말의 가치를 따지기보다는 당신이 느낀 대로 이야기하라.
4. 그 당신을 비난하는 사람의 눈을 똑바로 들여다보라. 이는 연습이 필요하다. 쳐다볼 때는 눈과 눈 사이를 봐라.

나는 얼마 전에 여기에 대한 좋은 예가 되는 경험을 가졌다. 나는 얼마 전

BMW회사의 지붕을 자유자재로 내릴 수 있는 승용차를 샀다. 솔직히 말하여 나는 그동안 가난하게 사는 사람들 틈에서 살았기 때문에 부자들만 보면 위축이 되는 느낌을 가진다. 그들만 보면 나는 열등하다는 생각이 튀어나왔고 그들 틈에 낄 수 없으리라는 생각이 든다. 이는 내가 이 비싼 차를 샀을 때도 같은 마음이 들었다. 특히 이 차를 타고 돈이 없어 보이는 사람 옆에만 가면 죄책감이 들었고 내가 이 차를 갖기 위해 열심히 일했었던 것은 생각하지 않게 된다. 그러다가 마침내 올 것이 왔다. 내 친척 중 하나가 이 차를 보더니 "원 세상에! 이런 승용차 살 돈 있으면 한 가족이 일 년 동안 먹고살고도 남겠다"라며 직격탄을 날렸다. 나는 이 말을 듣고 한동안 머릿속이 멍했다. 나는 수치심을 느끼기 시작했다. 내면에서 "너는 이것보다 반값 정도되는 싼 차를 구입해서 나머지는 못사는 사람에게 기부할 수도 있었지"란 소리가 들려 왔다.

나는 내 안에 드는 소리를 제어하며 이렇게 말했다. "전 제가 힘들게 번 돈으로 인생을 즐기며 사는 것을 좋아합니다. 아마도 당신이 이 차를 보고 기분이 나쁜 것은 내가 가진 행운이 별로 기쁘시지 않은가 보군요?. 어쨌거나 제 행운이 당신의 수치심을 자극 했나 본데 거기에 대한 제 책을 보내드리죠"라고 응수했다. 내가 그렇게 말하자마자 내 친척은 맹렬히 내 예민함을 비난하기 시작했다. 그는 자신이 그런 뜻으로 이야기한 게 아니며 내가 자기를 잘못 이해했다고 말했다. 그는 또 내가 가진 부유함에 기쁘다며 내가 그럴만한 가치가 있다고 이야기해 주었다. 나는 그 말에 동의하고 나가 버렸다! 이렇게 직접 대면하는 것은 아마도 그 비난자의 분노를 살지도 모른다. 그러면 당신은 단지 "당신이 가라앉은 후에 이야기하는 것이 낫겠습니다"라고 말하며 빠져 나오는 게 좋다. 뒤로 물러서는 것은 깡패 같은 사람이나 공격자 타입의 사람을 만났을 때 효과적인 방법이다.

형사 콜롬보처럼 굴기

형사 콜롬보를 기억하는가? 그는 후줄근한 옷차림에 부스스한 머리를 하고 나와서는 사람들에게 그와는 어울리지 않는 날카로운 질문을 퍼부어 댄다. 아무리 작은 것도 놓치지 않고 특히 중요한 점은 무엇보다도 귀신처럼 알아낸다. 당신이 콜롬보처럼 비난자에게 질문한다고 생각해 보자. "그래, 어디 좀 봅시다. 그래, 당신은 내가 이런 식으로 머리 모양을 가져야 된다고 생각하는 거요? 그래, 내 머리 모양이 당신에게 거슬리는 것이 뭐지요?" 등으로 그들이 당신의 질문에 대답하는 동안 당신은 질문을 계속하면서 그들의 저 깊은 곳에서 그런 질문을 하게 만든 그들의 주관적인 관점을 끄집어내는 것이다. 이런 질문을 하는 목표는 그들이 당신에게 비난을 가하게 만들었던 그들의 수치심을 그들이 알도록 이를 밖으로 꺼내는데 있다. 이는 사실 비난이라는 것은 당신의 헤어스타일이 문제가 아닌 그들의 수치심이 원인인 경우가 많기 때문이다.

인정하기

이는 당신이 명백하게 비난받을 일을 했을 때 사용하는 방법이다. 우유를 엎질렀다고 하자. 그러면 "그래, 나는 우유를 엎질렀어"라고 말하는 것이다. 절대로 "아이고, 얼마나 멍청해"란 식으로 말하지 마라. 12단계 프로그램에서도 우리가 뭘 잘못하면 단지 그 사실을 인정하면 된다고 했다. 이로써 자신의 잘못에 의해 해로운 수치심까지 나아가지 않고 단지 건강한 수치심 정도에서 머물게 만드는 것이다. 우리는 인간으로 실수를 얼마든지 할 수 있는 존재다. 그것까지 일일이 사과할 필요는 없다. 그것은 인간적인 부분일 뿐이다.

확인하기

이 기술은 부모와 전화할 때 유용한 것인데 이것은 다른 비난자와 통화할 때도 쓸모 있다. 전화 통화를 하다가 부모 혹은 상대방이 늘 그래왔듯이 또 비난을 하기 시작하면 수화기 부분을 막고 "당신이 뭐라고 해도 나는 가치 있는 사람이야"라고 큰 소리를 지르는 것이다. 이 이외에도 큰 소리로 긍정적인 말을 하면서 당신이 상대보다 훨씬 크고 우월한 사람이라고 상상하는 방법이 있다.

이 방법은 다르게 사용할 수 있는데 왼손의 엄지와 검지를 모으고 자신에 대한 긍정적인 확신을 가져라. 이것을 계속 연습한 다음 나중에 상사를 만나 비난을 받는다 하더라도 당신은 왼손가락을 모아 계속 당신에 대한 긍정적인 확신을 가지고 임하는 것이다.

위안하기

이 방법은 남에게 피해를 입힌 것이 확실할 때 쓴다. 이 방법의 목표는 다른 사람이 그들의 감정을 표현하여 당신을 비난하거나 아니면 당신 자신이 옹호하는 것을 막기 위해서 이다. 위안하기는 정확하게 능동적으로 듣는 것과 일치한다. 예컨대 당신이 타던 자동차가 멈추어서 집까지 뛰어왔다고 하자. 그런데 그 차는 당신 아내 것이었다. 아내는 화가 나서 "내 차를 쓴다면 미리 말했어야지 지금 치과의사와 약속에 늦었으니 어떻게 할 거예요?" 라며 화를 냈다. 그러면 당신은 이에 "이런 당신 정말로 화가 났나봐, 나 얼른 차 옮겨 놓을게요" 라고 이야기한다든지 아니면 "얼마나 당신이 화났는지 알겠군요" 라고 이야기하는 것이다.

위안하기란 책임을 지는 것과 같다. 나의 잘못으로 인해 남이 얼마나 피해를 입었는지 긍정하며 거기에 대한 결과를 책임지는 것이다. 여기서 피해야 될 일은 뜻하지 않고 당신이 의도하지 않은 일로 인해 자신을 수치스럽게 여기지 말라는 것이다. 의도되지 않은 잘못이란 당신도 인간이라는 것을 보여주는 것뿐이다.

모든 것이 실패했을 때는 혼란시켜라.

나는 이 기술을 나와 그리 가깝지 않은 사람들을 상대할 때 쓴다. 혼란시키는 것은 그들이 당신에게 주의를 기울이는 것을 흩어 놓으려 할 때 쓰는 방법이다. 혼란스럽게 만들려면 말을 만들어 하던 전혀 엉뚱한 것을 끌어오던 상관은 없다. 예를 들어 당신 동료가 당신에게 점심시간을 너무 많이 쓰는 것 같다며 소리를 질렀다.

당신은 이 사람과 전에 다툰 적이 있고 결과는 참혹했다. 더 이상 이 사람을 상대하거나 말하고 싶지도 않다. 그럴 때 당신은 이렇게 말할 수 있다. "야, 오늘은 도로가 너무 한산하다" 그리고 상대방이 당황하며 이게 무슨 뜻인지 알아보려고 노력하는 동안 자리를 피해 버린다. 이런 종류의 전혀 경위가 맞지 않은 말은 상대를 당황하게 하고 주의를 분산시킨다. 그러면 당신은 그저 미소를 지으며 그 자리에서 나오면 되는 것이다. 이는 당신 안에 있는 어린아이를 즐겁게 해 주는데 다른 사람이 당황해 하는 모습을 내면의 아이가 즐기기 때문이다. 그리고 이렇게 하는 것은 당신에게 방어보다는 잠시의 즐거움을 줄 수 있다. 기억하라. 비난은 수치를 커버하기 위함이며 남을 통제하기 위한 방법이다. 하지만 이 주의분산 방법을 통해 상대의 시도를 무마하여 당신 자신의 에너지를 간직하는 것이다. 정직하게 말하면 이 모든 방법이 항상 제대로 먹히는 것은 아니다. 그 시도가 잘 안 들으면 다른 것을 시도하라. 어쨌거나 이런 방법들은 당신을 남이 그들의 수치를 전가하려는 시도로부터 지켜줄 테니까 말이다.

거절

거절만큼 관계 가운데서 고통스러운 것은 없을 것이다. 거절은 어느 인간관계에서든지 존재한다. 특히 수치심이 내재된 사람들에게 거절은 죽음과 같다. 우리는 이미 자신을 경멸하고 거절하고 있기에 다른 사람이 거절을 하면 그들이 나를 경멸하고 있다고 단정한다. 거절의 단계로는 상점 점원이 미소를 띠우지 않는 것부터 사랑하는 사람에게서 버림받는 것까지 이른다. 그 감정의 고통은 육체적인 고통만큼이나 쓰리고 아프다. 이는 마치 칼로 가슴을 벤 것과 같다. 나는 이런 경험을 반복하고 싶지 않다. 그리고 나는 이미 이런 종류의 아픔을 호소하는 사람들을 상담해 오고 있다. 내가 여기서 밝히는 모든 방법은 거절 때문에 상처 입은 무너진 가슴을 위로하는데 유용하게 쓰일 수 있다. 가족 가운데 역기능에 묶여 있었던 관계를 잘 다룬 사람일수록 거절의 상처를 견디기가 쉽다. 하지만 여전히 예전의 역기능적인 관계에 묶여 있다면 그들에게 거절은 사형선고나 마찬가지다. 역기능 가족 관계에 묶여있는 사람에게 거절은 상처받고 버림받는 내면의 어린아이의 설움을 자극한다. 그래서 나는 어린 시절의 잘못된 관계의 상처를 치료하는 것이 거절의 고통을 감소시키는데 지대한 역할을 한다고 생각한다. 당신이 과거의 상처로부터 구별되고 분화될수록 다른 사람으로부터 거절당하는 일에 유연해질 수 있을 것이다.

나는 주디 바이올스트의 저서인 '어쩔 수없이 겪어야 하는 상실들'이라는 책을 권하고 싶다. 이 책은 '상실에 관한 철학'을 담고 있다. 혹시 당신이 상실을 인간사에 늘 있기 마련인 일로 이해하고 받아들인다면 이 책은 당신에게 무척 도움이 될 것이다. 나는 이와 비슷한 주제로 책을 쓴 적이 있는데 제목은 '나는 슬퍼함으로 존재한다'였다. 나는 이를 통해 삶을 살아가는 것은 슬픔을 감수해 가는 것임을 보이려 했다. 우리가 맺은 관계는 언젠가 모두 끝나게 되어 있다.

삶이란 연속적인 이별의 행진이다. 그리고 슬픔은 이를 끝내는 과정에서 발생되는 필연적인 감정이다. 슬픔은 다시 태어나기 위한 것이기 때문에 삶은 슬픔의 연속인 것이다. 당신이 거절에 대한 슬픔을 통과하는 동안에 그 슬픔을 제대로 바라보면서 사람들에게 위로와 힘을 받는 시간이 있어야 한다. 당신은 거절을 다루는데 있어 당신 주위에 있는 소중하고 가까운 사람들로부터 지원을 받아야 한다. 이는 당신이 드는 감정이 정확히 무엇인지 이를 확증해 주고 알려줄 사람이 필요하다는 말과 같다. 이 작업을 하는데는 적어도 한 사람 이상이 좋고 12단계 프로그램의 그룹이나 다른 종류의 그룹모임을 이용해 보는 것도 좋은 방법이다. 거절의 슬픔을 겪는 과정은 충격과 부정, 흥정을 하고 싶은 욕구, 절망, 우울, 분노, 연민, 서러움, 비판, 고독 등의 감정이 차례로 지나가는 것을 경험하는 것이다.

하지만 이를 접하는데 있어서 최악의 행동은 성급하게 처리하려 하고 이를 보충할 만한 새로운 관계로 급속히 빠져드는 일이다. 그리고 이런 관계는 거의 대부분 절망적으로 끝나고 만다. 새로운 관계를 가짐으로써 과거의 수치심을 잊으려 하지만 치료받지 못한 옛 기억이 속에서 울부짖고 있기 때문이다. 거절을 다루는 일은 시간을 필요로 한다. 그리고 자신을 돌봐주고 나눌 수 있는 그룹과 함께 해야 한다. 당신은 다른 사람이 당신을 떠났다 해도 가치 있고 소중한 사람이다.

마지막으로 기억할 점은 당신 안의 거절의 상처로 인한 깊은 괴로움은 사실은 어린 시절의 유기 되고 버림받은 상처에 의한 것이라는 것을 알라. 당신은 그동안 과거의 상처로 인해 다시 버림받을까봐 두려워했고 그렇게 되면 나는 살수 없을 거라 했는데 이제 당신은 정말 버림받고 말았다. 하지만 당신은 지금 살아 있다. 당신이 꿈꾸던 최악의 상황이 벌어졌으나 당신은 아직도 멀쩡히 살아있다. 당신은 약하고 결핍된 어린아이와 같은 존재지만 이 최악의 상황에서 생존하고 있다. 이 얼마나 놀라운 일인가! 당신은 해냈고 앞으로도 살아남을 것이다.

수치심을 일종의 사이렌 신호로 여기기

우리는 살아가면서 크건 작건 간에 거절을 겪게 된다. 나는 이 책에서 테리 캘로그가 사람들이 매일 겪는 거절을 다루는데 있어 사용한 방법을 채택하였다. 그 방법 중 하나는 사이렌 신호란 것인데 이것은 누군가가 당신을 무시하거나 평가하려 했을 경우, 아니면 당신을 과소평가 했을 때 쓰기 좋은 방법이다.

1. 당신 귀를 잡아당기면 울려대는 사이렌이 있다고 상상하라. 귀를 잡아당기면 귓가 에서 "수치! 수치! 수치!" 라고 울린다고 여기라.

2. 이것을 들으며 자신에게 이렇게 말해라. "아! 이건 단지 느낌일 뿐이야! 나는 정말 가치 있는 사람이다!" 그리고 이 말을 자신에게 7번 정도까지 말해 주라. 이렇게 함으로써 내면의 수치스런 감정을 밖으로 꺼내어 이

수치심을 하나의 느낌으로 전환시킨다. 감정은 좋다가도 나빠질 수 있는 것이다. 이런 종류의 감정 상태는 상고 할 가치도 없다는 것을 자신에게 알려 주는 것이다.

3. 적어도 한 사람 이상에게 전화하여 당신이 얼마나 소중한 사람이고 중요한 사람인지 말해 달라고 요청해라. 그리고 그런 사람들은 당신을 수치스럽게 만들지 않는 건강하고 신뢰할 수 있는 사람들이어야만 한다. 그들로 하여금 당신의 가치와 좋은 점, 사랑을 확인하라.

되도록 사이렌 신호를 습관처럼 자주 사용하라. 이를 통해 내가 발견한 것은 이 방법을 잘 활용하면 활용할수록 내가 수치와 거절을 다루는데 있어 과민 반응이 점점 더 줄었다는 점이다.

사랑은 노동이다

부부관계에 대하여 나는 그동안 많은 작업과 일을 하였다. 나는 부부 관계를 유지하기 위한 효과적인 방법을 배우기 위하여 많은 시간을 투자하였다. 뿐만 아니라 부부관계에 관한 적극적인 훈련과 각성을 주는 세미나도 가졌다. 그리하여 이 모든 노력이 부부관계와 이를 위한 치료 기술을 향상시켰다.

부부관계의 행로
나는 거듭 말하지만 사랑은 노동이다. 그리고 노력을 필요로 한다. 이는 내가 관계를 계속 유지시키려면 결정을 해야 된다는 것을 알려준다. 10년 전 나는 결혼 관계를 떠났던 끔찍한 실수를 저질렀다. 수치심이 내재된 사람들은 이것 아니면 저것 식의 사고를 한다는 것을 기억하는가. 결혼이 내 뜻대로 되지 않자 나는 그냥 떠나 버린 것이다. 내 결혼생활은 수잔 캠블의 '부부관계의 행로' 라는 책에 나온 부부가 겪는 모든 과정의 살아있는 증거였다. 그녀는 근 20년이 넘도록 부부관계를 상담하며 도와주고 있다. 그녀는 거의 모든 커플이 아래에 나오는 것과 같은 과정을 겪는다는 사실을 발견했다.

애정의 시기

그들은 사랑에 빠져 있다. 둘은 서로를 사랑하기에 자신의 경계선을 포기하고 서로에게 녹아 있다. 이는 경계가 허물어져 혼합되어 있다는 말과 같다. 그들에게는 서로 함께 있다는 것이 앞으로의 모든 어려움을 극복해 주리라 생각한다.

힘을 다투는 시기

이제 결혼생활로 본격적으로 접어든 그들은 서로가 그리 잘 맞지 않을 뿐아니라 다른 점이 너무 많다는 것을 뼈아프게 체험하게 된다. 서로 다른 가정에서 배워온 문화와 생활 방법이 충돌하고 있다. 또한 서로가 문제를 해결하는 방법이 틀리다. 성욕, 돈 문제, 자녀 교육부터 시작해서 작은 전투들이 꼬리를 무는 것 같다. 그리고 이 혼란이 안정되는 것만 해도 10년은 넘게 걸리는 수도 있다. 점차 안정이 되고 잠시 평화가 찾아오는 듯 하겠지만 곧 다시 자식들이 떠난 후의 외로움, 그리고 각기 다르게 겪고 있는 그들만의 문제가 밀려온다.

투사에서 받아들임으로

이 시기는 서로가 눈을 돌려 각자의 영혼의 성장을 추구하고 궁극적인 삶의 의미를 찾으려는 시기라고 이름 붙일 수 있겠다. 자신 안에 있는 남성성과 여성성을 투사하던 단계에서 이제는 자신 안에 있는 각기 다른 성의 모습을 받아들이고 안을 수 있게 된다. 남성이라면 여성성을 여성이라면 남성성을 포용하고 받아들인다. 그 전에는 갈등과 대립을 일으키던 요소들이 이제는 개개인의 성장을 위해 받아들여진다. 상대방이 더 성숙해질수록 더 풍성한 관계를 맺을 수 있게 된다.

플라토닉 사랑

이 시기에는 파트너가 그들 자신으로 만족하고 온전함을 이루었기에 상대방에 대해 필요해서보다는 정말 원해서 애정을 베풀게 된다. 이제 서로에 대해 비난하거나 꼬집는 것도 그만이다. 이 새로운 관계는 선택적이고 결정에 의한 것이지 서로 필요에 의해서 주고받던 시기는 이제 지났다. 그리고 상대방에게 더 관대하게 된다. 새로운 플라토닉 사랑이 싹트기 시작한다. 서로는 상대방의 없어서는 안 될 소중한 친구가 된다.

이 여행은 다음과 같이 끝맺을 수 있다. 대립에서 협상하는 것과 정당하게 싸우는 것을 배우고 인내를 가지며 노력하면서 이제는 두려워하지 않는 것이다. 무엇보다도 이 과정은 기꺼이 상대를 사랑하고 포용하려는 노력이라고 규정할 수 있다. 그리고 이면에 깔린 것은 사랑과 애정을 추구하려는 노력이고 이는 역동적인 과정인 것이다. 이 과정은 밀물과 썰물처럼 들어오고 나가는 때가 있다. 서로 섞이는 것과 홀로 되려는 것을 반복한다. 그리고 종국에는 이 모든 것이 가치 있는 일이 된다. 생땍쥐 베리가 말한 대로 인간관계보다 더 기쁨을 주는 여행은 없는 것이다.

12 영적인 각성

"당신의 영광을 위해서 우리를 만드신 주님, 주님 안에 안식하게 하소서"

성 어거스틴

해로운 수치심을 건강한 수치심으로 돌려놓는 일은 곧 영적인 일로 연결된다. 건강한 수치심은 인간이 단지 유한하다는 것을 알려줄 뿐이다. 우리는 도움이 필요한 인간이고 신이 아니다. 우리보다 더 높은 존재가 있는 것이다.

건강한 수치심은 영혼을 돌아보는 역할을 한다. 우리가 인간의 한계를 알아갈수록 우리보다 더 큰 존재가 있다는 것을 받아들이게 되고 12단계 프로그램에서는 이를 '높은 힘'이라 부르지만 나는 이를 '하나님'이라 여기고 싶다. 그 분은 인간의 만족을 채우시는 분이다. 또한 그 분은 진실로 사랑이다. 그러나 인간의 삶이란 그저 제한되고 결함 있는 모조품 같은 사랑을 경험하다가 마감하고 만다.

나는 영적인 삶이란 인간이 신을 개인적으로 만나 하나되는 것이라고 믿는다. 하지만 수치심이 내재된 사람에게는 자신의 수치를 밖으로 드러내지 않고는 그분과 일치를 이루는 일이 불가능하다. 그리고 밖으로 꺼내는 작업 없이는 우리의 자아는 상하고 분리된 채 남아 있게 된다.

인간의 온전한 의식

내가 이제까지 기술해온 모든 장들은 바로 당신이 당신의 자아를 재구성하고 분리된 면들을 통합하는 것을 도와주기 위해 기록했다. 앞으로 여기서 소개될 것은 온전함에 이르는 근본적인 방법들이다. 그러나 그 방법들에 들어가기에 앞서 당신의 자아는 당신이 생각하는 것처럼 진짜 당신이 아니라는 것을 밝혀두고 싶다. 표12.1은 인간의 의식세계를 밝힌 것이다. 가장 작은 원, 중앙에 있는 것이 자아다. 이것이 당신의 정신세계의 핵심이 되는 역할을 한다. 하지만 그것은 좁은 인식을 가지고 있다. 자아의 주된 관점은 욕구충족과 생존이다. 자아가 강하면 욕구를 충족시킬 수 있고 강한 자아야말로 생존하기에 필수적인 조건이다.

도표 12-1 인간의식의 충분한 범위

참자아
자각

개인
무의식

하위체계　자아　개인적인
내면

그림자

의식적
마음

두 번째 원에 해당하는 것은 과거와 현재까지의 당신이 가졌던 경험이다. 이곳은 그 동안 당신이 자신이나 남에게 숨기고 있던 감정과 욕구 그리고 당신만의 독특한 행동 양상 등이 모여 있는 곳이다. 이 원을 가르쳐 개인의 무의식 혹은 잠재의식이라 부른다. 우리 안에 있는 수치스런 부분이나 분열된 부분은 잠재의식 속에 들어있다. 잠재의식은 우리의 인격이 있는 곳이다. 칼 융은 이를 가르쳐 그림자라 명명했다. 표에서 세 번째에 해당하는 곳은 우리가 의식이라 부르는 곳이다. 스톤과 윙클만은 이를 '우리가 완전히 자각하고 있는 곳'이라 불렀다. 교류분석학과 사람들은 이를 '양의식' 혹은 '높이 의식된 사고'라 부른다. '양의식'이란 뜻은 그곳이 우리의 진실된 모습이 시작되는 곳이며 동시에 우리의 개별성을 의미다. 그리고 일단 이것이 성취되면 이 의식의 단계는 변형되어 더 높은 수준의 이해와 관점으로 변하게 된다. 이 단계를 발견의 단계라 부를 수도 있는데 이는 이전의 표6.1에서 내가 세 번째 발견의 단계라 이름 붙인 것과 동일하다.

영적인 각성

이 단계를 가르쳐 영적인 각성의 단계라 부르는데 이 단계는 우리의 자각이 확대되고 성장하는 단계란 뜻이다. 하지만 밑에 있는 자아가 다 충족되지 못하고 이 단계로 넘어가서는 절대 안 된다. 영적인 선각자들은 이 시기를 가르쳐 '자아가 사막 가운데 들어가는 시기'로 표현하기도 한다. 성경에 예수께서 영적인 일을 시작하기 전에 먼저 사막에서 40일 동안 밤낮 주린 가운데 있었다는 이야기가 나온다. 이 시기는 영혼의 암흑기와도 같은 시기이며 '더 높은 존재와의 합일된 관계' 들어가기 전의 준비 단계라 볼 수 있다. 이 합일된 단계란 하나님과 친밀한 관계를 가지고 있는 상태를 말하며 영적인 낙원과도 같은 상태를 의미한다. 영적인 지도자들은 말하기를 우리가 이 시기에 우리 안에 있는 자아와의 관계가 제대로 끝나지 못하면 앞으로 진행되지 못하고 계속 뒤로 물러날 것이라 경고한다. 자아의 문제를 제대로 처리하지 못하면 그 상태로 굳어 있거나 앞으로 나가려 해도 다시 그 자리로 끌려오는 것이다. 수치심에 굳어진 자아는 앞으로 나아가지 못한다. 그리고 계속 그 자리에서 같은 일을 반복한다. 이는 영적으로도 마찬가지이다. 만약 당신이 당신 자아와의 일이 완성되지 못하면 계속 그 자리에 묶여 있을 것이다.

영적인 재연

내가 보여주고 싶은 것은 경건과 의로움이 어떻게 마음 깊숙이 자리 잡은 수치심을 커버하는데 쓰이는가이다. 이때 쓰여지는 의로움이란 완벽주의와 남을 판단하고 심판하는 것을 말한다. 수치심에 의해 그동안 열심히 신앙을 추구했던 나에게는 영적인 일이란 영적인 것 그 자체를 추구하는 게 아니라 어떤 일련의 보여지는 행동양식들을 그대로 따라하는 것이었다. 몇 년 전 나는 짐베커와 지미스웨거트의 다툼을 보고 혼란스러웠다. 그들의 말을 듣고 있으려니 두사람의 뜻은 갈라져서 끝이 없어 보였다. 항상 우리 아니면 그들이라는 양극화의 말을 쓰면서 서로를 비난하고 심판하였다. 그들은 나무는 보지 못하고 가지만 보고 있었으며 상대에게 자신들이 숨기고 있는 수치심을 투사하여 공격해 대고 있었다. 그들은 자신이 해결하지도 못한 성적으로 수치스런 부분까지 상대에게 전가시키면 비난을 퍼부어 대고 있었다. 사실 그들은 영적인 지도자로 자처하고 있고 또 그렇게 활동하고 있었지만 그들의 자아는 아직 완성된 것이 아니었다. 기도를 얼마나 하고 금식을 얼마나 하던 간에 자아의 일이 끝나지 않으면 아무런 소용이 없다. 내 경우 비록 10년 동안이나 근엄하게 신학을 가르쳐 왔고 고대의 영적인 지식과 각성에 해박했지만 나는 여전히 강박적이었다. 내 강박증은 영적인 일에 대한 것이었지만 이 경우는 성 어거스틴이 말한 모든 것이 채워진 후에 보다 높은 차원으로 향한 갈망과는 전혀 다른 것이었다. 내 갈망은 내 안의 아이가 아직도 멍들고 상처 입은 상태이기에 그 부족함을 영적인 일로 채워보자고 그랬던 것이다. 나는 마치 구멍 난 컵과 같았고 내 갈망은 이 부족한 자아를 채우려는 욕구에 지나지 않았다. 보다 높은 곳에 대한 갈망 특히 신

(神)에 대한 갈망은 자아의 욕구가 다 채워진 상태에서 만족된 우리의 자아가 더 높은 자아의 부름에 응하는 것이지 자아의 부족함을 채우는 수단이 되어서는 안 된다.

도표 12-2 인간의 필요에 대한 차례

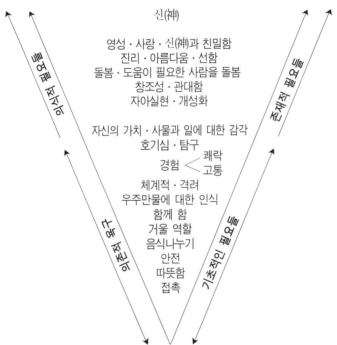

표 아래 부분은 인간의 기본적 욕구들이다. 매슬로우는 이를 결핍의 욕구라 부르는데 이 욕구가 충족되지 않으면 그 자리에서 얼어붙게 되어 다 채워질 때까지 강박적으로 매달리게 만든다. 매슬로우에 따르자면 표에 나온 욕구들은 다분히 계급적이라 우리가 배가 고프면 체면이고 뭐고 눈에 들어오지 않는다. 그리고 인간들은 이 욕구가 채워지지 않으면 신(神)과 진실로 아름다운 것에 대해 눈을 돌릴 여유가 없다. 하지만 영성이란 인간이 가진 가장 근본적인 욕구로써 이는 우리가 왜 우리의 자아를 더 높은 곳으로 끌어올리려 하는지 그 이유를 설명해 준다. 보다 높은 진실을 알게 됨은 현재의 어려움을 이해시켜 주고 자아는 이때 의식이 더 확장될 수 있는 선착장의 구실을 한다. 그러나 수치심이 내재된 자아는 통제하려는 것을 포기하지 못한다.

그는 경계가 내려지는 그 마지막까지 경계하려 든다. 하지만 진정으로 강한 자아는 떠나보내게 하고 확장시켜 준다. 떠나보낸다는 말은 이와 같다. 우리는 성장하려면 떠나보내야 한다. 여기에 나오는 명상과 묵상, 의식의 팽창은 모두가 당신이 상황을 통제하려던 것을 포기하고 떠나보낼 수 있게 만들어 주는 것을 도와주는 방법들이다. 강한 자아 즉 떠나보낼 수 있는 마음은 로케트가 발사되기 위한 강한 분출력과 같이 더 높은 곳으로 가게 하는데 첫 번째로 필요한 조건이다.

명상

보다 높은 의식으로 들어가는 것 중 하나가 명상이다. 명상은 수치심이 주는 악영향을 극복할 수 있게 해준다. 명상의 목적은 신(神)과 일치되는데 있다. 신으로부터 사랑은 당신을 있는 그대로 받아들이게 해서 신과 하나가 될 수 있게 해준다. 신으로부터 진정한 사랑은 모든 의식이 연합되게 해준다. 기도 또한 신과 대화할 수 있게 해주는 방법이다. 우리 대부분이 수치심으로 자신을 부정하고 자아가 분열되어 있기에 명상은 신과의 축복된 관계 가운데서 당신 자신을 그대로 받아들여 하나로 일치될 수 있게 해준다.

방법들

명상의 방법은 여러 가지이다. 하지만 주의 할 것은 명상의 목적은 명상 자체가 그 목적이 아니다. 이는 세상적인 가치관으로는 해석이 어려운데 명상은 신과의 친밀감을 찾기 위한 하나의 시도이다. 그리고 이에 관해 다양한 방법들이 있긴 하지만 추구하는 것은 단 한가시, 고요한 상태 그것이다. 명상의 방법은 간단하게 숨 쉬는 것부터 시작해서 만다라나 만트라스 음악을 사용하는 것과 회교도들이 빙글빙글 돌면서 마음의 고요한 상태에 들어 가는데까지 방법은 다양하다.

이 모든 것이 마음의 고요한 상태를 추구하기 위한 방법들이다. 방법이야 개인적인 취향에 맞는 데로 선택하면 되지만 그 어느 것도 다른 것보다 뛰어나다고 볼 수 없다. 이 모든 방법들이 당신의 잡생각을 흐리게 만들어 보다 차원 높은 의식으로 끌어 가려는 수단들이다. 계속된 연습을 거쳐 당신은 고요한 상태로 들어가게 될 것이다. 일단 고요한 상태에 들어가게 되면 일반적으로 잘 사용하지 못했던 정신적 상태가 되는데 이를 굳이 표현하면 직관이라고 말할 수 있겠다. 직관은 신과 바로 연결시켜 준다. 이를 표현하면 '하나된 의식' 혹은 '하나님의 의식' 또는 '보다 높은 의식'이라 할 수 있다. 이를 통해 우리는 우리가 누군지 정말로 알게 된다. 그리고 이 깨달음은 명상만으로는 얻어질 수 없으며 통찰력과 자기 개발을 통해서 얻어질 수 있 다.

보다 높은 의식과 만날 수 있는 세 가지 방법

아래에 나오는 세 가지 방법은 보다 높은 의식에 접근하기 위하여 총 망라한 것이다. 효과를 극대화시키기 위하여 나는 나레이션으로 나오는 부분을 녹음기에 직접 녹음하여 사용할 것을 권한다.

영혼의 아이를 통하여 삶 다시 재구성하기

소개-영혼의 아이 신화
표3.1에서는 수치심을 가리기 위한 겹겹의 층을 보여주는데 가운데 있는 원에는 우리가 영혼의 다이아몬드라 부를 수 있는 부분이 있다. 이 다이아

몬드 부분은 웨인 크리스버그가 영혼의 아이라 부르는 부분이다. 그리고 이 영혼의 아이야말로 우리를 좀먹게 만드는 수치심이 공격하고 쓰러뜨리려 하는 것과 맞서 싸우고 견딜 수 있게 해주는 존재이다. 만약 상처받은 부분이 아물고 치료가 된다면 이 영혼의 아이는 좀 더 자유롭게 활동할 수 있을 것이다. 일단 당신 안에서 마치 부모 역할을 하는 것 같지만 당신을 수치스럽게 만들기 시작하는 부분이 자리를 잡고 당신을 다그치기 시작하면 당신 안에 있는 또 다른 부분이 이에 저항하고 버티려는 것을 알 수 있을 것이다. 이 책에 전반적으로 흐르고 있고 또 당신에게 요구하고 있는 것은 당신을 묶고 있는 수치심의 부분이 뭔지를 밝혀내고 거기에서 빠져 나오게 하려는 것이다. 영혼의 아이는 당신이 고통가운데서도 웃을 수 있게 하는 부분이다. 이 아이가 성경에서 말하는 "너희가 어린아이와 같이 않으면" 이란 부분에 나오는 그 어린아이를 말한다.

이 영혼의 아이는 또한 시인 G.M.홉킨스가 표현한 "내가 하는 것으로 나는 내가 되고 또 나로부터 오게 된다." 라고 표현했던 우리의 중심에 핵이 되는 정신적 에너지를 말한다. 이 영혼의 아이는 우리의 참 모습이며 당신을 당신답게 만들어 주는 존재다. 신학자로써 내가 본 바 이 영혼의 아이야말로 우리 안에 있는 하나님의 이미지다. 이 아이를 통하여 그분은 그분의 뜻을 이루시고 이 땅에 그분의 형상을 보이시는 것이다.

신화를 살펴보자면 이 신화는 현실을 상징적으로 구성한 것이라 볼 수 있는데 하나님이 이야기한 대부분의 대화 내용은 거의 신화와 상징으로 가득 차 있다. 하나님이 계시다는 것은 부인할 수 없는 사실로써 성 어거스틴이 말하길 "감히 하나님에 대해 논할 수 있는 사람에게 경의를 표하지만 그 보다는 차라리 벙어리가 더 지혜롭다." 는 말처럼 구체적으로 접근할 수조차 없는 매우 심오한 문제다. 폴 틸리히는 종종 학생들을 신은 상징에 의해서만 논할 수 있다며 학생들을 윽박질렀다고 전해지는데 상징이야말로이 손에 잡히지 않는 실체를 묘사해 보려는 시도라 할 수 있다. 이때 이 상징은 논리적이기보다는 성스러운 것으로 유대 서적과 기독교 서적의 반수 이상이 상징으로 쓰여져 있다.(환상, 꿈, 비유, 시편) 그리고 상징은 주로 신화에서 쓰이는 방법이다. 내가 개인적으로 믿는 신화는 '우리 인간은 독특하고 둘도 없는 존재로써 하나님의 작품이며 성스런 실체가 육신을 가지고 이 세상에 머무는 존재' 라는 것이다. 우리 각자는 하나님의 독특함을 세상에 알리려 왔고 우리는 이를 우리 자신의 독특한 모습이 됨으로 성취할 수 있다. 이는 우리가 우리 자신이 될수록 우리는 진실로 하나님의 형상을 띄게 된다는 말과 같다. 정말로 우리자신이 되기 위해서는 우리의 영원한 임무와 운명을 받아들여야 한다. 이는 신성을 가지고 지극히 인간적인 모습이 되어야 성취될 수 있는 것인데 나는 예수를 모델로 삼는다. 우리의 운명은 영혼의 아이에 의해서 알 수 있다. 우리가 우리 안에 있는 수치심의 문제를 해결한다면, 다시 말해 우리가 자유롭게 된다면, 우리 안의 영혼의 아이를 풀어내어 우리 안에 있는 개성을 찾기 위한 여행을 떠날 수 있게 되며 진정한 우리의 모습이 나타날 것이다. 그러나 우리 안의 과거 충격적인 일로 인한 상처로 인하여 갈 길을 가지 못할지도 모르고 또 잠시 곁길로 **빠질지도** 모른다. 그럴 때마다 영혼의 아이는 우리가 제 갈 길을 가도록 밀어줄 것이다. 우리는 슬픔에서 회복되어 또다시 여행을 시작한다. 다시 자아를 세우고 자신의 경계선을 세워 가면서 정체성을 형성해 간다. 그러나 우리의 자아는 아무리 자아가 일치되어 완전히 회복된다 해도 언어, 문화, 시간에 제한 받는다. 우리의 진정한 자아는 영원하며 그 어떤 것에도 제한 받지 않으며 그 어떤 환경에도 변함이 없다. 그리고 이 진정한 자아는 바로 우리 안에 있는 영혼의 아이이다.

자 이제 이 영혼의 아이와 만남으로 당신의 의식을 확장시키는 작업에 들어가겠다. 당신 안에 있는 이 부분은 그 동안 살아 있었지만 갇혀지고 묻혀진 상태였다. 하지만 이제는 이를 확장시키고 펼칠 차례이다.

영혼의 아이 명상하기

되도록 조용하고 방해받지 않는 장소를 골라라. 전화선을 뽑아놓고 시작하라. 편안한 의자에 앉아 다리를 꼬지 말고 편한 자세로 앉아라. 명상이란 두뇌가 알파파와 베타파를 형성할 때가 가장 효과적이다. 알파와 베타파는 잠자기 전과 잠을 깬 후에 가장 현저히 보여진다. 그리고 이때야 말로 명상하기 가장 좋은 시간이다.

다음을 녹음하여 사용하라.

편안한 의자에 앉아 숨을 고른다. 숨 쉬는 것에만 집중하여 천천히 이완해 들어간다. 숨을 들이쉬고 내쉬는 것은 소유하고 다시 보내야 하는 우리의 인생살이와 비슷하다. 숨을 들이쉬면서 파도가 밀려오는 상상을 하고 내쉬면서 파도가 뒷걸음쳐 들어간다고 여기라. 이마부터 시작하여 이마에 있는 긴장을 숨을 통해서 토해내라. 눈 쪽으로 가서 눈에 있는 긴장을 숨으로 토해 내라. 목, 가슴, 다리, 발가락으로 모든 긴장을 다 토해낸다. 이제 당신은 온전히 이완이 되었다.

이제는 당신이 속이 빈 대나무와 같아 위에서 빛으로 된 에너지가 들어와 머리로부터 발가락으로 빠져나간다고 생각하라. 당신은 이제 문으로 가는 지하실에서 세 계단 정도 떨어진 위치에 서있다. 빛으로 공 하나를 만들어 당신이 걱정하고 있는 모든 것을 담아 묻어 버려라. 문을 열고 올라가니 그곳에는 다른 문 쪽으로 가는 계단들이 나 있다. 이번에도 빛으로 만든 공안에 당신이 세상을 바라보는 관점과 철학, 그리고 평소에 당신이 믿어 왔던 것을 다 집어넣고 묻어버려라. 문을 열고 들어가니 다시 다른 문으로 향하는 계단이 나왔다. 이번에는 빛으로 만든 공안에 당신의 자아를 집어넣어라. 문을 열고 나가니 당신은 우주의 끝없는 심연 속에 서 있다. 고개를 들어 위를 바라보니 그 우주가운데 계단이 있고 거기로부터 빛이 시작되고 있는 것이 보인다. 그곳을 바라보니 그곳에 영혼의 아이가 서 있다. 그 아이가 당신 쪽으로 내려온다. 아이의 얼굴을 바라보라. 아이는 어떻게 생겼고 당신을 바라보는 눈빛은 어떠한가? 다가오는 아이와 포옹하고 이제 당신을 이루고 있는 근원적 힘인 그 영혼의 아이와 교류하기 시작하라. 아이와 당신이 지금까지 당신에게 일어났던 일을 다시 돌아보고 있다고 상상하라. 순간을 돌아보며 그 당시 상황과 신(神)의 관점에서 그 일을 바라보아라. 영혼의 아이에게 당신이 이 세상에 태어나는 이유가 뭔지 물어라. "나는 누구지 내가 왜 이 세상에 있는 거지? 내가 잘하는 것은 뭐고 또 독특한 점은 뭐야?하나님이 내게 주신 것이 뭐지?" 아이에게 당신이 묻고 싶은 것을 묻고 설령말도 안 된다고 생각되더라도 아이의 말을 귀담아 들어라. 당신이 이 세상에 태어난 목적에 대해 분명하게 알고 싶다면 아이와 함께 당신에게 일어났던 일을 돌아보아라.

당신에게 부정적인 영향을 주었던 사람, 긍정적인 영향을 주고 정신적인 기둥 역할을 했던 사람, 일어났던 모든 일과 사건들을 돌아보면서 그 가운데 나타난 목적을 보아라. 당신이 영혼의 아이의 관점으로 바라보면서 이제 모든 것이 점점 분명해 진다. 삶을 필름이 돌아가는 것처럼 살펴보면서 일어난 일을 숙고해 봐라.

이제 당신에게 일어났던 일들이 다른 관점으로 보이기 시작한다. 영혼의 아이와 포옹하고 그 아이에게 다시 만날 것을 말해라. 그러자 아이는 언제나 당신을 위해서 기다리고 그 자리에 서 있으면서 당신의 길을 인도해 주겠다고 말한다. 당신은 이제야 힘들 때 이 아이가 당신을 지탱해 주는 힘이 되어 왔음을 깨닫는다. 아이가 내려 왔던 마법의 계단으로 다시 올라간다. 이젠 당신의 꿈, 일들 모두 하나로 통합되어 하나의 의미가 되어 나타난다.

이제 당신이 방 한가운데 있는 것이 보인다. 방의 색깔과 공기를 느끼면서 자신에게 이 세상에 당신은 둘도 없는 존재란 것을 말해줘라.(10초) 이 세상에 당신 같은 사람은 아무도 없다.(10초) 앞으로 나아가 사람들과 당신이 경험한 것을 나눌 결심을 하라. 방 뒤에 나는 문으로 가니 계단이 나온다. 먼저 당신의 자아가 든 공을 집어들어라. 자아와 다시 합치고 다시 다음 문으로 걸어 내려가니 당신이 이 세상에 관해 생각하던 관념들과 생각 방식들이 담긴 공이 보인다.

다시 이런 식으로 생각하고 싶다면 공을 주워들되 이젠 그만 그런 식으로 살고 싶다면 무시하고 다음 방으로 가라. 그곳에서 당신의 걱정거리를 담은 공을 본다.

여기서 기억할 것은 사실 걱정은 두려움 덩어리로 당신을 굳어지게도 하지만 '어떤 지혜의 일종'으로 앞으로 다가올 일에 지혜롭게 대처하도록 해주는 구실도 한다. 그러니 모든 게 다 쓸모없는 것은 아니다. 그러나 그 중 당신이 필요한 것을 집어들고는 나머지는 버려 버려라. 그리고 하늘이 보이는 곳으로 걸어 들어간다. 화창한 날씨, 찬란한 햇빛 이제 몸의 모든 부분이 깨어나기 시작한다. 하늘에 떠다니는 구름을 보면서 셋, 둘 하나에 눈을 뜨면서 이제 당신은 온전히 의식을 회복했다.

항상 명상을 한 뒤에 몇 분 정도 앉아 있으면서 당신이 한 경험을 소화시켜 자기 것으로 만들 시간을 주어라. 명상은 밖이 아닌 안으로의 경험이기 때문에 처음에는 이상하게 느껴질 수도 있다. 내면의 생명은 독특한 자신만의 언어를 가지고 꿈과 환상을 통해 나타난다.

수치심이 내재된 사람으로 나는 이 명상에 제대로 들어가는데 부단히도 어려움을 많이 겪었다. 나는 항상 경계를 하던 습관과 수치심을 커버하기 위해 과도한 이성을 사용했던 버릇 때문에 어린아이와 같이 순전한 마음으로 접근하기가 참 힘들었다. 하지만 계속 노력했고 결국에는 영혼의 아이를 만났다. 지금도 한 가지 기억하는 것은 그 아이를 처음 만나 아이에게 내 영적인 강박 관념을 해결할 방법을 이야기해 달라고 했을 때 아이가 내게 이야기한 말은 모든 것을 시작하기 앞서 먼저 내 지저분한 책상을 치우라는 것이었다. 세상에! 책상을 치우라니.. 나는 한 금식을 일주일동안 하거나 뭔가 심오하고 어려운 과제를 내어 줄줄 알았다. 그런데 먼저 책상을 치우는 것부터 시작하라는 간단한 말을 하다니.. 하지만 영의 일은 내 추측보다는 훨씬 간단했다. 그리고 그것은 간단하면서도 어려운 일이었다. 왜냐하면 자아 자체가 복잡하고 까다롭기 때문이다. 그러나 이 자아를 분석하고 알아가는 일은 복잡하지만 자아가 주는 말은 의외로 간단하다. 영혼의 아이를 만나 얻는 답은 종종 너무 간단해 보일 때가 많다. 그 아이가 내게 준 답은 그냥 내 사신이 되라는 거였다. 즉 자신을 바꾸려 노력하지 말고 그저 내가 되라는 것이다. 하지만 그 일은 내가 이전에는 한 번도 해보지 못했던 일이었다. 수치심이 내재된 사람으로 나는 내 안을 대면하기 싫어 항상 밖에서만 살려했기 때문이다. 영혼의 아이가 내게 준 말은 나를, 내 안을 사랑하라는 것이었다. 내가 진정으로 확장되고 성장하고 남을 사랑하려면 나를 먼저 사랑하는 방법 밖에는 없다는 것이다.

영적인 눈으로 자신을 바라보기

여기에 나온 명상은 간단하며 10분 정도에서 15분 정도 밖에 소요되지 않는다. 이 명상은 자신을 자신의 관점이 아닌 당신보다 높은 존재의 눈을 통해 그 분의 입장으로 당신을 바라보는데 있다. 다음에 나오는 내용 역시 녹음하여 사용할 것을 권한다. 전에 나오는 긴장은 푸는 과정은 영혼의 아이를 만날 때와 동일하지만 방이 아니라 성스러운 장소에 도달하게 된다는 것이 좀 틀리다.

～호흡과 이완으로 편안한 상태가 됨～

성스럽고 오래된 교회에 당신이 지금 서 있다. 주위를 둘러보라. 편안한 곳에 앉아서 높은 존재가 교회 안으로 들어오는 것을 본다. 그리고 당신이 자신의 몸 안에서 빠져나간다고 상상해라. 진실, 미, 선함, 사랑의 존재를 깨달으면서 당신 몸에서 당신이 빠져나가고 있는 것을 보아라. 빠져 나온 당신은 그 높은 힘과 하나가 된다. 그리고 당신이 그 높은 힘이라 여기는 신(神)의 눈으로 당신 자신을 바라보라. 높은 존재가 당신과 마주 앉아서 당신을 바라보는 눈으로 당신을 쳐다보라. 당신은 너무도 소중하고 아름다운 존재이며 하나밖에 없는 귀한 존재이다. 절대자의 눈을 통하여 당신은 전에는 한 번도 보지 못했던 관점으로 당신을 바라보고 있다. 절대자의 눈으로 들여다보니 이제야 자신을 완전히 받아들일 수 있으며 얼마나 당신이 사랑스럽고 귀한 존재인지 깨닫는다. 전에는 용납하지 못했던 면이 이제 절대자의 눈을 통해 용납이 되어지고 쉽사리 비하하며 무가치하게 느껴졌던 자신이 아주 귀한 존재라는 사실을 깨닫는다. 그저 자기 자신이 되라. 자신의 관점이 아닌 높은 존재의 관점으로 바라보게 만들어준 그분께 감사하고 이제는 그 곳에서 걸어 나오라. 걸어 나오면서 당신이 우주의 한 부분이라는 것을 느끼며 나오라. 자연 그대로의 당신을 느끼면서 교회에서 빠져 나와 하늘을 바라보면서 이 귀중한 느낌을 간직할 것을 다짐하라. 구름을 바라보며 숫자를 세면서 서서히 의식으로 돌아온다.

의식을 비우기 - 고요 창조하기

이번 장은 여러분의 '존재'에 관한 인식을 강화하기 위해서 마련되었다. 당신이 일단 존재라는 단계에 접근하게 되면 당신은 모든 것을 소유했다고 볼 수 있다. 이제 더 이상의 분리는 없다. 분리가 없는 이상 이제 더 이상 당신이 밖으로 나가서 성취할 것이 없다. 하지만 여기서 다시 한번 주의할 점은 숙련된 명상가인 스즈키 라쉬의 말을 빌자면 "당신이 명상을 어떤 수단으로 이용하려는 한 당신은 결코 본질에 접근하지 못할 것이다." 명상은 단지 우리가 자기자신이 되는 것이며 생각과 그동안 바쁘게 굴려 왔던 머리를 멈추는 것이다. 신(神)이 존재 자체였기에 우리가 존재가 되는 것은 신(神)과의 일체를 만들어 준다. 이 명상을 하는 동안 그저 당신자신이 되려고 하라. 마음을 활짝 열고 어떤 방법이나 생각도 하지 말라. 이때 중요한 것은 어떤 큰 빈 공간이라는 개념인데 이 빈 공간은 정적이라는 개념과 같다. 이를 구체적으로 하면 우리가 경계하는 벽을 허물고 큰 하나 된 우주에 합쳐진다는 개념이다. 다시 말해 수치심이 내재된 사람인 우리는 평소에 우리가 갖고 있던 초경계와 방어를 포기하고 이전에 가지지 못했던 감각에 합해 진다. 이것은 애써 노력해서 얻어지는 것이 아니고 가만히 있으면 된다. 딴 생각이나 다른 생각이 들고 일어나려고 하면 그저 그 생각의 움직임을 바라보면서 다시 원래 있던 아무 생각도 없는 상태로 돌아오면 된다. 이 의식이 없는 정적의 상태를 가지는 것은 정말로 훈련이 필요한 일이다. 굳이 비유하면 낙숫물이 바위를 뚫는 것에 비유할 수 있다. 처음 시작할 때는 도무지 이루어 질 깃 같지 않다. 하지만 수를 거듭하며 지나다 보면 결국에는 구멍을 뚫게 된다. 이 존재에 대한 의식을 강화시키는 명상도 종전과 비슷하다. 다만 여기에 나오는 방법을 실천하는데 있어서 이를 통제하려거나 아니면 더 쉬운 방법이나 마음에 맞는 방법으로 임의로 고쳐서는 안 된다는 것이다. 다른 생각이 들려고 한다든가 의식이 돌아오려 하면 부드럽게 다시 숨을 쉬는데 초점을 맞추면서 다시 명상 가운데로 들어와라.

코로 숨이 들어가고 나가는 것을 주시하라. 어떤 부분이 닿으면서 공기가 유입이 되고 또 나가는가에 정신을 모으고 숨을 쉬고 들이마시는데 정신을 모으라. 이마부터 시작하여 목, 어깨, 가슴, 다리 온몸으로 감각을 느껴라. 이제는 아주 고요한 어떤 형용할 수 없는 상태가 구름처럼 당신을 덮기 시작한다고 여겨라. 몸을 움직이려 하지 않으며 몸에서 이에 저항하려 할 때마다 그 저항을 토해내라. 자 이제 당신이 성스러운 곳에 도달했다고 상상하라. 안으로 들어가니 뽀얗게 먼지가 쌓인 제단이 보인다. 먼지를 걷어내니 무슨 책이 있는 게 보인다. 책을 펴보니 뭔가 당신의 마음을 끄는 상징적인 것이 보이기도 하고 또 어떤 메시지가 보이기도 한다. 그곳에서 걸어 나가니 당신이 책에서 본 내용이 마치 영화처럼 벽에 쓰여 있는 것을 본다. 이를 보고 드는 모든 느낌과 생각을 그냥 수용해라. 그것을 보고 있으니 점점 사방이 어두워진다. 완전히 어두워진 후에 촛불 하나가 타는 것이 보인다. 그 불꽃을 바라보고 있다. 촛불은 점점 타올라서 빛으로 주위를 가득 채웠다. 당신 역시 그 빛에 휩싸인다. 당신은 이제 빛이 되었다. 이제 당신이라 부르는 것은 아무 것도 없다. 그 존재가 없는 상태를 느끼라. 그곳에는 빛의 심연 밖에는 아무 것도 없다. 그 아무 것도 아닌 무존재의 상태에서 약 3분 동안 머무른다. 그곳에서 숫자 일을 본다. 이, 삼, 사, 오 천천히 눈을 뜨면서 정신을 차리고 그 상태에 머물러 있어라. 이 무념의 상태는 자유로운 정신 상태를 말한다. 더 이상 당신에게 속삭이는 내면의 목소리도 다른 잡생각도 끼어들 틈이 없다. 생각은 비어있고 아무 것도 아닌 상태에 있다. 그리고 이런 상태가 존재하는 상태이다. 세상에서는 인간이라는 존재로 동물이라는 존재로 식물이라는 존재로 모두들 어떤 생각과 개념 안에 존재하지만 당신이 마음을 비워 온전한 무념이 되면 당신은 모든 존재 가운데 합쳐질 수 있다. 그리고 그 상태가 되면 당신은 당신 주위에 있는 모든 것과 교류할 수 있다.

통합된 의식 - 낙원의 상태

이는 당신이 우주의 의식에 도달한 상태를 말한다. 여기에는 더 이상 분리와 나뉨이 없다. 모든 이분법과 갈라놓던 사고방식들이 다 하나가 되었다. 반대편이란 개념도 그 베일에 갇혀진 것도 모두 허물어 졌다. 이는 낙원의 상태이며 순수한 평화와 즐거움의 순간이다. 모든 것이 다 변형되었다. 이때 당신은 더 나은 자신으로 변할 필요가 없다. 그저 당신의 다른 부분을 알게 되었을 뿐이다. 이제 당신은 당신의 삶의 목적과 의미를 온전히 알게 된다. 앞으로 어떻게 해야 될지 이제는 삶의 사건들을 조각조각으로 보던 관점에서 하나의 큰 덩어리가 이해되기 시작한다.

자아의 통합

이제 당신은 에릭슨(Erick Erikson)이 말한 자아의 통합에 도달했다. 자아의 통합이란 자신을 온전히 받아들이며 절대적으로 사랑한다는 것을 의미한다. 에릭슨(Erick Erikson)은 이 자신을 온전히 받아들이며 용납하는 것이야말로 이세상의 어려운 일과 위협들을 접하기 전에 먼저 갖추어야 할 힘이라고 표현한 적이 있다. 자아가 통합될 때 당신은 진정으로 "어차피 죽어야 되는 인생이고 끝나는 것이 정해져 있다면 나는 한결같은 태도로 이를 대면하겠어" 라고 말할 수 있다. 자아의 통합은 자신을 완전히 용납하는 일이며 수치심을 극복하는 완전한 방법이다. 그리고 일단 이 상태를 경험하면 그 느낌이 너무도 굉장한 것이어서 쉽사리 포기하지 못하게 된다. 이는 토마스 울프가 표현한 대로 마치 고향에 온 것 같은 안정된 마음을 준다.

반대편과의 통합

이 축복된 낙원에 도달하게 되면 당신은 더 이상 '반대되는 개념'을 찾을 수 없게 된다. 그곳에는 더 이상 우리와 그들, 저쪽과 이쪽편의 개념이 없다. 당신이 그동안 힘들게 쌓아온 자아의 경계들이 변화하고 허물어져 다른 모든 것과 만나게 해준다. 이 신비한 경험으로 말미암아 당신 안에 있던 영혼의 아이는 확장되어 영혼의 성인이 된다. 이는 그만큼 영적인 힘이 더 높은 차원으로 올라갔음을 뜻한다. 당신은 이제 모든 존재와 하나 됨이 느껴지고 그 동안 그들과 분리되어 왔다고 생각하던 것이 하나의 환상이었음을 알게 된다.

높은 권세

정신적인 면을 다루고 있는 사람들은 모든 것이 다 받아들여진 낙원의 상태에 있을 때에 우리가 비로소 더 높은 존재와 대면할 수 있고 교류할 수 있음을 이야기한다. 더 높은 존재와 교류한다는 것은 그 전에는 접하지 못한 통찰력과 힘을 접한다는 것과 같다. 그리고 이를 가능케 하는 것은 오직 자아를 통제해 왔던 모든 것을 내려놓는 것이다. 이는 12단계 프로그램에서도 보이는 것으로 "더 높은 존재에게 맡긴다."라는 개념으로 다른 말로 하면 자신이 쥐고 흔들려는 것을 끝낸다란 의미와 같다. 그리고 이 두 개념 다 자아를 통제하려는 노력에서 이제는 받아들이고 흐르게 한다는 개념과 같다.

사고와 사물

양자학자들에 의하면 사고와 사물은 둘 다 에너지의 형태라 한다. 이들은 다만 사물은 덜 움직이고 사고가 활동적으로 움직이는 형태만 다르지 기본적으로 에너지란 사실에는 변함이 없다고 한다. 따라서 이 말은 사물은 의식과 사고에 의해서 영향을 받을 수 있고 이를 바탕으로 염력에 의한 현상도 설명될 수 있다고 본다. 드오르 카이저는 수만의 사람들에게 아픈 자리에 손만 갖다 대는 것만으로도 고통이 경감되게 하는 방법을 가르쳐 왔다.

이 현상은 생각(의지)에 의한 힘에 영향을 받아 이에 따른 생리감각 발달로 일어난 결과이다. 이런 종류의 일은 사실 누구나 배울 수 있는 일이다. 사고는 상상을 통해 주위에 어떤 현상을 일으킬 수 있다. 이는 우리가 부요케 되는 일도 포함될 뿐 아니라 우리 몸을 치료하는 능력도 가능하다.

기도

기도는 상황을 변화시킨다. 기도는 높은 수준의 영성 추구에 근거하고 있으며 기도는 그 높은 존재인 신께 의지하는 것이다. 기도하는 동안 우리는 형편을 신께 맡기며 내보내게 된다. 더 이상의 통제를 포기하고 어린아이와 같은 믿음으로 문제를 자신보다 높은 힘의 존재가 움직이실 것을 믿는 것이다.

의식

모든 의식이 다 고의적이며 계획적이다. 이는 인간에게는 그 어떤 행동도 목적 없이는 행해지지 않는다는 것을 뜻한다. 모든 행동에는 그 나름대로의 계획이 있고 아무리 다른 사람에게는 이상하게 보이는 행동일지라도 당사자 자신은 다 나름대로 용납되는 이유가 있다. 우리가 우리 삶을 돌아본다 해도 자신의 삶에 어떤 계획이 있었다는 것을 알 것이다. 나는 참 조숙하게도 12살 때 내가 삶을 통제하지 않으면 삶이 훨씬 수월하게 될 것을 알고 있었다. 베리 스티브는 이를 가르쳐 '물 흐르듯이' 란 표현을 썼다. 우리의 통제된 자아는 숲은 보지 못하고 나무만 보려는 경향이 있다. 하지만 이를 풀어 흐르는 방향대로 가게 함으로 우리는 보다 높은 의식으로 삶을 바라볼 수 있는 것이다.

집착하지 않음

영적인 지도자나 성자들은 항상 집착하지 말 것을 이야기한다. 우리는 우리가 집착하는 만큼 고통스럽다는 것을 알아야 한다. 감정적으로 쏟아 부으면 부을수록 그 만큼 감정적인 고통도 심해진다. 영화 '그리스인 조르바'에서 이 집착하지 않음의 예가 구체적으로 표현되었는데 그는 극도의 재난과 실망 속에서도 이 모든 것을 놓아 버린 '무집착'의 모습을 보여준다. 그는 강에 도랑을 공사하는 일을 맡아 그 누구보다도 열심히 일한다. 그러나 도랑이 다 완성되던 날 강물이 너무 불어 그가 애써 지은 도랑이 무너지고 만다. 마을은 떠내려가기 시작하고 한마디로 죽기 직전이다. 조르바는 이를 보고 처음에는 기절초풍 했지만 곧 이 도랑이 무너져가는 가운데서 춤을 추기 시작한다. 마치 모든 것을 초월하여 우주 가운데서 춤을 추는 사람 마냥 그는 춤을 추며 낄낄거린다. 삶에서는 어떤 일이라도 그리 크게 신경 쓸 일이 없다. 중요한 것은 그 일들로 이루어지는 전체의 그림이다. 우리는 이를 오직 우리가 전체를 보게 되는 순간에 그동안 우리가 보고 있었던 것이 부분에 불과하다는 것을 이해한다. 스리 아우로빈도의 말처럼 '당신이 최고의 높은 경지에 도달하지 않고는 가장 천한 것이 무언지 알 수 없다.' 통합된 관점과 집착치 않음은 정신적 낙원의 열매이다. 그리고 이 이외에도 평안과 고독, 그리고 섬김이라는 열매도 있다.

평안

평안은 로버트 프로스트가 표현한 대로 '고달픔 속에서도 편하게 있는 상태'이다. 평안함을 가지면 삶이 예전보다 문제가 덜 생기고 훨씬 자발적이된다. 당신은 이제 더 이상 당신 주위에 벌어지는 상황을 분석하지 않고 그저 그 자체로 즐길 수 있다. 부족한 가운데서도 만족할 줄 알고 이전에 해왔던 강박적인 행위와 만족을 취하려고 순간적인 즐거움을 찾아 헤매던 일도 그만 두게 된다. 들으면 듣는 대로, 보면 보는 대로, 삶을 받아들이기 시작하여 모든 것이 그 나름대로 소중하다. 이는 아이와 같은 마음의 상태로 평온한 목초지와 시냇물이 흐르는 곳에 온 기분과 같다. 평안한 자들은 이 땅과 모든 것을 사랑하고 포용할 수 있다. 그들은 모든 생명에는 나름대로의 찬란한 목적과 이유가 있다고 본다.

고독

　우리 모두는 고독한 존재다. 이것은 자신의 경계선을 가진지 얼마 안 되는 사람들도 마찬가지다. 사실 외로운 것이 우리의 삶이다. 그러나 이 외로움을 어떻게 해결하느냐가 우리를 수치심에 빠뜨리기도 하고 풍요롭게도 만든다. 스스로 혼자 있다고 불행하게 여기며 안으로 썩어 들어가는 것은 자신의 존재 자체를 수치스럽게 여기는 사람에게 일어난다. 하지만 고독이 축복이 되는 사람은 신과 자신과의 교류로 더욱 풍성해진다. 이는 신과의 교제로 인해 일어나며 여기서 오는 지식이 자신을 온전히 용납하게 해주고 사랑하게 만들기 때문이다. 그리고 이를 고독이라 부르는 것이다. 일단 이 고독의 즐거움을 맛보게 되면 당신은 이를 더 원하게 될 것이다. 괴테는 이에 관해,

> "일단 우리가 아무리 가까운 사이라도 서로가 유한한 삶을 산다는 것을 깨닫고 서로가 일정한 거리를 두는 것을 즐긴다면 우리는 서로 바라보는 제한된 시각에서 벗어나 하늘을 볼 수 있다. 좋은 결혼이란 서로의고독에 대한 보호자 역할을 해주는 일이다. "

　그러나 고독은 먼저 자아의 문제가 해결되어야만 이루어질 수 있는 일이다. 그 일이 해결되어야 남과 분리되는 것을 받아들일 수 있다. 분리를 두려워하는 마음이 당신을 지금까지 관계라 볼 수 없는 관계에 매달리게 만들었다. 그리고 우리 가운데 존재하는 '인간 관계에 대한 환상' 중 하나는 부모가 항상 우리를 돌봐준다는 생각이다. 하지만 분리되는 것과 떨어져 사는 것을 경험하고 나면 그는 자신이 충분히 혼자 일어설 수 있을 만큼 강하다는 것을 알게 된다. 그리고 이 단계에 와서야 묵상을 통해 신(神)과 온전히 접촉하여 진정 자신이 누구인지 알게 된다. 그리고 기억해야 될 것은 아무리 혼자 있다고 해도 당신은 혼자가 아니란 것이다. 왜냐하면 당신 안에 하나님과 항상 함께 하는 부분이 늘 당신 안에 있기 때문이다. 이 깨달음에 달하면 고독이야말로 당신이 가장 원하는 것 중 하나가 되게 된다.

섬김

　종종 영적인 일은 반대의 개념이 서로 만나게 된다. 당신이 충분할 정도로 깊이 고독해 지면 오히려 남에게 다가가 남을 위해 나누고 봉사하고 싶어진다. 고독의 기쁨을 더욱 알수록 기쁘게 남에게 봉사하게 된다. 캔 윌버의 말처럼 사람은 직관이 발달되어 깨달음을 통하여 자신이 누구인지 진정으로 알게 되면 .다른 사람도 자신처럼 자유롭게 되기를 바라게 된다고 한다. 섬김이란 그 이외에도 자신이 믿는 종교 단체의 예배에 참석하는 일도 포함될 수 있다. 당신은 아마도 교회로 다시 돌아갈 수도 있을 것이다. 그리고 교회로 돌아가서 보게 되면 당신은 전보다 자신이 훨씬 더 폭이 넓어지고 깨닫게 된 것이 많다는 것을 알 수 있다. 그런 당신에게는 아마도 예배는 영이지만 육체를 가지고 살아가는 우리의 모습을 확증시켜주고 성찬식 참여는 큰일을 행하신 예수의 뜻을 기억하게 해준다. 만약 동양의 조상 제사에 참여하게 된다면 그 곳에서의 옛 조상들의 영혼에 감동되어 당신은 혼자가 아닌 그들의 한 부분이며 과거에서 현재로 이어지며 다시 미래로 전하게 될 매개체란 사실을 알게 될 것이다.

　섬김이란 당신이 다른 사람에게서 받아온 것을 돌려준다는 뜻도 있다. 12단계 프로그램에서는 그들이 깨닫고 치유 받은 것을 나누는 단계가 있는데 우리 모두 진정으로 치유 받고 싶다면 자신의 어두운 부분을 빛 가운데 남에게 드러내는 과정을 거쳐야 한다. 그리고 깨달은 것을 나누어야 한다. 이는 남 앞에서 도덕적으로 훈계하는 게 아닌 오직 이대로 사는 실천으로만 이루어 질 수 있는 일이다. 자신이 말한 대로 그대로 행하고 사는 것보다 더 큰 역할 모델은 없다. 그리고 그것이 전부다. 여기에는 전문가나 흔히 말하는 권위자도 없다. 우리 모두는 연약한 인간이고 영적인 선각자라 할지라도 남보다 약간 좀 앞섰다 뿐이다. 게다가 남에게 진정 변화를 줄 수 있는 길은 당신이 당신의 능력을 사용하는 것을 포기했을 때이다. 이 얼마나 역설적인가! 먼저 자신을 사랑하고 자신을 돌보는 사람만이 이웃을 돌볼 수 있다.

　나는 도미니카의 한 신부의 말을 좋아하는데 그는 "자신을 돌보아 완성시킨 자 만이 남에게 자신을 줄 수 있다."라고 했다. 우리는 없는 것을 줄 수 없다. 자신을 수치스럽게 여기는 부모가 아이에게 존재에 대한 소중함을 가르치지 못하고 자신의 문제를 해결하지 못하는 임상심리학자는 남도 고칠 수 없다. 섬김은 영적인 축복의 열매이자 상징이다. 슬럼가에서 가장 비참한 인생들과 함께 하던 폴 카델은 이에 관해 이렇게 표현해 놓았다.

> "아무리 야비한 구두쇠라도, 술에 항상 절어 사는 주정뱅이라도, 천박한 창녀일지라도 다 내 형제요 자매이다. 거룩한 영을 제한된 몸에 담고 있는 소중한 존재이다. 단지 그들은 남이 낮을 택한 데 비해 밤을 그 주거지로 택하고 경배할 뿐이다. 나는 그들과 대화할 때 내가 비록 한마디 해주어야 하는 상황에도 그들의 말을 먼저 들어야 하고 그들에게 말할 때는 눈물로 무릎을 꿇고 이야기한다. 나는 이들이 없다면 살 수 없다. 하늘에 많은 별이 있듯이 이들은 내게 존재하는 아름다움이다. 나는 그들을 통해 하나님을 경배한다. 그리고 그들 가운데 하나라도 주의 얼굴을 볼 수 없는 자는 없다."

권세를 나누어 줌

영적 낙원의 상태는 당신에게 권세를 준다. 이제 우리는 피해자라는 생각에서 벗어나 어린아이와 같이 자발적이고 낙관적으로 세상을 바라볼 수 있다. 우리는 우리의 무한한 창조성과 상상을 수용하고 더 이상의 피해자 역할이 되기를 거부한다. 우리는 삶의 창조적인 예술가가 되어 위험을 감수하고 정말로 원하는 것을 좇는다.

이 책을 마무리하면서 정말로 당신에게 바라는 것은 이 책에 나오는 것처럼 당신의 수치심이 치료되기를 바라는 것이다. 그러면 당신은 전능한 존재에게 문을 열고 겸손하게 제한된 가능성을 받아들이며 인간이기를 깨닫기 때문이다. 그런 제한된 가능성은 절대자가 우리의 몸에 부어준 것이다. 위대한 음악가도 음악적 원리에 매어있고 아무리 위대한 화가의 그림도 캔버스에 제한되어 있다. 하지만 그 제한됨을 바탕으로 위대한 곡이 탄생되고 한정된 캔버스 안에서 영혼을 감동시키는 대작이 나온다. 우리 인간이란 유한에 갇혀 있지만 여전히 그 제한됨을 가지고 기적을 이루어 왔던 것이다. 그리고 과거의 상처로 인한 수치심(열등감)으로 이를 만회하려 온갖 일을 다 하다가 마침내 인간이라는 것을 받아들이고 그 부족함을 축복으로 알고 그 가운데서 일어선 당신이야말로 최대의 기적 중의 기적이다!

BIBLIOGRAPHY

The autbor gratefully wishes to acrnowledge the following books. I enthusiasticallly recommend them to reader.

Alberti, Robert,and Emmons, Micjael. Your Perfcct Right. San Luis Obispo, California: Impact publishers.

Bach, George, and Goldberg, Herbert, Crcative Aggression, New York: Doubleday & Co.

Bandler, Leslie. They Lived Happily Ever After, Meta Pubications, 1978 (now published under the title solutions,Future Pace)

Beck, A.T. Cognitive Therapy and Emotional Disorders,New york; New American Library, 1979.

Cames,Pat. Out of the shadows; Understanding sexual addiction, Irvine, California: Cognitive Publicarions.

Cermak, Timmen. Diagnosing and Treating Co-dependence, Minneapolis, Minnesota: Johnson Institute.

Dwinell, Loric, and Middelton-Moz, Jane. After the Tears. Pompano Beach, Florida: Healt Communications, 1986.

Ellis, Albert, A New Guide to Rational Living. North Hollywood, California: Wilshire Books, 1975.

Erikson,Erik H. Childhood and Society, New york: W.W. Norton.

Faber, Leslic, The Ways of the Will and Lying, Despair, Jealously, Envy, Sex, Suicide, Drugs and the Good Life. New York: Harper Colophon, Harper & Row.

Firestone, Robert. The Fantasy Bond. New York: Hurnan Sciences Press.

Forward, Susan. Betrayal of Innocence. New York: Penguin Books.

Fossum, M. and Mason, M. Facing Shame. New York: W.W. Norton.

Hendricks, Gay. Learning to Love Yourself. Englewood Cliffs, New Jersey: Prentice Hall.

Johnson, Robert. Inner Work. New York: Harper & Row.

Kaufman, Gershen. Shame: The Power of Caring. Cambridge, Massachusetts: Schenkman Books.

Kopp, Sheldon. Mirror, Mask and Shadow. New York: Bantam Books.

Kritsberg, Wayne. Adult Children of Alcoholics Syndrome: From Discovery to Recovery (1986) and Gifts for Personal Growth and Recovery (1988). Pompano Beach, Florida: Health Communications.

Lankton, Stephen, and Lankton, Carol. The Answer Within: A Clinical Framework of Ericksonian Hypnosis. New York: Brunner/Mazel.

Lynd, Helen Merrell. On Shame and the Search for Identity. Eugene, Oregon: Harvest House Publications.

Norwood, Robin. Women Who Love Too Much. New York: St. Martin's Press, 1985.

Maslow, Abraham. The Farther Reaches of Human Nature. Esalen.

Masterson, James. The Narcissistic and Borderline Disorders. New York: Brunner/Mazel.

Meichenbaum, D. Cognitive Behavior Modification. New York: Plenum Press.

McKay, Matthew, Davis, Martha, and Fanning, Patrick. "Thoughts and Feelings." The Art of Cognitive stress. New Harbinger Publications.

McKay, Matthew, and Fanning, Patrick. Self Esteem. New Harbinger Publications.

Middelton-Moz, Jane, and Dwinnel, Lorie, After the Tears. Pompano Beach, Florida: Health Communications, 1986.

Middelton Moz, Jane. Children of Trauma: Rediscovering The Discarded Self. Deerfield Beach, Florida: Health Communications, 1989.

Miller, Alice. Pictures of Childhood. Toronto: Collins Publishers.

Pecle, Stanton, and Brodsky, Archie. Love and Addiction. New York: Signer: New American Library.

Satir, Virginia. Conjoint Family Therapy: Your Many Faces. Palo Alto, California: Science & Behavior.

Simon, S.B., Howe, L.W., and Kirschenbaum, H. Values Clarification: A Handbook of Practical Strategies for Teachers and Students. A & W Visual Library.

Small, jacquelyn. Transformers. Marina del Rey, California: Devors Publishers.

Smith, Manuel. When I Say No, I Feel Guilty. New York: Bantam Books.

Stevens, John O. Awareness. Real People Press.

Stone, Hal, and Winkelman, Sidra. Embracing Our Selves. Marina del Rey, California: Devors Publishers.

Subby, Robert. Lost in the Shuffle: The Co-dependent Reality. Pompano Beach, Florida: Health Communications, 1987.

Viorst, Judith. Necessary Losses. New York Simon & Schuster.

Wegscheider-Cruse, Sharon. Choiccmaking (1985) and Learning to Love Yourself(1987). Pompano Bcach, Florida: Health Communicarions.

White, Robert, and Gilliland. Elements of Psychopatology: The Mechanisms of Defense. San Diego, California: Grune & Stratton.

Whitfield, Charles, L. Healing the Child Within. Pompano Beach, Florida: Health Communicatlons.

Wilber, Kenneth. No Boundary. Boston: Shambhala Publications.

Woititz, Janet G. Adult Children of Alcoholics. Pompano Beach, Florida: Health Communications.

Wolpc, J. The Practice of Behavior Therapy. New York: Pergamon Press.